기출문제 유형만 제대로 파악해도
시험에 합격할 수 있다!

컴퓨터그래픽 기능사 필기
최근 7년간 기출문제

| 구홍림 저 |

도서출판 **책과 상상**
www.SangSangbooks.co.kr

들어가는 글
preface...

➤➤➤ 컴퓨터그래픽기능사(변경전 컴퓨터그래픽스운용기능사)는 컴퓨터를 이용하여 인간의 미각적 요소와 창작력을 가미하여 인간생활에 도움을 주는 편리한 조형물이나 시각적 영상물을 제작하는 전문인력입니다.

우리나라는 1997년 대통령령으로 컴퓨터그래픽기능사를 신설한 후 해마다 많은 수의 기능사가 배출되어 실무에서 활약하고 있습니다.

컴퓨터그래픽기능사는 웹디자인, 광고, 방송, 게임제작, 애니메이션, 건설, 교육 등 다양한 분야에서 활약하고 있으며 특히 영화와 방송 광고, 웹디자인의 수요는 더욱 증가하고 있습니다.

이러한 증가 추세에 맞추어 새로운 소프트웨어의 개발이 이루어 지고 있으며 컴퓨터그래픽스 운용기능사에서는 이러한 소프트웨어의 사용법도 차츰 시험에 많이 출제되고있습니다.

이에 본 교재는 새로운 추세를 반영하고 과거의 출제경향을 분석하여 집필하였습니다.

교재의 구성은 자격시험의 주관처인 산업인력공단의 출제기준에 맞춰 각 단원별로 기출문제 및 최근의 출제경향을 분석하여 핵심만을 요약하여 수록함으로써 수험생의 시간을 절약할 수 있도록 구성되어 있습니다.

또한 CBT 문제를 복원하여 수록하여 합격에 한걸음 더 다가갈 수 있도록 하였습니다.

컴퓨터그래픽기능사 자격시험을 다년간 연구하고 분석해 온 심혈을 기울여 집필한 교재인 만큼 이 교재를 선택한 수험생 여러분들에게 합격의 영광의 있을 것으로 확신합니다.

끝으로, 이 교재의 발간을 위해 도움을 주신 많은 현장의 선생님들과 도서출판 책과 상상의 임직원 여러분들에게 감사의 말씀을 드립니다.

저자 일동

기술검정안내

개요
사람이 표현할 수 없는 형상이나 그림을 컴퓨터라는 매체를 통해 다양한 기능과 기술적인 요소를 가미하여 시각적으로 형상화시켜 채색은 물론 조형을 제작할 수 있는 숙련 기능인력이 필요해짐에 따라 자격제도 제정

직무내용
디자인에 관한 기초지식을 가지고 컴퓨터그래픽 프로그램을 활용하여 광고, 편집, 포장디자인 등의 시각디자인 관련 원고지시에 의해 그래픽디자인 작업을 하는 직무이다.

취득방법
① 시 행 처 : 한국산업인력공단
② 관련학과 : 공업계 고등학교의 컴퓨터그래픽과
③ 훈련기관 : 사설학원 컴퓨터그래픽 과정
④ 시험과목 - 필기 : 시각디자인 일반, 컴퓨터그래픽
        - 실기 : 컴퓨터그래픽운용실무
⑤ 검정방법 - 필기 : 객관식 4지, 택일형 60문항(60분)
        - 실기 : 작업형(3시간 30분 내외)
⑥ 합격기준 : 100점 만점에 60점 이상 득점자

진로 및 전망
광고 제작업체, 프로덕션, 방송사, 게임제작업체, 프리젠테이션 제작업체, 애니메이션 작업체 등 다양한 분야로 진출할 수 있다. - 컴퓨터그래픽은 건설, 영화·방송, 애니메이션, 광고 및 각종 제조업 등 다양한 분야 에 활용되고 있으며 정부에서도 이 분야에 대한 다양한 육성·지원책을 계획하는 등 증가요인으로 고용은 증가할 것이다. 실례로 현재 헐리우드에서 제작되는 SF영화의 100%가, 그리고 SF영화가 아닌 경우에도 특수한 효과가 요구되는 모든 영화에서 컴퓨 터 그래픽이 사용되고 있다. 그러나 이 분야의 경우 소프트웨어가 빠르고 다양하게 개발되고 있기 때문에 이에 따른 활용능력을 배양해야만 한다.

필기시험 출제기준

과목명	주요항목	세부항목
시각디자인 일반, 컴퓨터 그래픽	1. 비주얼 아이데이션 구상과 전개	1. 아이디어 구상 및 전개
		2. 아이디어 스케치 구상 및 전개
		3. 비주얼 방향 구상 및 전개
	2. 비주얼 아이데이션 적용	1. 아이디어 적용
		2. 아이디어 스케치 적용
		3. 비주얼 방향 적용
	3. 시안 디자인 개발 기초	1. 시안 개발계획 수립
		2. 아트워크
		3. 베리에이션
	4. 시안 디자인 개발 응용	1. 시안 개발 응용
		2. 아트워크 응용
		3. 베리에이션 좁히기
	5. 조색	1. 목표색 분석 및 색 혼합
		2. 조색 검사 및 완성
	6. 배색	1. 색채계획서 작성 및 배색 조합
		2. 배색 적용 의도 작성
	7. 2D 그래픽제작	1. 2D 이미지 제작
		2. 2D 이미지 합성 · 보정
		3. 타이포그래피

NCS(국가직무능력표준) 안내

NCS(국가직무능력표준)와 NCS 학습모듈

- 국가직무능력표준(NCS, National Competency Standards)이란 산업현장에서 직무를 수행하기 위해 요구되는 지식·기술·소양 등의 내용을 국가가 산업부문별·수준별로 체계화한 것으로 국가적 차원에서 표준화한 것을 의미합니다.
- NCS 학습모듈은 NCS 능력단위를 교육 및 직업훈련 시 활용할 수 있도록 구성한 교수·학습자료입니다. 즉, NCS 학습모듈은 학습자의 직무능력 제고를 위해 요구되는 학습 요소(학습 내용)를 NCS에서 규정한 업무 프로세스나 세부 지식, 기술을 토대로 재구성한 것입니다.

NCS 개념도

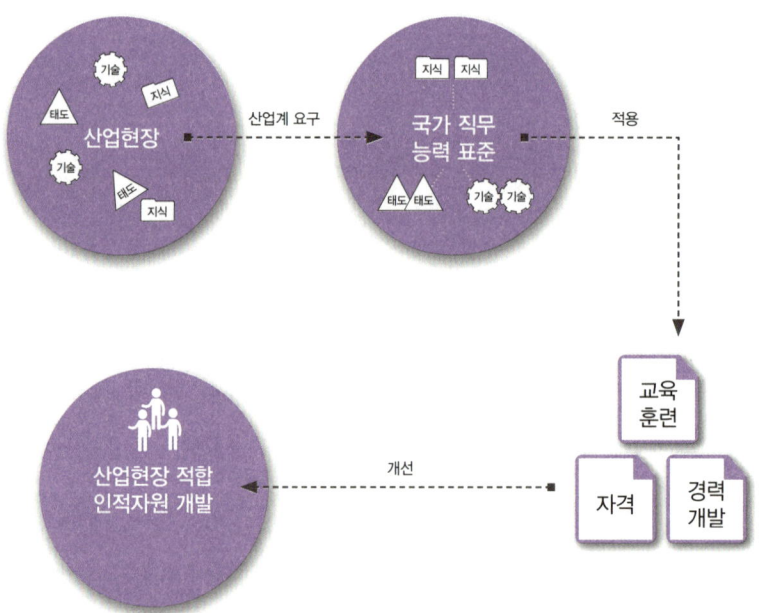

NCS의 활용영역

구분		활용 콘텐츠
산업현장	근로자	평생경력개발경로, 자가진단도구
	기업	현장수요 기반의 인력채용 및 인사관리기준, 직무기술서
교육훈련기관		직업교육 훈련과정 개발, 교수계획 및 매체·교재개발, 훈련기준 개발
자격시험기관		자격종목설계, 출제기준, 시험문항, 시험방법

NCS 학습모듈의 특징

- NCS 학습모듈은 산업계에서 요구하는 직무능력을 교육훈련 현장에 활용할 수 있도록 성취목표와 학습의 방향을 명확히 제시하는 가이드라인의 역할을 합니다.
- NCS 학습모듈은 특성화고, 마이스터고, 전문대학, 4년제 대학교의 교육기관 및 훈련기관, 직장 교육기관 등에서 표준교재로 활용할 수 있으며 교육과정 개편 시에도 유용하게 참고할 수 있습니다.

NCS와 NCS 학습모듈의 연결 체제

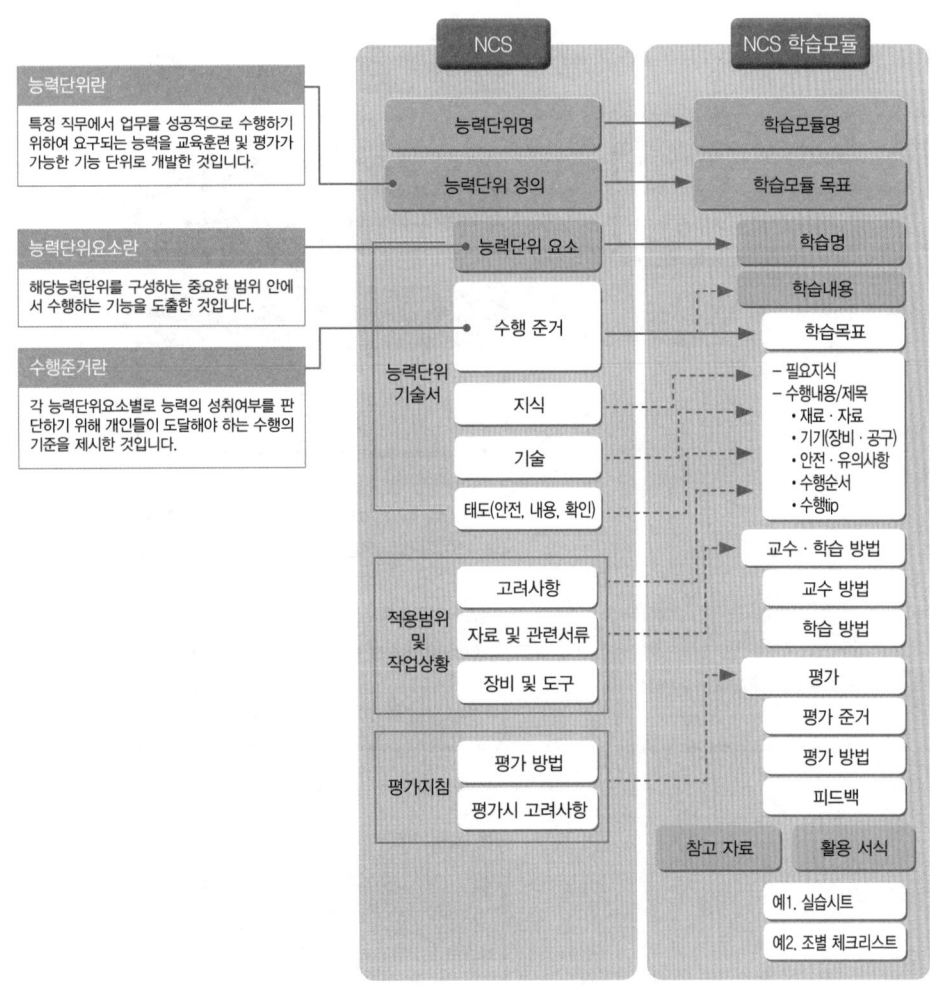

과정평가형 자격취득 안내

과정평가형 자격

과정평가형 자격은 국가기술자격법에 근거하여 국가직무능력표준(NCS)에 따라 설계된 교육·훈련과정을 체계적으로 이수한 교육·훈련생에게 내·외부 평가를 통해 국가기술자격증을 부여하는 새로운 개념의 국가기술자격 취득 제도로서 2015년부터 시행되고 있다.

과정평가형 자격 운영 절차

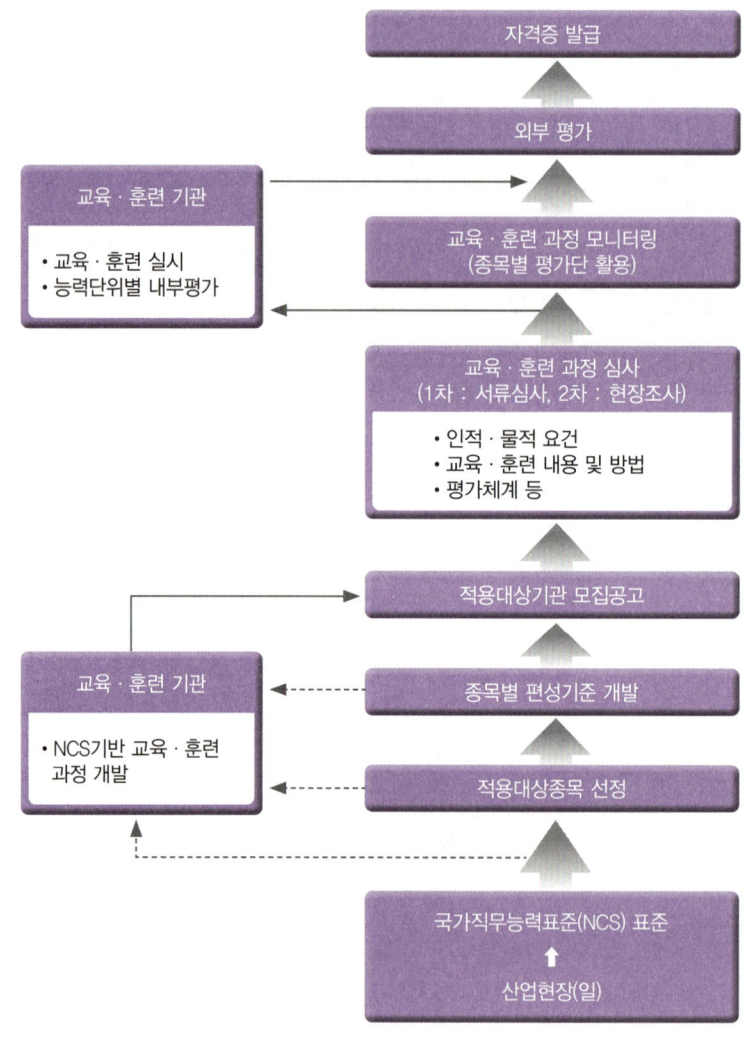

시행 대상

국가기술자격법의 과정평가형 자격 신청자격에 충족한 기관 중 공모를 통하여 지정된 교육·훈련기관의 단위과정별 교육·훈련을 이수하고 내부평가에 합격한 자

교육·훈련생 평가

① 내부평가(지정 교육·훈련기관)
  ㉮ 평가대상 : 능력단위별 교육·훈련과정의 75% 이상 출석한 교육·훈련생
  ㉯ 평가방법
    ㉠ 지정받은 교육·훈련과정의 능력단위별로 평가
    ㉡ 능력단위별 내부평가 계획에 따라 자체 시설·장비를 활용하여 실시
  ㉰ 평가시기
    ㉠ 해당 능력단위에 대한 교육·훈련이 종료된 시점에서 실시하고 공정성과 투명성이 확보되어야 함
    ㉡ 내부평가 결과 평가점수가 일정수준(40%) 미만인 경우에는 교육·훈련기관 자체적으로 재교육 후 능력단위별 1회에 한해 재평가 실시
② 외부평가(한국산업인력공단)
  ㉮ 평가대상 : 단위과정별 모든 능력단위의 내부평가 합격자
  ㉯ 평가방법 : 1차·2차 시험으로 구분 실시
    ㉠ 1차 시험 : 지필평가(주관식 및 객관식 시험)
    ㉡ 2차 시험 : 실무평가(작업형 및 면접 등)

합격자 결정 및 자격증 교부

① 합격자 결정 기준
  내부평가 및 외부평가 결과를 각각 100점을 만점으로 하여 평균 80점 이상 득점한 자
② 자격증 교부
  기업 등 산업현장에서 필요로 하는 능력보유 여부를 판단할 수 있도록 교육·훈련 기관명·기간·시간 및 NCS 능력단위 등을 기재하여 발급

> NCS 및 과정평가형 자격에 대한 내용은 NCS국가직무능력표준 홈페이지(www.ncs.go.kr)에서 보다 자세하게 살펴볼 수 있습니다.

CBT 필기시험제도 안내

변경된 제도 개요

기능사 CBT(컴퓨터 기반 시험) 필기시험제도는 한국산업인력공단 상설시험장과 외부기관의 시설 및 장비를 임차하여 시행하기 때문에 시험장 사정에 따라 시험일자가 달라질 수 있으며, 수험생들이 선호하는 시험장은 조기 마감될 수 있으므로 주의하여야 합니다.

원서접수 기간 및 접수처

- 한국산업인력공단이 주관 및 시행하는 기능사 정기 CBT 필기시험 및 상시 CBT 필기시험과 관련한 정보는 큐넷 홈페이지(http://www.q-net.or.kr)를 방문하여 확인합니다.
- 기능사 필기시험의 원서접수는 인터넷으로만 가능하며 정기 및 상시시험 모두 큐넷 홈페이지(http://www.q-net.or.kr)에서 접수할 수 있습니다.
- 기능사 상시시험 종목 : 한식조리기능사, 양식조리기능사, 일식조리기능사, 중식조리기능사, 제과기능사, 제빵기능사, 미용사(일반), 미용사(피부), 미용사(네일), 미용사(메이크업), 굴착기운전기능사, 지게차운전기능사, 건축도장기능사, 방수기능사 [14종목]
  ※ 건축도장기능사, 방수기능사 2종목은 정기검정과 병행 시행

CBT 부별 시험시간 안내

구분	입실시간	시험시간	비고
1부	09:30	09:50~10:50	
2부	10:00	10:20~11:20	
3부	11:00	11:20~12:20	
4부	11:30	11:50~12:50	
5부	13:00	13:20~14:20	시험실 입실 시간은 시험 시작 20분 전
6부	13:30	13:50~14:50	
7부	14:30	14:50~15:50	
8부	15:00	15:20~16:20	
9부	16:00	16:20~17:20	
10부	16:30	16:50~17:50	

※ 시행지역별 접수인원에 따라 일일 시행횟수는 변동될 수 있으며, 지역에 따라 원거리 시험장으로 이동할 수 있습니다.

합격자 발표

종이 시험과 달리 CBT 필기시험은 시험이 종료된 후 시험점수와 함께 합격 여부를 확인할 수 있으며, 이 결과는 시험일정 상의 합격자 발표일에 최종 확인할 수 있습니다.

CBT 필기시험 체험하기

01 CBT 필기시험 응시를 위해 지정된 좌석에 앉으면 해당 컴퓨터 단말기가 시험감독관 서버에 연결되었음을 알리는 연결 성공 메시지가 나타납니다.

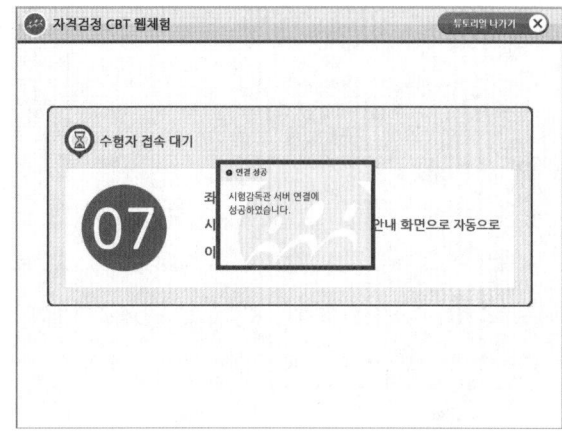

02 수험자 접속 대기 화면에서 좌석번호를 확인합니다. 좌석번호 확인이 끝나면 시험감독관의 지시에 따라 시험 안내 화면으로 자동으로 이동합니다.

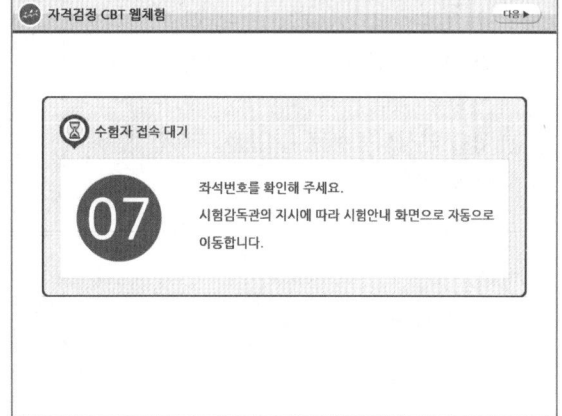

03 수험자 정보를 확인합니다. 감독관의 신분 확인 절차가 진행됩니다. 신분 확인이 모두 끝나면 시험을 시작할 수 있습니다.

04 CBT 필기시험에 대한 안내사항이 나타납니다. 화면은 예제이며, 실제 기능사 필기시험은 총 60문제로 구성되며, 60분간 진행됩니다.

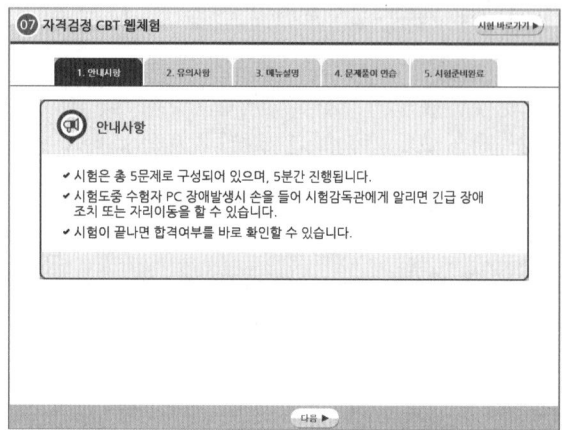

05 다음 항목에서 시험과 관련된 유의사항을 확인합니다. 특히, 시험과 관련한 부정행위 적발 시 퇴실과 함께 해당 시험은 무효처리되어 불합격 될 뿐만 아니라, 이후 3년간 국가기술자격검정에 응시할 수 있는 자격이 정지되므로 부정행위로 인정되는 내용을 꼼꼼히 확인하도록 합니다.

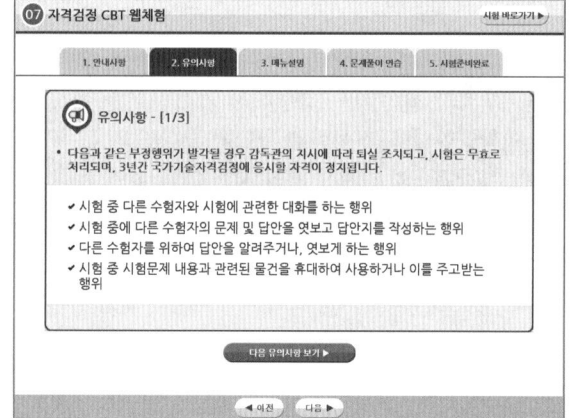

06 메뉴설명 항목에서는 문제풀이와 관련된 메뉴에 대한 설명을 확인할 수 있습니다. CBT 화면에서는 글자 크기를 크게 하거나 작게 할 수 있을 뿐 아니라, 화면 배치를 1단 또는 2단 화면 보기 혹은 한 문제씩 보기로 선택할 수 있습니다.

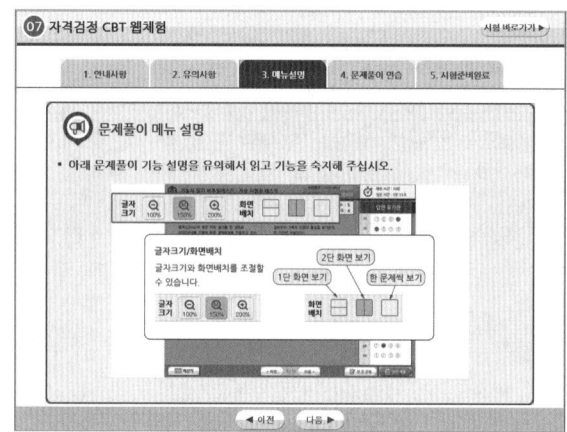

07 문제풀이 연습 항목에서는 실제 문제를 풀어보는 과정을 연습할 수 있습니다. 실제 시험에서 실수하지 않도록 하기 위해 [자격검정 CBT 문제풀이 연습] 버튼을 클릭합니다.

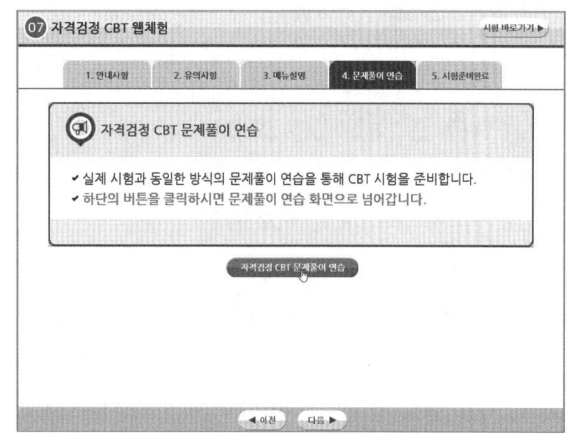

08 보기의 연습 문제는 국가기술자격시험의 정부 위탁기관인 한국산업인력공단의 본부 청사 소재지를 묻는 것입니다. 현재 한국산업인력공단 본부는 울산광역시에 소재하고 있습니다. 문제 아래의 보기에서 번호 항목을 클릭하거나 답안 표기란의 번호 항목에서 해당 답안을 클릭하여 답안을 체크합니다.

09 문제 아래의 보기를 클릭하거나 오른쪽 답안 표기란의 답안 항목을 클릭하면 화면과 같이 선택한 답안이 OMR 카드에 색칠한 것과 같이 색이 채워집니다.

> 답안을 수정할 때는 마찬가지 방법으로 수정하고자 하는 문제의 보기 항목이나 답안 표기란의 보기 항목에서 수정하고자 하는 답안을 클릭합니다.

10 문제를 풀고 나면 다음 문제를 풀기 위해 화면 하단의 [다음] 버튼을 클릭하여 문제를 계속 풀어나가면 됩니다. 참고로 하단 버튼 중 [계산기]를 클릭하면 간단한 공학용 계산기를 사용하여 계산 문제를 푸는 데 도움을 받을 수 있습니다.

> 계산이 끝나고 계산기를 화면에서 사라지게 하려면 계산기 창의 오른쪽 상단에 있는 닫기 ⊠ 버튼을 클릭합니다.

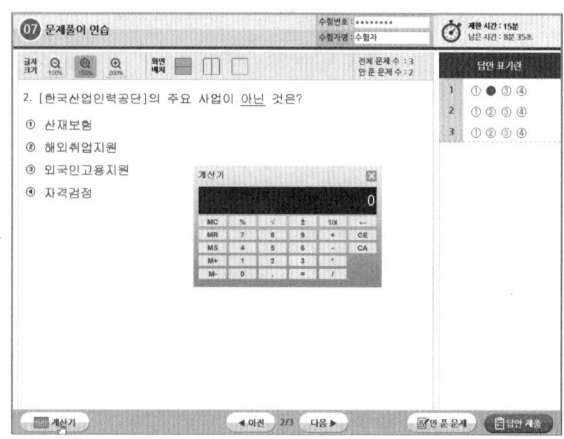

11 문제 풀이 연습이 끝나면 하단의 [답안 제출] 버튼을 클릭하여 답안을 제출합니다.

> 어려운 문제의 경우 하단의 [다음] 버튼을 클릭하여 다음 문제를 풀 수도 있습니다. 단, 이러한 경우 답안을 제출하기 전에 하단의 [안 푼 문제] 버튼을 클릭하여 혹시 풀지 않은 문제가 있는 지 최종적으로 확인하도록 합니다.

12 답안 제출을 클릭하면 나타나는 화면입니다. 수험생들이 실수로 답안을 모두 체크하지 않고 제출할 수 있는 실수를 방지하기 위해 2회에 걸쳐 주의 화면이 나타납니다. 답안을 제출하려면 [예] 버튼을 누릅니다.

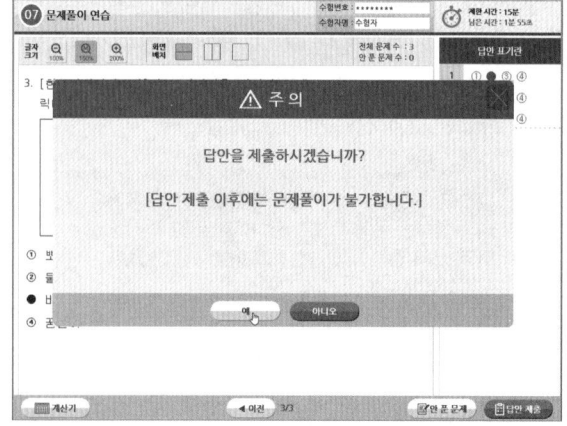

13 문제풀이 연습을 모두 마치면 나타나는 화면에서 [시험 준비 완료] 버튼을 클릭합니다. 이후 시험 시간이 되면 시험감독관의 지시에 따라 시험이 자동으로 시작됩니다.

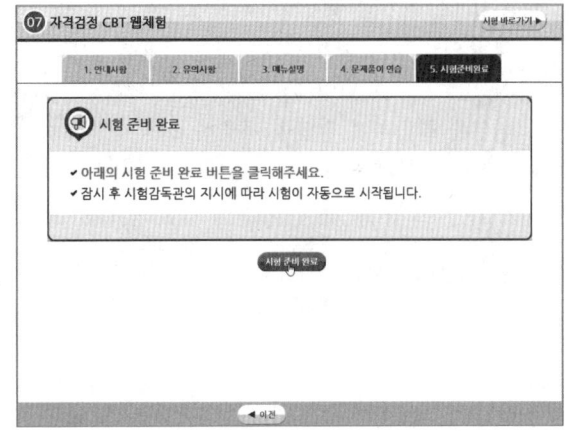

14 본 시험이 시작되면 첫 번째 문제가 화면에 나타납니다. 앞서 문제풀이 연습 때와 마찬가지 방법으로 문제의 보기에서 정답을 클릭하거나 답안 표기란에 해당 문제의 정답 항목을 클릭하여 답을 선택합니다.

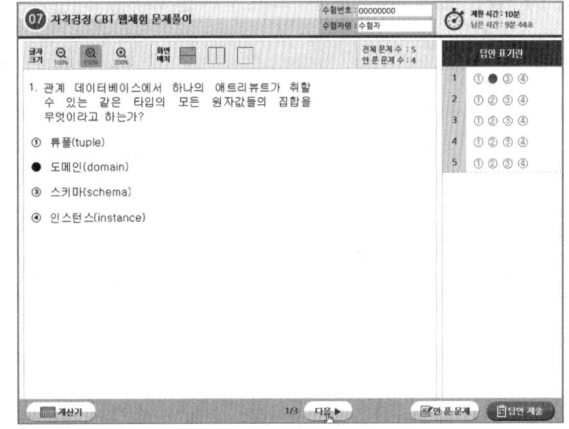

15 화면 하단의 [다음] 버튼을 클릭하면 다음 문제를 풀 수 있습니다. 앞서와 마찬가지 방법으로 답안에 체크하고 모든 문제를 풀었다면 [답안 제출] 버튼을 클릭합니다.

> 화면의 상단 오른쪽에 제한 시간과 남은 시간이 표시됩니다. 본 예제는 체험을 위한 것으로 실제 시험시간은 60분이며, 이에 따라 남은 시간도 표시됩니다.

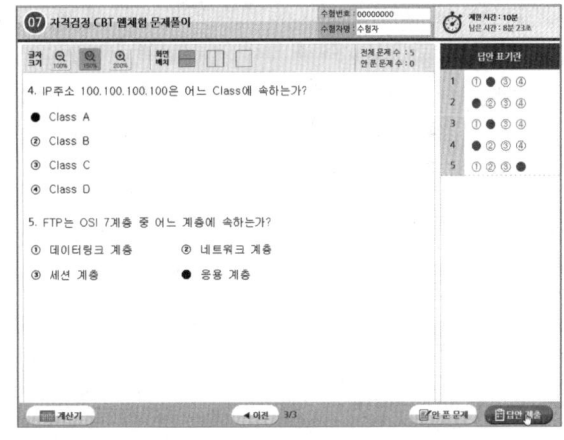

16 수험생의 실수를 방지하기 위해 2회에 걸쳐 주의 문구가 출력됩니다. 모든 문제를 이상없이 풀고 답안에 체크했다면 [예] 버튼을 클릭하여 답안을 제출하고 시험을 마무리합니다.

> 문제 화면으로 다시 돌아가고자 한다면 [아니오] 버튼을 클릭하여 이미 푼 문제들을 다시 확인하고 필요한 경우 답안을 수정할 수 있습니다.

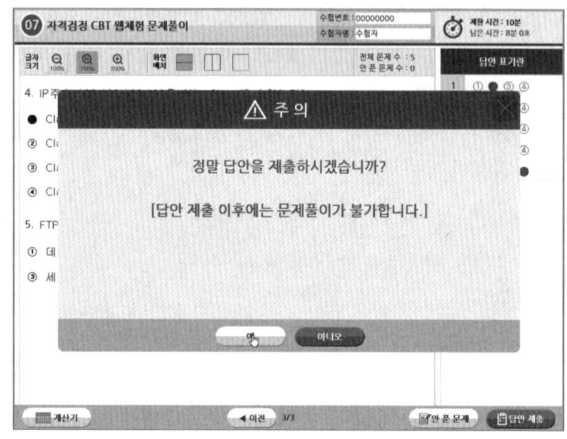

17 답안 제출 화면이 나타납니다. 잠시 기다립니다.

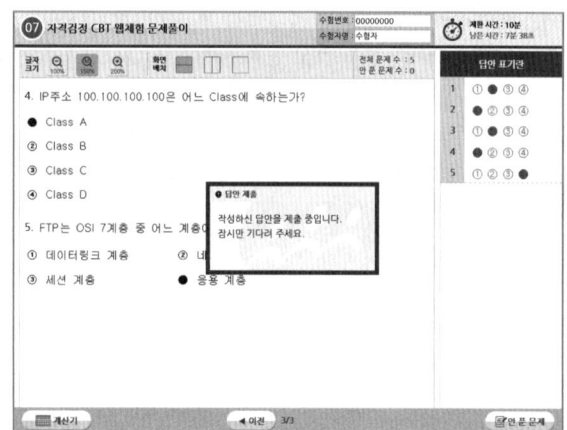

18 CBT 필기시험을 모두 끝내고 답안을 제출하면 곧바로 합격, 불합격 여부를 화면과 같이 확인할 수 있습니다. 독자분들은 꼭 화면과 같은 합격 축하 문구를 볼 수 있기를 기원합니다.

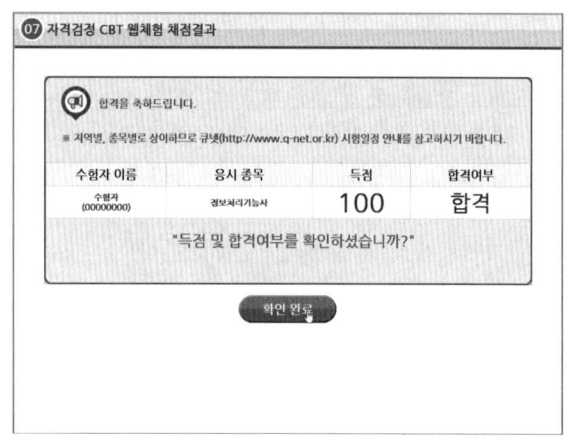

19 앞서의 합격 여부 화면에서 [확인 완료] 버튼을 클릭하면 CBT 필기시험이 종료 됩니다. 고생하셨습니다.

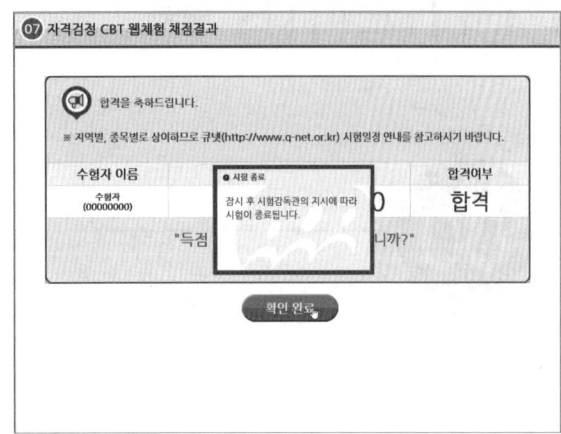

본 도서에 수록된 CBT 필기시험 체험하기 내용은 한국산업인력공단의 CBT 체험하기 과정을 인용하여 구성 및 정리한 것입니다. 직접 한국산업인력공단에서 제공하는 CBT 필기시험을 체험하고자 하는 독자 께서는 한국산업인력공단이 운영하는 큐넷 홈페이지(www.q-net.or.kr)를 방문하시기 바랍니다.

Contents 목차

Section 00

머리말	003
기술검정안내	004
NCS(국가직무능력표준) 안내	006
CBT 필기시험제도 안내	010

Section 01 핵심이론요약

LESSON 01 비주얼 아이데이션 구상과 전개

01 아이디어 구상 및 전개	022
02 아이디어 스케치 구상 및 전개	026
03 비주얼 방향 구상 및 전개	029

LESSON 02 비주얼 아이데이션 적용

01 아이디어 적용	032
02 아이디어 스케치 적용	035
03 비주얼 방향 적용	037

LESSON 03 시안 디자인 개발 기초

01 시안 개발계획 수립	040
02 아트워크	044
03 이미지 아트워크	046
04 타이포그래피 아트워크	048
05 컬러 아트워크	051
06 베리에이션(변화)	052

LESSON 04 시안 디자인 개발 응용

01 시안 개발 응용	054

02 아트워크 응용	057
03 비주얼 모티프 확장을 통한 시안 제작	061
04 베리에이션 완료하기(편집 디자인)	063
05 베리에이션 완료하기(BI시안)	065

LESSON 05 조색

01 목표색 분석 및 색 혼합	067
02 조색 검사 및 완성	070

LESSON 06 배색색채 및 배색 조합

01 주조색, 보조색, 강조색의 이해	073
02 배색 조합	077
03 배색 조합 파악	079
04 배색 적용 의도 작성	082
05 배색 적용 의도 제작	084

LESSON 07 2D 그래픽제작

01 2D 이미지 제작	085
02 2D 이미지 합성 · 보정	088

Section 02 출제예상문제

01 비주얼 아이데이션 구상과 전개	092
02 비주얼 아이데이션 적용	099
03 시안 디자인 개발기초	102
04 시안 디자인 개발 응용	108
05 조색	115
06 배색색채 및 배색 조합	118
07 2D 그래픽제작	124

Contents 목차

Section 03 CBT 복원문제

01회	2019년 1회 CBT 복원문제	130
02회	2019년 2회 CBT 복원문제	140
03회	2019년 4회 CBT 복원문제	150
04회	2020년 1회 CBT 복원문제	160
05회	2020년 2회 CBT 복원문제	170
06회	2020년 4회 CBT 복원문제	180
07회	2021년 1회 CBT 복원문제	190
08회	2021년 3회 CBT 복원문제	201
09회	2021년 4회 CBT 복원문제	212
10회	2022년 1회 CBT 복원문제	222
11회	2022년 2회 CBT 복원문제	232
12회	2022년 4회 CBT 복원문제	242
13회	2023년 1회 CBT 복원문제	253
14회	2023년 2회 CBT 복원문제	262
15회	2023년 4회 CBT 복원문제	272
16회	2024년 1회 CBT 복원문제	281
17회	2024년 2회 CBT 복원문제	291
18회	2024년 4회 CBT 복원문제	301
19회	2025년 1회 CBT 복원문제	311
20회	2025년 2회 CBT 복원문제	322
21회	2025년 4회 CBT 복원문제	333

한국산업인력공단이 주관하여 시행한
기출문제를 상세한 해설과 함께 수록

컴퓨터그래픽기능사 필기
핵심이론요약

Craftsman Computer Graphic

LESSON 01

비주얼 아이데이션 구상과 전개

STEP 01 아이디어 구상 및 전개

❶ 아이디어 발상 개요
- 제작 목적에 맞는 결과물을 만들기 위해 디자이너가 갖추어야할 능력 : 창의성, 커뮤니케이션, 아이디어 시각화를 예측

❷ 아이디어 발상의 영역
① 초기 : 아이데이션 정보가 적은 상태에서 자유로운 연상을 통해 아이디어를 도출
② 콘셉트 구체화 : 디자인개발 목표 설정 후 리서치를 통해 데이터를 모아 최적의 아이디어를 수렴

❸ 아이디어 발상 방법
① 기존의 아이디어 + 개념이 새로운 아이디어 융합
② 확산기법 : 기존에 구축된 논리에 의존하지 않고 다양한 관점에서 많은 아이디어를 도출하여 **빠르게 진행**
③ 수렴기법 : 확산기법으로 수집한 데이터를 정리·집약하여 의미있는 정보구조를 만듦
④ 조이 길포드(Joy Paul Guilford) : 창의적 사고는 방향성을 넓혀가는 '확산적 사고'와 방향성을 좁혀가는 '수렴적 사고'를 반복하면서 일어난다.

❹ 아이디어 발상 영역
① **자유로운 연상에 의한 아이디어** : 스케치를 위한 아이데이션의 참고자료 수집(온라인 검색, 마인드맵, 브레인스토밍) 새로운 컨셉트를 통한 디자인 개발에 사용
② **설정된 콘셉트에 의한 아이디어 구상** : 디자인 콘셉트는 의도된 시각적 커뮤니케이션을 디자인으로 실현하는 핵심 근거
③ 아이디어 발상을 위한 태도

㉮ 융합적 사고와 세심한 자료수집 : 다양한 자료에 접근하여 융합적 사고에 의해 아이디어 도출
㉯ 추출된 초기 아이디어를 계열화 하는 창발적 사고 태도 : 마인드맵이나 어피티니 다이어그램에서 추출된 초기 아이디어 키워드를 그룹화·계열화 하는 사고가 필요

확산기법		수렴기법
브레인스토밍, 브레인라이팅, 마인드맵, 열거법, 체크리스트, 매트릭스법, 시네스틱법	+	상하위관계 분석법, 계통도, 연관도, 시나리오 라이팅법, 카드 분류법

통합기법
워크 디자인법, 매트릭스, 구조화 분석법 등

❺ 브레인스토밍 : 아이디어 발상(알렉스 오스본(Alex F. Osborn)이 개발)

① 개념
㉮ 짧은 시간에 자유로운 분위기에서 아이디어를 마음껏 제시
㉯ 문제와 연관된 다양한 아이디어 수집

② 브레인스토밍 요건
㉮ 위계질서에 구분 없이 아이디어를 적극적으로 수용
㉯ 자유분방한 아이디어 발상 지향
㉰ 초기에 많은 양의 아이디어 집적

③ 브레인스토밍 원칙
㉮ 타인의 의견을 비판하지 않음
㉯ 고정관념을 벗어난 자유분방한 사고
㉰ 다양한 양의 아이디어를 짧은 시간에 수집
㉱ 일차적으로 도출한 아이디어에 새로운 아이디어를 결합

❻ 어피니티 다이어그램 : 키워드 그룹핑

① 개요
㉮ 아이디어 정리의 분석 방법으로 '친화도 분석'으로 해석
㉯ 아이디어 중 유사한 의미의 단어를 압축하여 특정한 의미구조를 형성
㉰ 연관성 높은 정보를 수렴하여 핵심 키워드 도출
㉱ 일차적으로 추출된 키워드를 특정 공간에 배치하여 그루핑하여 데이터를 체계화

② 어피니티 다이어그램 진행
  ㉮ 키워드 카드를 부착할 수 있는 장소 확보 및 팀 구성
  ㉯ 마인드맵에서 도출된 키워드를 카드에 기입
  ㉰ 유사개념의 키워드를 그룹핑
  ㉱ 카드 그룹에 대표하는 명칭 부여
  ㉲ 키워드 그룹을 압축하여 그룹명 확정
  ㉳ 불필요한 키워드를 제거하여 그룹핑한 어피니티 다이어그램 최종 확인
  ㉴ 완성된 다이어그램 아이디어 정리 기록

❼ 스캠퍼 : 아이디어 확장(밥 에이벌(Bob Eberle)이 고안)
  ① 개요
    ㉮ 창의력 증진과 아이데이션을 위한 기법 중 하나
    ㉯ 문제에 대한 질문에 이니셜을 설정하여 표기
    ㉰ 키워드에 해당하는 질문에 따라 답을 찾아가며 아이디어를 도출
    ㉱ 특정한 문제 정의를 바탕으로 풍부한 어휘의 도출로 문제해결을 찾아가는 방법
    ㉲ 디자인적 범위를 벗어나 혁신적이며 융합적인 사고가 필요한 프로젝트 기획에 유용

  ② 질문 영역
    ㉮ 아이디어와 상상력을 자극하는 체크리스트 방법
    ㉯ 팀원들의 체크리스트를 토의하고 결과를 기입
    ㉰ 질문의 이니셜을 제시하여 쉽게 접근 가능
      ㉠ S(substitute 대체) : 개선을 위해 무엇을 대체할 수 있는가에 대해 검토
      ㉡ C(combine 결합) : 무엇과 무엇을 엮을 수 있을까
      ㉢ A(adapt 변경) : 무엇을 바꾸거나 교환할 수 있을까
      ㉣ M(modify 수정) : 다른 방식으로 하면 어떤 결과가 나올까
      ㉤ P(put to other uses) 타용도 사용) : 기존 제품으로 적용할 수 있는 새로운 시장에 대하여 검토
      ㉥ E(eliminate 제거) : 일부분을 빼고 나면 어떤 결과가 나올까
      ㉦ R(reverse 순서 교체) : 순서를 바꾸거나 뒤집어 볼 항목이 있는지 검토

> **더 알고 가기** 어피니티 다이어그램과 스캠퍼
> 불분명한 니즈와 콘셉트를 명확하게 할 수 있음

❽ 아이디어 자료수집 방법

① 자료의 활용
- ㉮ 아이디어 전개를 위한 자료 수집
  - ㉠ 아이데이션 범위와 이미지로의 표현 방법 예측
  - ㉡ 지속적 자료수집으로 개발목적 이외에도 창의적 아이디어 도출을 위한 바탕
  - ㉢ 디자인 협업의 커뮤니케이션을 위한 자료로 활용
  - ㉣ 일상적인 아이디어를 위해 이미지와 텍스트를 수집
- ㉯ 아이디어 구체화를 위한 자료
- ㉰ 관련 시장 자료 검색을 통한 아이디어 도출

② 자료수집 경로 범위
- ㉮ 문헌조사
- ㉯ 웹 사이트
- ㉰ 방송, 전시회, 강연

③ 자료의 체계화
- ㉮ 이미지 자료 카테고리 기획
  - ㉠ 원칙에 의한 컴퓨터 폴더를 생성하여 자료 정리
  - ㉡ 이미지 스크랩북 작성
  - ㉢ 파일 철을 활용한 자료 정리
- ㉯ 수집된 자료를 무드보드로 작성
  - ㉠ 수집된 이미지를 카테고리별로 그룹핑하여 배치하여 콘셉트를 구체화
  - ㉡ 감성 트렌드 콘셉트 개발에 주로 활용
  - ㉢ 이미지 배치를 빠르게 진행

STEP 02 아이디어 스케치 구상 및 전개

❶ 아이디어 스케치 개념

① 아이디어 스케치 개념과 활용 범위
㉮ 초기 아이디어를 시각적으로 표현하여 클라이언트와 기획자들에게 전달하고 공유
㉯ 디자인 개발의 단계적 계획을 세우고 개발 범위를 구체화 할 수 있음
㉰ 디자인 완료 안에 대한 예측이 가능하여 오류를 감소 시킴

② 창의적 발상 단계의 아이디어 스케치
㉮ 시각화 전 단계에서 콘셉트를 구현
㉯ 디자인프로젝트의 파악 및 조사를 통해 추출한 데이터로 브레인스토밍 실행
㉰ 조사방법에서 핵심 키워드 도출
㉱ 썸네일 스케치를 구상하기도 하며 아이디어 스케치로 이미지 아이데이션 시안 구상

③ 아이디어 스케치의 장점
㉮ 생성된 아이디어의 창의성 보존
㉯ 시각화를 통해 풍부한 아이디어 생성
㉰ 아이디어를 빠른 속도로 표현해 콘셉트를 풍부한 양으로 표현
㉱ 스케치를 위한 도구가 휴대하기 간편하여 상시로 아이디어 기록
㉲ 결과물을 다른 구성원과 쉽게 공유할 수 있음
㉳ 시각화로 인하여 아이디어를 직관적으로 선택 가능
㉴ 스케치한 아이디어를 보관하였다가 추후 검토 가능
㉵ 디자인 개발의 창의성 발전 학습의 일상적 수행 가능

④ 아이디어 스케치의 활용 범위
㉮ 개념 스케치
㉯ 사물 스케치
㉰ 체험(경험) 스케치

⑤ 스케치의 방법
㉮ 여러 가지 선택 가능성을 신속하게 시각화
㉯ 빠르고 동일하게 아이디어를 시각화

❷ 아이디어 스케치 종류

① 아이디어 스케치의 구분
   ㉮ 아이디어의 발상 콘셉트 설정, 디자인 구체화의 용도로 활용
   ㉯ 디자인의 단계별 활용, 목적과 스케치 기술, 정밀도, 완성도와 소요 시간에 따라 구분

② 썸네일 스케치
   ㉮ 즉흥적인 메모를 하듯이 빠르게 발상 초기에 사용
   ㉯ 전체적인 이미지나 핵심 아이디어 기록
   ㉰ 특징
      ㉠ 창의성을 최대한 발휘
      ㉡ 짧은 시간에 디자인 개발자의 의식의 흐름을 따라감
      ㉢ 작은 크기의 표현으로 핵심 아이디어를 추출
      ㉣ 특별한 드로잉 기술이 없어 누구나 스케치 가능
      ㉤ 휴대 간편한 도구로 수시로 아이디어를 즉시 기록 가능
      ㉥ 작은 공간에 많은 양을 스케치 할 수 있어 핵심아이디어, 체계적 연결을 통한 아이디어의 계열화 가능

③ 러프 스케치
   ㉮ 러프 스케치 개요
      ㉠ 컨셉트가 시각화된 형태의 간략한 스케치
      ㉡ 디자인 시안 제작 전 구체화된 아이디어를 가시화
   ㉯ 러프스케치의 특징
      ㉠ 콘셉트로 구체화된 아이디어를 가시화
      ㉡ 디자인 개발자의 표현을 반영 가능
      ㉢ 디자인 시안의 예측 가능한 크기로 구현

㉣ 시각적 연출의 구체화 전에 표현매체에 대한 일차적 계획 수립
　　　㉤ 형태의 음영과 컬러 등의 연출로 시안제작의 결과 예측 가능

　④ **콤프 스케치**
　　　㉮ 완료 결과물과 같은 수준으로 표현하는 시안용 스케치(정밀 스케치)
　　　㉯ 컴퓨터 그래픽이 도입된 이후 컴퓨터로 실제 결과물 같은 정밀 스케치가 가능
　　　㉰ 형태, 입체, 컬러 등을 충실하게 묘사하여 인쇄물, 포스터 등의 제작 가능
　　　㉱ 컴퓨터 제작 전에 오류를 수정하여 클라이언트에게 완료 안을 예측하게 함

　⑤ **아이디어 선정을 위한 프레젠테이션**
　　　㉮ 디자인 개발자는 아이디어 스케치에 대한 프레젠테이션을 통해 제작 의도와 컨셉트를 전달하여 아이디어 수렴
　　　㉯ 프레젠테이션을 통해 핵심 메시지를 전달하고 피드백을 통하여 아이디어 선정

❸ 아이디어 스케치 표현영역

① 쓰임새 및 기대효과에 따라 구분한다.

② **단순화 스케치**
　㉮ 초기단계에서 윤곽선으로 형태와 구조를 설명
　㉯ 콘셉트에 대한 정확한 이해가 필요
　㉰ 모션그래픽을 위한 스케치는 동세를 빠르게 표현할 수 있는 선화 드로잉 능력이 우선 필요

③ **입체형태의 스케치**
　㉮ 라인드로잉으로 입체 구조를 바탕으로 명암, 질감 등으로 실재감을 표현
　㉯ 기본 입체형을 기반으로 구조적 특징을 파악하여 입체 모델의 양감과 연출을 위한 드로잉
　㉰ 결과물에 근접한 상세 연출로 양감, 색채, 질감까지 표현
　㉱ 종이 프로토타이핑 연출은 종이를 접어 구조체를 만들며 패키지 디자인, 용기 구조, 구조물 등에 사용

STEP 03 비주얼 방향 구상 및 전개

❶ 시각화 방안 구성(비주얼 리터러시)
- 비주얼 리터러시는 이미지를 판단하여 읽고 쓰는 것으로 이미지 표현 연출 능력으로 시각적 사고, 시각적 학습, 시각적 소통

① **시각적 사고에 의한 이미지 발상**
  - ㉮ 시각적 요소를 중심으로 생각하여 아이디어 스케치를 통해 시각화하며 썸네일 스케치는 시각적 사고의 집약체

② **시각적 학습을 위한 이미지 구상**
  - ㉮ 요건
    - ㉠ 어떤 의미가 이미지에 있다는 것을 인식
    - ㉡ 이미지의 의미를 해석하고 활용하는 과정
  - ㉯ 텍스트와 이미지를 병행하여 이미지와 지식정보가 결합하여 학습하도록 함

③ **시각적 소통을 위한 이미지 공유**
  - ㉮ 시각적 상징과 다양한 채널로 아이디어(지식, 정보)를 상호 소통
  - ㉯ 디자인 개발자는 시각커뮤니케이션의 표현과 연출 방식에 사용 가능성, 심미성을 추가하여 목적과 컨셉트에 맞는 이미지를 개발

❷ 시각화 조형 원리

① **통일과 변형의 원리**
  - ㉮ 대상의 부분과 전체 사이에 통일과 변화의 질서를 부여
  - ㉯ 통일은 리듬, 비례, 균형 등이 어우러져 심미성을 발휘
  - ㉰ 변화는 통일의 단조로움에 적절한 변화를 주어 리듬감과 매력을 줌

② **조화의 원리**
  - ㉮ 대상의 부분과 전체 형태 사이에 유사성과 연관성을 부여하여 안정된 조형성을 부각
  - ㉯ 유사 : 색이나 속성(형태, 종류, 의미)이 비슷하여 어울리는 것을 말하며 온화함과 단조로움의 반복에 의해 리듬감 형성
  - ㉰ 대비 : 서로 다른 요소들(극적, 강함, 강조 등)이 대립하여 시각적 주목성이 있음

③ **균형의 원리**
  - ㉮ 시각적 무게를 힘의 분배를 통하여 긴장감과 안정감을 유지
  - ㉯ 시각적 안정감(균형)이 깨지면 강한 시각적 자극을 형성

- ㉰ 대칭 : 중앙을 기준으로 양쪽으로 같은 형태가 존재
- ㉱ 방사대칭 : 가운데를 중심으로 일정한 거리와 모양으로 바깥으로 뻗어가는 형태
- ㉲ 비대칭 : 시각적으로 불균형을 형성하여 변화있는 형태로 개성적인 느낌을 연출
- ㉳ 비례 : 부분과 부분(전체)의 수량적 관계의 대비로 친근한 구성형식

④ 율동의 원리
- ㉮ 부분들 사이에 시각적인 강약이 규칙적으로 연속될 때 형성되는 조형감
- ㉯ 반복과 교차
  - ㉠ 동일한 형태를 여러 번 사용하여 시각적 통일과 역동적 느낌
  - ㉡ 규칙적인 조형적 특징을 반복, 교차하여 율동감을 줌
- ㉰ 점층과 방사
  - ㉠ 반복의 크기, 색채 등의 점진적 변화로 동적인 효과를 부여
  - ㉡ 색채의 점층은 그러데이션으로 전개
  - ㉢ 방사는 중심축에서 바깥으로 확산 배치하는 조형방법(예 : 수면에 생기는 방사 원)

⑤ 변화와 강조의 원리
- ㉮ 변화
  - ㉠ 불규칙을 인위적으로 만들어 단조로움을 덜거나 주변을 환기
  - ㉡ 관심의 초점을 만들어 다이내믹을 조성할 때 적용
- ㉯ 강조
  - ㉠ 시각적 힘의 강약에 변화를 주어 변화, 불규칙성을 연출
  - ㉡ 주위 요소가 평이하거나 대칭일 때 효과적

❸ 시각화 시 · 지각 적용

① 시지각의 이해(게슈탈트)
- ㉮ 사물의 지각 시 형태 외에 시각적 경험에 따라 다른 형태의 특성이 개입되어 지각하려는 경향
- ㉯ 지각, 기억과 연상, 사고와 학습을 통해 조형적 대상을 지각

② 시각적 연관성의 법칙
- ㉮ 근접성의 원리 : 가까이 있는 두 개 또는 그 이상의 시각요소들이 패턴이나 그룹처럼 보이는 것
- ㉯ 연속성의 원리 : 유사한 배열이 방향성을 지니고 하나의 묶음처럼 지각되는 법칙
- ㉰ 유사성(친숙성)의 원리 : 비슷한 모양의 도형이나 그룹을 같은 부류로 보는 경향
- ㉱ 폐쇄성의 원리 : 선이 끊어져 있어도 연결되어 보이거나 무리지어 하나의 형태로 보이는 것

❹ 시각화의 형태

① 점 : 조형요소 중 형태를 지각하는 최소의 단위이며 위치만 표시한다.
② 선 : 점이 이동한 흔적이나 면의 한계, 교차에 의해 나타나며 길이, 위치, 방향을 표시한다.
  ㉮ 직선 : 수직선, 수평선, 사선, 남성적, 강한 느낌
  ㉯ 곡선 : 섬세, 동적, 우아, 매력, 여성적
  ㉰ 꺾은선 : 다양한 길이와 방향을 가진 선들이 차례로 연결됨
  ㉱ 소극적인 선 : 면이나 선의 교차점에 생기는 선
  ㉲ 적극적인 선 : 점과 점이 교차하는 부분에 생기는 선
③ 기하학적 면 : 점, 선과 함께 구성하여 정보와 메시지를 그룹화 하거나 감성적 연출이 가능
④ 기하학적 입체 : 입체(다면체, 원기둥)를 다루거나 원근감을 형성하여 아이소메트릭의 공감각 형성

> **더 알고 가기** 점·선·면
>
> 킨딘스키가 조형 표현의 기본 요소로 점·선·면을 제시

> **더 알고 가기** 아이소메트릭(Isometric)
>
> 공간구조를 X, Y, Z 세축으로 구분하여 3차원으로 120°로 교차하여 표현
>
>

LESSON 02 비주얼 아이데이션 적용

STEP 01 아이디어 적용

❶ 아이데이션 구체화 방법

① 콘셉트 구체화를 위한 이미지 제작 단계(아이디어 구상에서 시안 제작까지)

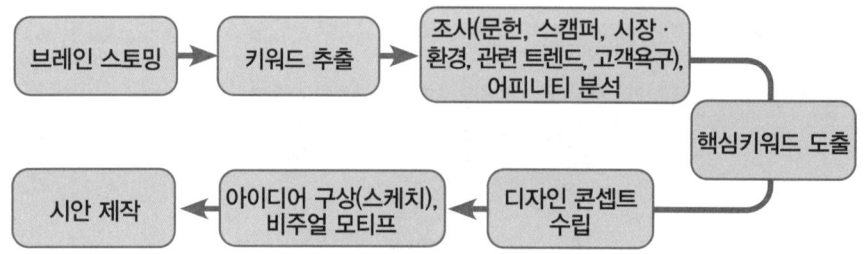

② 콘셉트 이미지의 역할
- ㉮ 콘셉트를 직접적으로 설명
- ㉯ 의미 형성을 위한 상징으로 사용
- ㉰ 감성적 연출 수단으로 사용

③ 이미지 표현기법 선택 기준
- ㉮ 표현 방식에 따라 메시지가 달라짐
- ㉯ 표현 방식 : 사진 이미지 표현, 정보 그래픽 이미지, 드로잉 이미지
- ㉰ 팀원들과의 논의를 통해 메시지 전달 오류를 줄일 수 있음

④ 이미지 소재의 선택 기준
- ㉮ 전달 매체의 특성
- ㉯ 매력 요소와 심미성
- ㉰ 정보 커뮤니케이션 효율성
- ㉱ 제작자의 독창성 반영

❷ 이미지 스타일로서 비주얼 펀(FUN)

① 비주얼 펀
- ㉮ 언어적인 유머와 위트를 시각적으로 표현
- ㉯ 사고의 관습의 범위를 벗어나 보는이가 놀라고 즐거워 할 수 있음

② 비주얼 펀의 유형
- ㉮ 이미지 합성 : 이질적인 이미지를 합성하여 의미를 생성하거나 증폭
- ㉯ 이미지 변형 : 크기와 색채 등의 변화를 통해 원래 이미지를 전치
- ㉰ 이미지 배치 변화 : 두 개 이상의 사물을 익숙한 위치를 변화시켜 새로운 의미를 생성하거나 의미를 변화
- ㉱ 이미지의 왜곡 : 원래 이미지의 크기, 질감, 색채 등을 왜곡하여 새로운 의미를 발생

❸ 이미지의 기호적 접근

① 이미지와 키워드의 결합
- ㉮ 이미지와 콘셉트의 결합은 콘셉트의 시각화
- ㉯ 디자인 개발자는 콘셉트와 이미지, 키워드의 관계를 파악하고 구조화

② 이미지의 기호적 의미인 기표와 기의 관계
- ㉮ 기호와 기표는 결합하면 또 다른 의미를 생성
- ㉯ 기표와 기의 결합을 여러 단계로 구축하여 최종 이미지를 형성
- ㉰ 외연적 기의 : 명백하거나 상식적인 의미
- ㉱ 내포적 기의 : 사회문화적, 개인적 차이로 의미를 형성하므로 다양한 해석이 있을 수 있음

❹ 사용자 편의를 위한 디자인 가치

① 유니버설 디자인 : 모두를 위한 디자인
- ㉮ 타이포그래피 유니버설 디자인 : 사회적 약자를 위한 가독성, 주목성, 시안성을 높인 타이포그래피 디자인
- ㉯ 픽토그램 유니버설 디자인 : 간명한 이미지에 정보를 압축하여 직관적으로 정보를 전달

② 지속가능 디자인 : 자원을 절약하여 삶의 환경을 지속하는데 기여하는 디자인
- ㉮ 용지절약을 지향
- ㉯ 잉크절약을 지향
- ㉰ 리사이클링(재활용) 방식

③ 어메니티 디자인 적용
- ㉮ 제품의 사용자에게 편의성, 물리적 환경의 쾌적함 제공

㉯ 환경디자인 분야 : 공간의 쾌적함을 경험하도록 물리적, 심리적, 정서적 경험을 제공
㉰ 인쇄매제 제작 시 심미성과 시각적 쾌적성을 높일 수 있는 창의적 연출 지향

STEP 02 아이디어 스케치 적용

❶ 스케치를 통한 아이데이션의 구체화
① 시각적 직관성을 적용한 아이데이션
② 이미지 연출을 예측할 수 있는 아이데이션
③ 콘텐츠의 정보 체계 및 위계를 시각화 할 수 있는 아이데이션

❷ 아이디어 스케치 시 고려 사항
① 아이디어 스케치의 가치 중심 : 개념을 시각화 하여 디자인 니즈를 적용하고 실현가능한 아이디어로 구체화 해야 함
② 아이디어 스케치의 기능 중심 : 개발 초기 단계에 필요한 콘셉트 설정을 구체화
③ 아이디어 스케치의 진행 단계 중심 : 아이데이션 진행단계의 구분에 맞게 스케치를 정교화

아이디어 스케치 단계별 지향	고려항목
가치중심	• 독창성 • 실현 가능성 • 창의성
기능중심	• 콘셉트에 맞는 아이디어 전개 • 조형성 • 경제성
진행 단계 중심	• 콘셉트에 맞는 아이디어 선정 • 콘셉트에 맞는 스케치 전개 • 목적에 맞는 콘셉트 설정 • 트렌드에 맞는 비주얼 전개 • 콘셉트에 맞는 일관성 있는 아이디어 스케치

❸ 콘셉트 시각화를 위한 아이데이션
· 시안개발을 위한 아이데이션은 추출된 키워드에 따라 콘셉트와 연계하여 디자인

콘셉트 키워드	아이데이션
• 마인드 맵을 통한 핵심 키워드 추출 • 브랜드 퍼스낼러티를 통한 압축 키워드 추출 • 시장 조사를 통한 트렌트 키워드 추출	• 키워드의 직접적인 시각화 • 키워드 간의 연관관계를 개념화한 시각화 • 키워드를 바탕으로 연상하여 아이디어 시각화

① 아이데이션을 위한 콘셉트 키워드 도출법
㉮ 마인드맵을 이용한 방법 : 시안디자인으로 시각화가 가능한 키워드 활용

1. 키워드 그룹 추출	빈도와 유사성이 높은 키워드 선정
2. 키워드 범위 압축	시장조사를 통하여 키워드 그룹의 범위 압축
3. 핵심 키워드 도출	클라이언트가 요구하는 방향에 맞는 키워드 도출

  ㉯ 브랜드 퍼스낼러티를 통한 압축 키워드 추출 : 시장 조사를 통하여 얻는 정보에서 시각적 아이데이션을 위한 키보드를 활용하거나 브랜드 특성이 축약된 키워드 활용
  ㉰ 관련 시장 조사를 통한 트랜드 키워드 : 문헌자료, 인터넷 자료에서 추출한 내용으로 콘셉트 설정을 위한 아이디어로 연결하여 키워드 도출

② 시안 제작을 위하 아이데이션
  ㉮ 키워드의 직접적인 시각화

1. 이미지 자료 수집	관련된 이미지에서 의미요소, 형태요소, 색채 요소 등 추출
2. 콘셉트 지원 요소 추출	수집된 키워드 중 하나를 이미지 자료를 수집하고 콘셉트를 위한 요소 추출

  ㉯ 키워드 간의 연관관계를 개념화 한 시각화
  ㉰ 키워드를 바탕으로 간접적으로 연상되는 아이디어의 시각화

1. 러프 스케치
2. 아이디어의 시각적 구체화
3. 비주얼 아이데이션 모티프의 확장

③ 콘셉트가 구체화된 비주얼 모티프 도출
  ㉮ 시안 디자인을 위한 비주얼 모티프를 도출하는 유용한 방법
  ㉯ 구조와 형태의 베이에이션이 가능
  ㉰ 브랜드 아이덴티티 디자인의 경우 그래픽 모티프로 다른 어플리케이션 디자인에 활용 가능

STEP 03 비주얼 방향 적용

❶ 콘셉트 구성방법 및 종류

① 콘셉트 개념
- ㉮ '개념'을 의미하며, '콘셉터스'에서 비롯
- ㉯ 라틴어로 '생각을 수집하고 모은다'는 뜻
- ㉰ 디자인에서는 여러 아이디어를 수집하고 모은다는 의미로 해석

② 콘셉트 설정
- ㉮ 디자인 방향을 결정
- ㉯ 디자인 과정에서 가장 중요한 단계
- ㉰ 아이디어와 컨셉을 구체화하고 결정
- ㉱ 색채디자인에서의 콘셉트 설정단계는 조사 · 분석을 바탕으로 색채이미지를 설정

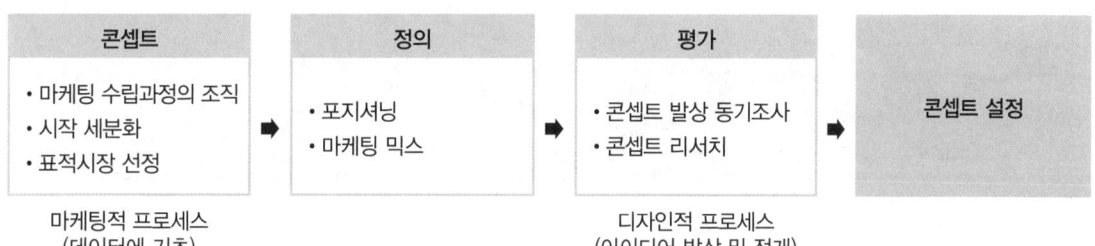

③ 색채 계획서
- ㉮ 디자인의 목적과 대상에 맞게 효과적인 색상 계획을 수립
- ㉯ 기능적이고 심미적으로 효과적인 배색효과를 습득
- ㉰ 클라이언트 미팅, 정보수집, 소비자 및 시장 조사 등을 통해 개요, 방향, 과정 등을 포함

❷ 매체와 표현기법에 따른 콘셉트 전개

① 사진 이미지 전개
- ㉮ 콘셉트 이미지로 사진의 특성
  - ㉠ 실제대상 반영을 통한 신뢰감 형성
  - ㉡ 상세 이미지는 대상의 매력 요소 확장
  - ㉢ 특정 시간 포착을 통한 이미지의 다이내믹 형성
  - ㉣ 카메라 앵글의 변화를 통한 시점의 확장
- ㉯ 사진이미지 사용 요건

        ㉠ 해상도 점검 : 300dpi가 되어야 사용가능
        ㉡ 디자인 결과물 적용을 위한 연출 범위 : 메시지의 전달 의도와 연출에 맞게 선명도, 질감, 색감 등을 조정
    ② **일러스트레이션이미지 전개**
        ㉮ 콘셉트 이미지로서의 일러스트레이션의 특성
            ㉠ 상상력과 작가의 개성을 중시
            ㉡ 매체의 콘셉트로 사용하여 현실감을 강조하거나 잠재된 메시지를 다양한 방식으로 드러냄
            ㉢ 보이지 않는 개념을 창의적으로 표현
        ㉯ 일러스트레이션의 유형

㉠ 추상적 일러스트레이션 : 도형이나 자연적 질서에서 찾을 수 있는 유기적인 형태 패턴 등의 정형화 되지 않은 대상을 묘사
㉡ 구상적 일러스트레이션 : 사실 형태로 묘사하여 사실감에 의한 신뢰를 전달
㉢ 초현실적 일러스트레이션 : 2D 그래픽 소프트웨어를 이용하여 현실에서 경험할 수 없는 사물의 결합이나 상황의 묘사가 가능

몽타주 일러스트레이션	• 여러 가지 사물형상을 하나의 화면에 조합 • 초현실적이거나 환상적인 시각적 경험을 제공 • 메시지의 주목성이 높거나 유추적인 이미지 광고의 컨셉트에 사용 • 큐비니즘, 꼴레, 다다, 초현실주의 화법의 꼴라주로 활용
데페이즈망 일러스트레이션	• 이미지에 내재된 메시지의 구조 표현 • 일상적인 사물에 낯선 사물과 상황을 병치하여 꿈, 무의식의 이미지를 만들 때 사용 • 초현실적 메시지를 표현할 때 데페이즈망 방식의 일러스트레이션을 활용
콜라주 일러스트레이션	• 입체파 화가들이 시도한 이미지 합성기법 • 단일 화면에 이질적인 이미지와 텍스트 요소를 다량으로 병치 초현실적 공간감을 제공 • 몽타주 보다 이미지의 밀도를 높여 메시지에 대한 시각적 표현을 높임

③ 정보그래픽 이미지의 전개
  ㉮ 콘셉트 이미지로서 정보그래픽
    ㉠ 디자인 콘셉트에 따라 콘셉트 이미지로도 활용
    ㉡ 메시지의 주목성을 높이는데 도움
    ㉢ 데이터의 추이를 직관적으로 파악할 수 있도록 핵심 이미지로 구성
    ㉣ 시각적 아이덴티티를 강화하는데 유용한 이미지 활용이 가능
  ㉯ 정보그래픽의 활용 범위 확장
    ㉠ 정보그래픽의 매체 노출량 증가에 따른 메인 이미지 활용
    ㉡ 메시지의 신뢰감을 높이기 위한 이미지로 활용
    ㉢ 정보구조의 심미성 활용
  ㉰ 정보그래픽의 대상 영역

정량 데이터를 바탕으로 한 정보그래픽	정성적 데이터를 바탕으로 한 정보그래픽
• 숫자 데이터를 기반으로 데이터를 수치로 표현 • 정부나 연구 기관에서 제공 • 수치화된 도표와 차트를 통해 전달 • 통계적 모델과 수량적 분석에 기반 • 시각적으로 직관적으로 이해할 수 있음	• 수치로 표현하지 못하는 데이터(감성, 느낌, 분위기 등)를 시각화 • 형용사를 수치로 변환 • 느낌을 색, 형태, 크기 등으로 표현

④ 아이콘 이미지의 전개
  • 대표적 사례나 핵심적 특징을 시각화
  • 정보 표현을 위한 아이콘을 픽토그램이라 하며, 길 안내나 지시에 사용
  • 시각디자인과 생활환경을 간편하게 조성하기 위해 활용
  ㉮ 아이콘의 활용
    ㉠ 디지털 매체에서 활용 : 사물과 상황의 단순한 형태로 재현
    ㉡ 콘셉트 이미지로서 활용 : 메시지가 담긴 아이콘은 사용 편의성, 심미성이 부각
    ㉢ 아이덴티티 시스템 : 아이콘의 형태, 색상, 형태소 조합 등은 해당 브랜드를 즉각적으로 인지할 수 있도록 유지
  ㉯ 픽토그램
    ㉠ 공공시설이나 정보를 상징적으로 표현한 그림문자
    ㉡ 외국인들이 정보를 이해할 수 있도록 사용
    ㉢ 긴급 상황이나 교통 시설에서 적극적으로 사용
    ㉣ 유니버설 디자인 개념으로 국제규격으로 정해짐

LESSON 03
시안 디자인 개발 기초

STEP 01 시안 개발계획 수립

❶ 시안 제작
- 시각디자인 결과물 제작 전에 콘셉트를 시각적으로 구체화
- 아이데이션을 바탕으로 실제 디자인 결과물 제작 방법을 선 경험
- 클라이언트에게 최종 디자인 결과물의 후보 안을 제시
- 복수의 디자인 안을 개발하는 직무 단계

① 시안 제작을 위한 그래픽 소프트웨어 활용
  ㉮ 그래픽 프로그램 숙련의 고도화 필요
  ㉯ 활용 그래픽 프로그램 : 일러스트레이터, 포토샵, 페인터, 인디자인, 쿼크익스프레스 등

② 시안 디자인 개발요건
  ㉮ 콘셉트를 구체화하는 방안은 이미지와 텍스트 요소에 따라 결정
  ㉯ 표현 방식에 따라 다양화
  ㉰ 디자인 콘셉트와 제작 목적, 클라이언트의 요구 반영
  ㉱ 최적의 선택을 도움

③ 클라이언트의 시안디자인 선택 요건 : **여러 시안을 통해 시각화 방식, 표현과 연출 방법, 인쇄 매체를 통한 효과 등을 디자인 개발자에게 명확히 전달**

❷ 결과물 특성에 따른 시안 제작
① 클라이언트와 협의를 통해 다양한 시안디자인을 제작
② 1차 시안으로 최종안을 선정하되, 프로젝트의 규모와 활용에 따라 2차 시안을 제작

❸ 제작 형태에 따른 시안 구분
① 평면 제작물 : 신문, 잡지, 단행본 서적, 포스터, 브로슈어

② 입체 제작물 : 패키지, POP, 사인, 배너

❹ 종이의 종류

① 아트지
- ㉮ 표면 : 매끄럽고 광택
- ㉯ 특징 : 인쇄 적성이 좋아 선명한 인쇄물
- ㉰ 사용 : 잡지, 그림책, 팸플릿, 카탈로그 등

② 스노우지
- ㉮ 표면 : 광택이 없고 차분한 느낌
- ㉯ 특징 : 인쇄 후 은은한 광택이 있으며 탄력이 좋아 탄탄하고 두껍게 보임
- ㉰ 사용 : 다양한 인쇄물에 사용되며 아트지와 유사하지만 광택이 없음

③ 레자크/머메이드지
- ㉮ 표면 : 특정한 무늬가 울퉁불퉁하게 튀어나온 패턴지
- ㉯ 특징 : 다양한 색상과 무늬, 가격이 저렴하고 간단한 인쇄물 표지에 사용
- ㉰ 사용 : 회의자료 등

④ 모조지
- ㉮ 표면 : 광택이 거의 없고 매끄러운 감촉
- ㉯ 특징 : 가격이 저렴하며 내지에 많이 사용
- ㉰ 사용 : 다양한 인쇄물에 활용

⑤ 매트지
- ㉮ 표면 : 광택이 거의 없고 자연스러운 무늬가 있는 고급 용지
- ㉯ 특징 : 색감 표현이 뛰어나고 고급 인쇄물의 내지나 표지에 사용
- ㉰ 사용 : 고급 인쇄물

⑥ 펄지
- ㉮ 표면 : 부드러운 표면에 펄과 종이의 결이 자연스럽게 조화를 이루는 고급 용지
- ㉯ 특징 : 다양한 색상과 화려함, 빛의 각도에 따라 펄의 느낌이 변화
- ㉰ 사용 : 화려하고 고급스러운 효과를 원할 때 사용되며 비싼 가격

❺ 시안 제작을 위한 콘셉트 자료수집

① 콘셉트의 시각화를 위한 이미지 자료 수집
- ㉮ 포털 웹사이트 검색을 통한 이미지 수집
- ㉯ 스톡이미지(Stock image) 사이트를 통한 이미지 대여

② 텍스트 요소 배치를 위한 폰트 수집

③ 컬러이미지 계획을 위한 정보 수집

 ㉮ 브랜드 아이덴티티를 위한 컬러계획 정보 수집
  ㉠ 기본 시스템의 전용 색채를 이해하여 매체 특성에 맞는 컬러를 적용하여 아이덴티티 유지
  ㉡ 컬러 콘셉트 개발 시 컬러 적용 안을 계획하여 시안의 완성도 및 커뮤니케이션 효과 상승
 ㉯ 컬러계획 정보 수집 지원 도구 : 컬러 배색을 지원하는 웹사이트(어도비의 쿨러 사이트)를 활용하여 적합한 배색 찾음

더 알고 가기	자료 수집 중 주의사항
저작권 제약을 반드시 확인	

❻ 시안 제작 계획

① 시안제작의 개요

 ㉮ 시안제작 단계 : 콘셉트 설정 → 아이데이션 → 시안디자인 → 최종디자인

아이데이션	시안 제작을 위한 자료 수집	디자인 확정을 위한 시안 제작
• 키워드의 시각화를 위한 시안제작 준비 • 키 비주얼 아이디어 스케치	• 아이디어 시각화를 위한 자료 : 사진, 이미지, 일러스트레이션, 정보그래팩, 아이콘	• 시안 다양화를 위한 베리에이션 시안 • 디자인 확정을 위한 시각적 구체화 시안

② 시안제작 계획

 ㉮ 핵심 키워드를 바탕으로 콘셉트 구체화를 위한 아이데이션
 ㉯ 최종 결과물과 유사한 수준의 시안 제작용 이미지, 텍스트 자료 수집
 ㉰ 콘셉트를 구현하기 위하여 디자인 매체에 적용할 비주얼 모티프 개발
 ㉱ 콘셉트에 맞는 색채 계획
 ㉲ 시안 제작을 위한 판형을 기반으로 이미지와 텍스트 요소 배치

❼ 키워드를 통한 비주얼 모티브 개발

① 시안 제작을 위한 비주얼 모티프

 ㉮ 비주얼 모티프의 요건
  ㉠ 2차원적이고 간결한 형태와 다양한 색상을 가짐
  ㉡ 배치, 반복, 크기 대비, 구성의 다이내믹을 고려하여 시각적 확장성이 필요
 ㉯ 비주얼 모티프의 1차적 적용 방안
  ㉠ 모티프의 원래 형태를 유지하면서 다양한 변형을 가하는 것이 중요

ⓒ 반복과 크기 대비로 다양한 베리에이션을 적용

② **비주얼 모티프의 확장 적용**
- ㉮ 비주얼 모티프의 베리에이션 확장
  - ㉠ 비주얼 모티프가 콘셉트 이미지 자체로 사용됨
  - ㉡ 여러 개의 콘셉트 키워드를 적용하여 다양한 비주얼 모티프 개발
  - ㉢ 모티프를 분화하여 단일 콘셉트 이미지로 합체 및 재구성 가능
- ㉯ 비주얼 모티프 중심의 적용 방안
  - ㉠ 형태적 특성을 활용하여 다채로운 결합 가능
  - ㉡ 다양한 매체 커뮤니케이션을 위한 중심 이미지로 활용 가능

STEP 02 아트워크

❶ 아트워크 개요

① 아트워크 제작
- ㉮ 설정된 디자인 콘셉트에 맞게 준비된 시각 자료를 활용하여 창의적으로 디자인 이미지를 만들어 내는 과정
- ㉯ 매체별 특성을 고려하여 디자인 소프트웨어를 활용하여 콘셉트에 적합한 타이포그래피, 컬러, 레이아웃 등을 사용

② 결과물 특성에 따른 시안 제작
- ㉮ 다양한 형태의 시안디자인을 제작하여 클라이언트와의 커뮤니케이션을 원활히 함
- ㉯ 프로젝트의 규모와 결과물의 활용 행태에 따라 2차 시안을 통해 디자인을 심화

❷ 레이아웃(Layout)의 설정과 유형

① 레이아웃(Layout)의 개념
- ㉮ 다양한 요소들을 평면에 배열하여 시각적 구조와 정보를 배치하는 것
- ㉯ 디자인 매체나 콘셉트에 따라 다양한 레이아웃이 적용
- ㉰ 효과적인 시각적 커뮤니케이션을 위해 중요
- ㉱ 효과적인 레이아웃은 가독성, 조형성, 독창성이 조화를 이루어 사용자에게 정보를 명확하게 전달
- ㉲ 핵심 내용과 시각적 흐름이 최적으로 조화되어야 함

② 화면 레이아웃의 원리
- ㉮ 일관성
- ㉯ 집중과 분산
  - ㉠ 텍스트와 이미지 요소의 집중과 분산은 시선 이동과 주목성을 조절
  - ㉡ 집중된 요소는 밀도가 낮은 여백도 필요
  - ㉢ 분산된 요소는 여유로운 공간감을 형성
  - ㉣ 인근에 집중된 요소가 있으면 분산 효과가 높음
- ㉰ 위계적 구조 연출
  - ㉠ 텍스트와 이미지를 결합하여 체계적인 정보 구조를 형성
  - ㉡ 정보 기획에 따른 위계적 구조를 만들어 내는 것은 디자인 개발자의 역량
  - ㉢ 요소의 크기, 그룹핑, 위치, 색채 등을 조절하여 위계적 연출을 통해 정보 기능성과 심미적 요소를 고려
- ㉱ 스토리 진행형 구조 연출

㉠ 시각디자인 매체는 이미지와 텍스트를 다양한 형태로 배치하여 레이아웃을 구성
㉡ 사용자는 편집된 콘텐츠 구조와 연관된 정보의 흐름을 따라감
㉢ 레이아웃은 정보 요소와 시각적 요소를 결합하여 정보나 스토리를 파악할 수 있는 구조를 형성

③ 레이아웃의 유형

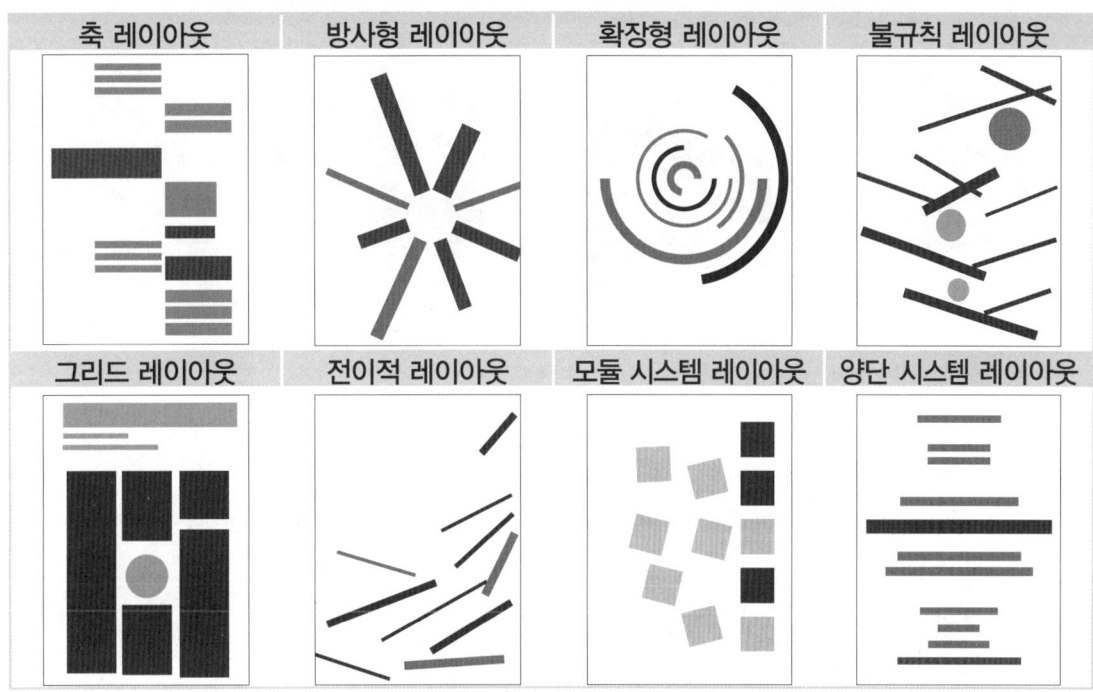

㉮ 축 레이아웃 : 정보 요소가 축을 중심으로 대칭적으로 정렬되어 주목성을 높임
㉯ 방사형 레이아웃 : 정보 요소가 한 점에서 방사형으로 트리밍되어 위치 변화를 연출
㉰ 확장형 레이아웃 : 정보 요소가 중심점 주위로 둥글게 퍼져 동심원의 불규칙한 분절을 통해 리듬감을 연출
㉱ 불규칙 레이아웃 : 요소가 불규칙하게 배치되어 시각적 다이내믹을 형성
㉲ 그리드 레이아웃 : 요소가 수평과 수직으로 일정하게 교차되어 매트릭스를 형성하여 규칙성 있는 배치
㉳ 전이적(transitive) 레이아웃 : 요소가 겹겹이 쌓여 있어 개방감을 형성하며 특정한 배치 질서가 없음
㉴ 모듈 시스템 레이아웃 : 요소가 여러 개의 기본 단위로 배치되어 있으며 규칙성을 나타내지 않음
㉵ 양단 시스템 레이아웃 : 요소가 축을 사이에 두고 대칭적으로 배치되어 있음

03 이미지 아트워크

❶ 디지털 이미지 최적화 방안

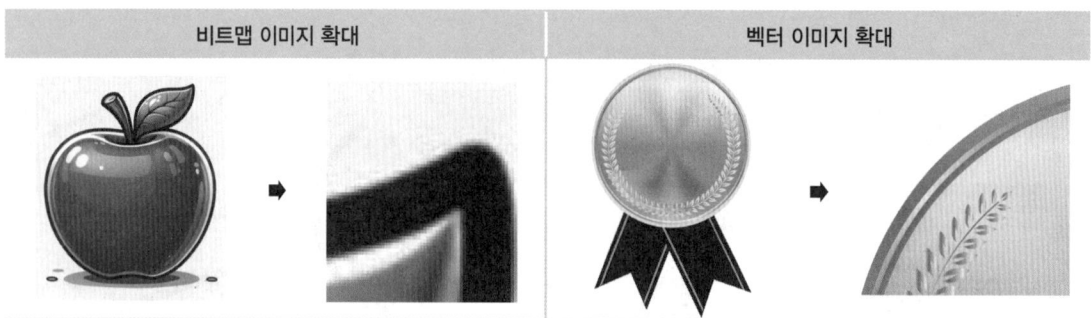

① 벡터 이미지(Vector image)
- ㉮ 선과 곡선값을 수학적 연산으로 계산하여 베지어 곡선으로 그림
- ㉯ 확대해도 이미지 품질의 손상 없음
- ㉰ 객체지향 이미지, 오브젝트 이미지, 포스트스크립트 이미지
- ㉱ 문자와 정교한 선을 그릴 때 유용
- ㉲ 심벌마크, 로고타이프, 문자, 캐릭터 개발에 사용
- ㉳ 비트맵에 비해서 명암과 색상이 부족
- ㉴ 프로그램 : 일러스트레이터, 코렐드로우, CAD 등

② 비트맵 이미지(Bitmap image)
- ㉮ 픽셀로 구성
- ㉯ 깊이 있는 색조와 부드러운 질감 표현 가능
- ㉰ 이미지의 크기에 따라 출력에 영향
- ㉱ 압축을 통해 해상도와 파일크기의 조절이 가능
- ㉲ 프로그램: 포토샵, 페인트샵 프로, 페인터 등

❷ 그래픽 파일 포맷

① 비트맵 포맷
- ㉮ JPG : 사진이나 그림 등을 저장하는 기술의 표준이며 1,600만 색상을 표시할 수 있어 고해상도 이미지의 저장이 가능
- ㉯ BMP : 마이크로소프트사에서 개발한 IBM 호환기종에서 사용 가능하도록 만든 비트맵 그림 파일이다. 다른 형식(jpg, gif 등)에 비해서 파일의 크기가 큼

- ㉰ PSD : 레이어, 알파채널, 패스 등을 모두 저장할 수 있는 포토샵 전용 파일 형식
- ㉱ GIF : 온라인 전송이 가능한, 용량이 적고 투명하며, 인터레이스, 애니메이션 지원이 가능한 포맷
- ㉲ PNG : JPG와 GIF의 장점만을 가진 포맷으로 투명성과 관련된 알파채널에서 향상된 기능을 제공
- ㉳ TGA : Truevision 사에 의해 개발된 그래픽 포맷으로 비손실 압축이 가능하다.
- ㉴ TIFF : 고해상도 출력, 이미지 스캐닝에 사용하는 포맷으로 PC와 매킨토시에서 호환되며 무손실 압축 방식으로 파일 용량이 압축 가능

② 벡터 포맷
- ㉮ EPS : 포스트스크립트를 이용하여 고품질 인쇄용 파일을 만드는 것으로 파일 용량이 큼
- ㉯ AI : 어도비 일러스트레이터에서 지원하는 형식
- ㉰ PDF : 아크로벳의 파일 형식으로 호환성이 좋고 디지털 출판에 적합
- ㉱ CDR : 코렐드로우에서 지원하는 형식

STEP 04 타이포그래피 아트워크

❶ 타이포그래피 아트워크의 개요

- 시각 커뮤니케이션 디자인에서 핵심적 역할을 담당
- 텍스트를 시각적 형태로 표현하여 정보와 콘셉트를 전달
- 서체의 조형적 특성과 시각적 연출을 통해 디자인 콘셉트를 표현
- 베리에이션, 캘리그라피, 이미지 결합 등 다양한 기법을 사용
- 아트워크 메시지를 명확하게 전달하며, 디자인 매체의 요건을 충족

① 타이포그래피의 기능적 요건

⑦ 정보 커뮤니케이션 방안
  ㉠ 타이포그래피는 타입페이스를 중심으로하여 메시지와 정보 전달에 영향
  ㉡ 배치, 크기, 레이아웃 등을 조절하여 메시지의 톤과 정보 전달 방식을 조정
  ㉢ 객관적인 사실 전달을 위해 정확한 아트워크가 필요
  ㉣ 감성적 요소 개입 시 타입페이스를 통한 감성적으로 연출

⑭ 매체별 요구 기능
  ㉠ 시각디자인 매체는 크기, 해상도, 접근성 등의 특성을 고려하여 타입페이스를 선택
  ㉡ 전달하고자 하는 대상에 따라 배치, 색상, 크기 등의 시각적 최적화 요소를 선택

㉰ 가독성(Legibility)과 판독성(Readability) 고려
  ㉠ 가독성은 서체와 디자인을 통해 이해를 쉽게 만드는 정도를 의미
  ㉡ 판독성은 특정 서체의 텍스트를 다른 텍스트와 구분하는 정도
  ㉢ 정보 전달력이 높은 서체는 우선적으로 가독성을 고려
  ㉣ 디자인 시안에서는 제목, 본문, 캡션 등을 가독성을 고려하여 서체를 선택
  ㉤ 자간이 너무 좁으면 정보 전달력이 약화되므로 적절한 공간을 유지

㉱ 주목성(Attractiveness) 조절
  ㉠ 타이포그래피를 사용한 아이덴티티 이미지는 주목성을 높이는 연출이 필요
  ㉡ 디자인 개발자는 창의적인 아이디어를 바탕으로 주목성을 높일 수 있는 방법을 시도하고 적용

㉲ 시인성(Visibility) 적용
  ㉠ 정보구조에서는 정보 요소의 시안을 보장하는 레이아웃이 필요
  ㉡ 시인성은 서체 형태, 컬러, 그룹핑 등의 시각적 요소와 관련
  ㉢ 큰 크기와 높은 밀도의 타입페이스, 명도와 채도의 차이가 클수록 시인성이 높음

② 타이포그래피의 심미적 요건

⑦ 구성 요소들과의 조화

- ㉠ 시각적 요소와의 조화가 필요
  - ㉡ 서체는 콘셉트와 일치하는 스타일을 고려하여 일관성 유지(많은 서체 사용 금지)
  - ㉢ 패밀리 서체를 활용하여 크기, 밀도, 배치, 컬러 등의 변화를 통해 창의적인 시각적 스타일을 구현
- ㉣ 콘셉트의 심미적 연출
  - ㉠ 정보 전달과 더불어 사용자에게 정서적인 효과를 줄 수 있음
  - ㉡ 시각적 요소와의 조화를 통해 심미적인 매력을 강조
  - ㉢ 서체의 조합과 메시지의 감성적 스타일을 고려하여 디자인 콘셉트를 연출

❷ 서체의 활용

명조체	고딕체	스크립트체
사랑해	사랑해	사랑해

① 서체의 분류
- ㉮ 세리프, 명조 계열 서체 : 양이 많은 단행본이나 보고서의 본문용 서체로 사용
- ㉯ 산세리프, 고딕계열 서체 : 명쾌하고 현대적인 느낌으로 인해 표지나 제목 등에 많이 사용하며 잡지나 브로셔 등에서는 본문용으로 사용
- ㉰ 스크립트 체(캘리그래피(Calligraphy)) : 손글씨와 같은 필기체 느낌의 서체

② 서체의 변화
- ㉮ 디자인 콘셉트와 아이덴티티에 부합하는 적절한 서체를 선택하는 것이 중요
- ㉯ 서체의 크기, 색상, 밀도 등을 조절하여 정보의 주목성과 위계를 설정
- ㉰ 다양한 서체 사용 시 산만해질 우려가 있으므로, 한 가지 서체로 통일감과 다양성을 구현할 수 있는 활자 가족을 활용
- ㉱ 원칙과 계획을 최적화된 활용 방안을 고려하여, 목적에 부합하는 효율적인 서체 활용

❸ 텍스트 요소 배치

① 글줄의 길이 조정
- 적절한 행 길이는 가독성, 이미지 조화, 사용자 특성을 고려
- 단어 수가 적으면 연속적 가독성이 낮고, 많으면 시선 이동이 커져 피로를 유발

왼쪽 정렬	오른쪽 정렬	양쪽 정렬	가운데 정렬
텍스트 요소 배치	텍스트 요소 배치	텍 스 트 요 소 배 치	텍스트 요소 배치

㉮ 정렬방식(왼쪽 정렬, 오른쪽 정렬, 양쪽 정렬, 가운데 정렬, 비대칭 정렬)
　㉠ 정렬 방식은 가독성에 영향을 미치며 특정 감정 전달, 개성 표현, 공간 표현 등에 영향
　㉡ 표지 : 제목과 간결한 내용이 자유롭게 배치
　㉢ 본문 : 전체 그리드에 따라 적절한 정렬 방식을 선택
㉯ 들여쓰기와 내어쓰기
　㉠ 정보의 가독성과 시각적 일관성에 영향
　㉡ 들여쓰기 : 각 단락을 구분하고 가독성이 높음
　㉢ 내어쓰기 : 각 단락을 독특하게 연출하여 정보의 인지를 높임

② **문장 단락 내 공간의 조절**
　• 텍스트와 이미지 요소의 조합으로 형성되며, 정보를 읽기 쉽게 만들거나 주목성을 강조
　• 화면 크기와 비율에 따라 텍스트 공간을 조절하여 정보와 공간을 조화롭게 배치
　• 타이포그래피는 자간과 행간을 조정하여 심미성과 기능성을 모두 충족
㉮ 자간의 조절 : 자간이 좁으면 문장의 가독성이 떨어짐
㉯ 행간의 조절
　㉠ 행간이 약간 넓으면 가독성이 높음
　㉡ 행간이 좁으면 연속적인 가독 속도를 떨어뜨림

STEP 05 컬러 아트워크

- 정보 전달과 콘셉트 구체화에 중요한 단계
- 매체의 콘셉트와 아이덴티티를 형성하고 이미지와 텍스트의 체계를 구축
- 매체의 특성을 이해하여 정보 구성과 이미지 연출을 계획

❶ 아트워크를 위한 컬러계획의 개요

① 컬러 아이덴티티 구축 계획 : 컬러 감성의 위치를 파악하기 위한 도구
② 정보구조 컬러 계획
③ 색의 면적에 의한 컬러 계획
④ 톤과 분위기 연출을 위한 컬러 계획

❷ 색의 대비와 조화를 위한 배색 적용

① 배색에 의한 콘셉트 연출
㉮ 배색은 두 가지 이상의 색을 조합하여 콘셉트를 나타내는 디자인 기법
㉯ 유사한 색과 대비되는 색을 사용
㉰ 디자인 아트워크의 콘셉트와 조형적 표현, 색의 비중, 사진 및 일러스트레이션, 서체의 색상 등을 고려하여 결정

② 배색의 권장 유형
㉮ 동일색 배색
　㉠ 일관된 톤으로 아이덴티티를 확립하고 안정된 감성 전달
　㉡ 너무 일정하면 메시지와 정보가 미약
㉯ 유사색 배색
　㉠ 안정적으로 연출할 수 있어 콘셉트를 명확하게 구현
㉰ 반대색 배색
　㉠ 메시지의 명확성을 강조하고 다이내믹한 감성 연출
　㉡ 과용하면 시각적으로 산만해짐
　㉢ 반대색을 배색하려면 톤과 명도 차이를 강하게 형성하는 것이 효과적

| 더 알고 가기 | 그래픽 배색을 위한 컬러 팔레트 구조 |

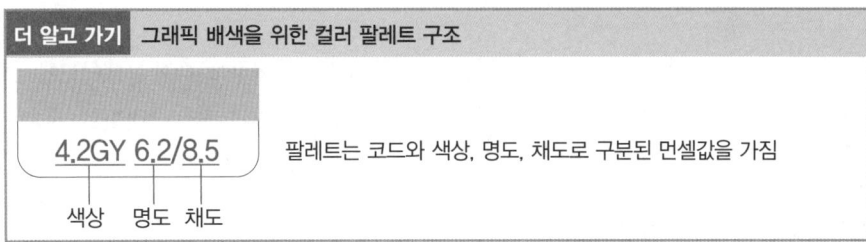

팔레트는 코드와 색상, 명도, 채도로 구분된 먼셀값을 가짐

STEP 06 베리에이션(변화)

❶ 인쇄매체 시안 베리에이션

- 시안 제작은 아이디어 스케치를 통해 구체화되는 단계로 여러 가지 시안이 필요
- 중심 시안을 기반으로 다양한 베리에이션을 제시하여 최상의 결과물을 도출

레이아웃 베리에이션		컬러 베리에이션		이미지 베리에이션	
A안	B안	A안	B안	A안	B안

① 베리에이션의 종류

  ㉮ 레이아웃 베리에이션

   ㉠ 중심이 시안을 바탕으로 이미지와 텍스트 요소의 배치를 부분적으로 변경

   ㉡ 시각정보의 인지를 위한 순서 재배열

  ㉯ 컬러 베리에이션

   ㉠ 중심이 시안의 레이아웃을 유지 한 상태에서 부분적 컬러나 주조색을 변경

   ㉡ 시각적 임팩트와 분위기를 연출 하는데 적합

  ㉰ 이미지 베리에이션

   ㉠ 중심이 시안을 바탕으로 이미지의 변형, 크기 변화, 중첩 응용 배치

   ㉡ 레이아웃별의 차이를 연출

❷ 사인시스템 시안 디자인 계획

① 사인시스템의 구분

  ㉮ 길찾기용 사인 : 안내하기 위해 유도사인, 위치 사인, 안내사인으로 구성되며, 직접적인 길찾기 정보를 제공

  ㉯ 정보고지사인 : 설명과 규제를 위한 정보를 제공하며, 생태정보나 행동 정보를 전달

  ㉰ 사용 기능성을 중시하며, 해당 단체나 기업, 장소의 아이덴티티를 고려하여 개발

② 사인시스템 개발을 위한 디자인 원칙

  ㉮ 쉽게 이해하고 행동할 수 있는 정보 제공

- ④ 시공되는 공간환경과 시각적 조화가 이루어야 함
- ④ 색채와 텍스트 정보는 정보 인지, 차별성, 심미적 임팩트를 높일 수 있는 핵심
- ④ 단일색 선정과 배색 계획이 사인의 가치를 높일 수 있도록 고려되
- ④ 길찾기 기능 강화를 위해 인지성, 예측성, 일관성, 확장성, 심미성 등의 요소를 충족(정보 요소의 일관성 중요)

③ 사인 정보요소 디자인 원칙
- ㉮ 사인의 정보는 색채, 문자, 그래픽 요소로 구성
- ㉯ 색은 플레이트의 주조색, 정보의 보조색, 강조색으로 구성
- ㉰ 기업과 장소의 사인에 일관성을 부여
- ㉱ 주조색, 보조색, 강조색은 사인의 유형과 공간 특성에 맞게 조합

④ 주요 사이니지의 정보요소 적용 지침
- ㉮ 종합안내사인 : 건물 입구에서 사용자가 처음 만나며, 층별 배치와 동선 정보를 제공
- ㉯ 층별 안내사인 : 각 층의 배치와 각 실의 위치를 통합 정보로 제
- ㉰ 유도사인 : 목적지로의 신속하고 편리한 이동을 위한 방향 안내를 제공
- ㉱ 명패 사인 : 도착지의 위치 정보를 즉시 확인할 수 있음

LESSON 04 시안 디자인 개발 응용

STEP 01 시안 개발 응용

❶ 시각화를 위한 정보와 그래픽의 관계
① 정보를 시각화하여 명확하게 이해할 수 있도록 전달
② 이미지와 텍스트, 다양한 다이어그램 활용
③ 정보그래픽은 정보의 양과 구조, 인쇄 매체에 따라 다양한 형태로 제작
④ 디자인 콘셉트와 정보구조에 맞는 다이어그램을 제작하여 정량적 데이터와 정성적 텍스트를 명확하게 시각화
⑤ 데이터 수집과 정리를 통해 필요한 정보를 선별 후 구조화된 형태로 제공
⑥ 의미 있는 정보 구조를 시각화하여 제공

❷ 정보데이터 유형
① 사실(Facts) : 설명이 없어도 이해 가능하도록 명료한 형태로 표현
② 개념(Concepts) : 대상의 이해를 돕기 위해 형태 및 텍스트로 간단하게 표현
③ 절차(Procedures) : 진행과정을 쉽게 알 수 있는 연속적 형태로 표현
④ 원리(Principles) : 구조의 작동 원리 및 진행과정을 간단한 형태로 표현
⑤ 이야기(Stories) : 이야기 전개 상황을 시각화 해서 간단 명료한 구조로 표현

❸ 정보그래픽 다이어그램 시안 개발 단계
- 정보그래픽은 다이어그램으로 표현하며, 데이터의 특성과 양에 따라 시각적 조화를 연출하여 기본 구조체를 구성

① 정보의 시각화 아이데이션 단계
　㉮ 데이터를 체계화하고 시각화 방안을 스케치하여 적절한 구조를 도출
　㉯ 보이지 않는 축을 형성하여 이를 기반으로 정보를 전개하므로 정보 축을 설정
　㉰ 정보 형태소를 계열화하기 위한 배치를 진행

② **정보 단위로서 비주얼 모티프 제작 단계**
  ㉮ 매체의 특성과 시각화 방식에 맞춰 체계적으로 정보 형태소를 반복하여 제작
  ㉯ 해당 모티프를 구체화하여 아이콘 및 그래픽을 제작

③ **비주얼 모티프의 연출 정교화 단계**
  ㉮ 다이어그램을 매체의 디자인 콘셉트에 맞게 연출
  ㉯ 컬러(색상, 명도 사이의 연관성, 간격, 톤 등)를 활용하여 정보의 그룹핑과 위계를 시각화하고 정보컬러 체계를 적용

④ **다이어그램 시안 제작 단계**
  ㉮ 구조와 컬러를 다양하게 베리에이션하여 시안을 제작
  ㉯ 완료된 다이어그램 시안으로 정보체계를 명확히 파악할 수 있는지 검토

❹ 스토리

- 정보그래픽은 데이터 간 연결, 정보요소의 유형화 등을 통해 시각화 하는 작업
① 선형적 스토리 구조 : 아이콘의 단순한 연결 구조를 이루어 정보의 단계 및 실행 방법을 파악 가능
② 위계적 스토리 구조 : 계열화된 시각정보 요소가 트리 구조를 형성하여 전체정보의 위계와 구조를 명확하게 파악
③ 유기적 스토리 구조 : 인과관계에 의해 불규칙하게 연결된 구조로, 상호 연결되어 역동적 정보요소 관계를 파악

❺ 이미지

- 이미지는 디자인 콘셉트를 담고 있으며, 메시지 전달과 감성적 경험을 위한 중요한 요소이며, 배치된 위치와 크기에 관계없이 의미를 전달하고 소통하는 역할

① **즉시적(Iconic) 이미지**
  ㉮ 표현된 이미지와 담고 있는 의미가 동일한 상태
  ㉯ 제품에 신뢰감과 명확한 정보 전달(광고와 패키지 디자인)

② **상징적(Symbolic) 이미지**
  ㉮ 표현된 이미지와 의미가 별개
  ㉯ 사회적 관습이나 문화적 학습에 기반하여 의미를 유추하기 위해 사용

③ **지시적(Index) 이미지**
  ㉮ 이미지가 특정 의미를 지시하는 역할
  ㉯ 의미와 지시 대상 간의 관계를 형성하
  ㉰ 광고나 포스터에서 주로 사용

❻ 스토리 중심의 이미지 적용

① 시점 중심의 이미지 전개

㉮ 원근 시점

㉠ 이미지나 일러스트레이션의 시각적 효과를 형성하는 방식 중 하나

㉡ 대상체의 두께와 거리감을 경험할 수 있는 시점으로, 원근법을 활용하여 구현

㉢ 르네상스 시대부터 유럽 미술에서 사용되어 왔으며, 관찰자의 시선을 중심으로 대상을 조망하거나 소유하고자 하는 욕망이 내재

㉣ 공간감을 형성하여 몰입감을 높임

㉤ 이미지의 공간적 위계를 나타내고, 소실점과 시선과의 거리에 따라 깊은 공간을 표현

㉯ 평면적 시점

㉠ 이미지 대상의 정면만을 나타내며, 두께와 거리감을 경험할 수 없는 시점

㉡ 주로 대상체에 담긴 내용을 설명하거나 존재감을 부각시키기 위해 사용

㉢ 시각적 효과보다는 대상의 내용과 표현에 집중

㉣ 보는 사람에게 이미지 정보에 대한 신뢰감을 제공함

② 이미지의 내용(Contents)와 표현(Expression)의 층위

㉮ 내용과 표현이 유사한 이미지

㉠ 광고나 패키지 매체 등에서 제품 정보를 전달할 때 주로 사용

㉡ 내용과 표현이 유사하여 스토리와 직접적으로 연결

㉯ 내용과 표현이 상이한 이미지

㉠ 광고나 책 표지, 포스터 등에서 사용

㉡ 내용과 표현이 상이하여 해석에 여지가 있음

❼ 시안 제작 마무리

① 출력하여 점검

㉮ 용지의 종류와 크기 선택

㉯ 해상도와 컬러 확인

② 시안 출력물 가공

㉮ 단면 시안 : 포스터, 광고, 아이덴티티 기본, 라벨 등

㉯ 양면 시안 : 페이지 구성물(리플릿, 브로슈어, 책자 등)

㉰ 입체구조 시안 : 접지, 재단선 필요(지기구조 패키지, 쇼핑백, POP 광고)

STEP 02 아트워크 응용

❶ 디자인 개발 전개

① 브랜드 아이덴티티 시안 제작 사전 단계

• 클라이언트의 요구사항 파악 • 시장 조사, 트렌드 조사, 사용자 조사 • 브랜드 포지셔닝 파악	➡ • 시각화를 위한 핵심 키워드 도출 • 시각적 콘셉트 설정 • 브레인 스토밍, 아이데이션 • 썸네일 및 러프스케치로 비주얼 모티프 개발	➡ • 핵심 심벌마크와 로고타입 디자인 및 다수의 시안 제작 • 브랜드 아이덴티티 시안의 다각화와 계열화(아이덴티티 컬러, 전용서체)

② 브랜드 아이덴티티 시안의 다각화와 계열화

㉮ 다각화의 필요성
  ㉠ 브랜드 아이덴티의 다양한 심벌과 로고타입 제작에는 광범위한 시안이 필요
  ㉡ 비주얼 모티프와 핵심 키워드의 융합된 시안용 모티프 제작

㉯ 계열화의 중요성
  ㉠ 디자인 콘셉트를 체계적으로 적용
  ㉡ 시안의 체계적 계열화 방안을 활용

③ 브랜드 아이덴티 베이직 시스템 구성

㉮ 심벌마크, 로고타입의 베이직 시스템은 브랜드 콘셉트의 시각적 상징
㉯ 브랜딩 어플리케이션에 일관성 부여하여 매체별 사용성을 최적화

❷ 브랜드 심벌(Symbol) 개발

① 심벌(Symbol)의 개요

㉮ 브랜드의 강력한 시각적 표현으로 사용되며, 의미, 철학, 비전, 차별화된 특성 포함
㉯ 사용자와 소비자의 관여가 필요하며, 최종안을 결정하기 위해 비주얼 콘셉트를 반영한 다수의 시안 제작이 필요

② 심벌(Symbol)의 스타일 트렌드

• 기존에는 간결하고 기하학적인 형태가 주를 이룸
• 최근에는 아이덴티티의 정의와 시각적 표현의 확장으로 다양한 형태와 색채 스타일이 등장

㉮ 연결, 오버랩 유형 심벌 스타일
  ㉠ 단순한 형태소가 연결되고 오버랩되어 평면적 심벌에 깊이를 부여

- ⓒ 디지털 시스템 개발과 서비스 기업에서 사용
- ㉯ 심플, 미니멀 유형 심벌 스타일
  - ㉠ 간결하고 표준화된 형태
  - ㉡ 현대적이고 최신의 서비스와 브랜드 비전
- ㉰ 유기적, 다이내믹 유형 심벌 스타일
  - ㉠ 기하학적인 형태뿐만 아니라 유기적이고 다이내믹한 형태를 선호하는 경향
  - ㉡ 미래 비전을 담은 ICT 브랜드에서 많이 사용

③ **심벌 형태 베리에이션을 위한 제작 도구**
- ㉮ 형태 제너레이터의 유용성
  - ㉠ 콘셉트 키워드를 이용한 다양한 심벌을 개발하기 위해 형태 베리에이션 도구를 활용
  - ㉡ 'Simplicity'와 'Flexibility' 키워드는 브랜드 아이덴티티를 위한 다양한 시각적 스타일을 제공
- ㉯ 형태 제너레이터의 생성 구조
  - ㉠ 핵심 키워드의 병렬을 통한 수평 축 배치 : 두 개의 서로 다른 키워드를 선택하여 이를 표현하는 기본 형태를 만들고 수평 축으로 배치
  - ㉡ 키워드를 시각화하기 위한 기본 형태 대입 및 융합 형태 생성 : 'Simplicity'와 'Flexibility' 키워드를 간결한 비주얼 모티프를 제시하고, 융합 방식을 통해 다양한 형태로 전개

Diffusion, Hub 스타일 적용 예시	• 미래지향적인 브랜드 아이덴티티로 구체화 • 첨단 산업의 기술 확산과 집합의 개념을 메타포화
Incubate, Repetition, reflect, Shear 스타일 적용 예시	• 브랜드 아이덴티티에 다양한 형태 속성을 제공 • 중첩, 반복, 반사, 변형 등의 방안을 통해 구체화
Fusion 스타일 적용 예시	• 서로 중첩하거나 확산, 융합되는 다양한 브랜드 아이덴티티의 베리에이션으로 구체화

❸ 브랜드 로고타입(Logotype) 개발

① **로고타입(Logotype)의 개요**
- ㉮ 기업이나 제품의 시각적 아이덴티티를 나타내는 워드마크
- ㉯ 브랜드 명칭을 단순화하여 시각적으로 연상 가능
- ㉰ 브랜드 심벌과 함께 브랜드의 상징적 이미지를 형성하며, 소비자에게 노출됨으로써 인지도와 선호도를 증진
- ㉱ 로고타입 개발의 두 가지 역량
  - ㉠ 브랜드 퍼스널리티에 맞는 가독성, 주목성을 높이는 서체 디자인
  - ㉡ 심벌과의 조화를 이루는 시각적 아이덴티티로 심미적 형태감을 조성

② 로고타입의 활용 요건
- 경쟁브랜드와 차별로 가독성과 식별성을 전달하여 신뢰감 형성
㉮ 사용자 측면
  ㉠ 긍정적인 브랜드 이미지 형성
  ㉡ 차별화된 형태의 친근감
  ㉢ 일관성 있는 시그니처 형태의 어플리케이션 노출
㉯ 기업 측면
  ㉠ 기업의 가치와 내재된 의미를 명확히 전달
  ㉡ 다양한 어플리케이션에서 일관된 이미지로 사용할 수 있도록 개발

❹ 브랜드 아이덴티티 시그니처(Signature) 개발

① 로고 시그니처(Logo signature)
㉮ 로고 시그니처 개요
  ㉠ 심벌, 로고타입, 슬로건을 규칙에 따라 조합한 형태를 의미
  ㉡ 가로형과 세로형 조합을 기본으로 다양한 크기와 조합으로 구성
㉯ 로고 시그니처 구성 요건
  ㉠ 심벌과 로고타입이 융합되어 심미성과 가독성을 고려한 조합 공간을 형성
  ㉡ 일관된 비율을 유지(가시성, 가독성 고려 최소 사이즈 : 5~20mm 사이)
  ㉢ 어플리케이션의 레이아웃과 시각적/텍스트적 공간을 고려하여 적절한 크기로 적용
  ㉣ 임의 변형을 방지하기 위해 정비례로 축소/확대하여 사용

❺ 브랜드 전용색상

① 전용색상의 규정
㉮ 심벌과 로고타입은 브랜드의 아이덴티티를 형성하는 데 중요한 역할
㉯ 베이직 시스템에 적용되는 컬러를 통해 일관된 분위기와 동질감을 창출
㉰ 브랜드의 전용색은 비즈니스 분야를 지시하고, 기업의 미션과 비전을 상징화
㉱ 메인컬러(주조색), 서브컬러(보조색), 강조컬러 등으로 구성
㉲ 컬러 아이덴티티의 확보와 브랜드 이미지 전달의 왜곡 방지를 위해 색상의 관리 필요
㉳ 워드마크의 오용 방지를 통해 브랜드 이미지를 보호

② 전용색상의 영역
㉮ 메인컬러(Main color : 주조색)
  ㉠ 메인 컬러는 CI/BI의 핵심이며, 로고 및 심벌에서부터 어플리케이션까지 널리 사용
  ㉡ 브랜드의 아이덴티티와 연관되며, 사용자들에게 브랜드와의 동일성을 전달

     ㉢ 색상 및 정보적 기능을 함축하지만, 동시에 브랜드의 독특한 색상 포지셔닝을 강조
     ㉣ 컬러 선택은 클라이언트와 이해관계자들의 의견과 합의해야 함
  ㉯ 서브컬러(Sub color : 보조색)
     ㉠ 브랜드 아이덴티티를 확장하는 역할
     ㉡ 보조적인 의미와 역할을 수행하며 3~5개 정도로 그룹화된 컬러
     ㉢ 다양한 어플리케이션 정보 기능을 제공
  ㉰ 강조컬러
     ㉠ 아이덴티티 컬러
     ㉡ 작은 면적에 적용되지만 고채도 경향이 있어 주목성이 높음

❻ 브랜드 전용서체

① 전용 서체의 브랜딩 활용
  ㉮ 전용 서체는 상징적이고 활용도가 높아 대내외 커뮤니케이션에 활용
  ㉯ 브랜드의 시각적 아이덴티티를 구축하는 요소이며, 각종 어플리케이션을 통해 지속적으로 확산
  ㉰ 무료 배포로 인해 일반 브랜드 효과가 있음
  ㉱ 브랜드 아이덴티티 왜곡 문제를 해결하기 위해 전용 서체의 관리 체계가 필요

② 전용 서체의 개발 범위
  ㉮ 기업 브랜드 아이덴티티에 기반하여 새로 개발하거나 기존 폰트 중에서 선정하여 사용
  ㉯ 개발에는 시각디자인 개발자와 다양한 구성원의 참여와 총체적인 시스템 구축이 필요

STEP 03 비주얼 모티프 확장을 통한 시안 제작

❶ 비주얼 모티프의 개발 및 응용

① 브랜드 심벌을 위한 비주얼 모티프(Visual motif)의 활용
- ㉮ 기업 코퍼레이트 아이덴티티와 브랜드 아이덴티티 개발은 심벌과 로고타입을 활용한 시각적 정체성을 구축하는 디자인 작업
- ㉯ 아이덴티티를 유지하기 위해서는 어플리케이션에 적용되는 로고타입 시그니처가 일관된 형태를 유지
- ㉰ 플렉서블 아이덴티티가 부상하여, 고정된 심벌 대신에 일시, 상황, 조직, 브랜딩 유형에 따라 변화
- ㉱ 브랜드 아이덴티티 디자인은 그래픽 모티프를 중심으로 다양한 심벌 베리에이션을 고려하여 시안을 제작

② 비주얼 모티프를 바탕으로 한 그래픽 모티프(Graphic motif) 시안 개발
- ㉮ 형태 제너레이터를 활용하여 심벌의 기초가 되는 비주얼 모티프를 추출
- ㉯ 브랜드 베이직 시스템에서는 전용 색상, 전용 서체와 함께 그래픽 모티프를 개발
- ㉰ 그래픽 모티프는 다양한 어플리케이션에 적용되는데, 비주얼 모티프와 구분
- ㉱ 비주얼 모티프를 활용하여 그래픽 모티프를 개발하는 과정은 디자인 콘셉트 추출부터 시안디자인까지의 단계로 진행
  - ㉠ 1단계 : 디자인 콘셉트 추출을 통한 핵심 키워드의 시각화 방안을 아이데이션
  - ㉡ 2단계 : 아이디어 스케치 중 브랜드 아이덴티티로서 통합성과 플렉서블 형태로 전개할 수 있는 스케치를 선정하여 정교화
  - ㉢ 3단계 : 그래픽 모티프 형태 이미지를 시안디자인으로 개발
- ㉲ 비주얼 모티프는 브랜드 아이덴티티뿐만 아니라 시각적 아이덴티티와 크리에이티브 구현을 위한 요소로 활용

❷ 플렉서블 아이덴티티 개발 및 적용

① 플렉서블 아이덴티티의 등장
- ㉮ 변화하는 미디어 환경에서 소비자와 적극적으로 소통하기 위해 필요
- ㉯ 가변성을 가진 아이덴티티로, 핵심 메시지를 유지(통일성)하면서도 변화에 대응(유연성)
- ㉰ 유연성은 사용자와의 상호작용과 같은 경험적 요소도 고려

② **플렉서블 아이덴티티의 가변적 특성**

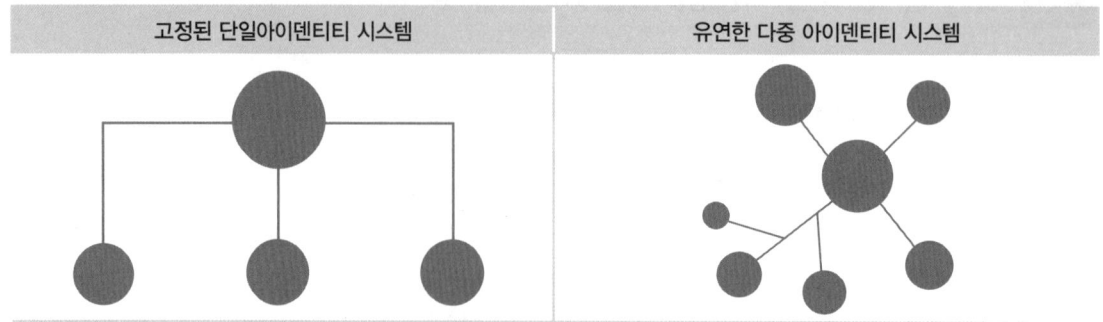

㉮ 구성요소들이 상호연관을 유지하면서 변형되거나 다른 이미지를 사용하여 유연성을 유지
㉯ 스토리 설정 시 시·공간의 변화 가능
㉰ 심벌마크는 독립적으로 사용되거나 로고타입 및 그래픽 모티브와 조합하여 다양한 이미지로 활용
㉱ 유연성은 시각적 요소들의 조건에 따라 변화할 수 있음

③ **플렉서블 아이덴티티의 표현 유형**
㉮ 내적 유연성
  ㉠ 심벌마크의 외형을 일관된 요소로 유지(아이덴티티 통일성 유지)
  ㉡ 내부의 색상, 패턴 및 이미지 등을 변화시켜 동적인 아이덴티티를 형성
㉯ 외적 유연성의 표현
  ㉠ 외적 유연성은 심벌의 형태를 단일 형태로 규정하지 않고 상황에 따라 다양하게 변화할 수 있도록 함
  ㉡ 플렉서블 아이덴티티는 어플리케이션이나 브랜드 매체가 확장됨에 따라 아이덴티티 표현 범위를 넓힘
  ㉢ 아이덴티티 유지를 위해 시각적 일관성 유지 필요
  ㉣ 고정된 위치에서 노출되면 형태가 변해도 동일한 아이덴티티로 인식됨
  ㉤ 외적 유연성은 배치에 의한 변화의 폭이 넓고, 작은 크기로도 다양성을 명확하게 인지할 수 있음
㉰ 동적 유연성의 표현
  ㉠ 심벌마크의 연속성과 운동성을 갖는 요소에 색채, 형태, 질감, 리듬, 방향 등을 포함한 빛, 운동, 공간 등을 변형시켜 적용
  ㉡ 브랜드 어플리케이션에서 영상 매체에 효과적으로 적용
  ㉢ 내적 형태 변화와 외적 형태 변화를 모두 포함
  ㉣ 그래픽 모티프는 조합이나 분해를 통해 다양한 형태로 확장(베리에이션 응용폭 확장)

STEP 04 베리에이션 완료하기(편집 디자인)

❶ 브랜드 아이덴티티 베리에이션(Brand identity variation)

① 단일 판형 레이아웃
- ㉮ 콘셉트를 중심으로 핵심 이미지를 배치
- ㉯ 메시지의 정보 구조에 따라 이미지와 텍스트 요소가 시각적으로 조화
- ㉰ 소비자나 사용자에게 콘셉트와 정보를 간결하고 명확하게 전달

② 편집 판형 레이아웃
- ㉮ 다중 페이지 매체(브로슈어, 책자)의 레이아웃은 일관된 시각적 아이덴티티가 필요
- ㉯ 페이지를 순차적으로 경험하므로 주목성과 가독성이 필요
- ㉰ 체계적인 레이아웃은 정보의 연속성과 일관성을 유지하여 다음 페이지의 내용이 예측 가능
- ㉱ 정보의 종류가 변경되는 부분은 일관성을 유지하며 아이콘, 컬러, 그래픽을 변경하여 차별화된 경험을 제공

❷ 레이아웃을 위한 그리드(Grid) 확장

① 그리드(Grid)의 개요
- ㉮ 정보 요소를 배치하기 위한 가이드라인 역할을 하는 레이아웃 시스템
- ㉯ 텍스트와 이미지 등을 가독성을 높이기 위해 구조화하고 배치
- ㉰ 단행본은 보통 1단 그리드, 일부는 2단 그리드를 사용
- ㉱ 잡지와 브로슈어는 얀 치홀트(Jan Tschichold)의 다단 그리드를 활용
- ㉲ 그리드 면적의 레이아웃을 위해 연접한 칼럼을 조합하거나 면적을 변형

> **더 알고 가기** 얀 치홀트(Jan Tschichold)의 편집디자인 3가지 기본 방향
> ① 기능적인 타이포그래피 : 장식을 배제하고 정보 중심의 타이포그래피
> ② 비대칭 타이포그래피 : 비대칭한 배치를 통해 시각적인 생동감과 질서를 표현
> ③ 강한 대비 효과의 타이포그래피 : 크기, 밝기, 조형적 원칙을 활용하여 텍스트 가독성을 강조

② 그리드(Grid)의 베리에이션 유형
- ㉮ 배경이미지 활용 베리에이션
  - ㉠ 배경 이미지를 사용하여 전체 편집면에 텍스트와 이미지를 배치하여 주목성을 높이거나 특정 콘텐츠의 시작을 강조
  - ㉡ 배경 이미지는 텍스트와 정보 요소의 가독성을 유지하기 위해 색상과 명도 대비를 조절하여 완화

ⓒ 배경 이미지 위에 배치된 텍스트는 폰트 크기를 1~3포인트 크게하여 가독성을 확보

㉯ 그리드 컬럼의 면적 대비 활용 : 텍스트는 그리드에 따라 면적 비율을 다양하게 조절

③ 그리드의 창의적 변형 사례

- 다양한 형태로 변형하여 텍스트 구조를 바꿈
- 텍스트 속성을 사용하여 반복되는 지루함을 줄이면서도 가독성을 유지
- 편집 레이아웃의 다양성을 확대

㉮ 1단 그리드 변형 : 텍스트 판면을 독특하게 만들어 심미성과 접근성을 높임

㉯ 꼴라주 형식의 자유 그리드 : 텍스트와 이미지를 자유롭게 배치하여 심미성을 높이고, 텍스트에 역동성을 부여

㉰ 복합적 자유 그리드 : 다양한 그리드를 혼합하여 다채로운 판면을 만듦

㉱ 기하학적 자유 그리드 : 기하학적 형태를 활용하여 가독성을 유지하면서 구조적이고 리듬감 있는 판면을 구성

❸ 편집디자인 시안 베리에이션

① 편집디자인을 위한 이미지 자료 수집 : 텍스트 요소와 이미지 요소의 자료를 수집

② 문서 포맷과 그리드 설정

㉮ 편집디자인 작업은 편집 전문 소프트웨어에서 새 문서를 만들어 시작

㉯ 새 문서는 기본 그리드를 이용하여 텍스트와 이미지를 배치하여 일관성 있고 시각적으로 조직된 결과물을 얻음

㉰ 여러 그리드가 필요한 경우에는 각각을 마스터페이지로 만들고, 동일 문서 내에서는 판형을 다르게 설정하지 않음

㉱ 그리드 설정 시 텍스트 양과 이미지 콘셉트에 맞게 적절한 여백을 설정

③ 마스터페이지 설정

㉮ 마스터페이지 : 작업 시간을 단축하고 통일감 있는 디자인을 유지하는 데 도움

㉯ 레이아웃 작업 : 여러 페이지에 걸쳐 실행되는 쪽 번호, 면, 로고 등의 요소들을 일괄적으로 설정·수정 가능

㉰ 문서 생성 시 기본 마스터가 만들어지며, 추가 마스터를 마스터 패널을 통해 생성

㉱ 마스터페이지는 패널을 통해 관리·설정

④ 편집 및 타이포그래피 실행

㉮ 편집 소프트웨어를 사용하여 레이아웃 설계 시 디자이너의 타이포그래피 역량과 시각적 크리에이티브 경험이 중요

㉯ 텍스트의 스타일 설정과 색상 적용은 편집의 시각적 기반을 형성

㉰ 디자인 콘셉트에 맞는 이미지와 텍스트 배치의 다양한 시도가 필요

STEP 05 베리에이션 완료하기(B시안)

❶ 브랜드 아이덴티티 베리에이션(Brand identity variation)

- 브랜드 아이덴티티는 심벌마크, 로고타입, 시그니처이며, 브랜드 커뮤니케이션을 위한 다양한 어플리케이션에 적용 가능
- 브랜드 어플리케이션은 확장 가능하며, 사용자(소비자)를 위한 일관성 있는 브랜딩 서비스를 제공하는 것이 목표
- 브랜드 아이덴티티의 확장을 위해 그래픽 모티프의 창의적인 활용과 유연한 베리에이션 추구
- 주요 이미지 소스는 그래픽 모티프와 아이콘 세트를 활용

① 그래픽 모티프를 적용한 브랜드 어플리케이션
㉮ 그래픽 모티프는 심벌마크와 로고타입과 유사한 형태
㉯ 기업과 브랜드의 주요 이미지와 아이덴티티를 나타내는데 사용
㉰ 시그니처와 조화를 이루며 브랜드의 일관성과 신뢰 강화
㉱ 사용자에게 감성적·심미적 경험 제공

② 아이콘 세트를 적용한 브랜드 어플리케이션
㉮ 시각디자인에서 널리 활용되며, 적용성과 확장성이 뛰어남
㉯ 사용자와의 접점 비중이 높음
㉰ 텍스트 정보를 명확하게 전달하고 그룹 인덱스로 활용
㉱ 대형 브랜드에서는 아이콘 세트를 개발하여 제공
㉲ 다양한 어플리케이션에 유연하게 적용
㉳ 정보를 유형화하고 메시지에 대한 인덱스 역할

❷ 아이콘 이미지 제작

① 아이콘 이미지 개요
㉮ 간결한 형태의 이미지로, 시각커뮤니케이션에서 의미를 지시하고 암시하는 역할
㉯ 다양한 매체에서 공통적으로 의미를 전달하고 소통

> **더 알고 가기** 아이콘의 기호학적 범위
> - 퍼스의 기호학 이론에서는 이미지를 도상적(Iconic), 상징적(Symbolic), 지시적(Index) 이미지로 구분
> - 시각디자인에서는 아이콘은 정보 인덱스로서 세 가지 역할을 모두 수행

② 아이콘 적용의 장점
　㉮ 정보 및 의미전달 측면
　　㉠ 간결한 형태로 정보를 직관적으로 전달
　　㉡ 복잡한 정보를 이해하기 쉽게 함
　　㉢ 정보 그룹핑을 위해 아이콘이 사용되므로 시안 제작 시 아이콘 세트를 적용
　㉯ 아이덴티티 구현 측면
　　㉠ 그래픽 모티프와 아이콘 시스템을 포함하여 아이콘(필토그램) 이미지 사용
　　㉡ 브랜드 아이덴티티를 확장하기 위한 일관된 시각적 아이덴티티 계획에 의해 실행

③ 아이콘 적용 매체 영역별 고려사항
　㉮ 편집 디자인을 위한 아이콘 세트
　　㉠ 단행본, 소개 책자, 브로슈어 등의 디자인에 사용
　　㉡ 사용자들이 쉽게 정보에 접근할 수 있음
　　㉢ 다양한 스타일과 범위를 가지며, 평면으로 간결하고 볼드한 라인 처리가 트렌드
　㉯ 온라인 매체에 사용되는 아이콘
　　㉠ 해상도 조절이 중요
　　㉡ 웹 페이지나 온라인 솔루션 GUI에 적합한 크기로 조정

❸ 아이콘 베리에이션(Icon variation)

① 아이콘 베리에이션을 위한 원칙
　㉮ 아이콘 스타일의 일관성 부여
　　㉠ 각 아이콘은 직관적으로 인식할 수 있는 시각적 일관성을 가져야 함
　　㉡ 일관된 색상과 형태를 유지하여 정보의 구분을 용이하게 해야 함
　㉯ 아이콘 형태와 색채의 시각적 평준화 적용
　　㉠ 각 아이콘의 형태와 색상은 정보의 구분을 위해 일관성 있게 조절되어야 함

② 아이콘 스타일 트렌드
　㉮ Flat 경향 아이콘 : 입체감이 줄어들고 의미를 직관적으로 표현
　㉯ Line 경향 아이콘 : 간략하고 라인 위주의 표현으로 가독성과 친근성이 강조(모바일 환경)
　㉰ 3D 경향 아이콘 : 입체적인 형태로 정보를 내포하며 주목성 높음
　㉱ 사실감 경향 아이콘 : 사실적인 표현을 통해 쉽게 이해할 수 있는 아이콘

LESSON 05 조색

STEP 01 목표색 분석 및 색 혼합

❶ 먼셀(Munsell) Color System의 색채 삼속성

먼셀(Albert H. Munsell)이 색을 삼속성으로 분류하고, 기호와 숫자로 체계화

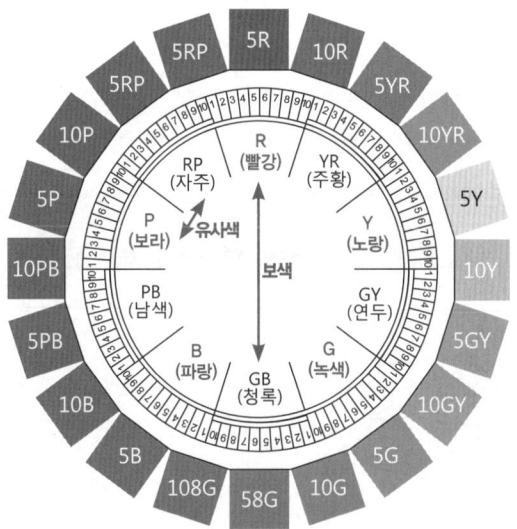

[먼셀 20색상환]

① 색상(Hue)

  ㉮ 한국산업규격(KS)으로 사용

  ㉯ Hue의 약호인 H로 표기

  ㉰ 기본색상 : 빨강(R), 노랑(Y), 초록(G), 파랑(B), 보라(P)

  ㉱ 중간색상 : 주황(YR), 연두(GY), 청록(BG), 청보라(PB), 자주(RP)

  ㉲ 10색상의 순서 : R, YR, Y, GY, G, BG, B, PB, P, RP

  ㉳ 10색상을 시각적으로 등간격이 되도록 10등분하여 100색상까지 표현 가능

  ㉴ 기준이 되는 색상을 5로 표기(빨강의 기준 색상은 5R)

⑨ 유사색 : 색상환에서 가까운 곳에 위치

㉚ 보색(반대색) : 색상환에서 반대에 위치

② 명도(Value)

[그레이스케일]

㉮ Value의 약호인 V로 표기

㉯ 물체의 밝고 어두움을 나타낸 속성

㉰ 0~10까지 11단계

㉱ 수치가 높을수록(고명도) 밝고 수치가 낮을수록(저명도)

㉲ 재현이 가능한 물체색의 실제 명도는 N1.5~N9.5

㉳ N0, N10인 흑색과 백색은 실존하지 않음

③ 채도(Chroma)

㉮ Chroma의 약호인 C로 표기

㉯ 무채색은 0, 최고채도는 14

㉰ 중심인 무채색 축에서 바깥쪽으로 멀어질수록 채도가 높아짐

㉱ 무채색을 0으로 하여 순색까지 최고 16단계로 표기

㉲ 숫자가 높을수록 선명(고채도)하고 숫자가 낮을수록 탁(저채도)함

④ 색 입체 : 색상, 명도, 채도를 조합하여 색의 체계를 입체로 표현

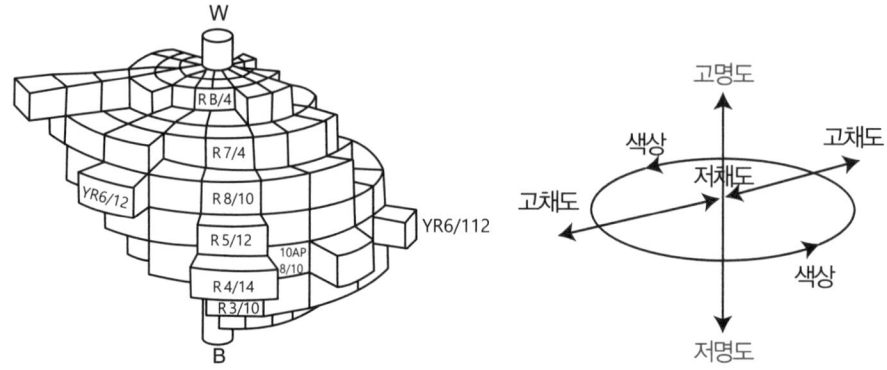

㉮ 세로의 중심축은 명도, 위로 올라갈수록 고명도

㉯ 중심의 무채색 축을 채도 0, 축으로부터 멀어질수록 고채도

㉰ 색 입체의 중심인 무채색 축에서 가장 먼 색은 순색

㉱ 원주는 스펙트럼의 배열순으로 색상을 표시

㉲ 색상마다 순색의 명도 및 채도의 위치가 다르므로 색입체는 비대칭형

㉳ 색입체가 비대칭형으로 색입체를 활용한 컬러코디에는 부적합

⑤ 표기법
　㉮ 색상(H), 명도(V) / 채도(C)순으로 표기[H V/C]

$$6R\ 4/12$$
색상　명도 채도

❷ 색채 표준의 조건과 역할

① 국제기호화 : 영어 · 독일어 · 프랑스어로 표기하며, 색상 · 명도 · 채도는 알파벳 기호 사용
② 지각적 등보성 : 색표는 특정 색상이나 톤에 치우치지 않고 일정한 간격을 유지해야 함
③ 색채의 속성표기 : 색상 · 명도 · 채도 · 색조 등을 체계적으로 표기하여 알아볼 수 있어야 함
④ 규칙적인 배열 : 색의 3속성 등이 규칙적으로 배열되어 사용이 편리해야 함
⑤ 과학적 근거 : 색채 속성배열은 과학적인 근거에 따라 정해져야 하며, 색상 · 명도 · 채도의 단계는 과학적으로 배열
⑥ 실용성 : 색의 재현이 불가능하거나 해독 · 전달이 어려울 경우 실용성이 떨어짐
⑦ 특수 안료를 제외한 일반 안료 사용 : 가시광선 범위 내의 색료로 제작하며, 특수 안료를 사용할 경우 색채 속성을 명시

STEP 02 조색 검사 및 완성

❶ 가법혼합 및 감법혼색

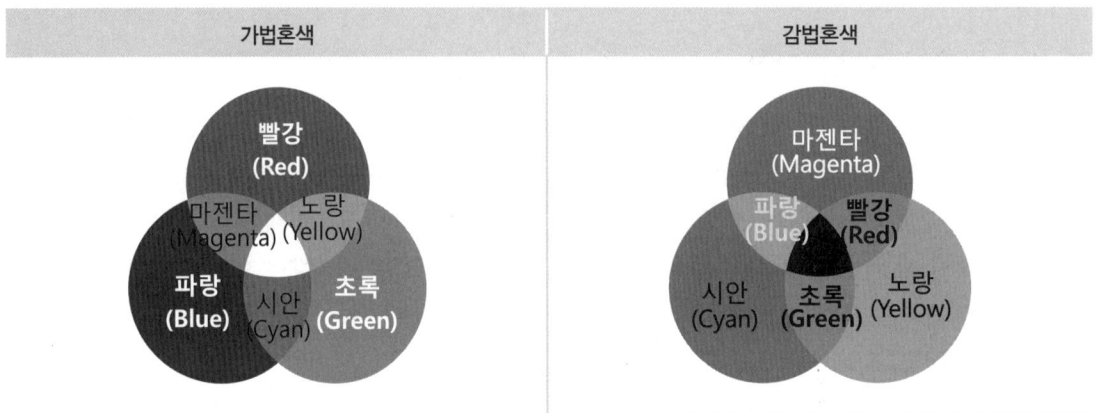

① **가법혼합(동시가법)**
- ㉮ 빛의 색이 더해질수록 밝아지는 원리
- ㉯ 삼원색은 Red, Green, Blue
- ㉰ 빛의 삼원색 혼합 시 백색광 생성
- ㉱ 보색 간 혼색도 백색광 생성
- ㉲ 혼합할수록 명도 증가, 채도 감소

② **감법혼합(감법혼색)**
- ㉮ 색료의 색이 더해질수록 어두워지는 원리
- ㉯ 삼원색은 Cyan, Magenta, Yellow
- ㉰ 색료 삼원색 혼합 시 검정 생성
- ㉱ 보색과의 혼색도 검정 생성
- ㉲ 혼합할수록 명도와 채도 모두 감소
- ㉳ 물감, 도료, 인쇄 잉크 등에 응용

③ **중간혼색**
- ㉮ 두 색 또는 그 이상의 색이 섞여 중간의 명도를 나타내는 원리
- ㉯ 중간 밝기는 혼색의 조건과 양에 따라 다름
- ㉰ 병치혼색 : 두 가지 색을 가깝게 놓아 혼색하는 방법으로 명도와 채도가 그대로 유지(신인상파 화가의 점묘화, 모자이크, 직물, 컬러 TV 영상)
- ㉱ 회전혼색 : 맥스웰 원판이라고도 하며 무채색이 반사하는 반사광이 혼합되며 유채색과 무채색의 혼합은 평균채도로 보임

❷ 색상·명도·채도·색조의 색차 보정

① 조색기능자
㉮ 목표색과 시료색을 비교하여 차이나 정도를 육안으로 파악
㉯ 목표색과 가까운 색의 양을 계산하며, 합격 여부를 판단
㉰ 색채의 지각량을 물리량으로 변환할 수 있는 능력이 필요
㉱ 오랜 경험을 통해 획득
㉲ 혼색에 대한 기본 지식과 색채의 식별 능력, 흥미, 끈기, 결단력 등이 필요

② 혼색의 기본원리
㉮ 사용량이 많은 원색부터 혼합
㉯ 혼합하는 색이 많아질수록 명도와 채도가 낮아짐
㉰ 보색 간의 혼색은 무채색에 가까운 색이 됨
㉱ 순수한 원색만 사용하고 혼색된 색은 사용 금지
㉲ 근접한 색상(유사색상) 간의 혼합은 채도가 높음
㉳ 목표색과 동일하게 조색하였더라도 착색방법에 따라 색의 변화가 생길 수 있음

③ 조색작업 시 주의사항
㉮ 목표색에 가장 근접한 원색 선택 후 명도와 채도 조절, 색상 맞춤
㉯ 근접한 색상 사용하여 채도 높임
㉰ 명도와 채도를 높게 시작하고 혼합 원색 수를 적게 유지
㉱ 착색 전후 비교하여 색상 확인
㉲ 동일 성분 도료만 혼용
㉳ 조색량을 70%로 시작하여 적절히 조절
㉴ 착색력이 강한 원색을 조심히 사용하여 원래 색으로 복구 가능하도록 함
㉵ 목표색 쏠림시 보색 사용하지만 채도 감소 주의
㉶ 배합된 도료 완전히 혼합 후 시너나 희석제 추가

④ 조색 결과 평가
㉮ 편색판정
  ㉠ 조색 시 목표색과의 차이를 평가하는 과정
  ㉡ 시료색의 색상, 명도, 채도 등의 속성을 목표색과 비교하여 정확한 판단을 함
㉯ 메타머리즘의 평가
  ㉠ 두 색이 다른 광원에서 다르게 보이는 현상을 평가
  ㉡ 표준 조명과 다른 광원에서의 비교를 통해 메타머리즘 정도를 평가
㉰ 컬러 어피어런스
  ㉠ 색은 보이는 것에 따라 인지되는 심리적 현상

ⓛ 색의 삼속성 외에 광택감이나 재질감과 같은 물리적 요소를 계량화하여 개선
　　㉣ 광택의 평가
　　　㉠ 물체 표면의 광택에 따라 색상 인식이 변화
　　　ⓛ 물체의 표면 매끄러움 정도에 따라 인식되는 광택을 평가·관리

⑤ **조색 결과물의 데이터베이스**
　㉮ 조색 이력 카드
　　㉠ 조색시편의 정보를 기록하기 위해 작성
　　ⓛ 날짜, 색상코드, 색상명, 배합비 등을 기록
　　㉢ 데이터베이스화하여 관리
　㉯ 조색 시편 관리
　　㉠ 조색 이력 카드를 작성 후 완료된 시편과 함께 보관
　　ⓛ 쉽게 찾을 수 있도록 관리하며, 컴퓨터나 CCM 시스템에 데이터를 저장하여 영구보관
　㉰ 조색한 도료 보관
　　㉠ 조색 후 남은 도료는 조색 이력 내용이 인쇄된 라벨을 부착하여 보관
　　ⓛ 작업자의 판단에 따라 구분하여 보관

LESSON 06 배색색채 및 배색 조합

STEP 01 주조색, 보조색, 강조색의 이해

❶ 색의 이해

① 색의 삼속성
- ㉮ 색상
- ㉯ 명도
- ㉰ 채도

② 주조색, 보조색, 강조색
- ㉮ 주조색 : 배색의 기본색이며 전체면적의 60~70%를 차지
- ㉯ 보조색 : 전체면적의 20~30%를 차지하며 주조색을 보완
- ㉰ 강조색 : 작은 면적으로 효과를 극대화할 때 사용하고 배색의 지루함을 감소

❷ 색채조화론

① **레오나르도 다빈치 : 색채 조화론의 선구자이며 스푸마토 명암 대비법을 개발**

② 슈브럴의 색채조화론
- ㉮ 동시대비의 원리 : 병치혼색의 조화
- ㉯ 도미넌트 컬러 : 전체를 주도하는 색이 있어 조화됨
- ㉰ 세퍼레이션 컬러 : 흑색 윤곽이 있어 더 이상적인 조화 발생. 색이 부조화일 때 사이에 백색 혹은 흑색을 더하면 조화됨
- ㉱ 보색배색의 조화 : 두 색의 대비적 조화는 대립 색상에 의해 얻어짐

③ 저드의 색채조화론
- ㉮ 자연경관처럼 사람들에게 잘 알려진 색은 조화로움
- ㉯ 명료성(비모호성)의 원리 : 색의 관계가 명쾌하면 조화로움

㈐ 유사의 원리 : 공통된 속성을 가지고 있는 색은 조화로움
㈑ 친근성 의 원리 : 사람들에게 익숙하고 잘 알려진 색은 조화로움
㈒ 질서의 원리 : 규칙적인 색채의 요소가 일정하면 조화로움

④ 문ㆍ스펜서의 색채조화론
㈎ 먼셀의 색체계를 기초로 색의 3속성에 따라 오메가 공간이라는 색입체를 만듦
㈏ 고전적 색채조화론의 기하학적 형식
㈐ 색채조화에 있어서의 면적, 미도측정
㈑ 색채 조화의 정도를 정량적으로 설명
㈒ 조화 : 동일조화, 유사조화, 대비조화
㈓ 부조화 : 제1부조화, 제2부조화, 눈부심

⑤ 파버 비렌의 조화론
㈎ 색채의 인식은 정신적 반응에 의한다. (색채배합의 심리적 연구)
㈏ 색 삼각형에서 백색량과 흑색량 사이에 위치한 색은 모두 조화됨

⑥ 요하네스 이텐의 색채조화론
㈎ 12색상환을 기반으로 한 조화론 주장
㈏ 보색대비를 중심으로 다양한 다각형을 활용하여 2색부터 6색까지의 조화 이론 발표

❸ 색의 심리적 작용

① **색채의 연상**
㈎ 무채색 : 추상적 연상(결백, 청순, 평범, 죽음, 공포 등)
㈏ 유채색 : 구체적 연상, 채도가 높을수록 연상이 강함(화려함, 생명, 사랑, 고귀 등)

② **색채의 상징** : 사회적인 규범ㆍ약속의 기능

③ **색채와 공감각**
㈎ 촉각

부드러움	• 명도가 높은 난색(밝은 핑크, 밝은 노랑 등)
거침	• 저명도, 저채도 • 어두운 무채색
촉촉함	• 고명도의 한색(파랑, 청록 등)
건조함	• 고명도의 난색(빨강, 주황 등)

㈏ 미각
- ㉠ 난색(따뜻한 느낌의 색)계열 : 식욕을 돋움
- ㉡ 한색(차갑게 느껴지는 색)계열 : 식욕을 저하

㈐ 후각
- ㉠ 순색, 고명도 고채도 : 향기롭게 느낌
- ㉡ 저명도, 저채도, 난색 : 나쁜냄새 느낌

㈑ 청각
- ㉠ 고명도, 고채도, 강한 색 : 높은 음
- ㉡ 저명도 저채도, 어두운 색 : 낮은음

❹ 색의 기능적 작용

① 색채 조절
- ㈎ 일의 능률 향상
- ㈏ 안전 유지 재해 감소
- ㈐ 피로 감소 의욕증가
- ㈑ 건물의 보호, 유지

② 안전과 색채
- ㈎ 위험 · 경고 표시
- ㈏ 공공시설물 알림

③ 색채치료
- ㈎ 물리적 · 정신적 영향으로 환자의 상태 호전
- ㈏ 물체색(벽, 옷, 생필품 등)과 광원을 사용

❺ 소재의 이해

소재	특징
금속	• 성형 방법이 풍부 • 질감 표현이 높음 • 다양한 분야에 사용 • 스틸, 알루미늄 합금, 마그네슘 합금, 티타늄 합금, 구리 합금
직물(직포)	• 경사와 위사가 교차하여 짜여진 옷감 • 견직물, 모직물, 마직물, 면직물
플라스틱	• 가열과 가압에 의해 성형이 가능(수지재료) • 가볍고 튼튼하며 저렴해 많이 사용 • 열가소성 수지, 열경화성 수지

목재	• 다양한 분야에서 가장 많이 사용 • 셀룰로오스, 헤미 셀룰로오스
종이	• 셀룰로오스 섬유의 집합체 • 펄프나 폐지를 원료하여 섬유질을 고착 • 신문용지, 인쇄용지, 특수지, 위생용지, 포장용지
기타 특수소재	• 금속·무기원료·유기원료들을 조합하여 새로운 용도·성능을 가짐 • 신금속 재료, 비금속 무기 재료, 신고분자 재료, 복합재료

STEP 02 배색 조합

❶ 색채 지각

① 색채의 지각적 특징

㉮ 색의 대비 : 인접한 색들이 서로에게 미치는 영향으로, 본래의 색이 다르게 지각되는 현상
  ㉠ 계시대비 : 한 가지 색을 본 후 다른 색을 보면 처음 본 색의 영향으로 나중에 본 색이 달라져 보이는 현상
  ㉡ 동시대비 : 두 색을 이웃해서 놓고 한 곳으로 시점을 집중하면 두 색이 서로에게 영향을 주어 다른 색으로 보이는 현상
  ㉢ 명도대비 : 명도가 다른 두 색을 배색하면 밝은 색은 더 밝게, 어두운 색은 더 어둡게 보이는 현상이다.
  ㉣ 면적대비 : 같은 색이라도 면적이 넓으면 명도와 채도가 증가하고, 면적이 좁으면 명도와 채도가 낮아 보이는 현상
  ㉤ 보색대비 : 색상환에서 서로 마주 보는 두 색이 서로의 영향으로 더욱 선명하게 보이는 현상
  ㉥ 색상대비 : 명도와 채도가 같은 색이 이웃하여 있을 때 두 색이 서로의 영향으로 색상차가 나는 것
  ㉦ 연변대비 : 나란히 배치된 색의 경계부분에 일어나는 대비효과를 약화시키기 위해 무채색의 테두리를 두르는 것으로 인접색이 저명도인 경계부분은 더 밝아 보이고, 고명도는 어두워보임
  ㉧ 채도대비 : 채도가 다른 두 색이 대조되어 높은 채도의 색은 더 높게, 낮은 채도의 색은 더 낮게 보이는 현상
  ㉨ 한난대비 : 색의 차고 따뜻한 느낌의 차이에 의해서 변화가 오는 대비현상
㉯ 색의 동화 : 인접한 색의 영향으로 인해 인접색에 가까운 색으로 보이는 현상
  ㉠ 색상동화: 배경색과 문양이 혼합되어 색상의 변화가 보이는 현상
  ㉡ 명도동화: 배경색과 문양이 혼합되어 명도의 변화가 보이는 현상
  ㉢ 채도동화: 배경색과 문양이 혼합되어 채도의 변화가 보이는 현상
㉰ 색의 잔상 : 감각의 원인인 자극을 제거한 후에도 그 흥분이 남아 있는 현상
  ㉠ 정의(등색)잔상 : 어떤 자극을 본 후 다른 쪽으로 시선을 이동해도 원래의 자극과 색이나 밝기가 같아 보이는 현상(영화나 텔레비전)
  ㉡ 부의 잔상 : 원자극의 형상과 닮았지만 밝기는 반대로 되는 현상(보색잔상)

❷ 색채의 감정효과

① 색채와 온도감
- ㉮ 난색 : 빨강색, 주황색, 노랑색처럼 따뜻한 느낌을 주는 장파장의 색
- ㉯ 한색 : 파랑, 청록색처럼 차갑게 느껴지는 색
- ㉰ 중성색 : 차갑지도 따듯하지도 않은 녹색, 보라색 계열. 무채색은 중성색

② 색채와 중량감
- ㉮ 가벼운색 : 난색, 고명도(흰색)
- ㉯ 무거운색 : 한색, 저명도(검정)
- ㉰ 색의 무게 : 흰색 〉 노랑 〉 초록 〉 주황 〉 보라 〉 빨강 〉 파랑 〉 검정

③ 색채와 흥분과 진정
- ㉮ 흥분 색 : 밝고 선명한 난색(빨강, 주황, 노랑), 고명도, 채도의 색
- ㉯ 진정 색 : 저명도, 한색(파랑, 청록색)

④ 주목성
- ㉮ 명도차가 클수록, 난색(노랑색, 빨강색)일 수록 높음
- ㉯ 어두운 바탕에는 고명도 고명도, 고채도의 색이 명시성 높음
- ㉰ 강한 고채도의 색상은 중성색(녹색, 보라색 계열, 무채색)과 배색하여야 눈에 잘 보임
- ㉱ 주의를 기울이지 않더라도 사람의 시선을 끄는 색
- ㉲ 인간의 심리작용에 의해서도 좌우됨

⑤ 명시성
- ㉮ 물체의 색이 잘 보이는 정도
- ㉯ 색상의 명시는 도형과 바탕색의 차이에서 오는데 색상, 명도, 채도의 차가 클수록 높아짐
- ㉰ 난색(노랑색, 빨강색)은 명시도가 높음
- ㉱ 교통표지판(노랑바탕, 검은글자)이 대표적

⑥ 진출(팽창)색과 후퇴(수축)색
- ㉮ 후퇴색 : 실제보다 작아 보임. 한색(파랑, 청록색, 차가운 느낌), 저채도, 저명도의 색
- ㉯ 진출색 : 실제 크기보다 커 보임. 난색(빨강색, 주황색, 따듯한 느낌), 유채색, 고명도, 고난도의 색

⑦ 색채와 계절감
- ㉮ 봄: 고명도의 파스텔계열 색상. 따뜻하고 부드러운 이미지
- ㉯ 여름: 고명도, 고채도의 색상. 시원하고 강렬한 이미지
- ㉰ 가을: 중명도의 난색계열 중채도의 색상. 다채로운 가을 풍경과 편안하고 따뜻한 이미지
- ㉱ 겨울: 저명도이고 저채도의 한색계열과 무채색. 깨끗하고 차가운 이미지

⑧ 비렌(Birren Faber)의 미각 : 식욕을 돋우는 대표적인 색은 주황색

STEP 03 배색 조합 파악

❶ 마케팅

① 마케팅의 개념
- ㉮ 생산자와 소비자 간의 상품 또는 서비스 유통을 관리하는 경영활동
- ㉯ 소비자의 욕구 충족과 기업의 이윤 달성

② 마케팅 믹스와 4P
- ㉮ 제품(Product) : 핵심요소로 판매할 제품이나 서비스
- ㉯ 가격(Price) : 소비자의 구매결정에 큰 영향을 줌
- ㉰ 유통(Place) : 제품과 서비스가 판매되는 경로
- ㉱ 촉진(Promotion) : 소비자가 물건을 구매하게끔 하는 모든 촉진활동(광고, 정보제공 등)

❷ 마케팅 전략 수립 과정
① 소비자 욕구의 인식조사 : 소비자의 정보를 분석하여 제품에 대한 관심과 구매 의사를 파악
② 정보 선택 : 광고나 타인의 영향으로 정보를 얻고, 선택은 개인의 선호에 의존
③ 구매 결정 : 정보를 수집하고 경쟁사 제품과 비교한 후 결정
④ 구매 후 행동 : 만족도나 불만족을 나타내며, 불평 행동이나 재구매 의도 등을 형성

❸ 색채 마케팅
기업 경영에서 색채를 마케팅에 활용하여 소비자의 구매 욕구를 증가시키는 전략

① SWOT 분석

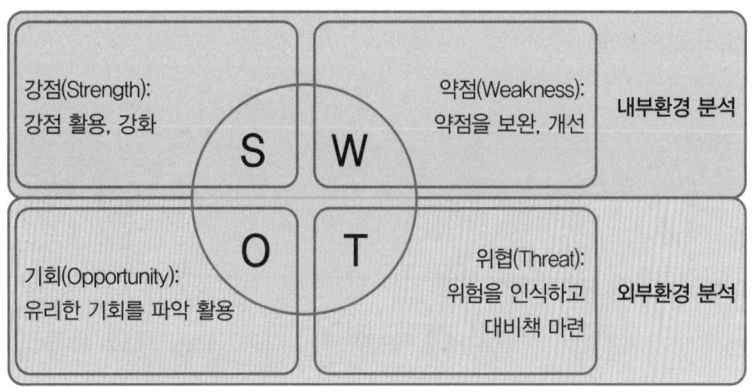

② STP 분석
- ㉮ 시장세분화(Segmentation) : 비슷한 소비자 그룹을 찾아 시장의 변화에 빠르게 대처

㉯ 표적시장설정(Targeting) : 소비자의 욕구를 충족시키며 기업에 최대의 이익을 가져다 줄 수 있는 시장

㉰ 포지셔닝(Positioning) : 소비자에게 제품의 이미지를 명확히 전달하여 차별화된 위치를 확보

③ 마케팅 믹스 : STP 분석을 통해 4P(제품, 가격, 유통, 촉진)에 대한 전략을 수립

❹ 마케팅 전략을 고려한 배색 적용

① 색채 조사에서 소비자의 요구사항과 마케팅 전략을 고려하여 배색 적용안을 도출
② 마케팅 전략은 디자인목적 및 영역을 고려하여 선택·적용

❺ 배색기법

① 색상배색
  ㉮ 동일색상 배색
    ㉠ 동일 색상의 명도나 채도의 차이를 이용
    ㉡ 차분, 정적, 간결
  ㉯ 유사색상 배색
    ㉠ 색상환에서 색상차가 적은 배색
    ㉡ 즐거움, 쓸쓸함, 우아함, 평온, 협조적, 온화, 화합, 건전
  ㉰ 반대색상 배색
    ㉠ 색상환에서 보색관계
    ㉡ 분명함, 강함, 똑똑함, 생생, 동적, 화려
  ㉱ 보조색 : 전체 면적의 20~30%를 차지하며 주조색을 보완해준다.

② 색조배색
  ㉮ 동일색조 배색
    ㉠ 안정적 이미지 표현
    ㉡ 통일성이 높음
  ㉯ 유사색조 배색
    ㉠ 온화하고 부드러운 이미지를 표현
    ㉡ 조화성이 높음
    ㉢ 동일 색조에 비해 다양한 배색 가능
  ㉰ 대조색조 배색 : 선명하고 경쾌한, 생동감 있는 이미지

③ 효과배색
  ㉮ 톤온톤 / 톤인톤(tone on tone / tone in tone)

톤온톤(tone on tone)	톤인톤(tone in tone)
• 유사색상에서 명도차이를 크게 한 배색 • 통일감과 안정감	• 유사색상에서 톤의 차이를 작게 한 배색 • 부드러운 이미지

㉯ 토널배색(tonal)
　㉠ 중명도 중채도의 흐린 톤 사용
　㉡ 수수하고 안정된 이미지 표현
㉰ 까마이외 / 포 까마이외(camaieu / foux camaieu)

까마이외(camaieu)	포 까마이외(foux camaieu)
• 색상 차이가 적은 차분한 배색 • 부드럽고 온화	• 색조의 차이가 있는 배색 • 조화로운 이미지

㉱ 비콜로 / 트리콜로(bicolore / tricolore)

비콜로(bicolore)	트리콜로(tricolore)
• 고채도를 사용하여 강하고 산뜻한 이미지 표현 • 국기의 배색	• 세 가지 색상을 이용한 배색 • 색상과 톤의 조합에 무채색 사용 • 강렬하고 명쾌한 이미지를 표현

㉲ 강조배색 / 분리배색(accent / separation)

강조배색 (accent)	분리배색(separation)
• 전체적인 배색이 단조로울 때 강조색을 사용	• 전체적인 배색이 유사하거나 대조 시 • 두 색 사이에 무채색을 적용

㉳ 그라데이션배색 / 반복배색 (gradation / repetition)

그라데이션배색(gradation)	반복배색(repetition)
• 색상, 명도, 채도, 톤이 점차적으로 변함	• 색을 반복적으로 배열한 리듬감 • 타일, 바둑판 무늬

④ 전통 배색
　㉮ 오정색
　　㉠ 남성과 하늘을 상징
　　㉡ 청(靑), 백(白), 적(赤), 흑(黑), 황(黃)
　㉯ 오간색
　　㉠ 여성과 땅을 상징
　　㉡ 녹색(綠色), 벽색(碧色), 홍색(紅色), 자색(紫色), 유항색(硫黃色)

STEP 04 배색 적용 의도 작성

❶ 색채 체계

① 색채 표준

현색계	• 삼속성에 따라 정량적 • 정성적으로 분류 • 눈으로 비교 • 검색이 가능 • 먼셀, KS(한국산업규격), NCS, DIN 등
혼색계	• 파장에 따른 색의 특징을 판별하여 정확한 수치로 표현 • 객관적이고 정량적인 방법 사용 • 오스트발트, CIE XYZ, CIE Lab, IE Luv, CIE Lch

② 오스트발트 표색계
- 이상적인 백색, 흑색, 순색의 3가지 색을 회전원판에 의한 혼색으로 색을 체계화
- ㉮ 오스트발트표색계 색상
    - ㉠ 헤링의 4원색 이론이 기반
    - ㉡ 대응색으로 빨강-초록, 노랑-파랑을 사용
    - ㉢ 사이에 주황, 연두, 청록, 보라를 추가하여 8가지 기본색으로 구성
    - ㉣ 기본색을 3등분하여 24색상환으로 구성
- ㉯ 오스트발트표색계 색입체
    - ㉠ 흰색과 검정을 중심으로, 여덟 개의 무채색 단계를 가진 색입체를 구성
    - ㉡ 수직단면에는 이상적인 하양, 순색, 검정을 위치시켜 3색의 혼합비율에 따라 총 28개의 색상으로 변화
    - ㉢ 알파벳 기호로 백색량과 검정량을 표시
    - ㉣ 순색량은 백색량과 검정량의 합을 100에서 뺀 값으로 계산

③ NCS 표색계
- 심리적인 비율척도로 색 지각량을 표현
- 보편적인 자연색을 기본으로 인간이 색채를 지각
- ㉮ NCS표색계의 색상
    - ㉠ 4가지 기본색인 노랑(Y), 빨강(R), 파랑(B), 초록(G)을 사용
    - ㉡ 심리보색의 원리에 따라 노랑-파랑, 빨강-초록을 반대편에 배치
    - ㉢ 그 사이를 혼합비율에 따라 10개단위로 나누어 40개의 색상으로 구성

❷ 색명체계

① 관용색명
- ㉮ 예전부터 습관적으로 사용하는 색명
- ㉯ 동물, 광물, 원료, 기본 색명에 수식어를 붙인 색명
- ㉰ 베이지색(낙타), 피콕블루(공작의 날개빛), 에메랄드그린(그린에메랄드색), 반다이크 브라운(화가 반다이크가 자주 사용한 색), 살몬핑크색(연어) 등

② KS 계통(일반) 색명
- ㉮ 기본 색명에 수식어를 붙인 색명
- ㉯ 어두운 회색, 분홍빛 빨강, 라이트 핑크처럼

❸ 배색 적용의도 서술 방법

① 색채계획을 한 후 배색 적용의도를 서술
② 배색이론에 근거하여 논리적이고 간결하게 용어는 통일
③ 배색 적용의도 서술 순서
- ㉮ 전체적인 콘셉트와 방향을 제시하는 배색의도 작성
  - ㉠ 주제 및 키워드의 개념 설명
  - ㉡ 배색기법 및 형식 제시
  - ㉢ KS A 0011에 근거한 계통색명 사용
- ㉯ 색채계획에 사용된 색(주조색, 보조색, 강조색)을 구분하여 제시
- ㉰ 주조색, 보조색, 강조색 적용부분 및 구체적인 색상 선정기준 서술
- ㉱ 주조색, 보조색, 강조색을 면적비례표로 제시

STEP 05 배색 적용 의도 제작

❶ 색상&색조(톤)

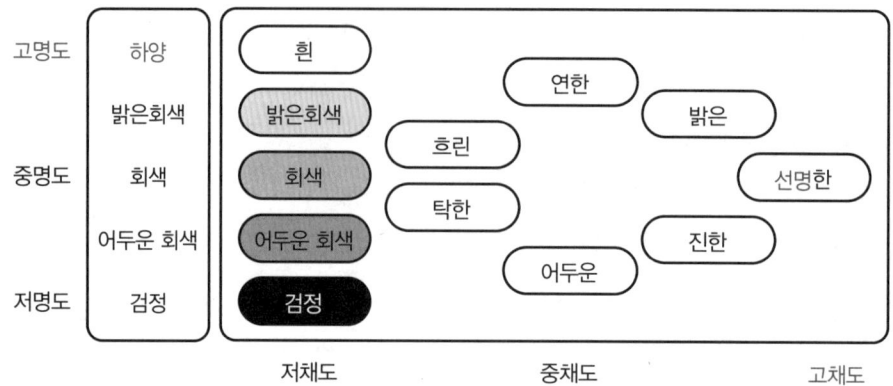

① **색상** : 사물을 볼 때 색채를 구별하는 기준이 되는 속성
② **톤(TONE, 색조)**
  ㉮ 명도와 채도를 통합한 개념
  ㉯ 무채색의 밝고 어두움과 순색의 혼합비율에 따라 색의 명암과 강약이 결정
  ㉰ 한국산업규격(KS A 0011)에서는 유채색을 12단계, 무채색을 5단계로 분류

❷ 이미지 스케일

① **이미지스케일**
  ㉮ 대상의 이미지에서 느껴지는 판단을 객관적으로 구분하는 기준
  ㉯ 감각과 과학을 결합시킨 방법

② **색채이미지스케일**
  ㉮ 색채의 이미지를 통계적으로 분류하여 이미지 전달
    ㉠ 종류 : 단색이미지스케일, 배색이미지스케일, 형용사 언어 이미지스케일

LESSON 07
2D 그래픽제작

STEP 01 2D 이미지 제작

❶ 2D 컴퓨터 그래픽의 이해

① 컴퓨터그래픽스의 개념

㉮ 컴퓨터(소프트웨어)를 이용하여 그림이나 사진, 건축도면 등 시각적결과물을 만드는 기술

㉯ 2D(평면)와 3D(입체)가 있으며 인간의 상상력을 컴퓨터(소프트웨어)를 이용하여 구현

㉰ 컴퓨터그래픽스 발전 요인
  ㉠ 다양한 프로그램의 개발
  ㉡ 멀티미디어의 확대
  ㉢ 컴퓨터의 기능 향상

㉱ 컴퓨터그래픽스의 특징

장점	단점
• 디자인 기초단계에서 더욱 많은 정보의 검색과 이용이 가능 • 단순작업을 컴퓨터가 대신해 주어 창의적인 부분에 많은 시간을 활용 • 반복 수정이 용이하여 경제적 이점이 있음 • 디자인상에서 발생할 수 있는 오류 사전 방지 가능 • 설계 기법의 표준화로 생산성 향상	• 디자인의 도구이며 아이디어를 제공하지 않음 • 신 제품 구매 비용 발생 • 큰 작업물은 한 눈에 볼 수 없음 • 모니터와 최종결과물의 색감이 다른 경우가 있음

② 컴퓨터그래픽스의 원리

㉮ 컴퓨터 시스템의 구성

㉠ 하드웨어(Hardware) : 만질 수 있는 컴퓨터 시스템을 구성하는 물리적인 기계 부품(모니터, 본체, 마우스, 키보드 등)

㉡ 소프트웨어(Software) : 프로그램(포토샵, 일러스트, CAD 등)라 부르며 디자인 작업을 할 수 있는 프로그램

㉯ 기억용량의 크기 순서

Bit(비트) < Byte(바이트) < KB(킬로바이트) < MB(메가바이트) < GB(기가바이트) < TB(테라바이트) < PB(페타바이트)

Bit(비트)	Byte(바이트)	KB(킬로바이트)	MB(메가바이트)	GB(기가바이트)	TB(테라바이트)	PB(페타바이트)
0.1	8 Bit	1024 Byte	1024 KB	1024 MB	1024 GB	1024 TB

③ 컴퓨터그래픽스 역사

㉮ 제1세대(1950년대) : 도트매트릭스 프린터, X-Y 플로터, 진공관, ENIAC
㉯ 제2세대(1960년대) : DAC-1(CAD/CAM), CRT 모니터, 트랜지스터
㉰ 제3세대(1970년대) : IC(집적회로), CRT 라이트 펜용 플로터, 3D 셰이딩
㉱ 제4세대(1980년대) : LS(고밀도집적회로), 래스터 스캔형 CRT, 매킨토시
㉲ 제5세대(1990년대) : SVLSI, 바이오소자, 인터넷, 멀티미디어, GUI

④ 디자인프로세스와 컴퓨터그래픽스

㉮ 디자인프로세스
  ㉠ 이미지 구상 : 어떤 모양으로 디자인할 것인지 구상
  ㉡ 도구 선택 : 어떤 도구(프로그램)를 사용할 것인지 선택
  ㉢ 색상 선택 : 색상, 명도, 채도를 고려하여 원하는 색을 선택
  ㉣ 이미지 표현 : 도구와, 색상을 선택하여 구상한 이미지를 표현
㉯ 컴퓨터그래픽스의 이미지 표현 요소
  ㉠ 마우스(커서) : 디자인하고자 하는 이미지를 마우스의 커서를 이용하여 표현
  ㉡ 드로잉 영역 : 화면에 디자인하고자 하는 이미지가 표현되는 부분
  ㉢ 그래픽 메뉴 : 이미지 디자인 시 사용할 명령을 아이콘 형태의 이미지로 표현

❷ 2D 그래픽 이미지 구성 요소

① 일러스트레이션

㉮ 주제를 상징적, 풍자적, 해학적, 설명적, 장식적으로 표현
㉯ 설명적이고 인상적으로 의미 전달에 효과적
㉰ 주목성이 높아 사람들의 시선을 끔
㉱ 친근함과 부드러운 느낌이 기억에 남음

② 사진

㉮ 사진은 사실적으로 내용을 전달
㉯ 정보의 신뢰성과 현장성을 높임
㉰ 시각적 효과가 높고 정보 전달력에 효과적

㉣ 타이포그래피나 본문과 함께 사용

③ **타이포그래피**

㉮ 정보 전달과 심미적 효과의 이중적 역할을 수행

㉯ 가독성이 중요하며, 서체, 크기, 위치, 색상 등의 미적 요소를 고려

㉰ 아름답고 독창적인 인상을 전달

㉱ 함축적인 내용을 이미지와 조화롭게 표현하기 위해 사용

STEP 02 2D 이미지 합성·보정

❶ 2D 그래픽 이미지의 합성 및 보정

① 이미지 레이어
- ㉮ 여러 장의 이미지를 중첩되게 쌓음
- ㉯ 위에 있는 이미지의 부분을 오리거나 블렌드모드로 색상값을 합치는 등
- ㉰ 새로운 이미지 조합에 사용되는 필수 기능

② 알파채널
- ㉮ 흑백 이미지로, 작업 영역을 분할하고 선택
- ㉯ 레이어 상에서 이미지를 오려내어 투명하게 보이게 만드는 기능
- ㉰ 마스크에서 검은색 부분은 투명하게 처리

③ 블렌드 모드 개념 및 종류 : 레이어상의 색상값을 혼합하는 방법
- ㉮ Normal : 두 이미지를 합성하지 않은 상태
- ㉯ Multiply : 상위 색상값을 곱하여 어두운 색이 합쳐지는 효과
- ㉰ Darken : 상위 레이어의 어두운 부분을 중심으로 하위 레이어와 합성되어 어두운 부분이 합쳐짐
- ㉱ Lighten : 상위 레이어의 밝은 부분을 중심으로 하위 레이어와 합성
- ㉲ Screen : 두 이미지의 밝은 색이 합쳐져 이미지가 밝아짐
- ㉳ Difference : 상위 이미지를 리버스하여 합성하며 보색으로 표현
- ㉴ Grain Merge : 상하 이미지의 질감을 합치는 방식으로 이미지들의 질감을 합성

④ 커브를 이용한 이미지 오리기
- ㉮ 이미지에서 경로커브 툴을 사용하여 이미지 따라 그리기
- ㉯ 경로 그린 후 선택된 경로 선택
- ㉰ 선택한 부분을 마스크로 전환
- ㉱ 선택한 부분을 삭제

⑤ 이미지의 음영 및 색상 보정하기(포토샵)
- ㉮ [Image] 메뉴의 [Adjustment]에 있는 세부 메뉴 사용
- ㉯ Brightness/Contrast : 밝고 어둡게 하거나 색상의 대비를 조절
- ㉰ Levels : 이미지의 어두운 톤, 중간 톤, 밝은 톤의 밝기를 조절하여 이미지 수정
- ㉱ Curves
  - ㉠ 색상의 대비와 밝기 조절
  - ㉡ Levels에 비해 정교한 수정 가능

    ⓒ 채널을 설정하여 색상 조절
  ⑩ Hue/Saturation : 명도, 채도, 색상 조정
  ⑪ Color Balance : 이미지의 색상을 조절하면서 변경
  ⑫ Variations
    ㉠ 이미지의 색상 조절
    ㉡ 여러 개의 창으로 구성
    ㉢ 색상 변화를 알 수 있음

❷ 2D 그래픽 입력 및 출력 이해

① **입력장치** : 컴퓨터가 이해할 수 있는 도구를 이용하여 명령이나 데이터를 입력하는 장치
  ㉮ 키보드 : 문자, 숫자, 기호 등을 입력하며 키의 개수에 따라 103키, 106키 등으로 나뉘며 기계식 과 멤브레인식이 있음
  ㉯ 마우스 : 화살표 모양의 커서(포인터)를 이용하여 프로그램을 실행하거나 명령을 선택
  ㉰ 터치패드 : 노트북에 트랙패드를 장착한 키보드에서 손가락의 움직임으로 커서를 제어하고 클릭
  ㉱ 터치스크린 : 화면의 특정 부분을 손가락으로 터치하여 컴퓨터를 제어
  ㉲ 태블릿(디지타이저) : 2차원 그물망으로 된 감지기를 가지고 있어 펜 스타일러스나 퍽이 그리는 위치를 기록
  ㉳ 전자펜 : 터치 스크린에서 디지털 드로잉 및 작업, 서명, 메모 작성 등에 사용
  ㉴ 스캐너 : 인쇄된 문서를 읽어들여 컴퓨터 내의 프로그램에서 볼 수 있도록 해주는 장치로 해상도 는 dpi를 사용
  ㉵ 디지타이저 : 태블릿과 비슷한 입력장치로서 평면 모양의 장치에 펜이나 다른 도구를 이용하여 그림이나 글자를 입력하는 장치
  ㉶ 음성인식 : 음성을 인식하여 컴퓨터에 명령을 내리거나 텍스트를 입력
  ㉷ 그 외의 입력 장치 : 디지털카메라, 조이스틱, 웹캠

② **출력장치** : 작업한 결과를 사용자가 이해하고 볼 수 있도록 보여주는 장치
  ㉮ 모니터 : 그래픽 카드를 통하여 화면으로 결과물을 보여주며 길이는 인치(inch)로 표현하고 해상도는 dpi로 표현한다. CRT, LCD, LED 방식이 있으며 LED 모니터가 가장 저전력
  ㉯ 프린터 : 작업한 결과를 종이로 인쇄해서 보여주는 것이며 프린터의 해상도는 LPI(인치당 라인 의 수)를 사용
  ㉰ 스피커(헤드폰) : 오디오를 듣기 위해 사용하는 장치로 스피커로 듣거나 주변소음을 차단하기 위해 헤드폰으로 들음
  ㉱ 프로젝터 : 컴퓨터에 처리된 이미지를 큰 화면에 투영하는 장치로 회의나 강의 등에 사용
  ㉲ 플로터 : 종이 위에 X, Y축을 기반으로 그림(설계도면, 곡선, 복잡한 도형 등)을 출력
  ㉳ 필름레코더 : 모니터에 나타난 도형이나 그림을 35mm 슬라이드에 저장

❸ 2D 그래픽 작업 환경의 이해

① 픽셀(화소) : 컴퓨터 이미지를 구성하는 최소단위(점)

② 해상도
- ㉮ 화면(종이) 1인치에 표현되는 점의 수
- ㉯ 이미지 표현 시 픽셀(pixel)이나 도트(dot)의 수로 정밀도를 표현
- ㉰ 모니터 해상도는 가로 픽셀 수 × 세로 픽셀 수로 표시(예: 1920×1080은 가로 1920개, 세로 1080개의 픽셀로 구성)

화면해상도	인쇄해상도
• ppi(pixel per inch) • 72dpi 또는 96dpi	• dpi(dot per inch) • 300dpi 이상

③ 색상 모드

CMYK(인쇄용 색상 체계)	RGB(화면용 색상 체계)
• 시안(C), 마젠타(M), 옐로(Y), 블랙(K)을 사용(감산 혼합 방식) • 밝은 색은 잉크 비율이 작고, 어두운 색은 잉크 비율이 크다.	• 레드(R), 그린(G), 블루(B)를 사용(가산 혼합 방식) • 색상 값은 0~255 범위를 가지며, 모두 0이면 검은색, 모두 255이면 흰색이 된다.

한국산업인력공단이 주관하여 시행한
기출문제를 상세한 해설과 함께 수록

컴퓨터그래픽기능사 필기
출제예상문제

Craftsman
Computer
Graphic

출제예상문제 _ 컴퓨터그래픽기능사

1. 비주얼 아이데이션 구상과 전개

01 디자인 아이디어 발상 시 자유로운 연상을 통해 아이디어를 도출하는 방법은?

① 어피니티 다이어그램
② 브레인스토밍
③ 매트릭스법
④ 시나리오 라이팅법

브레인스토밍은 자유로운 분위기에서 짧은 시간에 많은 양의 아이디어를 제안하는 초기 아이디어 발상 방법이다.

02 아이디어 발상의 '수렴기법'에서 중요한 접근 방식은?

① 확산적 사고
② 정리 · 집약
③ 자유 연상
④ 무작위 도출

수렴기법은 확산기법으로 수집한 데이터를 정리하고 집약하여 의미 있는 정보 구조를 만드는 과정이다.

03 디자인 아이디어 개발을 위한 '통합기법'에 해당하지 않는 것은?

① 워크 디자인법
② 구조화 분석법
③ 브레인라이팅
④ 매트릭스

브레인라이팅은 아이디어 확산기법 중 하나이다.

04 아이디어 발상 영역에서 설정된 콘셉트에 의한 아이디어 구상에 해당하는 것은?

① 자유로운 연상에 의한 아이디어 도출
② 시각적 커뮤니케이션을 디자인으로 실현
③ 스케치를 위한 아이데이션 참고자료 수집
④ 온라인 검색을 통한 데이터 모으기

설정된 콘셉트는 의도된 시각적 커뮤니케이션을 디자인으로 실현하는 근거가 된다.

05 디자인 아이디어를 구체화하는 과정에서 '어피니티 다이어그램'의 목적은?

① 아이디어 수량 증가
② 아이디어 정리 및 분석
③ 개념적 사고 확대
④ 비주얼 방향 설정

어피니티 다이어그램은 유사한 의미의 아이디어를 그룹화하여 아이디어를 정리하고 분석하는데 목적이 있다.

06 아이디어 발상을 위한 '스캠퍼' 기법에서 'P(put to other uses)'의 의미는?

① 대체
② 결합
③ 타용도 사용
④ 제거

P(put to other uses) – 타용도 사용 : 기존 제품으로 적용할 수 있는 새로운 시장에 대하여 검토

정답 **01** 01 ② 02 ② 03 ③ 04 ② 05 ② 06 ③

07 어피니티 다이어그램과 스캠퍼에 대한 설명으로 옳은 것은?

① 고객의 요구에 정보를 충분히 제공한다.
② 시장조사에 성실하게 임할 수 있다.
③ 불분명한 니즈와 콘셉트를 명확하게 할 수 있다.
④ 가격 경쟁력이 있다.

> 어피니티 다이어그램과 스캠퍼 : 불분명한 니즈와 콘셉트를 명확하게 할 수 있음

08 디자이너가 아이디어를 시각화하기 위해 필수적으로 갖춰야 하는 능력은?

① 프로그래밍 능력
② 수학적 계산 능력
③ 창의성 및 커뮤니케이션 능력
④ 역사적 지식

> 아이디어를 시각화하고 전달하기 위해 창의성과 커뮤니케이션 능력이 필수적이다.

09 아이디어 발상 초기 단계에서 가장 중요한 과정은?

① 자료 수집
② 자유로운 연상
③ 콘셉트 결정
④ 최종 디자인 확정

> 초기 단계에서는 정보가 적은 상태에서 자유로운 연상을 통해 다양한 아이디어를 도출하는 것이 중요하다.

10 디자인 아이디어 개발에서 '확산기법'과 '수렴기법'을 모두 활용하는 이유는?

① 아이디어를 빠르게 확산하기 위해
② 아이디어의 질을 유지하기 위해
③ 다양한 관점에서 아이디어를 도출하고 정리하기 위해
④ 프로젝트 예산을 증가시키기 위해

> 확산기법과 수렴기법을 모두 사용함으로써 다양한 관점에서 많은 아이디어를 도출하고 이를 의미 있는 정보로 정리할 수 있다.

11 아이디어 스케치를 통해 가장 효과적으로 달성할 수 있는 목표는?

① 디자인의 최종 버전 완성
② 디자인 콘셉트와 비주얼 방향 설정
③ 제작 비용 계산
④ 마케팅 전략 개발

> 아이디어 스케치는 초기 단계에서 디자인 콘셉트를 구상하고 비주얼 방향을 설정하는데 효과적이다.

12 브레인스토밍 세션에서 가장 중요한 원칙은?

① 빠른 시간 내에 결정하기
② 타인의 의견 비판 금지
③ 고정관념에 따르기
④ 최소한의 아이디어만 제안하기

> 브레인스토밍에서는 자유롭고 창의적인 분위기를 조성하기 위해 타인의 의견을 비판하지 않는 것이 중요하다.

13 디자인 프로젝트 초기 단계에서 가장 우선적으로 수행되어야 하는 활동은?

① 색채 결정
② 재료 선택
③ 아이디어 도출
④ 예산 계획

> 프로젝트 초기 단계에서는 다양한 아이디어를 도출하여 제작 목적에 맞는 결과물을 구상하는 것이 우선이다.

14 아이디어 발전 과정에서 데이터를 정리하고 의미 있는 구조를 만드는 기법은?

① 확산기법
② 수렴기법
③ 열거법
④ 시네스틱법

> 수렴기법은 다양한 아이디어 중에서 최적의 아이디어를 선택하고 정리하여 의미 있는 구조를 만든다.

정답 07 ③ 08 ③ 09 ② 10 ③ 11 ② 12 ② 13 ③ 14 ②

15 조이 길포드의 창의적 사고를 촉진하기 위해 동시에 사용되는 두 가지 사고방식은?

① 분석적 사고와 비판적 사고
② 추상적 사고와 구체적 사고
③ 확산적 사고와 수렴적 사고
④ 순차적 사고와 무작위 사고

> 창의적 사고는 아이디어를 넓히는 확산적 사고와 좁혀나가는 수렴적 사고의 반복을 통해 발전한다.

16 디자인 아이디어 발상에 있어 자유로운 연상과 아이디어 결합을 장려하는 기법은?

① 마인드맵
② 브레인스토밍
③ 어피니티 다이어그램
④ 스캠퍼

> 브레인스토밍은 자유롭게 아이디어를 제시하고, 이를 통해 새로운 아이디어를 융합하는 과정을 촉진한다.

17 브레인스토밍의 개념 중 알렉스 오스본이 강조한 것은?

① 정확하고 정밀한 아이디어를 제시
② 짧은 시간에 자유로운 분위기에서 아이디어를 마음껏 제시
③ 체계적이고 조직적인 아이디어 제시
④ 단일한 해결책을 찾기 위한 집중적인 논의

> 브레인스토밍의 핵심 개념은 짧은 시간에 자유로운 분위기에서 아이디어를 마음껏 제시하는 것이다.

18 브레인스토밍 요건에 해당하지 않는 것은?

① 위계질서에 구분 없이 아이디어를 적극적으로 수용
② 자유분방한 아이디어 발상 지향
③ 철저한 분석 후 아이디어 제시
④ 초기에 많은 양의 아이디어 집적

> 브레인스토밍 요건
> • 위계질서에 구분 없이 아이디어를 적극적으로 수용
> • 자유분방한 아이디어 발상 지향
> • 초기에 많은 양의 아이디어 집적

19 브레인스토밍 원칙 중 타인의 의견을 비판하지 않는 이유는?

① 비판하는 것이 시간 낭비이기 때문에
② 모든 아이디어가 가치 있다고 생각하기 때문에
③ 비판을 통해 더 나은 아이디어를 얻기 위해
④ 타인의 의견을 수용할 필요가 없기 때문에

> 브레인스토밍에서는 모든 아이디어가 가치 있다고 생각하고 타인의 의견을 비판하지 않는다.

20 콘셉트 구체화 단계에서 주로 사용되는 자료 수집 방법은?

① 어피니티 다이어그램
② 리서치와 데이터 수집
③ 썸네일 스케치
④ 러프 스케치

> 콘셉트를 구체화하기 위해서는 관련된 데이터를 모아 리서치하는 과정이 필수적이다.

21 아이디어 발상 시, 다양한 관점에서 아이디어를 도출하는 데 적합한 기법은?

① 계통도 분석   ② 확산기법
③ 상하위관계분석법   ④ 카드 분류법

> 확산기법은 다양한 관점에서 많은 아이디어를 도출하여 프로젝트를 빠르게 진행하는 데 도움이 된다.

22 디자인 개발 목표를 설정한 후 리서치를 통해 데이터를 모으는 단계는?

① 아이디어 결정   ② 콘셉트 구체화
③ 비주얼 방향 설정   ④ 최종 제작

> 콘셉트 구체화 단계에서는 목표 설정 후 리서치를 통해 데이터를 수집하고 최적의 아이디어를 도출한다.

23 아이디어 발상에 있어 확산기법과 수렴기법의 차이점은?

① 확산기법은 아이디어를 정리하는 반면, 수렴기법은 아이디어를 생성한다.
② 확산기법은 새로운 아이디어를 생성하고, 수렴기법은 아이디어를 선별하고 정리한다.
③ 확산기법과 수렴기법은 같은 과정을 나타낸다.
④ 확산기법은 시각적 요소에 초점을 맞추고, 수렴기법은 문서 작성에 집중한다.

- 확산기법 : 다양한 아이디어 도출
- 수렴기법 : 아이디어들 중에서 최적의 아이디어를 선택하는 과정

24 창의적 사고를 촉진하는 두 가지 사고방식의 조합은?

① 분석적 사고와 비판적 사고
② 확산적 사고와 수렴적 사고
③ 순차적 사고와 무작위 사고
④ 추상적 사고와 구체적 사고

- 창의적 사고 : 확산적 사고로 다양한 가능성을 탐색
- 수렴적 사고 : 최적의 해결책을 도출하는 과정을 포함

25 디자인 아이디어 발전을 위해 어피니티 다이어그램을 사용하는 목적은?

① 디자인의 비주얼 방향을 결정하기 위해
② 유사한 아이디어를 그룹화하고 체계화하기 위해
③ 디자인 스케치를 빠르게 생성하기 위해
④ 최종 디자인의 색상 팔레트를 선택하기 위해

어피니티 다이어그램은 유사한 아이디어 또는 데이터를 그룹화하여 체계적으로 분석하고 정리하는 데 사용한다.

26 아이디어 스케치 단계에서 가장 중요하게 고려해야 할 요소는?

① 완벽한 디테일
② 정확한 색상 선택
③ 아이디어의 빠른 시각화
④ 최종 제품의 생산 비용

아이디어 스케치 단계에서는 다양한 아이디어를 빠르게 시각화하여 구상과 전개 과정에서의 비주얼 방향을 설정하는 것이 중요하다.

27 브레인스토밍 세션에서 발생하는 아이디어의 질을 높이는 방법은?

① 엄격한 규칙 설정
② 아이디어 수의 제한
③ 모든 아이디어의 적극적 수용
④ 세션 참가자의 최소화

브레인스토밍에서는 창의적인 아이디어 발상을 장려하기 위해 모든 아이디어를 비판 없이 적극적으로 수용하는 것이 중요하다.

28 디자인 아이디어를 발전시키기 위한 스캠퍼 기법에서 'Modify(수정)'의 의미는?

① 기존 아이디어의 완전한 대체
② 아이디어에 소소한 변화를 추가하는 것
③ 아이디어를 다른 용도로 사용
④ 아이디어에서 요소를 제거

'Modify(수정)'는 기존의 아이디어를 개선하거나 조금씩 변형하여 새로운 가치를 창출하는 과정을 의미한다.

29 밥 에이벌이 고안한 아이디어 확장법에 관한 내용으로 맞지 않은 것은?

① 스캠퍼라고 하며 아이디어를 확장하는 것이다.
② P는 목적(Purpose)을 말한다.
③ 아이디어와 상상력을 자극하는 체크리스트 방법이다.
④ 팀원들의 체크리스트를 토의하고 결과를 기입한다.

정답 23 ② 24 ② 25 ② 26 ③ 27 ③ 28 ② 29 ②

스캠퍼(SCAMPER)
- S(substitute 대체)
- C(combine 결합)
- A(adapt 변경)
- M(modify 수정)
- P(put to other uses) 타용도 사용)
- E(eliminate 제거)
- R(reverse 순서 교체)

30 아이디어 도출 과정에서 창의력을 증진하는 스캠퍼 기법의 주요 목적은?

① 한정된 아이디어의 반복적 사용
② 아이디어 발상의 범위 확장
③ 디자인 결정의 신속화
④ 제작 비용의 최적화

스캠퍼 기법은 다양한 질문을 통해 문제 해결을 위한 새로운 아이디어를 탐색하고 아이디어 발상의 범위를 확장하는 데 목적이 있다.

31 디자인 과정에서 아이디어를 시각화하는 데 유용한 도구는 무엇인가?

① 마인드맵
② 계산기
③ 텍스트 에디터
④ 스프레드시트

마인드맵은 아이디어를 시각화하고 구조화하는 데 매우 유용하다.

32 어피니티 다이어그램의 목적은?

① 아이디어 순위 매기기
② 유사한 아이디어 그룹화
③ 아이디어의 시각적 표현
④ 최종 디자인 결정

어피니티 다이어그램
- 아이디어 정리의 분석 방법으로 '친화도 분석'으로 해석
- 아이디어 중 유사한 의미의 단어를 압축하여 특정 의미구조를 형성
- 연관성 높은 정보를 수렴하여 핵심 키워드 도출
- 일차적으로 추출된 키워드를 특정 공간에 배치하여 그루핑하여 데이터를 체계화

33 아이디어 발상에서 스캠퍼 기법이 필요한 이유는?

① 아이디어를 제한하기 위해
② 아이디어를 구체화하기 위해
③ 창의력을 증진시키기 위해
④ 의사 결정을 가속화하기 위해

스캠퍼 기법은 다양한 방식으로 아이디어를 확장하고 창의력을 증진하는 데 도움을 준다.

34 어피니티 다이어그램과 스캠퍼의 목적으로 적절한 것은?

① 적정가격을 책정하는데 도움이 도움이 된다.
② 불분명한 니즈와 콘셉트를 명확하게 할 수 있다.
③ 시장에서 제품의 위치를 확인할 수 있다.
④ 자료 조사를 좀더 정확하게 할 수 있다.

어피니티 다이어그램과 스캠퍼는 아이데이션 초기에 명확하지 않은 니즈와 콘셉트를 명확하게 도출할 수 있는 방법이다.

35 시각적 소통을 위한 이미지 공유의 주요 방법은?

① 시각적 요소를 중심으로 생각하여 아이디어를 시각화함
② 시각적 상징과 다양한 채널로 아이디어를 상호 소통함
③ 디자인 개발자의 심미성을 강조하여 이미지를 개발함
④ 이미지와 텍스트를 결합하여 아이디어를 전달함

시각적 소통은 시각적 상징을 활용하고 다양한 채널을 통해 아이디어를 상호 소통한다.

36 디자인 프로젝트에서 썸네일 스케치의 주요 목적은?

① 최종 디자인 완성
② 아이디어의 빠른 시각화
③ 상세한 디자인 작업
④ 정밀도 향상

> 썸네일 스케치는 다양한 아이디어를 신속하게 시각화하고 비교하기 위해 사용한다.

37 디자인 프로세스에서 러프 스케치의 주요 특징은?

① 디자인의 최종 결과물을 보여줌
② 콘셉트로 구체화된 아이디어를 가시화함
③ 컴퓨터 그래픽을 사용하여 제작됨
④ 클라이언트 피드백을 통해 수정됨

> 러프스케치의 특징
> • 콘셉트로 구체화된 아이디어를 가시화
> • 디자인 개발자의 표현을 반영 가능
> • 디자인 시안의 예측 가능한 크기로 구현.
> • 시각적 연출의 구체화 전에 표현매체에 대한 일차적 계획 수립
> • 형태의 음영과 컬러 등의 연출로 시안제작의 결과 예측 가능

38 아이디어 선정을 위한 프레젠테이션의 목적은 무엇인가?

① 디자인의 최종 결과물을 전시함
② 디자인 개발자의 개인적인 취향을 나타냄
③ 아이디어를 전달하고 피드백을 받아 아이디어를 선정함
④ 클라이언트의 요구에 맞추어 디자인을 수정함

> 프레젠테이션은 아이디어를 클라이언트에게 전달하고 피드백을 받아 가장 적합한 아이디어를 선정하는 데 사용한다.

39 콤프 스케치의 특징으로 가장 적절한 것은?

① 아이디어를 최대한 개방
② 클라이언의 표현을 반영함
③ 디자인 시안의 실제 크기로 구현함
④ 완료 결과물과 같은 수준으로 표현함

> 콤프 스케치는 디자인의 최종 결과물과 유사한 수준으로 표현되어, 클라이언트가 디자인의 완성도를 예측할 수 있다.

40 시각적 사고에 의한 이미지 발상을 위한 주요 특징으로 가장 적절한 것은?

① 텍스트와 이미지를 병행하여 학습하도록 함
② 시각적 요소를 중심으로 생각하여 아이디어를 시각화함
③ 이미지를 보고 브레인스토밍을 하여 아이디어를 얻음
④ 이미지와 텍스트를 통한 아이디어 해석과 활용 과정

> 시각적 사고는 시각적 요소를 중심으로 생각하여 아이디어를 시각화하고, 이를 썸네일 스케치로 집약시킴으로써 발상을 돕는다.

41 시각화 조형 원리 중 조화의 원리는 무엇을 강조하는가?

① 대상의 부분과 전체 형태 사이에 유사성과 연관성을 부여하여 안정된 조형성을 부각함
② 대상의 부분과 전체 사이에 통일과 변화의 질서를 부여함
③ 시각적 무게를 힘의 분배를 통하여 긴장감과 안정감을 유지함
④ 부분들 사이에 시각적인 강약이 규칙적으로 연속될 때 형성되는 조형감을 강조함

> 대상의 부분과 전체 형태 사이에 유사성과 연관성을 부여하여 안정된 조형성을 부각한다.

정답 36 ② 37 ② 38 ③ 39 ④ 40 ② 41 ①

42 게슈탈트 이론에 대한 설명으로 옳지 않은 것은?

① 형태 외에 시각적 경험에 따라 다른 형태의 특성이 개입되어 지각한다.
② 시각적 연관성의 법칙에는 근접성, 연속성, 유사성, 폐쇄성의 원리가 포함된다.
③ 지각, 기억과 연상, 사고와 학습을 통해 조형적 대상을 지각한다고 본다.
④ 사물의 개별적인 요소를 독립적으로 분석하는 데 중점을 둔다.

> 게슈탈트 이론은 사물의 전체적인 형태와 패턴을 중시한다.

43 게슈탈트 이론에서 '유사성(친숙성)의 원리'에 해당하는 것은?

① 가까이 있는 두 개 또는 그 이상의 시각요소들이 패턴이나 그룹처럼 보이는 것
② 유사한 배열이 방향성을 지니고 하나의 묶음처럼 지각되는 법칙
③ 비슷한 모양의 도형이나 그룹을 같은 부류로 보는 경향
④ 선이 끊어져 있어도 연결되어 보이거나 무리지어 하나의 형태로 보이는 것

> • 근접성의 원리 : 가까이 있는 두 개 또는 그 이상의 시각요소들이 패턴이나 그룹처럼 보이는 것
> • 연속성의 원리 : 유사한 배열이 방향성을 지니고 하나의 묶음처럼 지각되는 법칙
> • 폐쇄성의 원리 : 선이 끊어져 있어도 연결되어 보이거나 무리지어 하나의 형태로 보이는 것

44 '근접성의 원리'에 대한 설명으로 맞는 것은?

① 비슷한 모양의 도형이나 그룹을 같은 부류로 보는 경향
② 유사한 배열이 방향성을 지니고 하나의 묶음처럼 지각되는 법칙
③ 가까이 있는 두 개 또는 그 이상의 시각요소들이 패턴이나 그룹처럼 보이는 것
④ 선이 끊어져 있어도 연결되어 보이거나 무리지어 하나의 형태로 보이는 것

> 가까이 있는 시각 요소들이 그룹이나 패턴으로 지각되는 현상이다.

45 시각화의 형태 중 점에 대한 설명으로 적절한 것은?

① 형태를 지각하는 최소의 단위이며 위치만 표시한다.
② 선이 이동한 흔적이나 면의 한계를 나타낸다.
③ 곡선, 직선, 꺾은선과 같은 다양한 형태를 가질 수 있다.
④ 점층과 방사는 점의 크기와 색채 등의 점진적 변화를 나타내는 방법이다.

> • 선이 이동한 흔적이나 면의 한계를 나타낸다. : 선
> • 곡선, 직선, 꺾은선과 같은 다양한 형태를 가질 수 있다. : 선
> • 점층과 방사는 점의 크기와 색채 등의 점진적 변화를 나타내는 방법이다. : 율동의 원리 중 점층과 방사

46 시각화의 형태에 대한 내용으로 적절하지 않은 것은?

① 아이소메트릭은 공간구조를 X, Y, Z 세 축으로 구분하여 표현한다.
② 게슈탈트는 조형 표현의 기본 요소로 점·선·면을 제시하였다.
③ 기하학적 면은 점, 선과 함께 구성하여 정보와 메시지를 그룹화 할 수 있다.
④ 선은 점교차에 의해 나타나며 길이, 위치, 방향을 표시한다.

> 킨딘스키는 조형 표현의 기본 요소로 점·선·면을 제시하였다.

2. 비주얼 아이데이션 적용

01 아이데이션 구체화 방법 중 이미지 제작 단계는?

① 브레인 스토밍
② 핵심키워드 도출
③ 아이디어 구상(스케치)
④ 텍스트와 이미지를 병행하여 학습

> 이미지 제작 단계는 아이디어 구상을 시각화하기 위해 스케치를 통해 아이디어를 시안으로 제작하는 단계이다.

02 콘셉트 이미지의 역할이 아닌 것은?

① 의미 형성을 위한 상징으로 사용
② 감성적 연출 수단으로 사용
③ 콘셉트를 직접적으로 설명
④ 텍스트와 이미지를 결합하여 아이디어를 전달

> 콘셉트 이미지는 의미를 형성하기 위해 상징으로 사용되며, 콘셉트를 시각적으로 나타낸다.

03 유니버설 디자인의 특징이 아닌 것은?

① 사회적 약자인 약시자, 색맹자를 위한 타이포그래피이다.
② 가독성, 주목성, 시안성을 높인 타이포그래피 디자인이다.
③ 상업적으로 특정인만 구매할 수 있게 디자인한 것이다.
④ 간명한 이미지에 정보를 압축하여 직관적으로 정보를 전달한다.

> 유니버설 디자인 : 모두를 위한 디자인
> • 타이포그래피 유니버설 디자인 : 사회적 약자를 위한 가독성, 주목성, 시안성을 높인 타이포그래피 디자인
> • 픽토그램 유니버설 디자인 : 간명한 이미지에 정보를 압축하여 직관적으로 정보를 전달

04 이미지 표현기법 선택의 주요 기준이 아닌 것은?

① 표현 방식에 따라 메시지가 달라짐
② 표현 방식 : 사진 이미지 표현, 정보 그래픽 이미지, 드로잉 이미지
③ 팀원들과의 논의를 통해 메시지 전달 오류를 줄일 수 있음
④ 클라이언트의 독창성 반영

> 이미지 표현기법 선택의 주요 기준은 표현 방식에 따라 메시지가 달라지므로, 메시지 전달 방식을 고려해야 합니다.

05 이미지 소재 선택의 주요 기준이 아닌 것은?

① 매력 요소와 심미성
② 특정 전달 매체
③ 정보 커뮤니케이션 효율성
④ 제작자의 독창성 반영

> 이미지 소재의 선택 기준
> • 전달 매체의 특성 • 매력 요소와 심미성
> • 정보 커뮤니케이션 효율성 • 제작자의 독창성 반영

06 비주얼 편의 유형으로 맞지 않은 것은?

① 이미지 합성 ② 이미지 변형
③ 이미지의 왜곡 ④ 이미지의 역할

> 비주얼 편의 유형은 이미지 합성, 이미지 변형, 이미지 배치 변화, 이미지의 왜곡 등이 있다.

07 사용자 편의를 위한 디자인 가치와 거리가 먼 것은?

① 유니버설 디자인
② 지속가능 디자인
③ 상업적 가치 디자인
④ 어메니티 디자인의 적용

> • 유니버설 디자인 : 모두를 위한 디자인
> • 지속가능 디자인 : 자원을 절약하여 삶의 환경을 지속하는데 기여하는 디자인
> • 어메니티 디자인 적용 : 사용자에게 편의성, 물리적 환경의 쾌적함 제공

정답 02 | 01 ③ 02 ④ 03 ③ 04 ④ 05 ② 06 ④ 07 ③

08 아이디어 스케치에서 중요하게 고려되어야 하는 가치는?

① 시각화하여 디자인 니즈를 적용하고 구체화하는 것
② 제작단계에서 콘셉트 설정을 실물로 만드는 것
③ 아이데이션 진행 단계에 맞게 시제품을 정교화하는 것
④ 모든 아이디어를 발전시키는 것

> • 초기 단계의 콘셉트 설정을 구체화하는 것
> • 아이데이션 진행 단계에 맞게 스케치를 정교화하는 것
> • 실현 가능한 아이디어로 발전시키는 것

09 아이데이션을 위한 콘셉트 키워드 도출법 중에서 클라이언트가 요구하는 방향에 맞게 키워드를 도출하는 방법은?

① 마인드맵을 이용한 방법
② 브랜드 퍼스낼러티를 통한 압축 키워드 추출
③ 관련 시장 조사를 통한 트렌드 키워드
④ 시장 조사를 통한 키워드 그룹의 범위 압축

> 관련 시장 조사를 통해 얻은 정보를 활용하여 콘셉트 설정을 위한 아이디어로 연결하여 키워드를 도출한다.

10 아이디어 스케치 단계별 지향에서 기능중심의 고려항목이 아닌 것은?

① 일관성 있는 아이디어 스케치
② 콘셉트에 맞는 아이디어 전개
③ 조형성
④ 경제성

> 콘셉트에 맞는 일관성 있는 아이디어 스케치 : 진행 단계 중심

11 아이디어 스케치에서 단계별로 지향하는 것이 아닌 것은?

① 가치중심　② 소비자중심
③ 기능중심　④ 진행단계중심

> 아이디어 스케치 시 고려 사항
> • 아이디어 스케치의 가치 중심 : 개념을 시각화 하여 디자인 니즈를 적용하고 실현가능한 아이디어로 구체화 해야 함
> • 아이디어 스케치의 기능 중심 : 개발 초기 단계에 필요한 콘셉트 설정을 구체화
> • 아이디어 스케치의 진행 단계 중심 : 아이데이션 진행단계의 구분에 맞게 스케치를 정교화

12 시안 제작을 위한 아이데이션에서 이미지 자료를 수집하여 의미요소, 형태요소, 색채요소 등을 추출하는 단계는?

① 키워드의 직접적인 시각화
② 연관관계를 개념화 한 시각화
③ 키워드 그룹 추출
④ 비주얼 아이데이션 모티프의 확장

> 키워드의 직접적인 시각화
> 1. 이미지 자료 수집 관련된 이미지에서 의미요소, 형태요소, 색채요소 등 추출
> 2. 콘셉트 지원 요소 추출 수집된 키워드 중 하나를 이미지 자료를 수집하고 콘셉트를 위한 요소 추출

13 콘셉트가 구체화된 비주얼 모티프를 도출하는 방법이 아닌 것은?

① 시안 디자인을 위한 비주얼 모티프 도출
② 구조와 형태의 베이에이션 가능
③ 브랜드 아이덴티티 디자인의 경우 그래픽 모티프로 활용
④ 아이디어의 시각적 구체화

> 아이디어의 시각적 구체화 : 키워드를 바탕으로 간접적으로 연상되는 아이디어의 시각화

14 색채디자인에서 콘셉트 설정의 목적은 무엇인가?

① 디자인의 미적 요소 결정
② 디자인의 방향성 설정
③ 클라이언트와의 커뮤니케이션 개선
④ 디자인 비용 산정

콘셉트 설정
- 디자인 방향을 결정
- 디자인 과정에서 가장 중요한 단계
- 아이디어와 컨셉을 구체화하고 결정
- 색채디자인에서의 콘셉트 설정단계는 조사·분석을 바탕으로 색채이미지를 설정

15 사진 이미지를 사용할 때 고려해야 할 요건은?

① 카메라 앵글
② 해상도 점검
③ 이미지의 다이내믹 형성
④ 매력 요소 확장

사진이미지 사용 요건
- 해상도 점검 : 300dpi가 되어야 사용가능
- 디자인 결과물 적용을 위한 연출 범위 : 메시지의 전달 의도와 연출에 맞게 선명도, 질감, 색감 등을 조정

16 일러스트레이션의 유형 중, 사실 형태로 묘사하여 신뢰를 전달하는 것은?

① 추상적 일러스트레이션
② 구상적 일러스트레이션
③ 초현실적 일러스트레이션
④ 패턴 일러스트레이션

- 추상적 일러스트레이션 : 도형이나 자연적 질서에서 찾을 수 있는 유기적인 형태 패턴 등의 정형화 되지 않은 대상을 묘사
- 초현실적 일러스트레이션 : 2D 그래픽 소프트웨어를 이용하여 현실에서 경험할 수 없는 사물의 결합이나 상황의 묘사가 가능

17 색채 계획서 작성 시 필요한 사항으로 적절하지 않은 것은?

① 디자인의 목적과 대상에 맞는 효과적인 색상 계획
② 기능적이고 심미적으로 효과적인 배색효과 습득
③ 클라이언트 미팅, 정보수집, 소비자 및 시장조사
④ 모든 아이디어를 만족할 수 있는 시제품

색채 계획서를 작성할 때는 디자인의 목적과 대상에 맞게 효과적인 색상 계획을 수립하는 것이 중요하다.

18 콘셉트 이미지로서의 일러스트레이션의 특성 중, 상상력과 작가의 개성을 중시하는 것은?

① 사진 이미지 전개
② 추상적 일러스트레이션
③ 구상적 일러스트레이션
④ 초현실적 일러스트레이션

- 추상적 일러스트레이션 : 도형이나 자연적 질서에서 찾을 수 있는 유기적인 형태 패턴 등의 정형화 되지 않은 대상을 묘사
- 구상적 일러스트레이션 : 사실 형태로 묘사하여 사실감에 의한 신뢰를 전달

19 몽타주 일러스트레이션의 주요 사용 목적은?

① 단순한 정보 전달
② 초현실적 시각적 경험 제공
③ 기술적 그림 그리기
④ 역사적 사실 기록

몽타주 일러스트레이션
- 여러 가지 사물형상을 하나의 화면에 조합
- 초현실적이거나 환상적인 시각적 경험을 제공
- 메시지의 주목성이 높거나 유추적인 이미지 광고의 컨셉트에 사용
- 큐비니즘, 꼴레, 다다, 초현실주의 화법의 꼴라주로 활용

20 정보그래픽 이미지가 디자인 콘셉트에 기여하는 방식은?

① 복잡한 데이터의 단순화
② 메시지의 주목성 향상
③ 예술적 가치의 표현
④ 역사적 사건의 기록

콘셉트 이미지로서 정보그래픽
- 디자인 콘셉트에 따라 콘셉트 이미지로도 활용
- 메시지의 주목성을 높이는데 도움
- 데이터의 추이를 직관적으로 파악할 수 있도록 핵심 이미지로 구성
- 시각적 아이덴티티를 강화하는데 유용한 이미지 활용이 가능

정답 15 ② 16 ② 17 ④ 18 ④ 19 ② 20 ②

21 아이콘 이미지의 전개에 대한 내용으로 맞지 않는 것은?

① 대표적 사례나 핵심적 특징을 시각화한다.
② 정보 표현을 위한 아이콘을 인포그래픽이라 한다.
③ 길 안내나 지시에 사용한다.
④ 시각디자인과 생활환경을 간편하게 조성하기 위해 활용한다.

- 정보 표현을 위한 아이콘을 픽토그램이라 한다.
- 인포그래픽 : 정보, 자료, 지식을 그래픽 시각적으로 표현한 것이다.

22 픽토그램의 주된 활용 분야는?

① 개인적 감정 표현
② 공공시설 안내
③ 개인 일기 작성
④ 소설 삽화

픽토그램
- 공공시설이나 정보를 상징적으로 표현한 그림문자
- 외국인들이 정보를 이해할 수 있도록 사용
- 긴급 상황이나 교통 시설에서 적극적으로 사용
- 유니버설 디자인 개념으로 국제규격으로 정해짐

3. 시안 디자인 개발기초

01 시안제작에 관한 내용으로 적절하지 않은 것은?

① 시각디자인 결과물 제작 전에 콘셉트를 시각적으로 구체화
② 아이데이션을 바탕으로 실제 디자인 결과물 제작 방법을 선 경험
③ 소비자에게 최종 디자인 결과물의 후보 안을 제시
④ 복수의 디자인 안을 개발하는 직무 단계

클라이언트에게 최종 디자인 결과물의 후보 안을 제시

02 시안 제작을 위한 그래픽 소프트웨어로 가장 적절한 것은?

① 워드   ② 일러스트레이터
③ 엑셀   ④ 파워포인트

일러스트레이터는 벡터 기반의 그래픽 디자인 소프트웨어로, 시안 제작에 많이 활용한다.

03 시안 제작을 위한 종이의 종류로 맞지 않은 것은?

① 아트지   ② 스노우지
③ 레자크/머메이드지 ④ 캔버스지

캔버스지는 주로 회화 작업에 사용되는 종이로, 시안 제작에는 적합하지 않다.

04 고급 인쇄물의 내지나 표지에 사용되는 종이는?

① 아트지   ② 매트지
③ 레자크/머메이드지 ④ 펄지

- 아트지 : 잡지, 그림책, 팸플릿, 카탈로그 등
- 스노우지 : 다양한 인쇄물에 사용되며 아트지와 유사하지만 광택이 없음
- 레자크/머메이드지 : 회의자료 등
- 모조지 : 다양한 인쇄물에 활용
- 펄지 : 화려하고 고급스러운 효과를 원할 때 사용되며 비싼 가격

05 회의자료 등 간단한 인쇄물 표지에 사용되는 종이는?

① 레자크/머메이드지
② 모조지
③ 펄지
④ 스노우지

레자크/머메이드지는 특정한 무늬가 울퉁불퉁하게 튀어나온 패턴지로, 가격이 저렴하고 간단한 인쇄물 표지에 주로 사용한다.

06 화려하고 고급스러운 효과를 원할 때 사용되며 가격이 비싼 종이는 무엇인가?

① 아트지
② 매트지
③ 펄지
④ 모조지

펄지는 부드러운 표면과 다양한 색상, 화려함으로 화려하고 고급스러운 효과를 원할 때 사용되며, 비싼 가격으로 유명합니다.

07 내지에 많이 사용되며 가격이 저렴한 종이는?

① 아트지
② 모조지
③ 스노우지
④ 매트지

모조지는 광택이 거의 없고 매끄러운 감촉이며, 내지에 많이 사용되며 가격이 저렴하다.

08 시안 디자인 개발요건에 해당되지 않는것은?

① 콘셉트를 구체화하는 방안은 이미지와 텍스트 요소에 따라 결정
② 표현 방식에 따라 다양
③ 디자인 콘셉트와 제작 목적, 클라이언트의 요구를 반영
④ 디자인 요소의 색상과 크기를 디자이너가 결정

"시안 디자인 개발 요건에 색상과 크기를 디자이너가 결정"은 포함되지 않는다.

09 클라이언트의 시안디자인 선택 요건은?

① 표현과 연출 방법은 고려대상이 아니다.
② 텍스트로 콘셉트를 구체화하여 선택
③ 다양한 시안으로 시각화 방식 선택
④ 개발자의 의도를 이해하고 선택

클라이언트의 시안디자인 선택 요건 : 여러 시안을 통해 시각화 방식, 표현과 연출 방법, 인쇄 매체를 통한 효과 등을 디자인 개발자에게 명확히 전달

10 콘셉트 자료수집 과정에서 이미지 자료를 수집하는 방법으로 적절하지 않은 것은?

① 포털 웹사이트 검색을 통한 이미지 수집
② 스톡이미지 사이트를 통한 이미지 대여
③ 디자인 책을 구매하여 이미지를 스캔
④ 사진촬영을 통해 필요한 이미지를 직접 촬영

디자인 책을 구매하여 이미지를 스캔하는 것은 저작권에 위반될 수 있으므로 적절하지 않다.

11 레이아웃의 유형 중 "축 레이아웃"의 특징은?

① 정보 요소가 한 점에서 방사형으로 트리밍되어 위치 변화를 연출한다.
② 정보 요소가 중심점 주위로 둥글게 퍼져 동심원의 불규칙한 분절을 통해 리듬감을 연출
③ 요소가 불규칙하게 배치되어 시각적 다이내믹을 형성
④ 정보 요소가 축을 중심으로 대칭적으로 정렬되어 주목성을 높인다.

- 방사형 레이아웃 : 정보 요소가 한 점에서 방사형으로 트리밍되어 위치 변화를 연출한다.
- 확장형 레이아웃 : 정보 요소가 중심점 주위로 둥글게 퍼져 동심원의 불규칙한 분절을 통해 리듬감을 연출
- 불규칙 레이아웃 : 요소가 불규칙하게 배치되어 시각적 다이내믹을 형성

정답 05 ① 06 ③ 07 ② 08 ④ 09 ③ 10 ③ 11 ④

12 키워드를 통한 비주얼 모티브 개발에서 비주얼 모티브의 요건이 아닌 것은?

① 반복과 크기 대비로 다양한 베리에이션을 적용
② 3차원적이고 간결한 형태와 단순한 색상을 가짐
③ 모티프의 원래 형태를 유지하면서 다양한 변형을 가하는 것이 중요
④ 구성의 다이내믹을 고려하여 시각적 확장성이 필요

비주얼 모티브의 요건은 2차원적이고 간결한 형태와 다양한 색상을 가짐

13 시안제작을 위한 자료수집 중 주의해야 할 사항으로 중요한 것은?

① 판매되는 이미지의 가격을 확인한다.
② 클라이언트의 취향에 맞는지 확인한다.
③ 저작권자의 제약사항을 확인한다.
④ 유행에 맞는 자료인지 확인한다.

자료(이미지, 서체 등)수집 시 저작권자의 제약사항은 반드시 확인해야한다.

14 비주얼 모티브의 확장 적용에 관한 설명으로 맞지 않는 것은?

① 모티프를 분화하여 단일 콘셉트 이미지로 합체 및 재구성 가능
② 형태적 특성을 유지한 단순한 구성
③ 비주얼 모티프가 콘셉트 이미지 자체로 사용됨
④ 여러 개의 콘셉트 키워드를 적용하여 다양한 비주얼 모티프 개발

비주얼 모티브의 확장 적용에서 형태적 특성을 활용하여 다양한 결합이 가능하다.

15 분산과 집중의 원리에 대한 설명으로 맞지 않는 것은?

① 텍스트와 이미지 요소의 집중과 분산은 시선 이동과 주목성을 조절
② 인근에 분산된 요소가 있으면 집중 효과가 높음
③ 집중된 요소는 밀도가 낮은 여백도 필요
④ 분산된 요소는 여유로운 공간감을 형성

인근에 집중된 요소가 있으면 분산 효과가 높음

16 결과물 특성에 따른 시안 제작 단계에서 2차 시안을 제작하는 이유는?

① 디자이너의 결정을 위해
② 시안의 품질을 유지하기 위해
③ 제작비를 절감하기 위해
④ 디자인을 보완하기 위해

프로젝트의 규모와 결과물의 활용 형태에 따라 디자인을 보완하기 위해 2차 시안을 제작한다.

17 벡터 이미지와 비트맵 이미지의 차이점으로 적절하지 않은 것은?

① 벡터 이미지는 확대해도 이미지 품질이 유지된다.
② 비트맵 이미지는 해상도에 따라 품질이 변화된다.
③ 벡터 이미지는 선과 곡선값을 수학적 연산으로 계산하여 곡선으로 그린다.
④ 벡터 이미지와 비트맵 이미지 모두 확대 축소에 따른 품질 변화가 없다.

벡터 이미지는 확대 및 축소에 따른 이미지 품질의 변화가 없으나, 비트맵 이미지는 크기 변화에 따라 이미지 품질이 변한다.

정답 12 ② 13 ③ 14 ② 15 ② 16 ④ 17 ④

18 화면 레이아웃의 원리로 맞지 않은 것은?

① 일관성
② 상향식 연출구조
③ 위계적 연출구조
④ 스토리 진행형 연출구조

화면 레이아웃의 원리
• 일관성   • 집중과 분산
• 위계적 연출구조 • 스토리 진행형 연출구조

19 스토리 진행형 구조 연출의 특징이 아닌것은?

① 시각디자인 매체는 이미지와 텍스트를 다양한 형태로 배치한다.
② 사용자는 편집된 콘텐츠 구조와 연관된 정보의 흐름을 따라간다.
③ 정보 요소와 시각적 요소를 결합하여 스토리를 파악할 수 있는 구조를 형성한다.
④ 시장에서의 가격을 결정하는데 도움을 준다.

시장에서의 가격결정은 관련이 없다.

20 다음과 같은 레이아웃은?

① 축 레이아웃
② 방사형 레이아웃
③ 확장형 레이아웃
④ 불규칙 레이아웃

확장형 레이아웃 : 정보 요소가 중심점 주위로 둥글게 퍼져 동심원의 불규칙한 분절을 통해 리듬감을 연출

21 비트맵 파일 포맷 중 투명성과 관련된 알파채널에서 향상된 기능을 제공하는 포맷은?

① JPG   ② BMP
③ PSD   ④ PNG

• JPG : 사진이나 그림 등을 저장하는 기술의 표준이며 1,600만 색상을 표시할 수 있어 고해상도 이미지의 저장이 가능
• BMP : 마이크로소프트사에서 개발한 IBM 호환기종에서 사용 가능하도록 만든 비트맵 그림파일
• PSD : 레이어, 알파채널, 패스 등을 모두 저장할 수 있는 포토샵 전용 파일 형식

22 벡터 이미지를 생성하고 편집하는 데 사용되는 프로그램은?

① 포토샵   ② 일러스트레이터
③ 페인트샵 프로 ④ 페인터

• 벡터 이미지 편집 프로그램 : 일러스트레이터, 코렐드로우, CAD 등
• 배트맵 이미지 편집 프로그램 : 프로그램: 포토샵, 페인트샵 프로, 페인터 등

23 비트맵 포맷 중 온라인 전송이 가능하고 용량이 적으며 투명하며 애니메이션 지원이 가능한 포맷은?

① JPG   ② BMP
③ GIF   ④ TIFF

• JPG : 사진이나 그림 등을 저장하는 기술의 표준이며 1,600만 색상을 표시할 수 있어 고해상도 이미지의 저장이 가능
• BMP : 마이크로소프트사에서 개발한 IBM 호환기종에서 사용 가능하도록 만든 비트맵 그림파일
• TIFF : 고해상도 출력, 이미지 스캐닝에 사용하는 포맷으로 PC와 매킨토시에서 호환

24 타이포그래피의 기능적 요건이 아닌 것은?

① 구성 요소들과의 조화
② 매체별 요구 기능
③ 가독성(Legibility)과 판독성(Readability) 고려
④ 주목성(Attractiveness) 조절

정답 18 ② 19 ④ 20 ③ 21 ④ 22 ② 23 ③ 24 ①

타이포그래피의 기능적 요건
- 정보 커뮤니케이션 방안
- 매체별 요구 기능
- 가독성(Legibility)과 판독성(Readability) 고려
- 주목성(Attractiveness) 조절
- 시인성(Visibility) 적용

텍스트 요소 배치	단락 내 공간의 조절
• 글줄의 길이 조정 • 들여쓰기와 내어쓰기	• 자간의 조절 • 행간의 조절

25 타이포그래피의 심미적 요건에 해당하지 않는 것은?

① 정보 전달과 정서적 효과
② 시각적 요소와의 조화
③ 창의적인 시각적 스타일 구현
④ 서체의 조합과 메시지의 감성적 스타일을 고려

콘셉트의 심미적 연출
- 정보 전달과 더불어 사용자에게 정서적인 효과를 줄 수 있음
- 시각적 요소와의 조화를 통해 심미적인 매력을 강조
- 서체의 조합과 메시지의 감성적 스타일을 고려하여 디자인 콘셉트를 연출

26 타이포그래피 아트워크에서 산세리프, 고딕계열 서체의 주로 사용되는 매체는?

① 보고서나 단행본
② 잡지나 브로셔
③ 명함이나 포스터
④ 웹사이트나 앱

- 세리프, 명조 계열 서체 : 양이 많은 단행본이나 보고서의 본문용 서체로 사용
- 산세리프, 고딕계열 서체 : 명쾌하고 현대적인 느낌으로 인해 표지나 제목 등에 많이 사용하며 잡지나 브로셔 등에서는 본문용으로 사용
- 스크립트 체(캘리그래피(Calligraphy)) : 손글씨와 같은 필기체 느낌의 서체

27 텍스트 요소의 배치를 이용한 공간을 조절하는 방법으로 적절하지 않은 것은?

① 들여쓰기와 내어쓰기
② 서체 색상의 변화
③ 들여쓰기와 내어쓰기
④ 행간의 조절

28 시인성을 높이기 위한 방법 중 가장 적절한 것은?

① 큰 크기와 높은 밀도의 타입페이스 선택
② 색상의 대비를 줄이는 것
③ 텍스트 간의 간격을 좁게 조정하는 것
④ 단순한 폰트를 사용하는 것

시인성(Visibility)
- 정보구조에서는 정보 요소의 시안을 보장하는 레이아웃이 필요
- 시인성은 서체 형태, 컬러, 그룹핑 등의 시각적 요소와 관련
- 큰 크기와 높은 밀도의 타입페이스, 명도와 채도의 차이가 클수록 시인성이 높음

29 컬러 아트워크의 주요 역할로 맞지 않은 것은?

① 정보 전달과 콘셉트 구체화
② 디자인 매체의 특성 이해
③ 이미지와 텍스트의 체계 구축
④ 참여 구성원의 아이디어 적극 수용

컬러 아트워크의 역할
- 정보 전달과 콘셉트 구체화에 중요한 단계
- 매체의 콘셉트와 아이덴티티를 형성하고 이미지와 텍스트의 체계를 구축
- 매체의 특성을 이해하여 정보 구성과 이미지 연출을 계획

30 아트워크를 위한 컬러계획으로 적절하지 않은 것은?

① 컬러 아이덴티티 구축 계획
② 정보구조 컬러 계획
③ 색의 면적에 의한 컬러 계획
④ 상품의 가격에 맞는 컬러 계획

컬러 계획은 상품의 가격과는 상관이 없으며 톤과 분위기 연출을 위한 컬러 계획을 포함해야 한다.

정답 25 ③ 26 ② 27 ② 28 ① 29 ④ 30 ④

31 유사색 배색의 특징으로 맞는 것은?

① 메시지의 명확성을 강조하고 다이내믹한 감성 연출
② 안정적으로 연출할 수 있어 셉트를 명확하게 구현
③ 과용하면 시각적으로 산만해짐
④ 너무 일정한 조합으로 메시지와 정보가 미약해짐

- 메시지의 명확성을 강조하고 다이내믹한 감성 연출 : 반대색 배색
- 과용하면 시각적으로 산만해짐 : 반대색 배색
- 너무 일정한 조합으로 메시지와 정보가 미약해짐 : 동일색 배색

32 동일색 배색의 특징으로 맞는 것은?

① 메시지의 명확성을 강조하고 다이내믹한 감성을 연출한다.
② 안정적으로 연출할 수 있어 콘셉트를 명확하게 구현한다.
③ 과용하여 시각적으로 산만해진다.
④ 너무 일정한 조합으로 메시지와 정보가 미약해진다.

- 메시지의 명확성을 강조하고 다이내믹한 감성을 연출한다. : 반대색 배색
- 안정적으로 연출할 수 있어 콘셉트를 명확하게 구현한다. : 유사색 배색
- 과용하여 시각적으로 산만해진다. : 반대색 배색

33 반대색 배색의 특징이 아닌 것은?

① 안정적으로 연출할 수 있어 셉트를 명확하게 구현
② 메시지의 명확성을 강조하고 다이내믹한 감성 연출
③ 과용하면 시각적으로 산만해짐
④ 톤과 명도 차이를 강하게 형성하는 것이 효과적

안정적으로 연출할 수 있어 셉트를 명확하게 구현한다. : 유사색 배색

34 인쇄매체 시안 베리에이션의 설명으로 적절하지 않은 것은?

① 레이아웃 베리에이션
② 컬러 베리에이션
③ 이미지 베리에이션
④ 조명 베리에이션

베리에이션의 종류
- 레이아웃 베리에이션 : 요소의 배치를 부분적으로 변경
- 컬러 베리에이션 : 부분적 컬러나 주조색을 변경
- 이미지 베리에이션 : 이미지의 변형, 크기 변화, 중첩 응용 배치

35 인쇄매체 시안의 베리에이션에 대한 설명으로 맞는 것은?

① 컬러를 재배열하여 중심 시안을 변형한다.
② 이미지와 텍스트 요소의 배치를 변경하여 다양한 시각적 효과를 연출한다.
③ 재료를 변경하여 시각적 임팩트를 제공한다.
④ 전시물의 조명의 색을 변경하여 중심 시안을 변형한다.

레이아웃 베리에이션은 이미지와 텍스트 요소의 배치를 변경하여 다양한 시각적 효과를 연출한다.

36 사인시스템 시안 디자인 계획 중 사인의 종류에 대한 설명으로 옳지 않은 것은?

① 길찾기용 사인은 유도사인, 위치 사인, 안내사인으로 구성된다.
② 정보고지사인은 설명과 규제를 위한 정보를 제공한다.
③ 종합안내사인은 건물 입구에서 층별 배치와 동선 정보를 제공한다.
④ 명패 사인은 대상자의 이름과 직책 등의 정보를 제공한다.

명패 사인은 목적지의 위치 정보를 확인할 수 있도록 제공한다.

37 사인시스템의 색채와 텍스트 정보에 대한 설명으로 적절하지 않은 것은?

① 색채와 텍스트 정보는 정보 인지, 차별성, 심미적 임팩트를 높일 수 있는 핵심이다.
② 색은 플레이트의 주조색, 정보의 보조색, 강조색으로 구성된다.
③ 정보고지사인은 건물 입구에서 층별 배치와 동선 정보를 제공한다.
④ 주조색, 보조색, 강조색은 사인의 유형과 공간 특성에 맞게 조합된다.

- 정보고지사인 : 설명과 규제를 위한 정보를 제공하며, 생태정보나 행동 정보를 전달하는데 사용
- 종합안내사인 : 건물 입구에서 사용자가 처음 만나며, 층별 배치와 동선 정보를 제공

4. 시안 디자인 개발 응용

01 정보데이터 유형에 대한 설명으로 올바르지 않은 것은?

① 사실(Facts)은 설명을 자세히 하여 이해할 수 있도록 그림과 텍스트로 표현한다.
② 개념(Concepts)은 대상의 이해를 돕기 위해 형태 및 텍스트로 간단하게 표현한다.
③ 절차(Procedures)는 진행과정을 쉽게 알 수 있는 연속적 형태로 표현한다.
④ 이야기(Stories)는 이야기 전개 상황을 시각화해서 간단 명료한 구조로 표현한다.

사실(Facts)은 설명이 없어도 이해 가능하도록 명료한 형태로 표현한다.

02 정보그래픽 다이어그램 시안 제작 단계에 해당하지 않는 것은?

① 정보의 시각화 아이데이션
② 비주얼 모티프의 연출 정교화
③ 정보 단위로서 비주얼 모티프 제작
④ 텍스트 정보의 구조화

다이어그램 시안 제작 단계
정보의 시각화 아이데이션 → 정보 단위로서 비주얼 모티프 제작 → 비주얼 모티프의 연출 정교화 → 다이어그램 시안 제작

03 시각화를 위한 정보와 그래픽의 관계에 대한 설명으로 적절하지 않은 것은?

① 이미지와 텍스트, 다양한 다이어그램 활용
② 데이터 수집과 정리를 통해 필요한 정보를 선별 후 구조화된 형태로 제공
③ 데이터의 조사 방법에 따라 구분하여 시각화를 차별화
④ 매체의 특성과 시각화 방식에 맞춰 체계적으로 정보 형태소를 반복하여 제작

데이터의 조사 방법은 정보와 그래픽과 상관 없다.

04 정보그래픽 다이어그램 시안 개발 단계 중 다이어그램을 매체의 디자인 콘셉트에 맞게 연출하는 단계는?

① 정보의 시각화 아이데이션 단계
② 정보 단위로서 비주얼 모티프 제작 단계
③ 비주얼 모티프의 연출 정교화 단계
④ 다이어그램 시안 제작 단계

비주얼 모티프의 연출 정교화 단계
• 다이어그램을 매체의 디자인 콘셉트에 맞게 연출
• 컬러(색상, 명도 사이의 연관성, 간격, 톤 등)를 활용하여 정보의 그룹핑과 위계를 시각화하고 정보컬러 체계를 적용

05 정보그래픽의 스토리 구조 중, 선형적 구조에 대한 설명으로 맞는 것은?

① 아이콘의 단순한 연결로 정보의 단계 및 실행 방법을 파악
② 계열화된 시각정보 요소가 트리 구조를 형성
③ 인과관계에 의해 불규칙하게 연결된 구조
④ 모든 설명이 올바르지 않다.

• 계열화된 시각정보 요소가 트리 구조를 형성하여 전체정보의 위계와 구조를 명확하게 파악 : 위계적 스토리 구조
• 인과관계에 의해 불규칙하게 연결된 구조로, 상호 연결되어 역동적 정보요소 관계를 파악 : 유기적 스토리 구조

06 이미지 유형에 대한 설명으로 올바르지 않은 것은?

① 즉시적 이미지는 표현된 이미지와 담고 있는 의미가 동일한 상태
② 상징적 이미지는 사회적 관습이나 문화적 학습에 기반하여 의미를 유추하기 위해 사용
③ 지시적 이미지는 이미지가 특정 의미를 지시하는 역할
④ 시각적 이미지는 텍스트의 크기와 위치가 의미 전달에 영향

이미지의 종류는 즉시적 이미지, 상징적 이미지, 지시적 이미지 세 종류가 있다.

07 시안 제작 마무리에 대한 설명 중 올바르지 않은 것은?

① 출력하여 점검할 때에는 용지의 종류와 크기를 선택해야 한다.
② 시안 출력물 가공 시, 포스터나 광고와 같은 단면 시안이 있다.
③ 리플릿, 브로슈어와 등은 양면 시안을 사용한다.
④ 입체구조 시안은 잡지, 라벨 등에 사용한다.

• 입체구조 시안은 주로 접지 재단선이 필요한 패키지, POP 광고, 쇼핑백 등에 사용한다.
• 리플릿, 브로슈어, 책자 등은 양면 시안에 주로 사용한다.

08 심벌마크에서 동적 유연성을 표현할 때 사용되는 요소로 적절한 것은?

① 색채, 형태, 질감, 리듬, 방향
② 기하학적 패턴
③ 사진 이미지
④ 텍스트

동적 유연성을 표현하는 데 색채, 형태, 질감, 리듬, 방향 등의 다양한 요소가 활용된다.

09 이미지의 내용과 표현이 상이한 경우에 대한 설명 중 올바른 것은?

① 내용과 표현이 유사한 이미지는 정서적 광고에 주로 사용된다.
② 내용과 표현이 상이한 이미지는 해석에 여지가 있을 수 있다.
③ 내용과 표현이 상이한 이미지는 스토리와 직접적으로 연결된다.
④ 내용과 표현이 유사한 이미지는 고급스러운 이미지를 준다.

내용과 표현이 상이한 이미지
• 특정 이미지가 다른 의미(대상의 상징물)로 사용 되거나 다른 대상을 지시
• 광고나 책 표지, 포스터 등에서 사용
• 내용과 표현이 상이하여 해석에 여지가 있음

정답 04 ③ 05 ① 06 ④ 07 ④ 08 ① 09 ②

10 브랜드 심벌에 관한 내용으로 맞지 않은 것은?

① 브랜드의 강력한 시각적 표현으로 사용된다.
② 심벌을 결정하기 위해 한 개의 시안을 계속 수정한다.
③ 브랜드의 의미, 철학, 비전, 차별화된 특성이 포함된다.
④ 사용자와 소비자의 관여가 필요하다.

> 심벌을 결정하기 위해 다수의 시안 제작이 필요하다.

11 브랜드 아이덴티티 시안 제작의 사전 단계로 맞지 않은 것은?

① 브랜드 아이덴티티 시안의 다각화와 계열화
② 브레인 스토밍, 아이데이션
③ 클라이언트의 사용후기 조사
④ 브랜드 포지셔닝을 파악하여 비주얼 모티프 설정

> 사용후기 조사는 상품을 출시한 후에 한다.

12 브랜드 아이덴티티 시안의 다각화와 계열화에 대한 설명으로 맞지 않는 것은?

① 계열화는 아이디어를 실제적으로 활용하는 것이다.
② 다양한 심벌과 로고타입 제작에는 광범위한 시안이 필요하다.
③ 비주얼 모티프와 핵심 키워드의 융합된 시안용 모티프를 제작한다.
④ 시안의 체계적 계열화 방안을 활용한다.

> 계열화는 디자인 콘셉트를 체계적으로 적용하는 것이다.

13 로고타입(Logotype)의 활용 요건으로 적당하지 않은 것은?

① 경쟁브랜드와 차별로 우월성을 확보한다.
② 차별화된 형태의 친근감을 제공한다.
③ 일관성 있는 시그니처 형태의 어플리케이션에서 노출한다.
④ 기업의 가치와 내재된 의미를 명확히 전달한다.

> 경쟁브랜드와 차별로 가독성과 식별성을 전달하여 신뢰감 형성

14 로고 시그니처의 특징에 대한 설명으로 올바른 것은?

① 심벌, 로고타입, 슬로건을 규칙에 따라 조합한 형태를 의미한다.
② 가로형과 세로형 조합을 기본으로 한다.
③ 임의의 변형을 방지하기 위해 정비례로 축소/확대하여 사용해야 한다.
④ 어플리케이션의 레이아웃과 시각적 공간을 고려하지 않아도 된다.

> 로고 시그니처는 어플리케이션의 레이아웃과 시각적 공간을 고려한다.

15 브랜드 전용색상에 대한 설명으로 옳은 것은?

① 메인컬러는 사용자들에게 브랜드와의 동일성을 전달한다.
② 서브컬러는 작은 면적에 적용되지만 고채도 경향이 있어 주목성이 높다.
③ 강조컬러는 3~5개 정도로 그룹화된다.
④ 컬러 선택은 디자이너가 결정한다.

> - 서브컬러는 보조색으로, 브랜드 아이덴티티를 확장하는 역할을 한다.
> - 강조컬러는 작은 면적에 적용되지만 고채도 경향이 있어 주목성이 높다.
> - 서브컬러는 3~5개 정도로 그룹화된다.
> - 컬러 선택은 클라이언트와 이해관계자들의 의견과 합의하에 한다.

정답 10 ② 11 ③ 12 ① 13 ① 14 ④ 15 ①

16 전용 서체의 브랜딩 활용에 대한 설명으로 올바른 것은?

① 유료 판매로 브랜드 아이덴티티 왜곡 문제를 해결한다.
② 브랜드의 시각적 아이덴티티를 구축하는 요소이다.
③ 전용 서체의 개발에는 시각디자인 개발자만이 참여한다.
④ 전용 서체의 선택은 무작위로 이루어져야 한다.

- 무료 배포로 인해 일반 브랜드 효과가 있다.
- 아이덴티티 왜곡 문제를 해결하기 위해 관리해야 한다.
- 개발에는 개발자와 다양한 구성원이 참여해야 한다.
- 전용 서체의 선택은 브랜드 아이덴티티에 기반하여 새로 개발하거나 기존 폰트 중에서 선정한다.

17 비주얼 모티프를 바탕으로 한 그래픽 모티프 시안 개발에 대한 설명으로 적절하지 않은 것은?

① 브랜드 아이덴티티의 핵심이며, 전용 색상 및 전용 서체와 함께 개발된다.
② 비주얼 모티프와 동일한 개념으로 사용되며, 심벌마크의 형태를 결정한다.
③ 아이디어 스케치를 선정하여 정교화한다.
④ 형태 제너레이터를 활용하여 완성된 제작물을 제작한다.

형태 제너레이터를 활용하여 비주얼 모티프를 추출한다.

18 동적 유연성이 표현된 심벌마크가 가장 효과적으로 사용되는 매체는?

① 인쇄 매체
② 영상 매체
③ 소셜 미디어
④ 야외 광고

동적 유연성은 특히 영상 매체에서 효과적으로 사용된다. 시각적 움직임을 통해 브랜드의 이미지를 강화시킨다.

19 플렉서블 아이덴티티에 대한 설명으로 옳은 것은?

① 변화하는 형태와 색상을 갖고, 고정된 미디어 환경에 사용한다.
② 가변성을 가진 아이덴티티로, 핵심 메시지를 유지하면서도 변화에 대응할 수 있다.
③ 사용자와의 상호작용을 고려하지 않으며, 시각적 요소의 일관성을 중시한다.
④ 소비자와의 소통을 위해 일관된 형태를 유지한다.

- 변화하는 미디어 환경에는 적응하기 위해 시각적 요소들의 조건에 따라 변화할 수 있다.
- 사용자와의 상호작용을 고려하여, 사용자와의 상호작용과 같은 경험적 요소도 고려한다.
- 소비자와의 소통을 위해 핵심 메시지를 유지(통일성)하면서도 변화에 대응(유연성)한다.

20 플렉서블 아이덴티티의 표현 유형에 대한 설명으로 적절하지 않은 것은?

① 아이덴티티 유지를 위해 청각적 일관성을 유지한다.
② 심벌마크의 외형을 일관된 요소로 유지한다.
③ 내부의 색상, 패턴 및 이미지 등을 변화시켜 동적인 아이덴티티를 형성한다.
④ 심벌의 형태를 상황에 따라 다양하게 변화할 수 있도록 한다.

아이덴티티 유지를 위해 시각적 일관성을 유지한다.

21 그리드의 주된 역할은?

① 텍스트와 이미지를 무작위로 배치하기 위해 사용
② 정보 요소를 배치하기 위한 가이드라인 역할을 하는 레이아웃 시스템
③ 페이지에 그림만 배치하는 것
④ 디자인의 복잡성을 높이기 위해 사용

그리드는 정보 요소를 체계적으로 배치하기 위한 가이드라인 역할을 한다.

정답 16 ② 17 ④ 18 ② 19 ② 20 ① 21 ②

22 브랜드 아이덴티티 시그니처 개발에 대한 내용으로 적절하지 않은 것은?

① 로고 시그니처는 가시성, 가독성 고려하여 최소 사이즈가 20~50mm 사이이다.
② 임의 변형을 방지하기 위해 정비례로 축소/확대하여 사용한다.
③ 심벌과 로고타입이 융합되어 심미성과 가독성을 고려한 조합 공간을 형성한다.
④ 심벌, 로고타입, 슬로건을 규칙에 따라 조합한 형태를 의미한다.

> 로고 시그니처는 가시성, 가독성 고려하여 최소 사이즈가 5~20mm 사이이다.

23 플렉서블 아이덴티티의 표현 유형에 대한 설명으로 맞지 않은 것은?

① 고정된 위치에서 노출되면 형태가 변해도 동일한 아이덴티티로 인식된다.
② 외적 유연성은 커야만 다양성을 명확하게 인지할 수 있다.
③ 심벌마크에 색채, 형태, 질감, 리듬, 방향 등을 변형시킨다.
④ 브랜드 어플리케이션에서 영상 매체에 효과적으로 적용할 수 있다.

> 외적 유연성은 작은 크기로도 다양성을 명확하게 인지할 수 있다.

24 단일 판형 레이아웃에서 핵심 이미지와 텍스트 요소의 배치 목적은?

① 콘셉트를 중심으로 조화롭게 배치하여 정보 구조를 시각적으로 표현
② 디자인의 복잡성을 최대화하여 소비자의 주목을 끌기
③ 최대한 많은 텍스트 정보를 포함
④ 디자인 요소 간 충돌을 유도하여 창의적 표현 강화

> 단일 판형 레이아웃
> • 콘셉트를 중심으로 핵심 이미지를 배치
> • 메시지의 정보 구조에 따라 이미지와 텍스트 요소가 시각적으로 조화
> • 콘셉트와 정보를 간결하고 명확하게 전달

25 편집 판형 레이아웃의 주된 특징은 무엇인가?

① 일관된 시각적 아이덴티티 유지를 통한 정보의 연속성
② 페이지 내용의 무작위 배열로 예측 불가능성 증가
③ 각 페이지마다 다른 디자인 스타일 적용
④ 주목성과 가독성을 무시한 복잡한 레이아웃 디자인

> 편집 판형 레이아웃은 일관된 시각적 아이덴티티를 유지하여 다중 페이지 매체에서 정보의 연속성과 일관성을 보장한다.

26 아이콘 세트를 편집 디자인을 위해 사용하는 경우의 목적은?

① 복잡한 정보를 이해하기 쉽게 하기 위해
② 브랜드의 일관성과 신뢰를 강화하기 위해
③ 사용자들이 정보에 쉽게 접근할 수 있도록 하기 위해
④ 시각적 일관성을 유지하기 위해

> 아이콘 세트를 적용한 브랜드 어플리케이션
> • 시각디자인에서 널리 활용되며, 적용성과 확장성이 뛰어남
> • 사용자와의 접점 비중이 높음
> • 텍스트 정보를 명확하게 전달하고 그룹 인덱스로 활용
> • 대형 브랜드에서는 아이콘 세트를 개발하여 제공
> • 다양한 어플리케이션에 유연하게 적용
> • 정보를 유형화하고 메시지에 대한 인덱스 역할

27 얀 치홀트(Jan Tschichold)의 편집 디자인 3가지 기본 방향이 아닌 것은?

① 기능적인 타이포그래피
② 비대칭 타이포그래피
③ 강한 대비 효과의 타이포그래피
④ 균형 잡힌 대칭 타이포그래피

얀 치홀트(Jan Tschichold)의 편집디자인 3가지 기본 방향
- 기능적인 타이포그래피 : 장식을 배제하고 정보 중심의 타이포그래피
- 비대칭 타이포그래피 : 비대칭한 배치를 통해 시각적인 생동감과 질서를 표현
- 강한 대비 효과의 타이포그래피 : 크기, 밝기, 조형적 원칙을 활용하여 텍스트 가독성을 강조

28 배경 이미지를 활용한 그리드 베리에이션의 주된 특징은?

① 배경 이미지를 사용하지 않고 텍스트만 배치
② 배경 이미지의 명도와 색상 대비를 조절하여 가독성을 유지
③ 배경 이미지를 무작위로 배치하여 시각적 혼란을 주기
④ 배경 이미지 위에 텍스트를 작게 배치하여 주목성 감소

배경 이미지를 활용할 때는 명도와 색상 대비를 조절하여 텍스트의 가독성을 유지합니다.

29 그리드의 창의적 변형 사례에 해당하지 않는 것은?

① 다양한 형태로 변형하여 텍스트 구조를 바꿈
② 텍스트 속성을 사용하여 반복되는 지루함을 줄이면서도 가독성을 유지
③ 상업적 가치를 상승시키는 레이아웃의 변경
④ 편집 레이아웃의 다양성을 확대

상업적 가치를 상승시키는 레이아웃 변경은 그리드의 창의적 변형과 관련이 없다.

30 여러 그리드가 필요한 경우에는 각각을 마스터페이지로 만들고, 동일 문서 내에서는 같은 판형을 사용하는 것은?

① 문서 포맷과 그리드 설정
② 마스터페이지 설정
③ 편집 및 타이포그래피 실행
④ 편집디자인을 위한 이미지 자료 수집

여러 그리드가 필요한 경우에는 각각을 마스터페이지로 만들고, 동일 문서 내에서는 판형을 같게 설정한다.

31 편집디자인 시안 베리에이션에 관한 내용으로 맞지 않는 것은?

① 편집디자인을 위한 이미지 자료 수집
② 문서 포맷과 그리드 설정
③ 클라이언트의 피드백
④ 편집 및 타이포그래피 실행

편집디자인 시안 베리에이션
편집디자인을 위한 이미지 자료 수집 → 문서 포맷과 그리드 설정 → 마스터페이지 설정 → 편집 및 타이포그래피 실행

32 레이아웃 설계 시 디자이너의 타이포그래피 역량과 시각적 크리에이티브 경험이 중요하다는 내용은 무엇인가?

① 문서 포맷과 그리드 설정
② 마스터페이지 설정
③ 편집 및 타이포그래피 실행
④ 편집디자인을 위한 이미지 자료 수집

레이아웃 설계 시 디자이너의 타이포그래피 역량과 시각적 크리에이티브 경험이 중요하다.

33 아이콘 세트를 적용한 브랜드 어플리케이션의 특징으로 적절하지 않은 것은?

① 시각디자인에서 널리 활용된다.
② 사용자와의 접점 비중이 높다.
③ 텍스트 정보를 명확하게 전달하고 그룹 인덱스로 활용한다.
④ 대형 브랜드에서는 한 개의 아이콘을 개발하여 제공한다.

대형 브랜드에서는 아이콘 세트를 개발하여 제공한다.

정답 28 ② 29 ③ 30 ② 31 ③ 32 ③ 33 ④

34 작업 시간을 단축하고 통일감 있는 디자인을 유지하는 데 도움이 되는 내용은 어디에서 생성할 수 있는가?"

① 문서 포맷과 그리드 설정
② 마스터페이지 설정
③ 편집 및 타이포그래피 실행
④ 편집디자인을 위한 이미지 자료 수집

> 마스터페이지는 마스터 패널을 통해 생성할 수 있습니다.

35 브랜드 아이덴티티 베리에이션에 관한 내용으로 적절하지 않은 것은?

① 커뮤니케이션을 위한 한 가지의 어플리케이션에만 적용이 가능하다.
② 사용자(소비자)를 위한 일관성 있는 브랜딩 서비스를 제공하는 것이 목표이다.
③ 브랜드 아이덴티티의 확장을 위해 유연한 베리에이션을 추구한다.
④ 주요 이미지 소스는 그래픽 모티프와 아이콘 세트를 활용한다.

> 커뮤니케이션을 위한 다양한 어플리케이션에 적용이 가능하다.

36 그래픽 모티프를 적용한 브랜드 어플리케이션의 특징으로 맞지 않는 것은?

① 그래픽 모티프는 심벌마크와 로고타입이 서로 다른 형태로 개발
② 기업과 브랜드의 주요 이미지와 아이덴티티를 나타내는데 사용
③ 시그니처와 조화를 이루며 브랜드의 일관성과 신뢰 강화
④ 사용자에게 감성적·심미적 경험 제공

> 그래픽 모티프는 심벌마크와 로고타입과 유사한 형태로 개발

37 아이콘 이미지 제작의 주요 목표는 무엇인가?

① 아이콘의 시각적 일관성을 유지하고 강화하기 위해
② 간결한 형태로 정보를 직관적으로 전달하기 위해
③ 다양한 스타일과 범위를 가지며, 트렌드에 맞게 처리하기 위해
④ 브랜드 아이덴티티를 확장하기 위해

> 아이콘 이미지 제작의 주요 목표는 간결한 형태로 정보를 직관적으로 전달하는 것이다.

38 아이콘 스타일 트렌드 중 Flat 경향 아이콘에 대한 내용으로 옳은 것은?

① 입체적인 형태로 정보를 내포하며 주목성이 높음
② 간략하고 라인 위주의 표현으로 가독성과 친근성이 강조됨
③ 입체감이 줄어들고 의미를 직관적으로 표현함
④ 사실적인 표현을 통해 쉽게 이해할 수 있는 아이콘

> 아이콘 스타일 트렌드
> • Line 경향 아이콘 : 간략하고 라인 위주의 표현으로 가독성과 친근성 강조(모바일 환경)
> • 3D 경향 아이콘 : 입체적인 형태로 정보를 내포하며 주목성 높음
> • 사실감 경향 아이콘 : 사실적인 표현을 통해 쉽게 이해할 수 있는 아이콘

39 아이콘 적용 시 중요한 원칙으로 가장 적절한 것은?

① 정보의 구분을 용이하게 해야 함
② 시각적 일관성을 유지해야 함
③ 아이콘의 형태와 색상은 일관성 있게 조절되어야 함
④ 사용자와의 접점 비중을 고려해야 함

> 아이콘 적용 시 가장 중요한 원칙은 시각적 일관성을 유지해야 한다.

40 아이콘의 주요 목적으로 적절한 것은?

① 정보의 구분을 용이하게 하기 위해
② 브랜드의 일관성과 신뢰를 강화하기 위해
③ 간결한 형태로 정보를 직관적으로 전달하기 위해
④ 사용자들이 정보에 쉽게 접근할 수 있도록 하기 위해

아이콘의 주요 목적은 간결한 형태로 정보를 직관적으로 전달하는 것이다.

5. 조색

01 먼셀의 색입체에 대한 설명으로 적절하지 않은 것은?

① 색상, 명도, 채도를 조합하여 색의 체계를 입체로 표현한다.
② 색 입체의 중심인 무채색 축에서 가장 먼 색은 순색이다.
③ 색입체가 비대칭형으로 색입체를 활용한 컬러코디에는 적합하다.
④ 색 입체의 중심인 무채색 축에서 가장 먼 색은 순색이다.

색입체가 비대칭형으로 색입체를 활용한 컬러코디에는 부적합하다.

02 먼셀 색체계에서 색 입체의 중심인 무채색 축에서 가장 먼 색은?

① 가장 낮은 채도   ② 가장 높은 명도
③ 순색   ④ 가장 낮은 명도

색 입체의 중심인 무채색 축에서 가장 먼 색은 순색이다.

03 먼셀 색체계에서 색상(Hue)의 표기법에 대한 설명으로 올바른 것?

① 색상은 알파벳으로만 표기된다.
② 한국산업규격(KS)으로 사용한다.
③ 모든 색상은 숫자로만 표기된다.
④ 색상은 네가지 속성으로 분류한다.

색을 삼속성으로 분류하고, 기호와 숫자로 체계화한다.

04 색채 표준의 조건 중 지각적 등보성에 관한 설명으로 적절한 것은?

① 특정 색상이나 톤에 치우치지 않고 일정한 간격을 유지함
② 색상·명도·채도등을 체계적으로 표기하여 알아볼 수 있음

③ 색의 3속성 등이 규칙적으로 배열되어 사용이 편리함
④ 색채 속성배열은 과학적인 근거에 따라 정해져야 함

> 색채 표준의 조건과 역할
> - 국제기호화: 영어·독일어·프랑스어로 표기하며, 색상·명도·채도는 알파벳 기호 사용
> - 색채의 속성표기: 색상·명도·채도·색조 등을 체계적으로 표기하여 알아볼 수 있어야 함
> - 규칙적인 배열: 색의 3속성 등이 규칙적으로 배열되어 사용이 편리해야 함
> - 과학적 근거: 색채 속성배열은 과학적인 근거에 따라 정해져야 하며, 색상·명도·채도의 단계는 과학적으로 배열

05 먼셀의 색채 표기법에 대한 내용으로 옳은 것은?

6R 4/12
ⓐⓑⓒ (ㄱ ㄴ ㄷ)

① ㄱ 색상, ㄴ 명도, ㄷ 채도
② ㄱ 명도, ㄴ 색상, ㄷ 채도
③ 명도는 12이다.
④ 채도는 6R이다.

> 색상(H), 명도(V) / 채도(C)순으로 표기[H V/C]

06 조색작업 시 주의사항 중 옳지 않은 것은?

① 목표색에 가장 근접한 원색 선택 후 명도와 채도 조절, 색상 맞춤
② 근접한 색상 사용하여 채도 높임
③ 명도와 채도를 높게 시작하고 혼합 원색 수를 많게 유지
④ 착색 전후 비교하여 색상 확인

> 명도와 채도를 높게 시작하고 혼합 원색 수를 적게 유지한다.

07 다음에서 설명하는 것은?

> - 색료의 색이 더해질수록 어두워지는 원리
> - 삼원색은 Cyan, Magenta, Yellow
> - 색료 삼원색 혼합 시 검정 생성
> - 혼합할수록 명도와 채도 모두 감소

① 가법혼합(동시가법)
② 감법혼합(감법혼색)
③ 중간혼색
④ 병치혼색

> 감법혼색에 관한 설명으로 물감, 도료, 인쇄 잉크 등에 응용된다.

08 가법혼합(동시가법)에 관한 설명이 아닌 것은?

① 빛의 색이 더해질수록 밝아지는 원리
② 삼원색은 Red, Green, Blue
③ 맥스웰 원판이라고도 한다.
④ 빛의 삼원색 혼합 시 백색광 생성

> - 맥스웰 원판은 중간혼색 중 회전혼색에 관한 설명이다.
> - 가법혼합(동시가법)은 혼합할수록 명도는 증가하고, 채도는 감소한다.

09 조색 결과 평가에 대한 설명으로 옳지 않은 것은?

① 메타머리즘은 두 색이 다른 광원에서 다르게 보이는 현상을 평가한다.
② 편색판정은 조색 시 목표색과의 차이를 평가하는 과정이다.
③ 컬러 어피어런스는 색이 광선에 따라 변화하는 물리적 현상이다.
④ 광택의 평가는 물체 표면의 광택에 따라 색상 인식이 변화된다.

> 컬러 어피어런스는 색이 보이는 것에 따라 변화하는 심리적 현상이다.

10 조색 결과 평가에 해당하지 않는 것은?

① 브랜드 아이덴티티 형성
② 편색판정
③ 메타머리즘의 평가
④ 컬러 어피어런스

> 조색 결과 평가
> • 편색판정
> • 메타머리즘의 평가
> • 컬러 어피어런스

11 조색 결과물의 데이터베이스에 대한 설명으로 맞지 않은 것은?

① 조색시편의 사용자를 확인하기 위해 기록한다.
② 날짜, 색상코드, 색상명, 배합비 등을 기록한다.
③ 데이터베이스화하여 관리한다.
④ 조색 후 남은 도료는 조색 이력 내용이 인쇄된 라벨을 부착하여 보관한다.

> 조색시편의 정보를 기록하기 위해 작성한다.

12 조색작업 시 주의사항으로 적절하지 않은 것은?

① 목표색에 가장 근접한 원색 선택 후 명도와 채도 조절, 색상 맞춤
② 근접한 색상 사용하여 채도 높임
③ 명도와 채도를 높게 시작하고 혼합 원색 수를 적게 유지
④ 조색량을 40%로 시작하여 적절히 조절

> 그 외 조색작업시 주의사항
> • 착색 전후 비교하여 색상 확인
> • 동일 성분 도료만 혼용
> • 조색량을 70%로 시작하여 적절히 조절
> • 착색력이 강한 원색을 조심히 사용하여 원래 색으로 복구 가능하도록 함

13 조색기능자의 역할과 관련된 설명으로 맞지 않은 것은?

① 목표색과 시료색의 가격을 비교하여 합리적인 가격의 것을 사용한다.
② 목표색과 가까운 색의 양을 계산하며, 합격 여부를 판단한다.
③ 색채의 지각량을 물리량으로 변환할 수 있는 능력이 필요하다.
④ 혼색에 대한 기본 지식과 색채의 식별 능력, 흥미, 끈기, 결단력 등이 필요하다.

> 목표색과 시료색을 비교하여 차이나 정도를 육안으로 파악한다.

6. 배색색채 및 배색 조합

01 주조색, 보조색, 강조색에 대한 설명 중 옳지 않은 것은?

① 주조색은 전체 면적의 60~70%를 차지하며, 보조색은 20~30%를 차지한다.
② 강조색은 작은 면적으로 효과를 극대화하고 배색의 지루함을 감소시킨다.
③ 슈브릴은 자연경관처럼 사람들에게 잘 알려진 색은 조화를 이룬다고 하였다.
④ 파버 비렌의 조화론은 색채의 인식이 정신적 반응에 의한다고 주장한다.

> 저드는 자연경관처럼 사람들에게 잘 알려진 색은 조화를 이룬다고 하였다.

02 슈브릴의 색채조화론에 대한 설명으로 옳지 않은 것은?

① 동시대비의 원리에 따라 병치혼색이 조화를 이룬다.
② 도미넌트 컬러는 전체를 주도하는 색으로, 세퍼레이션 컬러는 흑색 윤곽이 있는 색이다.
③ 보색배색의 조화는 두 색의 대비적 조화로 얻어진다.
④ 색채 조화론의 선구자이며 스푸마토 명암 대비법을 개발

> 색채 조화론의 선구자이며 스푸마토 명암 대비법을 개발 : 레오나르도 다빈치

03 파버 비렌의 조화론으로 옳은 것은?

① 색채의 인식은 정신적 반응에 의한다.
② 색 삼각형에서 노란색량과 파란색량 사이에 위치한 색은 모두 조화된다.
③ 12색상환을 기반으로 한 조화론이다.
④ 보색대비를 중심으로 다양한 다각형을 활용한다.

> • 색 삼각형에서 백색량과 흑색량 사이에 위치한 색은 모두 조화된다.
> • 12색상환을 기반으로 한 조화론이다 : 요하네스 이텐의 색채조화론
> • 보색대비를 중심으로 다양한 다각형을 활용한다 : 요하네스 이텐의 색채조화론

04 색채와 공감각에 관한 설명 중 옳지 않은 것은?

① 고명도의 한색은 촉촉한 느낌을 준다.
② 미각적으로, 난색계열은 식욕을 돋운다.
③ 고명도 고채도의 순색은 향기롭게 느껴진다.
④ 청각적으로, 고명도, 고채도, 강한 색은 낮은 음을 만들어 낸다.

> • 청각적으로, 고명도, 고채도, 강한 색은 높은 음을 느끼게 한다.

05 색의 기능적 작용에 관한 내용 중 적절하지 않은 것은?

① 색채 조절은 일의 능률 향상, 재해 감소 등에 기여한다.
② 색채의 기능 중에 건물의 보호, 유지와 관련된 기능도 있다.
③ 색채치료는 환자의 상태 호전을 위해 물체색과 광원을 사용한다.
④ 색채는 안전에는 영향을 미치지 않는다.

> 안전과 색채는 위험·경고 표시와 공공시설물 알림에 관련이 있다.

06 금속 소재에 관한 설명으로 적절한 것은?

① 성형 방법이 한정적이며 질감 표현이 낮다.
② 스틸, 알루미늄 합금 등 다양한 합금이 사용된다.
③ 주로 가열과 가압에 의해 성형이 가능하다.
④ 셀룰로오스 섬유의 집합체로 이루어져 있다.

> • 성형 방법이 풍부하고 질감 표현이 높다.
> • 주로 가열과 가압에 의해 성형이 가능하다 : 플라스틱
> • 셀룰로오스 섬유의 집합체로 이루어져 있다 : 종이

정답 **06** 01 ③ 02 ④ 03 ① 04 ④ 05 ④ 06 ②

07 플라스틱에 관한 설명으로 적절한 것은?

① 성형 방법이 한정적이며 무겁고 고비용이다.
② 가열과 가압에 의해 성형이 가능한 재료이다.
③ 셀룰로오스, 헤미 셀룰로오스 성분이다.
④ 신금속 재료, 비금속 무기 재료, 신고분자 재료, 복합재료로 구성된다.

- 가열과 가압에 의해 성형이 가능하며, 가볍고 튼튼하며 저렴하다.
- 셀룰로오스, 헤미 셀룰로오스 성분이다 : 목재
- 신금속 재료, 비금속 무기 재료, 신고분자 재료, 복합재료로 구성된다 : 기타 특수 소재

08 목재에 관한 설명으로 옳은 것은?

① 성형 방법이 풍부하고 질감 표현이 높다.
② 경사와 위사가 교차하여 제작된다.
③ 이전에 없던 재료들을 조합하여 새로운 성능을 가진다.
④ 셀룰로오스, 헤미 셀룰로오스로 구성된다.

- 성형 방법이 풍부하고 질감 표현이 높다 : 금속
- 경사와 위사가 교차하여 제작된다 : 직물
- 이전에 없던 재료들을 조합하여 새로운 성능을 가진다 : 특수 소재

09 한 가지 색을 본 후 다른 색을 보면 처음 본 색의 영향으로 나중에 본 색이 달라져 보이는 현상은 무엇인가?

① 계시대비 ② 동시대비
③ 명도대비 ④ 면적대비

- 동시대비 : 두 색을 이웃해서 놓고 한 곳으로 시점을 집중하면 두 색이 서로에게 영향을 주어 다른 색으로 보이는 현상
- 명도대비 : 명도가 다른 두 색을 배색하면 밝은 색은 더 밝게, 어두운 색은 더 어둡게 보이는 현상이다.
- 면적대비 : 같은 색이라도 면적이 넓으면 명도와 채도가 증가하고, 면적이 좁으면 명도와 채도가 낮아 보이는 현상

10 색의 차이와 따뜻한 느낌의 차이에 의해 변화가 오는 대비현상은?

① 채도대비 ② 한난대비
③ 보색대비 ④ 연변대비

- 채도대비 : 채도가 다른 두 색이 대조되어 높은 채도의 색은 더 높게, 낮은 채도의 색은 더 낮게 보이는 현상
- 보색대비 : 색상환에서 서로 마주 보는 두 색이 서로의 영향으로 더욱 선명하게 보이는 현상
- 연변대비 : 나란히 배치된 색의 경계부분에 일어나는 대비효과를 약화시키기 위해 무채색의 테두리를 두르는 것으로 인접색이 저명도인 경계부분은 더 밝아 보이고, 고명도는 어두워 보임

11 종이에 관한 설명으로 맞는 것은?

① 펄프나 폐지를 원료하여 섬유질을 고착한다.
② 성형 방법이 풍부하고 질감 표현이 높다.
③ 열가소성 수지, 열경화성 수지를 이용한다.
④ 금속·무기원료·유기원료들을 조합하여 새로운 용도와 성능을 가진다.

- 성형 방법이 풍부하고 질감 표현이 높다 : 금속
- 열가소성 수지, 열경화성 수지를 이용한다 : 플라스틱

12 배경색과 문양이 혼합되어 색상의 변화가 보이는 현상은?

① 명도대비
② 색상동화
③ 채도동화
④ 색의 잔상

- 명도동화 : 배경색과 문양이 혼합되어 명도의 변화가 보이는 현상
- 채도동화 : 배경색과 문양이 혼합되어 채도의 변화가 보이는 현상

13 색의 잔상 중 원자극의 형상과 닮았지만 밝기는 반대로 보이는 현상은?

① 부의 잔상
② 정의잔상
③ 연변대비
④ 보색대비

정의(등색)잔상 : 어떤 자극을 본 후 다른 쪽으로 시선을 이동해도 원래의 자극과 색이나 밝기가 같아 보이는 현상(영화나 텔레비전)

정답 07 ② 08 ④ 09 ① 10 ② 11 ① 12 ② 13 ①

14 색채와 온도감에 관한 내용으로 적절하지 않은 것은?

① 난색은 따뜻한 느낌을 주는 장파장의 색이다.
② 한색은 따뜻하게 느껴지는 색으로 빨강색, 주황색, 노랑색이 해당된다.
③ 중성색은 녹색, 보라색 계열 등이다.
④ 검정은 무거운색으로 분류된다.

> 한색 : 파랑, 청록색처럼 차갑게 느껴지는 색이다.

15 색채와 주목성에 관한 설명으로 옳은 것은?

① 명도차가 클수록 주목성이 낮아진다.
② 고채도의 색상은 중성색과 배색하면 잘 보이지 않는다.
③ 어두운 바탕에는 고명도 고명도, 고채도의 색이 명시성이 높다.
④ 심리작용의 영향을 받지 않는다.

> • 명도차가 클수록 주목성이 높아진다.
> • 고채도의 색상은 중성색과 배색하여야 눈에 잘 보인다.
> • 인간의 심리작용에 의해서도 좌우된다.

16 색채와 중량감에 관한 설명으로 적절하지 않은 것은?

① 난색, 고명도는 가벼운 색이다.
② 한색, 저명도는 무거운 색이다.
③ 색의 무게는 흰색이 가장 가볍다.
④ 파랑, 검정은 가볍게 느껴진다.

> 색의 무게 : 흰색 〉 노랑 〉 초록 〉 주황 〉 보라 〉 빨강 〉 파랑 〉 검정

17 명시성에 관한 내용으로 맞지 않는 것은?

① 물체의 색이 잘 보이는 정도를 말한다.
② 도형과 바탕색의 차이에서 오는데 색상, 명도, 채도의 차가 클수록 높아진다.
③ 한색은 명시도가 높다.
④ 교통표지판이 대표적이다.

> 난색(노랑색, 빨강색)은 명시도가 높다.

18 색채와 계절감에 관한 설명으로 올바른 것은?

① 봄은 고명도의 파스텔계열 색상으로 표현된다.
② 가을은 고명도의 한색색계열과 중채도의 색상으로 표현된다.
③ 겨울은 고명도이고 고채도의 난색계열과 무채색으로 표현된다.
④ 여름은 저명도, 저채도의 색상이며 뜨겁고 강렬한 이미지를 나타낸다.

> • 여름은 고명도, 고채도의 색상이며 시원하고 강렬한 이미지를 나타낸다.
> • 가을은 중명도의 난색계열과 중채도의 색상으로 표현된다.
> • 겨울은 저명도이고 저채도의 한색계열과 무채색으로 표현된다.

19 비렌의 미각에 따르면 어떤 색이 식욕을 돋우는가?

① 파란색　② 노란색
③ 주황색　④ 초록색

> 비렌(Birren Faber)의 미각 : 식욕을 돋우는 대표적인 색은 주황색이다.

20 마케팅의 개념으로 적절한 것은?

① 기업의 내부 경영 활동을 개선하는 것
② 생산자와 소비자 간의 상품 또는 서비스 유통을 관리하는 경영활동
③ 법적 규제를 통해 기업 활동을 통제하는 것
④ 소비자에게 제품을 강매하는 활동

> 마케팅은 생산자와 소비자 간의 상품 또는 서비스 유통을 관리하는 경영활동이다.

21 마케팅 믹스에서 가격의 역할은?

① 제품의 포장 디자인 결정
② 소비자의 구매결정에 큰 영향을 줌
③ 광고 캠페인의 계획
④ 유통 경로의 선택

> 가격은 소비자의 구매결정에 큰 영향을 주는 중요한 요소이다.

22 마케팅 믹스의 4P에 해당하지 않는 것은?

① 제품(Product)
② 유통(Place)
③ 생산(Production)
④ 촉진(Promotion)

마케팅 믹스의 4P
• 제품(Product)
• 가격(Price)
• 유통(Place)
• 촉진(Promotion)

23 유사색조 배색의 특징으로 옳은 것은 무엇인가?

① 생생하고 동적인 느낌을 준다.
② 부드러운 이미지를 표현한다.
③ 즐거움과 쓸쓸함을 나타낸다.
④ 분명함과 강함을 표현한다.

유사색조의 배색
• 온화하고 부드러운 이미지를 표현
• 조화성이 높음
• 동일 색조에 비해 다양한 배색 가능

유사색상의 배색
• 색상환에서 색상차가 적은 배색
• 즐거움, 쓸쓸함, 우아함, 평온, 협조적, 온화, 화합, 건전

24 마케팅 전략 수립 과정에서 광고나 타인의 영향을 받고 선택을 하는 단계는?

① 소비자 욕구의 인식조사
② 정보 선택
③ 구매 결정
④ 구매 후 행동

• 소비자 욕구의 인식조사 : 소비자의 정보를 분석하여 제품에 대한 관심과 구매 의사를 파악
• 정보 선택 : 광고나 타인의 영향으로 정보를 얻고, 선택은 개인의 선호에 의존
• 구매 결정 : 정보를 수집하고 경쟁사 제품과 비교한 후 결정
• 구매 후 행동 : 만족도나 불만족을 나타내며, 불평 행동이나 재구매 의도 등을 형성

25 마케팅 전략 수립 과정에서 첫 번째 단계는 무엇인가?

① 정보 선택
② 구매 결정
③ 소비자 욕구의 인식조사
④ 구매 후 행동

소비자 욕구의 인식조사 → 정보 선택 → 구매 결정 → 구매 후 행동

26 색채 마케팅의 전략으로 가장 적절한 것은?

① 기업의 생산성 향상을 위한 활동이다.
② 소비자의 구매 욕구를 증가시키기 위한 전략이다.
③ KS 표준인증과 관련된 과정 중 하나이다.
④ 제품의 구매 후 반응을 관찰하는 방법 중 하나이다.

색채 마케팅은 소비자의 구매 욕구를 증가시키기 위한 전략이다.

27 색채 마케팅의 SWOT 분석으로 맞지 않은 것은?

① 강점은 강점 활용, 강화이다.
② 약점은 약점을 보완, 개선이다.
③ 위협은 위험을 인식하고 대비책 마련이다.
④ 강점과 약점은 외부환경을 분석해야 한다.

강점과 약점은 내부환경의 분석을 통하여, 기회와 위협은 외부환경 분석을 통하여 한다.

28 동일색상 배색의 특징으로 옳은 것은?

① 분명함과 강함을 표현한다.
② 즐거움과 우아함을 나타낸다.
③ 차분하고 정적인 느낌을 준다.
④ 화려하고 동적인 이미지를 형성한다.

동일 배색의 특징
• 동일 색상의 명도나 채도의 차이를 이용
• 차분, 정적, 간결

정답 22 ③ 23 ② 24 ② 25 ③ 26 ② 27 ④ 28 ③

29 톤온톤과 톤인톤의 설명으로 적절하지 않은 것은?

① 톤인톤은 유사색상에서 톤의 차이를 크게 한 배색이다.
② 톤인톤은 유사색상에서 명도차이를 작게 한 배색이다.
③ 톤온톤은 통일감과 안정감을 가진다.
④ 톤인톤은 부드러운 이미지를 가진다.

> 톤온톤은 유사색상에서 명도차이를 크게 한 배색이다.

30 까마이외와 포 까마이외의 설명으로 맞지 않은 것은?

① 까마이외는 부드럽고 온화한 이미지를 표현하는 배색이다.
② 까마이외는 색상 차이가 적은 차분한 배색이다.
③ 포 까마이외는 색조차이와 연관이 적은 배색이다.
④ 포 까마이외는 조화로운 이미지의 배색이다.

> 포 까마이외는 색조차이가 있는 배색이다.

31 그라데이션배색의 특징은 무엇인가?

① 색상, 명도, 채도, 톤이 점차적으로 변하는 배색이다.
② 색상을 반복적으로 배열한 리듬감을 가진 배색이다.
③ 전체적인 배색이 유사하거나 대조할 때 두 색 사이에 무채색을 적용하는 배색이다.
④ 유사색상에서 명도차이를 크게 한 배색이다.

> • 색상을 반복적으로 배열한 리듬감을 가진 배색이다 : 반복배색
> • 전체적인 배색이 유사하거나 대조할 때 두 색 사이에 무채색을 적용하는 배색이다 : 분리배색
> • 유사색상에서 명도차이를 크게 한 배색이다 : 톤온톤

32 트리콜로의 특징이 아닌 것은?

① 세 가지 색상을 이용한 배색이다.
② 고채도를 사용하여 강하고 산뜻한 이미지를 표현한다.
③ 색상과 톤의 조합에 무채색을 사용한다.
④ 강렬하고 명쾌한 이미지를 표현한다.

> 비콜로의 특징
> • 고채도를 사용하여 강하고 산뜻한 이미지 표현
> • 국기의 배색

33 강조배색의 사용 예로 맞는 것은?

① 전체적인 배색이 유사하거나 대조 시 사용한다.
② 두 색 사이에 무채색을 적용할 때 사용한다.
③ 전체적인 배색이 단조로울 때 사용한다.
④ 국기의 배색으로 사용한다.

> 분리배색
> • 전체적인 배색이 유사하거나 대조 시 사용
> • 두 색 사이에 무채색을 적용할 때 사용
>
> 비콜로 : 국기의 배색으로 사용

34 색채 체계 중 현색계의 특징으로 옳은 것은?

① 파장에 따른 색의 특징을 판별하여 정확한 수치로 표현한다.
② 삼속성에 따라 정량적 • 정성적으로 분류되며, 눈으로 비교 • 검색이 가능하다.
③ 심리적인 비율척도로 색 지각량을 표현한다.
④ 대응색으로 빨강–초록, 노랑–파랑을 사용한다.

> 현색계
> • 삼속성에 따라 정량적 • 정성적으로 분류
> • 눈으로 비교 • 검색이 가능
> • 먼셀, KS(한국산업규격), NCS, DIN 등

35 색채 체계 중 오스트발트 표색계의 특징이 아닌것은?

① 헤링의 4원색 이론이 기반
② 대응색으로 빨강-초록, 노랑-파랑을 사용
③ 사이에 보라, 검정, 흰색, 보라를 추가하여 7가지 기본색으로 구성
④ 기본색을 3등분하여 24색 상환으로 구성

> 사이에 주황, 연두, 청록, 보라를 추가하여 8가지 기본색으로 구성

36 색채 체계 중 NCS 표색계의 특징은?

① 헤링의 4원색 이론이 기반이다.
② 12가지 기본색으로 구성되어 있다.
③ 현색계에 기반하여 정확한 수치로 색을 표현한다.
④ 보편적인 자연색을 기본으로 인간이 색채를 지각한다.

> NCS 표색계
> • 심리적인 비율척도로 색 지각량을 표현
> • 보편적인 자연색을 기본으로 인간이 색채를 지각

37 색명체계 중 관용색명의 특징은?

① 색채계에 기초하여 수식어를 붙인 색명이다.
② 동물, 광물, 원료 등의 수식어가 포함된다.
③ 색의 특징을 정확하게 수치로 표현하는 색명이다.
④ 색명의 예로 어두운 회색, 분홍빛 빨강 등이 있다.

> 관용색명
> • 예전부터 습관적으로 사용하는 색명
> • 동물, 광물, 원료, 기본 색명에 수식어를 붙인 색명
> • 베이지색(낙타), 피콕블루(공작의 날개빛), 에메랄드그린(그린에메랄드색)

38 KS 계통(일반) 색명의 특징으로 맞는 것은?

① 기본 색명에 수식어를 붙인 색명이다.
② 색채계획에 근거하여 논리적이고 간결하게 용어를 통일한다.
③ 예전부터 습관적으로 사용되는 색명이다.
④ 동물, 광물, 원료 등의 수식어가 포함된 색명이다.

> KS 계통(일반) 색명
> • 기본 색명에 수식어를 붙인 색명
> • 어두운 회색, 분홍빛 빨강, 라이트 핑크처럼

39 배색 적용의도를 서술하는 방법이 아닌 것은?

① 색채계획을 한 후 배색 적용의도를 서술한다.
② 배색이론에 근거하여 논리적이고 간결하게 용어는 통일해서 사용한다.
③ 전체적인 콘셉트와 방향을 제시하는 배색 의도를 작성한다.
④ 관용색명에 근거한 계통색명을 사용한다.

> KS A 0011에 근거한 계통색명을 사용한다.

40 이미지 스케일에 대한 설명으로 옳은 것은?

① 대상의 이미지에서 느껴지는 판단을 과학적으로 구분하는 기준이다.
② 감각과 과학을 결합시킨 방법이다.
③ 수치적 통계를 사용하여 이미지를 분류한다.
④ 배색이미지스케일과 형용사 언어 이미지스케일 두 종류로 구분된다.

> • 대상의 이미지에서 느껴지는 판단을 객관적으로 구분하는 기준이다.
> • 형용사 언어를 사용하여 이미지를 분류한다.
> • 단색이미지스케일, 배색이미지스케일, 형용사 언어 이미지스케일로 구분된다.

정답 35 ③ 36 ④ 37 ② 38 ① 39 ④ 40 ②

41 색상(색조)에 관한 설명으로 맞지 않은 것은?

① 사물을 볼 때 색채를 구별하는 기준이 되는 속성이다.
② 한국산업규격(KS A 0011)에서는 유채색을 12단계, 무채색을 5단계로 분류한다.
③ 색상은 명도와 채도를 통합한 개념이다.
④ 색조는 유채색의 명도와 순색의 혼합비율에 따라 결정된다.

색조는 무채색의 밝고 어두움과 순색의 혼합비율에 따라 결정된다.

42 톤(TONE)에 관한 설명으로 맞지 않은 것은?

① 명도와 채도를 통합한 개념이다.
② 한국산업규격(KS A 0011)에서는 유채색을 12단계, 무채색을 5단계로 분류한다.
③ 톤은 유채색의 명도비율과 순색의 혼합비율에 따라 결정된다.
④ 톤은 색의 명암과 강약이 결정한다.

톤은 무채색의 밝고 어두움과 순색의 혼합비율에 따라 결정된다.

7. 2D 그래픽제작

01 컴퓨터그래픽스의 개념에 대한 설명으로 가장 적절한 것은?

① 컴퓨터를 이용하여 그림이나 사진, 건축도면 등을 만드는 기술이다.
② 컴퓨터를 이용하여 음악을 작곡하는 기술이다.
③ 인공지능을 구현하는 기술이다.
④ 컴퓨터를 이용하여 노래를 녹음하는 기술이다.

컴퓨터를 이용하여 그림이나 사진, 건축도면 등을 만드는 기술이다.

02 컴퓨터그래픽스 발전 요인이 아닌 것은?

① 다양한 프로그램의 개발
② 멀티미디어의 확대
③ 컴퓨터의 기능 향상
④ 사용자의 연소화

사용자의 연소화는 컴퓨터그래픽스 발전 요인이 아니다.

03 컴퓨터그래픽스의 단점으로 옳은 것은?

① 아이디어를 제공하지 않음
② 작업물을 한 눈에 볼 수 있음
③ 컴퓨터와 최종 결과물 간의 색감 일치
④ 디자인 작업에 필요한 비용이 없음

장점	단점
• 디자인 기초단계에서 더욱 많은 정보의 검색과 이용이 가능 • 단순작업을 컴퓨터가 대신해 주어 창의적인 부분에 많은 시간을 활용 • 반복 수정이 용이하여 경제적 이점이 있음 • 디자인상에서 발생할 수 있는 오류 사전 방지 가능 • 설계 기법의 표준화로 생산성 향상	• 디자인의 도구이며 아이디어를 제공하지 않음 • 신 제품 구매 비용 발생 • 큰 작업물은 한 눈에 볼 수 없음 • 모니터와 최종결과물의 색감이 다른 경우가 있음

04 컴퓨터 시스템의 구성에 대한 설명으로 맞지 않은 것은?

① 하드웨어는 만질 수 있는 컴퓨터 시스템을 구성하는 물리적인 기계 부품이다.
② 소프트웨어는 프로그램을 실행하는 소프트웨어로 이루어져 있다.
③ 하드웨어는 모니터, 본체, 마우스, 키보드 등으로 이루어져 있다.
④ 소프트웨어는 마우스, 키보드, 모니터 등이다.

소프트웨어는 프로그램이며 디자인 작업을 할 수 있는 프로그램이다.

05 컴퓨터그래픽스 발전 요인으로 옳은 것은?

① 높은 가격
② 다양한 프로그램의 개발
③ 작업물을 한 눈에 볼 수 있는 기능
④ 컴퓨터의 기능 저하

컴퓨터그래픽스 발전 요인
• 다양한 프로그램의 개발
• 멀티미디어의 확대
• 컴퓨터의 기능 향상

06 2D 컴퓨터 그래픽의 역사에서 다양한 프로그램 개발과 관련된 시기는?

① 제1세대   ② 제2세대
③ 제3세대   ④ 제4세대

• 제1세대(1950년대) : 도트매트릭스 프린터, X-Y 플로터, 진공관, ENIAC
• 제2세대(1960년대) : DAC-1(CAD/CAM), CRT 모니터, 트랜지스터
• 제3세대(1970년대) : IC(집적회로), CRT 라이트 펜용 플로터, 3D 셰이딩
• 제4세대(1980년대) : LS(고밀도집적회로), 래스터 스캔형 CRT, 매킨토시
• 제5세대(1990년대) : SVLSI, 바이오소자, 인터넷, 멀티미디어, GUI

07 컴퓨터그래픽스 역사에서 제5세대에 발전한 기술로 옳은 것은?

① 집적회로   ② 바이오소자
③ 멀티미디어   ④ CRT 모니터

제5세대(1990년대) : SVLSI, 바이오소자, 인터넷, 멀티미디어, GUI

08 일러스트레이션의 주요 특징은?

① 사실적 표현
② 비친근함과 거친 느낌
③ 주목성이 낮고 무관심함
④ 친근함과 부드러운 느낌

일러스트레이션
• 주제를 상징적, 풍자적, 해학적, 설명적, 장식적으로 표현
• 설명적이고 인상적으로 의미 전달에 효과적
• 주목성이 높아 사람들의 시선을 끔
• 친근함과 부드러운 느낌이 기억에 남음

09 사진의 주된 역할은 무엇인가?

① 정보 전달과 심미적 효과
② 풍자적 표현과 설명적 의미
③ 주제를 상징적으로 표현
④ 설명적이고 인상적인 의미 전달

사진
• 사진은 사실적으로 내용을 전달
• 정보의 신뢰성과 현장성을 높임
• 시각적 효과가 높고 정보 전달력에 효과적
• 타이포그래피나 본문과 함께 사용

10 타이포그래피에서 고려되는 중요한 요소는 무엇인가?

① 타이포그래피 크기
② 위치의 확대
③ 정보 전달의 속도
④ 가독성과 미적 요소

타이포그래피
• 정보 전달과 심미적 효과의 이중적 역할을 수행
• 가독성이 중요하며, 서체, 크기, 위치, 색상 등의 미적 요소를 고려
• 아름답고 독창적인 인상을 전달
• 함축적인 내용을 이미지와 조화롭게 표현하기 위해 사용

정답 04 ④ 05 ② 06 ③ 07 ③ 08 ④ 09 ① 10 ④

11 이미지 레이어에 대한 설명으로 옳은 것은?

① 이미지 레이어는 한 번에 하나의 이미지만 쌓을 수 있다.
② 이미지 레이어는 각각의 이미지를 독립적으로 편집할 수 없다.
③ 이미지 레이어는 여러 장의 이미지를 중첩되게 쌓을 수 있다.
④ 이미지 레이어는 상위 레이어의 색상값을 무시한다.

이미지 레이어
- 여러 장의 이미지를 중첩되게 쌓음
- 위에 있는 이미지의 부분을 오리거나 블렌드모드로 색상값을 합치는 등
- 새로운 이미지 조합에 사용되는 필수 기능

12 알파채널의 역할로 옳은 것은?

① 알파채널은 레이어의 색상을 무작위로 변경한다.
② 알파채널은 이미지를 밝게 만드는 기능이다.
③ 알파채널은 레이어 상에서 이미지를 오려내어 투명하게 보이게 만든다.
④ 알파채널은 이미지를 어둡게 만드는 기능이다.

알파채널
- 흑백 이미지로, 작업 영역을 분할하고 선택
- 레이어 상에서 이미지를 오려내어 투명하게 보이게 만드는 기능
- 마스크에서 검은색 부분은 투명하게 처리

13 블렌드 모드 중 Multiply의 기능으로 옳은 것은?

① 두 이미지를 합성하지 않은 상태
② 상위 색상값을 곱하여 어두운 색이 합쳐지는 효과
③ 상위 레이어의 밝은 부분을 중심으로 하위 레이어와 합성
④ 상위 이미지를 리버스하여 합성하며 보색으로 표현

- 두 이미지를 합성하지 않은 상태 : Normal
- 상위 레이어의 밝은 부분을 중심으로 하위 레이어와 합성 : Lighten
- 상위 이미지를 리버스하여 합성하며 보색으로 표현 : Difference

14 블렌드 모드 Screen의 기능으로 옳은 것은?

① 상위 레이어의 어두운 부분을 중심으로 하위 레이어와 합성
② 두 이미지의 밝은 색이 합쳐져 이미지가 밝아짐
③ 상하 이미지의 질감을 합치는 방식
④ 상위 이미지를 리버스하여 합성

- 상위 레이어의 어두운 부분을 중심으로 하위 레이어와 합성 : Darken
- 상하 이미지의 질감을 합치는 방식 : Grain Merge
- 상위 이미지를 리버스하여 합성 : Difference

15 Variations의 특징이 아닌 것은?

① 이미지를 중첩되게 쌓음
② 이미지의 색상 조절
③ 여러 개의 창으로 구성
④ 색상 변화를 알 수 있음

여러 장의 이미지를 중첩되게 쌓음 : 이미지 레이어

16 입력장치에 해당하지 않는 것은?

① 키보드   ② 마우스
③ 모니터   ④ 스캐너

모니터는 출력장치이다.

17 해상도로 표현하지 않는 출력장치는?

① 모니터
② 프린터
③ 스피커
④ 플로터

스피커는 해상도가 아니라 오디오 출력을 담당하는 장치이다.

정답 11 ③ 12 ③ 13 ② 14 ② 15 ① 16 ③ 17 ③

18 노트북에서 주로 사용하는 입력장치는?

① 터치패드
② 디지타이저
③ 프로젝터
④ 플로터

- 터치패드는 노트북에 내장된 입력장치이다.
- 디지타이저, 프로젝터, 플로터는 출력장치이다.

19 출력장치에 해당하는 것은?

① 전자펜
② 터치스크린
③ 프린터
④ 디지털카메라

- 프린터는 작업한 결과를 종이에 출력하는 장치이다.
- 전자펜, 터치스크린, 디지털카메라는 입력장치이다.

20 그래픽을 대형 화면에 투영하는 출력장치는?

① 스캐너
② 태블릿
③ 프로젝터
④ 조이스틱

프로젝터는 컴퓨터에 처리된 이미지를 큰 화면에 투영하는 출력장치이다.

정답 18 ① 19 ③ 20 ③

한국산업인력공단이 주관하여 시행한
기출문제를 상세한 해설과 함께 수록

컴퓨터그래픽기능사 필기
CBT 복원문제

*Craftsman Computer Graphic

CBT 복원문제 _ 컴퓨터그래픽기능사

2019년 1회

01
동적이고 불안정한 느낌을 주지만 사용에 따라 강한 표현을 나타낼 수 있는 선은?

① 곡선 ② 수평선
③ 포물선 ④ 사선

- 곡선 : 우아, 매력, 불명료, 유연, 여성성
- 수평선 : 정지, 안정, 평화, 무한
- 포물선 : 반원모양의 유연한 느낌
- 사선 : 활동감, 속도감, 불안감, 강한표현

02
오즈번(Alex Osborn)에 의해 창안된 회의방식으로 디자인에서 널리 사용되고 있는 그룹 형태의 아이디어 발상법은?

① 브레인 스토밍법 ② 시스템 분석법
③ 요소간 상관분석법 ④ 체크리스트법

브레인스토밍 : 알렉스 오즈번이 제안한 것으로 다양한 아이디어를 제시하여, 타인의 아이디어를 비난하지 않고 연상반응을 통하여 더 많은 아이디어를 도출하는 것이다.

03
다음 중 형태에 관한 설명으로 틀린 것은?

① 점이 확대되면 면으로 이동되고, 원형이나 정다각형이 축소되면 점이 된다.
② 점이 일정한 방향으로 진행 할 때 곡선이 생기며, 점의 방향이 끊임없이 변할 때 직선이 생긴다.
③ 면은 길이와 폭을 가지며, 넓이는 있으나 두께는 없다.
④ 입체는 길이, 너비, 깊이, 형태와 공간, 표면, 방위, 위치 등을 가지며, 평면의 확장이다.

점 : 조형요소 중 최소의 단위로 위치만 표시하고, 선은 점이 이동한 흔적으로 길이, 위치, 방향을 표시한다.

04
제품디자인의 영역에 속하는 것은?

① 포장디자인 ② 전시디자인
③ 용기디자인 ④ 광고디자인

시각 디자인(포장디자인, 광고디자인), 환경디자인(전시디자인)

05
다음 중 포장디자인의 개발시기와 가장 관련이 없는 요건은?

① 이윤의 하락 ② 유통의 변경
③ 시장의 진입 ④ 생산의 증가

포장디자인 개발시기
- 신제품 출시(시장진입)
- 상품의 시장점유율 하락(이윤하락)
- 유통경로 및 판매 방법의 변경(유통의 변경)
- 제품의 변동

06
다음 디자인의 조건 중 합목적성에 대한 설명으로 옳은 것은?

① 합목적성은 비합리성과 같은 조건이다.
② 심미적으로 개선, 발전시키는 것이다.
③ 미의식으로 개성을 창출하는 것이다.
④ 사용목적을 명확하게 하는 것이다.

합목적성은 실용성과 기능성을 충족하며 이성적, 합리적, 객관적 특징을 가지는 디자인의 1차 조건이다.

07
바우하우스 디자이너들이 가장 강조한 것은?

① 실용성 ② 장식성
③ 율동성 ④ 경제성

> 월터 그로피우스가 설립한 국립종합조형학교로 합목적적 기능과 실용성을 중시하고, 예술창작과 기술의 통합을 목표로 하였다.

08
매슬로우(Maslow)의 욕구 5단계 순서가 옳게 나열된 것은?

① 자아 욕구→생리적 욕구→안전의 욕구→사회적 욕구→자기실현의 욕구
② 생리적 욕구→자아 욕구→사회적 욕구→안전의 욕구→자기실현의 욕구
③ 자아욕구→생리적 욕구→사회적 욕구→안전의 욕구→자기실현의 욕구
④ 생리적 욕구→안전의 욕구→사회적 욕구→자아 욕구→자기실현의 욕구

> 매슬로우의 인간욕구 5단계
> • 생리적 욕구 : 생존을 위한 기본적 욕구(의, 식, 주, 성생활)
> • 안전의 욕구 : 물리적 위험으로부터 생활의 안전 추구
> • 사회적(소속)욕구 : 사회적(회사, 친구, 모임)소속감 추구
> • 존경의 욕구(자아 욕구) : 권력, 지위, 명예, 존경의 욕구
> • 자기실현의 욕구 : 자아 개발과 존재가치 실현

09
다음 중 동적이고 불안정한 느낌을 주지만 사용에 따라 강한 표현을 나타내는 것은?

① 수직선 ② 수평선
③ 사선   ④ 곡선

> • 수직선 : 상승, 엄숙, 존엄, 권위, 숭고, 고결, 희망
> • 수평선 : 정지, 안정, 평화, 무한
> • 사선 : 활동감, 속도감, 불안감, 강한표현
> • 곡선 : 우아, 매력, 불명료, 유연, 여성성

10
현대디자인 운동의 실질적인 모체가 되었고, 산업제품의 표준화와 합리적 질서를 주장하며 미술과 공업, 상업의 각 분야에서 최고의 지혜를 집결하여 생활에 사용되는 생산품의 질을 향상시키는데 목표를 둔 디자인 운동은?

① 바우하우스 ② 독일공작연맹
③ 데스틸   ④ 미술공예운동

> • 바우하우스 : 월터 그로피우스가 설립한 국립종합조형학교로 합목적적 기능과 실용성을 중시하고, 예술창작과 기술의 통합을 목표로 하였다.
> • 데스틸(신조형주의) : 기하학적 형태와 수직, 수평, 화면분할과 3원색을 기본으로 '기하학적인 형태가 기능적인 것'이라는 기능주의 철학으로 순수한 형태미를 추구하였으며 현대 건축, 회화, 조각, 디자인에 지대한 영향을 끼쳤으며 대표작가는 데오 반 도스버그, 몬드리안이 있다.
> • 미술 공예운동 : 윌리엄 모리스가 중심이 되어 기계를 부정하고 만드는 즐거움과 예술적 가치를 주장하였다.

11
디자이너가 즉흥적으로 떠오르는 여러 가지 생각을 메모하기 위한 최초의 스케치는?

① 스크래치 스케치 ② 러프 스케치
③ 스타일 스케치   ④ 컨셉 스케치

> • 러프 스케치 : 스크래치 스케치에서 선정된 아이디어를 간단한 음영, 컬러, 재질감 등을 표현한다.
> • 스타일 스케치 : 가장 정밀하며 전체 외관의 컬러, 질감, 패턴 스타일 등을 표현한다.
> • 컨셉 : 어떤 아이디어대한 개념이나 구상을 뜻한다.

12
공간상에서 크기가 다른 점들이 큰 것부터 순서대로 배열되었을 때의 느낌으로 가장 옳은 것은?

① 중량감, 형태감
② 긴장감, 공간감
③ 운동감, 원근감
④ 중량감, 안정감

> 크기가 다르기 때문에 원근감이 있고, 순서대로 배열되어 있으므로 운동감이 있다.

13
광고 카피에 대한 설명 중 틀린 것은?

① 캡션은 이미지의 보완적 설명문이다.
② 헤드라인은 카피의 중심으로 본문에 해당하는 부분이다.
③ 구매심리과정인 AIDMA 법칙을 이용하여 광고 카피에 적용한다.
④ 신문광고의 구성요소 중 주목률을 결정하는 것은 헤드라인이다.

> 헤드라인은 그림, 사진, 광고내용 등을 함축하여 표현한 것으로, 캐치프레이즈와 동의어로 사용되기도 한다.

14
다음 중 실내공간 계획의 주요 구성요소로 가장 거리가 먼 것은?

① 가구
② 가로등
③ 색채
④ 조명

> 가로등은 길에 설치하는 조명이다.

15
게슈탈트의 그루핑 법칙(Gestalt grouping laws)과 관련이 없는 것은?

① 폐쇄성
② 근접성
③ 유사성
④ 상징성

> 게슈탈트(시지각)원리
> • 근접성의 원리 : 가까이 있는 두 개 또는 그 이상의 시각요소들이 패턴이나 그룹처럼 보이는 것
> • 유사성(친숙성)의 원리 : 비슷한 모양의 도형이나 그룹이 같은 부류로 보는 경향
> • 폐쇄성의 원리 : 선이 끊어져 있어도 연결되어 보이거나 무리지어 하나의 형태로 보이는 것
> • 연속성의 원리 : 유사한 배열이 방향성을 지니고 하나의 묶음처럼 인식되는 법칙

16
아르누보 사조가 나타난 국제적 행사는?

① 1872년 로마 박람회
② 1893년 뉴욕 박람회
③ 1900년 파리 박람회
④ 1937년 런던 박람회

> 1900년 파리 박람회의 오르세 철도역이 새로운 디자인양식으로 채택되었다.

17
다음 중 잡지 광고의 특징이라 볼 수 없는 것은?

① 독자의 구성이 매우 차별화되어 있다.
② 전파 매체나 인터넷에 비해 보존성이 낮다.
③ 잡지는 수명이 비교적 길다고 할 수 있다.
④ 높은 회독률로 높은 광고효과를 기대할 수 있다.

> 잡지광고의 특성
> • 독자 구성이 차별화되어 있고 수명이 비교적 길다.
> • 컬러광고가 가능하며 구체적이고 자세한 내용을 전달할 수 있다.
> • 회독률이 높아 광고효과를 기대할 수 있다.
> • 감정적 광고나 무드광고를 할 수 있다.

18
아래와 같이 선명한 빨강 바탕에 분홍색을 놓았을 때와 회색 바탕에 분홍색을 놓았을 때, 다음 설명 중 옳은 것은?

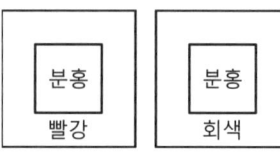

① 빨강 바탕의 분홍색이 채도가 높아 보인다.
② 회색 바탕의 분홍색이 채도가 높아 보인다.
③ 두 경우 모두 채도의 변화가 없다.
④ 두 경우 모두 채도가 높아진다.

> 채도대비 : 채도가 다른 두 색이 대조되어 높은 채도의 색은 더 높게, 낮은 채도의 색은 더 낮게 보이는 현상. 무채색 위의 유채색은 높아 보이고, 높은색 위의 낮은색은 낮아 보임

19
광원에서 나온 빛을 천장이나 벽에 부딪혀 확산된 반사광으로 비추는 조명방식은?

① 직접조명
② 간접조명
③ 전반확산조명
④ 반직접조명

- 직접조명 : 광원에서 나오는 빛의 90% 이상이 면에 조명된다.
- 국부조명 : 특정한 장소만을 조명한다.
- 전반조명 : 방 전체를 조명하기 위해 조명기구를 일정한 높이와 간격으로 설치하는 것이다.

20
균형에 관한 설명 중 틀린 것은?

① 균형은 안정감을 창조하는 질(Quality)로서 정의 된다.
② 의도적으로 불균형을 구성할 때도 있다.
③ 좌우의 무게는 시각적 무게로 균형을 맞춰야 한다.
④ 전체적인 조화를 위해서 불균형이 강조되어야 한다.

균형 : 대칭, 비대칭, 비례(힘의 균등), 안정감

21
조형 대학으로서 그 성격이 디자이너의 양성을 주로 한 바우하우스 시기는?

① 제1기 바우하우스
② 제2기 바우하우스
③ 제3기 바우하우스
④ 뉴 바우하우스

- 제1기 바우하우스 : 수공예가 양성의 공예학교(월터 그로피우스가 설립)
- 제2기 바우하우스 : 디자이너 양성을 위한 조형대학의 성격. 모던 디자인의 기초가 됨
- 제3기 바우하우스 : 전문공과대학의 성격을 띰
- 제4기 바우하우스 : 나치에 의해 폐교
- 뉴 바우하우스 : 유럽과 미국에 정착

22
정투상도법에서 제1각법에 대한 설명 중 틀린 것은?

① 눈→물체→화면의 순서가 된다.
② 정면도는 평면도 위에 그린다.
③ 일반적으로 제품디자인 도면에 활용한다.
④ 좌측면도는 정면도의 우측에 그린다.

정투상도는 토목이나 선박제도에 많이 사용한다.

23
다음 그림과 같이 원기둥에 감긴 실의 한 끝을 늦추지 않고 풀어 나갈 때, 이 실의 끝이 그리는 곡선은?

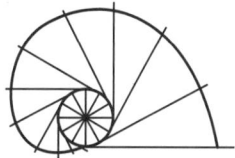

① 등간격 곡선
② 인벌류트 곡선
③ 사이클로이드 곡선
④ 아르키메데스 곡선

인벌류트 곡선은 원의 등분점을 중심으로 해서 원호를 서로 연결하는 모양이다.

24
가법 혼색에서 빨강(R)과 녹색(G)을 혼합하였을 때 나타나는 색은?

① 흰색
② 검정
③ 노랑
④ 파랑

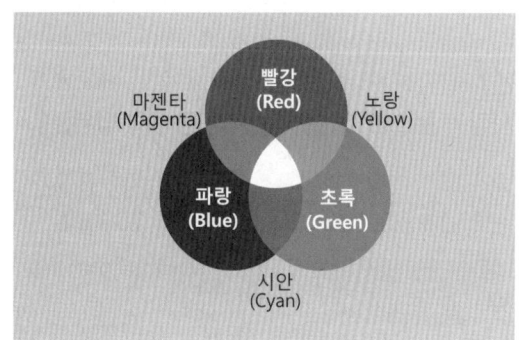

25
먼셀의 색입체에 대한 설명 중 틀린 것은?

① 수평으로 자르면 동일 명도면이 나타난다.
② 수직으로 자르면 동일 채도면이 나타난다.
③ 중심축으로 가면 저채도, 바깥둘레로 나오면 고채도가 된다.
④ 색의 3속성에 따라 배열되어 있다.

수직으로 자르면 동일색상면이 보인다.

26
다음 중 치수가 가장 바르게 기입된 것은?

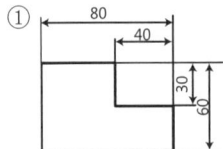 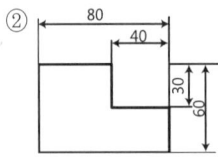
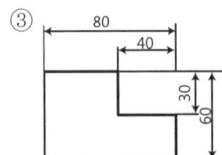 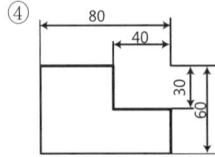

치수기입 원칙
- 치수 기입에 사용하는 선은 치수선, 치수보조선, 인출선(지시선)이다.
- 180° 이하인 호의 반지름은 R로 표기한다.
- 치수는 될 수 있는 대로 정면도에 집중적으로 기입한다.
- 실형이 나타나 있는 곳에 실제 길이를 기입한다.
- 치수기입이 어려울 때는 인출선(지시선)을 그어 기입한다.
- 치수기입의 원칙에 따라 mm를 사용한다.
- 치수숫자는 치수선의 중앙 위에 약간의 간격을 두어 평행하게 기입한다.

27
사람의 눈으로 볼 수 있는 가시광선의 범위는?

① 150 ~ 350 nm   ② 180 ~ 480 nm
③ 350 ~ 950 nm   ④ 380 ~ 780 nm

- 자외선, X-선 : 파장이 380nm 보다 짧다.
- 가시광선 : 380~780nm
- 적외선 : 780nm 보다 길다.

28
밝은 색과 어두운 색이 서로 영향을 주어서 어두운 색은 더욱 어둡게, 밝은 색은 더욱 밝게 보이는 현상은?

① 색상대비   ② 채도대비
③ 보색대비   ④ 명도대비

- 색상대비 : 명도와 채도가 같은 색이 이웃하여 있을 때 두 색이 서로의 영향으로 색상차가 나는 것
- 채도대비 : 채도가 다른 두 색이 대조되어 높은 채도의 색은 더 높게, 낮은 채도의 색은 더 낮게 보이는 현상
- 보색대비 : 색상환에서 서로 마주 보는 두 색이 서로의 영향으로 더욱 선명하게 보이는 현상
- 명도대비 : 명도가 다른 두 색이 대조되어 밝은 색은 더 밝게, 어두운 색은 더 어둡게 보이는 현상

29
투시도법의 용어 중 물체의 각 점이 수평선상에 모이는 점은?

① 입점(SP)   ② 시점(EP)
③ 소점(VP)   ④ 측점(MP)

- 입점(SP : Standard Point) : 평면상에 사람이 서서 사물을 보는 위치
- 시점(EP : Eye Point) : 관찰자의 눈의 위치
- 측점(MP : Measuring Point) : 물체의 깊이를 재기 위한 점

30
간상체와 추상체의 특성과 관계없는 현상은?

① 암순응   ② 이성체
③ 스펙트럼 민감도   ④ 푸르킨예 현상

- 추상체 : 색상, 명도, 채도 구분
- 간상체(항상체) : 명암만 구분이 가능

31
다음 색 회색(N3)배경 위에서 명시성이 가장 높은 것은?

① 녹색   ② 노랑
③ 백색   ④ 보라

회색의 색상환 반대쪽에 있는 노랑색이 명시성이 가장 높다.

32
그림과 같이 투상면이 눈과 물체의 사이에 있어 유리상자 안에 물체를 놓고 밖에서 스쳐보는 상태에서 투상하는 방법은?

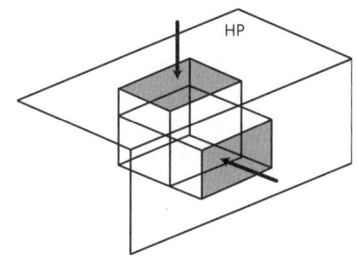

① 제1각법
② 제2각법
③ 제3각법
④ 제4각법

제3각법
• 정면도의 표현이 합리적이다.
• 치수기입이 합리적이다.
• 보조투상이 용이하다.
• 물체를 제3상한에 놓고 투상하는 방식이다.
• 눈 → 투상면 → 물체순이다.

33
육면체의 1개 모서리가 화면과 평행하고, 다른 2방향의 모서리가 각각 화면에 경사져 2개의 소점을 가지는 투시도는?

① 평행 투시도
② 사각 투시도
③ 유각 투시도
④ 특수 투시도

2소점 투시도(유각 투시, 성각 투시) : 물체를 비스듬하게 볼 때 수직방향의 선이 평행이 된다. 일반적인 건물 투시도에 사용한다. 화면 경사에 따라 45° 투시, 30° ~ 60° 투시, 임의의 경사각 투시가 있다.

34
다음 중 조명이 어두운 상태에서 어떤 동작을 촬영하고자 할 경우에 적합한 필름은?

① ISO 125
② ISO 200
③ ISO 400
④ ISO 1000

감도(ISO)가 높을수록 입자가 커서 빛의 양이 적은 어두운 곳에서도 촬영이 가능하다.

35
다음 중 색의 동화효과와 관계가 없는 것은?

① 빨간색 망에 들어 있는 귤이 더 빨갛게 보인다.
② 아파트의 외벽에 칠한 노란색은 좁은 면적일 때 더 밝게 보인다.
③ 파란색의 가는 줄무늬가 있는 회색 셔츠는 더 파랗게 보인다.
④ 벽돌로 된 벽의 줄눈 색이 흰색일 때 벽돌이 더 밝아 보인다.

동화현상 : 어떤 색이 주위 색의 영향으로 비슷한 색으로 보이는 것으로 점이나 선의 넓이에 영향을 받으며 둘러싸인 색의 면적이 좁거나, 둘러싸인 색이 주위색과 비슷한 경우 일어난다.

36
색의 팽창과 수축을 고려해 색상별 폭이 다르게 구성되어 있는 프랑스 국기의 배색 면적이 넓은 순서대로 나열된 것은?

① 파랑 〉 흰색 〉 빨강
② 파랑 〉 빨강 〉 흰색
③ 빨강 〉 흰색 〉 파랑
④ 흰색 〉 빨강 〉 파랑

• 팽창과 수축은 색에 따라서 실제 면적보다 크게 보이거나 작게 보이는 것으로 고명도, 고채도일수록 팽창색이다.
• 파랑색이 가장 고명도이고 그 다음이 빨강색이다.

37
감법혼색에 대한 설명 중 틀린 것은?

① 순색에 회색을 섞으면 채도가 낮아진다.
② 검정을 쓰지 않고도 무채색을 만들 수 있다.
③ 순색에 회색을 섞으면 명도는 변하지만 채도는 변화가 없다.
④ 순색에 검정을 섞으면 명도와 채도가 낮아진다.

감산혼법(감법혼색) : 색료의 혼합이며 시안(cyan), 자주(Magenta), 노랑(Yellow)을 혼합하면 검정색이 된다. 혼색 할수록 명도가 떨어지고 광량도 적어진다.

38
저드의 색채 조화론 중 배색에 사용되는 색채 상호간에 공통되는 성질이 있으면 조화한다는 원리는?

① 질서성의 원리
② 명료성의 원리
③ 유사성의 원리
④ 친근성의 원리

> 저드의 색채 조화론
> • 명료성(비모호성)의 원리 : 색의 3속(색상, 명도, 채도)차가 큰 색들은 조화가 잘 됨
> • 유사의 원리 : 색에 공통성이 있으며 3속성의 차가 적으면 조화가 잘 됨
> • 친근성의 원리 : 사람들에게 잘 알려진 친근감 있는 배색일 때 조화가 잘 됨
> • 질서의 원리 : 색채의 요소가 규칙적으로 선택된 색들끼리 잘 조화 됨

39
먼셀의 색입체에 관한 설명 중 옳은 것은?

① 무채색 축의 단계는 뉴트럴(neutral)의 머리글자를 취하여 N1 ~ N12로 정하였다.
② 채도를 구분하는 단계는 무채색을 0으로 하고 10까지의 수치를 표시하였다.
③ 색상환 상에서 보색관계에 놓이는 색의 채도 합이 14가 되도록 하였다.
④ 국제조명협회(C.I.E)색표와의 연관이 적어 조명색채에 적용하기가 어렵다.

> • 먼셀의 명도수 단계는 0~10까지 11단계이고 N0, N10인 흑색과 백색은 실존하지 않는다.
> • 검정에 가장 가까운 회색을 1로, 흰색에 가장 가까운 색을 9.5로 하여 저명도, 중명도, 고명도로 명명하고 기호 N(neutral)을 숫자 앞에 붙이며 중명도5(N5)가 균형의 중심점이다.

40
백색계의 무기 안료가 아닌 것은?

① 아연화
② 황화아연
③ 티탄백
④ 송연

> 송연은 유기재료이며 흑색이다.

41
다음 중 박엽지는?

① 인디아지
② 골판지
③ 신문용지
④ 포장지

> 박엽지 : 글라싱지, 라이스지, 인디아지, 콘덴서지, 전기절연지

42
직물의 기본적인 3원 조직이 아닌 것은?

① 평직
② 능직
③ 사직
④ 주자직

> 직물의 3원 조직 : 평직, 능직, 주자직

43
발포 플라스틱을 소재로 한 모델의 표면에 직접 착색재료로 적합하지 않은 것은?

① 아크릴 컬러
② 수성 페인트
③ 포스터 컬러
④ 래커 페인트

> 발포 플라스틱은 플라스틱에 발포제를 섞어 단열재로 사용하며 래커 페인트로 착색하면 표면이 녹는다.

44
플라스틱이 가지고 있는 일반적인 장점이 아닌 것은?

① 전기 절연성이 우수하다.
② 내수성이 좋고 재료의 부식이 없다.
③ 열팽창 계수가 작아 치수 안정성이 좋다.
④ 착색 및 가공이 용이하다.

> 플라스틱은 열팽창 계수가 높다.

45
다음 중 청량감을 표현하기에 적합한 배색은?

① 고명도의 한색계열의 배색
② 고채도의 난색계열의 배색
③ 저명도의 무채색 배색
④ 반대색상의 배색

> 고명도의 한색이 차가운 느낌의 청량감을 준다.

46
다음 중 색광의 혼합으로 틀린 것은?

① Red + Green = Yellow
② Red + Blue = Magenta
③ Green + Blue = Cyan
④ Green + Red + Blue = Black

> • 색광의 3원색을 합치면 흰색이 된다.

47
다음 설명으로 가장 옳은 것은?

① 일반적인 영화필름의 형태는 초당 32Frame으로 표현된다.
② 싱가포르, 말레이시아 등의 방송 시스템에서 사용하는 방식을 PAL이라고 하는데 초당 12Frame을 보여 준다.
③ 우리나라를 비롯 미국, 캐나다, 일본 등의 방송 시스템에서 NTSC 방식을 사용하는데 초당 29.97 Frame을 보여준다.
④ 일반적인 비디오 포맷 형태로 초당 24Frame으로 보여준다.

> • 일반적인 영화필름은 초당 24frame이다.
> • PAL 방식은 유럽에서 주로 사용하며 초당 25frame을 보여준다.

48
물체에 반사된 빛이 다른 물체에 반사될 때 까지 추적하는 것으로 반사된 빛이 불투명체에 닿거나 장면 밖으로 나갈 때까지 계속 되는 기법은?

① 파티클(Particle)
② 프랙털(Fractal)
③ 앨리어싱(Aliasing)
④ 레이 트레이싱(Ray Tracing)

> • 파티클(Particle) : 먼지, 눈, 비 등을 표현하는 방법으로 사용하는 표면과 체적이 없는 작은 물체로 방향성, 강도, 생명력, 색상, 불투명도의 성질을 가지고 있다.
> • 프랙털(Fractal) : 단순한 모양에서 출발하여 점차 더 복잡한 형상으로 구축되는 기법으로 산, 구름 같은 자연물의 불규칙적 움직임을 표현하는 모델링 기법이다.
> • 앨리어싱(Aliasing) : 이미지에 곡선 모서리가 톱니 모양이나 계단 모양처럼 생기는 것을 말한다.

49
비트맵 이미지 운용에서 크롭(Crop)기능을 가장 잘 설명한 것은?

① 이미지를 이동시키는 것
② 이미지를 회전시키는 것
③ 이미지의 크기를 바꾸는 것
④ 이미지의 일부를 잘라내는 것

50
다음 중 디자인 컨셉트에 대한 설명으로 가장 옳은 것은?

① 자연물과 조형물을 정확하게 관찰하여 표현하는 것이다.
② 대상물의 특성을 살리면서 간결하게 표현하는 것이다.
③ 개념화, 아이디어 구상, 계획하는 것이다.
④ 제품의 이미지를 구체화하여 모형을 제작하는 것이다.

> 제품디자인의 과정으로 아이디어를 구상하여 개념화하고 계획하는 것이다.

51
다음 중 대비에 대한 설명으로 잘못된 것은?

① 서로 다른 부분의 조합에 의하여 생기는 것이다.
② 시각적 형태 강약에 의한 형의 감정 효과이다.
③ 형태, 크기, 색채, 질감, 방향, 위치, 공간, 중량감의 대비 등이 있다.
④ 숲속의 나무, 해변의 모래, 바다의 파도 등 자연 속에서 그 예를 찾을 수 있다.

> 대비는 서로 상반되거나 다른 부분의 조합에 의하여 생기는 것이므로 자연의 조화는 대비가 아니다.

52
컴퓨터그래픽스의 발달 역사에 대한 설명으로 옳은 것은?

① 1970년 그라우드에 의하여 면과 면 사이에 영역을 부드럽게 처리하는 셰이딩 기법이 개발되었다.
② 미국의 애커드와 모클리에 의하여 세계최초의 진공관 컴퓨터인 UNIVAC-I가 개발되었다.
③ 1962년 서덜랜드에 의하여 CRT 위에 라이트펜으로 직접 그릴 수 있는 플로터(Plotter)가 개발되었다.
④ 1990년 애플(Apple)사에서 3D스튜디오(3D Studio)를 발표하면서 IBM 호환 계통에서도 컴퓨터그래픽스의 대중화가 급격하게 진행되었다.

> ② 최초의 진공관 컴퓨터는 ANICA이며, UNIVAC-I는 상업용 컴퓨터이다.
> ③ 제3세대
> ④ 3D Studio는 1990년 오토데스크사에서 발표하였다.

53
다음 중 에디토리얼 디자인에 해당되는 것은?

① 북 디자인 ② 포스터 디자인
③ 패키지 디자인 ④ POP 디자인

> 에디토리얼 디자인은 신문, 잡지, 서적 등 출판물을 디자인하는 것이다.

54
다음 중 크기를 변화시켜 출력해도 이미지 데이터의 해상도가 손상되지 않는 이미지는?

① Bit-Map Image
② Vector Image
③ TIFF Image
④ PICT Image

> 벡터 이미지(Vector Image)의 특징
> • 선과 곡선값을 수학적 연산으로 구성한 이미지이다.
> • 위치 및 크기를 변경해도 이미지의 품질의 손상이 없다.
> • 객체지향 이미지, 오브젝트 이미지, 포스트스크립트 이미지라고도 한다.
> • 문자와 정교한 선을 그릴 때 가장 유용하다.
> • 비트맵에 비해서 명암과 색상은 떨어진다.
> • 일러스트레이터, 코렐드로우, CAD 등이 대표적 프로그램이다.

55
원래 상태로는 물체에 염착되는 성질이 없지만 전색제에 의해 물체에 고착되는 도장 재료는?

① 염료 ② 안료
③ 용재 ④ 첨가제

> • 염료(착색제) : 물과 기름에 녹아 천이나 가죽 등에 착색하는 유색물질이다.
> • 용제 : 도료를 용해하여 희석시키며 도막에 평활성을 부여하고 도료의 점도, 유동성, 증발속도를 조절한다. 도료를 녹이는데는 가솔린, 알코올, 벤젠 등이 있으며 수성도료는 물을 사용한다.
> • 첨가제 : 도료의 성질을 조정하기 위해 사용하며 산화방지제, 유화제, 자외선흡수제, 노화 방지제, 윤활유 등이 있다.

56
척도에 대한 설명 중 틀린 것은?

① 물체의 실제 크기와 도면에서의 크기비율을 말한다.
② 실물보다 축소하여 그리는 것을 축척이라고 한다.
③ 실물과 같은 크기로 그리는 것은 현척이라고 한다.
④ 실물보다 2배로 확대한 것을 등척이라고 한다.

> 실물보다 2배로 확대한 것은 배척이라고 한다.

57
장축과 단축이 주어질 때 타원을 그릴 수 있는 방법이 아닌 것은?

① 직접법
② 4중심법
③ 대, 소부원법
④ 평행사변형법

직접법은 투시도법의 한 종류로 시선과 족선을 이용하는 방법이다.

58
굿 디자인(Good Design)의 조건이 아닌 것은?

① 독창성   ② 복합성
③ 경제성   ④ 합목적성

디자인의 조건은 합목적성, 심미성, 독창성, 경제성, 질서성 등이 있다.

59
PC에서 데이터를 호환하기 위해 사용하는 주변장치 연결방식이 아닌 것은?

① IDE   ② SCS
③ ISDN   ④ USB

- IDE : 메인보드와 하드디스크를 연결하는 병렬 연결방식
- SCSI : 컴퓨터와 스캐너, 외장하드 등을 연결하는 직렬 연결방식
- ISDN : 디지털 통신망을 이용하여 음성·문자, 영상 등의 통신을 종합적으로 할 수 있도록 하는 통신서비스(주변장치 연결 방식이 아님)
- USB : PC의 주변기기(프린터, 스캐너, 마우스, 키보드 등)를 연결하는 범용직렬 연결방식

60
대중이 이용하는 공항, 역사, 터미널, 미술관, 박물관 등을 대상으로 하는 디자인 분야는?

① 공공 인테리어
② 상업 인테리어
③ 사무실 인테리어
④ 디스플레이 디자인

많은 사람들이 이용하는 곳은 공공 인테리어이다.

2019년 1회 컴퓨터그래픽기능사 정답

01	02	03	04	05
④	①	②	③	④
06	07	08	09	10
④	①	④	④	②
11	12	13	14	15
①	③	②	②	④
16	17	18	19	20
③	②	②	②	④
21	22	23	24	25
②	③	②	②	②
26	27	28	29	30
①	④	④	③	②
31	32	33	34	35
②	③	③	④	②
36	37	38	39	40
②	③	③	②	④
41	42	43	44	45
①	③	④	③	①
46	47	48	49	50
④	③	④	④	③
51	52	53	54	55
④	①	①	②	②
56	57	58	59	60
④	①	②	③	①

CBT 복원문제 _ 컴퓨터그래픽기능사

2019년 2회

01
미국의 색채학자 저드(Judd. D. B.)가 주장하는 색채 조화의 네 가지 원칙이 아닌 것은?

① 방향성의 원리 ② 질서의 원리
③ 친근성의 원리 ④ 명료성의 원리

> 저드의 색채 조화 원리 : 질서의 원리, 유사의 원리, 동류의 원리, 대비의 원리, 비모호성의 원리

02
다음 중 무기 재료에 해당되는 것은?

① 금속 ② 목재
③ 피혁 ④ 종이

> • 무기재료 : 광물질과 금속재료가 주원료로 금, 은, 철, 구리, 아연, 석재, 점토 등이 있다.
> • 유기재료 : 탄소가 주요 원료가 되는 것으로 목재, 석탄, 백토, 섬유, 펄프, 플라스틱 등이 있다.

03
성능과 형태가 실제 생산품과 똑같은 모형으로 종합적인 성능 실험과 광고모델, 전시 출품에 이용되는 모형은?

① 제작모형 ② 실험모형
③ 제시모형 ④ 연구모형

> • 제시모델(더미, 프레젠테이션 모델) : 디자인 담당자에게 전달을 위해 만들며 러프모델 보다 좀 더 실제 제품에 가깝도록 만든다.
> • 완성형모델(프로토타입, 제작모델, 워킹 모델) : 제작자가 실제 형태와 재료로 생산품과 똑같이 제작한다.
> • 연구 모형(러프모델, 스케치모델, 스킴모델) : 디자인 초기에 만드는 것으로 형태와 균형감을 알기위해 제작한다.

04
색료의 3원색을 서로 같은 비율로 혼합한 결과의 색은?

① 흰색 ② 검정
③ 노랑 ④ 청록

> 색광의 3원색(빨강, 녹색, 파랑)을 모두 혼합하면 흰색이 되고, 색료의 3원색(자주, 노랑, 청록)을 모두 혼합하면 검정색이 된다.

05
신문용지, 인쇄용지, 필기용지, 도서용지 등에 사용되는 종이의 종류는?

① 판지 ② 마분지
③ 보드지 ④ 양지

> 종이의 구분
> • 양지 : 신문지, 인쇄용지, 필기용지, 도화지, 포장용지, 박엽지, 잡종지
> • 판지 : 골판지, 백판지, 황판지, 건재원지
> • 기계 제작 화지 : 창호지, 습자지, 휴지, 종이솜, 선화지, 종이끈, 포장용지(편광지)

06
제품디자인 프로세스에서 목표의 명료화 목적을 가장 잘 설명한 것은?

① 필요한 기능과 새로운 디자인의 시스템 영역을 설정한다.
② 디자인 해결안에 필요한 성능의 정확한 명세서를 작성한다.
③ 문제가 존재한다는 최초의 깨달음 또는 인지이다.
④ 중심 목표와 부수적 목표 사이의 관계를 명료하게 한다.

07
3차원 컴퓨터 그래픽스의 셰이딩(Shading)기업에 대한 설명으로 틀린 것은?

① 퐁 셰이딩은 플라스틱 질감을 표현하기에 적합하다.
② 고라우드 셰이딩 Smooth Shading 방식의 일종이다.
③ 플랫 셰이딩은 표면 재질의 특성은 고려하지 않는 셰이딩 기법이다.
④ 플랫 셰이딩은 고라우드 셰이딩에 비해 한결 부드럽게 표현된다.

> 플랫 셰이딩은 다각형을 단순한 색으로 채우는 것으로 표면 재질의 특성은 고려하지 않는 가장 기본적인 셰이딩 기법이다.

08
다음 중 정신질환자의 치료에 도움이 되는 병실 색채로 적합한 것은?

① 고채도의 빨강
② 고채도의 연두
③ 고채도의 주황
④ 중간채도의 파랑

> 중간채도의 파랑색은 마음을 진정시키고 차분하게 만들어준다.

09
다음 중 양지에 속하는 것은?

① 도화지
② 창호지
③ 골판지
④ 휴지

> • 양지는 펄프가 주 원료이며 인쇄용으로 사용한다.
> • 창호지는 기계로 만들며, 골판지는 목재펄프와 재생섬유를 원료로 하며, 휴지는 기계로 만든 화지이다.

10
3D 모델링에서 합집합, 차집합, 교집합의 3가지 집합 개념을 도형에 적용하여 복잡한 기하학적 도형을 쉽게 형성할 수 있는 방법은?

① 은면 소거 방법
② 스캔 라인(Scan line)방법
③ Z-버퍼 방법
④ 불린(Boolean)연산 방법

> 불린(Boolean)연산 방법
> • 2D 도면을 기초로하여 3D 모델링을 하는 방법으로 합집합, 차집합, 교집합의 개념을 이용한다.
> • CAD의 pedit의 join명령, region 명령을 많이 사용한다.

11
신문광고에서 일러스트레이션, 사진, 광고내용을 함축하여 광고목적에 적합하도록 표현하며, 캐치프레이즈와 동의어로 사용되기도 하는 것은?

① 헤드라인(headline)
② 로고타이프(logotype)
③ 보더라인(borderline)
④ 캡션(caption)

> • 로고타이프 : 회사의 이름이나 제품이 눈에 띄도록 만들어 상표처럼 사용하는 것으로 회사나 제품의 이미지를 쉽게 전달하고, 기억에 남으며, 모든 매체에서 사용 가능하고, 대중에게 호감을 줄 수 있어야 함
> • 보더라인 : 신문광고에서 사용하는 시각적 요소로 디자인 일부를 다른 내용과 구분시키거나 돋보이게 하기 위해서 사용하는 윤곽선
> • 캡션 : 사진이나 일러스트를 설명하는 짧은 글

12
마케팅 활동의 주요 요소와 거리가 먼 것은?

① 시장 조사
② 제품 생산 계획
③ 디자인 연구소 설립
④ 광고 및 판매 촉진

> • 마케팅은 제품(Product), 가격(Price), 유통(Place), 촉진(Promotion)을 말하며 4P라고한다.
> • 디자인 연구소 설립은 마케팅활동의 주요 요소와 거리가 멀다.

13
다음 중 선에 관한 설명이 틀린 것은?

① 점이 이동하면서 그 자취가 선을 이루게 된다.
② 기하학적인 선은 완벽하고 단정한 느낌을 준다.
③ 프리핸드 선은 딱딱한 직선의 느낌을 수반한다.
④ 사선은 움직임이 강하게 느껴진다.

> 프리핸드 선은 무질서하지만 부드럽고 자유분방하며 여성적인 느낌을 준다.

14
옥외광고 중 상점 입구 또는 처마 끝 등에 설치하는 간판은?

① 가로형 간판　　② 점두간판
③ 입간판　　　　④ 야립간판

> • 입간판 : 벽이나 길에 세워 놓는 간판
> • 야립간판 : 고속도로 변이나 산, 들에 세우는 대형 간판

15
다음 중 점, 선, 면 등의 이념적 형태는?

① 순수형태　　② 사실형태
③ 자연형태　　④ 인공형태

> • 이념적 형태(순수 형태) : 점, 선, 면, 입체(직접적으로 지각할 수 있다)
> • 현실적 형태(인위적 형태) : 자연형태(기하학적 모양으로 직접 지각할 수 없다)

16
투시도법에서 물체를 보는 눈의 위치를 표시하는 것은?

① GP　　② SL
③ EP　　④ HL

> • 기면(GP : Ground Plane : 기준이 되는 지반면으로 화면과 수직
> • 시점(EP : Eye Point) : 관찰자의 눈의 위치
> • 수평선(HL : Horizontal Line) : 기선(GL)에 평행하며 눈높이와 동일

17
색채의 심리적 현상과 거리가 먼 것은?

① 온도
② 무게
③ 감정
④ 식별

> 온도, 무게, 감정은 색채의 심리적 현상이고 식별은 시각적 현상이다.

18
검정색과 흰색의 이미지로 구성되어 있으며 선택된 영역이 합성되지 않도록 막아주는 마스크 역할을 하는 것은?

① 레이어(Layer)
② 알파 채널(Alpha Channel)
③ Z 버퍼(Z-buffer)
④ 히스토그램(Histogram)

> • 레이어(Layer) : 간단한 이미지를 여러 겹으로 쌓아서 복잡한 한 장의 이미지를 완성하는 방법
> • Z 버퍼(Z-buffer) : 3차원 물체를 렌더링할 때 보이지 않는 부분의 거리값을 보관하는 기억장치
> • 히스토그램(Histogram) : 조사한 수를 막대로 나타낸 그래프

19
다음 내용의 (　)에 들어갈 내용은 무엇인가?

> 인쇄에서는 선수에 따라서 인쇄의 질이 결정되는데, 신문은 (㉮), 고급인쇄물은 (㉯)이다.

① ㉮ 40~60선　　㉯ 80~133선
② ㉮ 80~133선　　㉯ 150~200선
③ ㉮ 40~60선　　㉯ 80~133선
④ ㉮ 50선　　　　㉯ 133선

> • 인쇄에서는 선수(1cm 안에 있는 점이나 선의 수)에 따라서 인쇄의 질이 결정된다.
> • 신문 : 80~130
> • 고급인쇄 : 150선

20
푸르킨예 현상의 설명과 거리가 먼 것은?

① 새벽녘의 물체들이 푸르스름하게 보인다.
② 조명이 어두워지면 적색보다 청색이 먼저 사라진다.
③ 푸르킨예 현상을 이용해 비상구 표시를 초록으로 한다.
④ 낮에는 파란 공이 밤이 되면 밝은 회색으로 보인다.

- 푸르킨예 현상
  - 새벽이나 초저녁에 물체들이 푸르스름한 색으로 보이는 현상이다.
  - 어두워지면 청색보다 적색이 먼저 사라진다.
  - 밝아지면 파랑색이 먼저 보인다.
  - 어두워지면 빨간색은 검은색으로, 파란색은 밝은 회색으로 보인다.

21
색상이 정반대의 관계인 두 색을 옆에 놓으면, 서로의 영향으로 인하여 각각의 채도가 더 높게 보이는 대비현상은?

① 보색 대비
② 명도 대비
③ 한난 대비
④ 계시 대비

- 명도대비 : 명도가 다른 두 색이 대조되어 밝은 색은 더 밝게, 어두운 색은 더 어둡게 보이는 현상
- 한난대비 : 색의 차고 따뜻한 느낌의 차이에 의해서 변화가 오는 대비현상
- 계시대비 : 한 가지 색을 본 후 다른 색을 보면 처음에 본 색의 영향으로 나중에 본 색이 달라져 보이는 현상

22
두 색이 서로의 영향으로 본래의 색보다 채도가 높아지고 선명해지며, 서로 상대방의 색을 강하게 드러내 보이게 되는 대비는?

① 동시대비
② 계시대비
③ 연변대비
④ 보색대비

- 동시대비 : 두 색을 이웃해서 놓고 한 곳으로 시점을 집중하면 두 색이 서로에게 영향을 주어 다른 색으로 보이는 현상
- 계시대비 : 한 가지 색을 본 후 다른 색을 보면 처음 본 색의 영향으로 나중에 본 색이 달라져 보이는 현상
- 연변대비 : 나란히 배치된 색의 경계부분에 일어나는 대비효과를 약화시키기 위해 무채색의 테두리를 두르는 것으로 인접색이 저명도인 경계부분은 더 밝아 보이고, 고명도는 어두워보임

23
다음 중 유기재료에 속하는 것은?

① 목재
② 강철
③ 유리
④ 도자기

- 유기재료 : 탄소가 주요 원료가 되는 것으로 목재, 석탄, 백토, 섬유, 펄프, 플라스틱 등이 있다.
- 무기재료 : 광물질과 금속재료가 주원료로 금, 은, 철, 구리, 아연, 석재, 점토 등이 있다.

24
물체의 앞면 모서리는 수평선과 평행하게 옆면 모서리는 수평선과 임의의 각도 α로 하여 그린 투상도는?

① 부등각 투상도
② 등각 투상도
③ 사투상도
④ 축측 투상도

- 부등각투상도 : 화면을 중심으로 좌우와 상하의 각도가 각기 다른 축측 투상이다.
- 등각투상도 : 3면(정면, 평면, 측면)이 모두 120°를 이루어 동시에 볼 수 있도록 표현하며, 설명용 도면으로 많이 사용한다.
- 축측투상도 : 대상물의 표면이 투상면과 경사로 되어 있으며, 한 정점에 모이는 세 개의 선이 화면에서 경사를 이룬다.(등각 투상도, 이등각 투상도, 부등각 투상도)

25
현색계에 대한 설명이 틀린 것은?

① 색편의 배열 및 색채 수를 용도에 맞게 조절할 수 있다.
② 지각적으로 일정하게 배열되어 있다.
③ 수치로 표기되어 변색, 탈색 등의 물리적 영향이 없다.
④ 관측하는 사람에 따라 색좌표를 주관적으로 정할 수 있다.

보는 사람의 주관에 따라서 값이 정해지므로 색좌표를 구하기 어렵고, 환경의 영향으로 변색, 오염으로 색차가 발생한다.

26
채도가 높은 색들의 배색에서 얻을 수 있는 느낌은?

① 어둡고 무겁다.
② 서늘하고 정적이다.
③ 온화하고 부드럽다.
④ 화려하고 자극적이다.

비고	명도	채도
높다	밝고 경쾌	화려하고 자극적
낮다	어둡고 활기가 없음	탁하고 우울하다.

27
1024MB와 같은 크기는?

① 1 KB
② 1 GB
③ 100 TB
④ 1000000 B

- 1KB = 1024Byte
- 100TB = 102,400GB
- 1000000B = 976.5625KB

28
〈보기〉의 디자인 특징과 관련이 있는 나라는?

〈보기〉
- 완벽주의와 극소주의 디자인
- 전통 수공예에 관한 이미지로 부각
- 1970년대 후반부터 기술혁신과 세련되고 경쟁력이 우수한 제품인 전자 제품, 카메라, 자동차 등 하이테크 산업제품에 관한 이미지로 세계적 부각

① 미국
② 일본
③ 프랑스
④ 독일

일본은 장인정신을 중시하여 전통수공예적 이미지와 완벽주의로 알려져 있으며, 일본 문화가 작은 공간을 지니므로 작은 상품을 만들기에 노력해 왔다. 1970년대부터 SONY를 선두로 하여 우수한 전자제품을 생산하여 왔다.

29
게슈탈트(Gustalt)요인이 아닌 것은?

① 시각성의 요인
② 유사성의 요인
③ 폐쇄성의 요인
④ 근접성의 요인

게슈탈트(시지각)원리
- 근접성의 원리 : 가까이 있는 두 개 또는 그 이상의 시각요소들이 패턴이나 그룹처럼 보이는 것
- 유사성(친숙성)의 원리 : 비슷한 모양의 도형이나 그룹이 같은 부류로 보는 경향
- 폐쇄성의 원리 : 선이 끊어져 있어도 연결되어 보이거나 무리지어 하나의 형태로 보이는 것
- 연속성의 원리 : 유사한 배열이 방향성을 지니고 하나의 묶음처럼 인식되는 법칙

30
다음 중 입력장치에 해당되지 않는 것은?

① 플로터
② 마우스
③ 스캐너
④ 디지타이징 태블릿

- 입력장치 : 키보드, 마우스, 스캐너, 디지타이저, 태블릿
- 출력장치 : 모니터, 플로터, 프린터

31
매슬로우(Maslow)의 욕구 5단계 순서가 옳게 나열된 것은?

① 자아 욕구 → 생리적 욕구 → 안전의 욕구 → 사회적 욕구 → 자기실현의 욕구
② 생리적 욕구 → 자아 욕구 → 사회적 욕구 → 안전의 욕구 → 자기실현의 욕구
③ 자아욕구 → 생리적 욕구 → 사회적 욕구 → 안전의 욕구 → 자기실현의 욕구
④ 생리적 욕구 → 안전의 욕구 → 사회적 욕구 → 자아 욕구 → 자기실현의 욕구

32
먼셀 20색상환에서 청록의 보색은?

① 빨강　　② 노랑
③ 보라　　④ 주황

> 청록의 보색은 빨강이다.

33
미국에서 설립된 컴퓨터 학술단체인 ACM(Association of Computing Machinery) 산하의 한 분과로 컴퓨터그래픽스에 관련된 대표적인 국제 행사기구는?

① SIGGRAPH
② NICOGRAPH
③ PARIGRAPH
④ NCGA

> • NICOGRAPH : 일본 컴퓨터그래픽스 협회
> • NCGA : 미국 컴퓨터 그래픽스 협회

34
주성분이 우루시올이며 용제가 적게 들고 광택이 우아하여 공예품에 주로 사용되는 천연 수지 도료는?

① 래커　　② 옻
③ 에폭시 수지 도료　　④ 에멀션 도료

> • 래커 : 광택과 건조가 우수하며 분사형이다. 섬유소 유도체에 합성 수지 또는 가소제와 안료를 혼합해서 만든다.
> • 에폭시 수지 도료 : 에폭시 수지를 성분으로하며 내약품성, 내후성이 있는 견고한 도막을 형성한다.
> • 에나멜 : 건조, 광택, 경도가 좋다. 나프타 등의 용제로 희석한 유성니스를 전색제로 사용하며 수지 또는 역청질과 건성유를 혼합해서 만든다.

35
제품디자인 개발 시 아이디어 탐색 방법 중 가장 비효율적인 것은?

① 소비자의 욕구, 생활양식 등을 고려한다.
② 영업부서, 판매처로부터 아이디어 제안을 받는다.
③ 제안된 아이디어를 상호 비판을 통해 가려낸다.
④ 자신의 관찰 경험을 디자인에 자연스럽게 연결하여 아이디어 발상과 전개에 활용한다.

> 상호 비판이 아닌 개선안을 제시하여 더 좋은 아이디어를 탐색하는 것이 좋다.

36
수공예 부흥운동인 Art & Craft 다음 중 어떤 양식을 주로 주구했는가?

① 바로코
② 고딕
③ 로코코
④ 로마네스크

> 수공예 부흥운동(미술공예운동)은 고딕양식의 대표 건축가인 퓨진, 존 러스킨의 영향을 받아 윌리엄모리스가 주장하였다.

37
식물성 접착제인 콩풀의 특징 중 옳은 것은?

① 소석회의 혼합률은 50% 이상으로 한다.
② 사용할 때에는 80~90℃로 데운물에 타서 쓴다.
③ 내수성이 크며 상온에서 붙일 수 있다.
④ 점성이 높고 색이 좋으며 오염이 잘 안 된다.

> 콩풀은 내수성이 크나 점성이 약하고 오염되기 쉽다.

38
색의 온도감에 대한 설명 중 틀린 것은?

① 난색은 따뜻한 느낌을 주고, 한색은 차가운 느낌을 준다.
② 무채색에 있어서 저명도는 따뜻한 느낌을 주고, 고명도는 찬 느낌을 준다.
③ 난색계의 색은 자극적이고, 한색계의 색은 조용하고 정적 느낌을 준다.
④ 노랑, 주황, 빨강 계열을 한색이라 하고, 파랑 계열의 색을 난색이라 한다.

- 난색 : 빨강색, 주황색, 노랑색처럼 따뜻한 느낌을 주는 장파장의 색이다.
- 한색 : 파랑, 청록색처럼 차갑게 느껴지는 색이다.
- 중성색 : 차갑지도 따듯하지도 않은 녹색, 보라색 계열. 무채색을 중성색이라고 한다.

39
VGA(Video Graphic Adapter) 또는 비디오 카드라고도 불리며, 컴퓨터의 디지털 정보를 모니터에 알맞게 디지털 신호로 바꾸어 화면에 나타내는 컬러 수와 해상도를 결정해 주는 장치는?

① 그래픽 소프트웨어　② 그래픽 보드
③ 중앙처리장치　　　④ 프린터

그래픽 카드, 그래픽 보드, 비디오 카드로도 불리며 컴퓨터의 디지털 정보를 출력해서 모니터에서 볼 수 있도록 해 준다.

40
포토샵에서의 레이어와 알파 채널 등을 모두 저장할 수 있는 파일 포멧은?

① jpg　　　② PSD
③ GIF　　　④ EPS

- JPG : 사진이나 그림 등을 저장하는 기술의 표준이며 1600만 색상을 표시할 수 있어 고해상도 저장이 가능하다.
- PSD : 레이어, 알파채널, 패스 등을 모두 저장할 수 있는 포토샵 전용 파일 형식이다.
- GIF : 온라인 전송이 가능한, 용량이 적고 투명도, 인터레이스, 애니메이션 지원이 가능한 그래픽 파일 포맷
- EPS : 포스트스크립트를 이용하여 고품질 인쇄용 파일을 만드는 것으로 파일 용량이 매우 크다.

41
다음 중 개멋(Gamut)을 잘 설명한 것은?

① 인쇄상의 컬러 CMYK를 RGB로 전환하는 것
② 컬러시스템이 표현할 수 있는 컬러대역(표현범위)
③ 빛의 파장을 컬러로 표현하는 방법과 컬러시스템
④ 컬러시스템간의 컬러차이점을 최소화하는 기능

컴퓨터, 모니터, 프린터 등 모든 장치에서 표현할 수 있는 컬러대역이다.

42
탄소가 주요소가 되는 복합물을 의미하며 특히 탄소와 수소의 결합으로 만들어져 탄화수소(hy-drocarbon)라고 부르기도 하는 재료는?

① 무기재료　　　② 유기재료
③ 금속재료　　　④ 유리재료

- 무기재료 : 광물질과 금속재료가 주원료로 금, 은, 철, 구리, 아연, 석재, 점토 등이 있다.
- 금속재료 : 무기재료이며 철광석을 주원료로하고 철재와 비철금속으로 나뉜다.
- 유리재료 : 규사, 탄산나트륨, 탄산칼슘 등을 고온으로 녹인 후 냉각하면 생기는 투명도가 높은 물체이며, IC 직접회로의 기판, 콘덴서 등에서 사용한다.

43
율동(rhythm)에 대한 설명 중 틀린 것은?

① 다른 원리에 비하여 생명감과 존재감이 가장 강하게 나타난다.
② 각 대상에 점증적으로 변화를 주면 생동감 있는 율동의 효과를 낼 수 있다.
③ 율동에는 점이, 점증, 반복, 강조, 강약 등이 있다.
④ 율동감은 비대칭형 보다는 대칭형에서 더 두드러진다.

율동은 생명감과 존재감을 표시하고 같은 형식이 일정한 규칙과 질서를 유지할 때 나타나며 비대칭, 반복, 교차, 방사, 점이 등을 통해 나타난다.

44
포스터의 기능과 거리가 가장 먼 것은?

① 장식적 효과를 위한 것
② 상품광고를 위한 것
③ 계몽선전을 위한 것
④ 광고주가 직접 소비자에게 메시지를 전하는 것

포스터는 인쇄광고의 일종이지만 광고주가 직접 소비자에게 메시지를 전달하지는 않는다.

45
색명법에 대한 설명으로 틀린 것은?

① 관용색명은 전통적으로 사용해 온 색명법이다.
② 일반색명은 색의 3속성으로 색을 표시하는 색명법이다.
③ 한국산업표준에서는 일반 색명 한 가지만 규정되어 있다.
④ 장미색, 살구색 등은 관용 색명법에 따른 색명이다.

한국산업표준은 계통색명과 관용색명 두 가지를 사용한다.

46
사람의 눈으로 볼 수 있는 가시광선의 범위는?

① 150~350 nm
② 180~480 nm
③ 350~950 nm
④ 380~780 nm

- 자외선, X-선 : 파장이 380nm 보다 짧다.
- 가시광선 : 380~780nm
- 적외선 : 780nm 보다 길다.

47
백터방식의 이미지를 비트맵 방식의 이미지로 전환시키는 과정을 나타내는 용어는?

① 드로잉(Drawing)
② 페인팅(Painting)
③ 래스터라이징(Rasterising)
④ 이미지 프로세싱(Image Processing)

- 드로잉(Drawing) : 색을 사용하지 않고 주로 선으로 그리는 작업을 말한다.
- 페인팅(Painting) : 드로잉 작업을 한 선에 채색을 하는 것이다.
- 이미지 프로세싱(Image Processing) : 원래 이미지에 컴퓨터를 이용하여 수정하거나 창작하여 새로운 이미지로 만드는 작업과정이다.

48
색의 3속성 개념을 도입한 색상환에 의해서 색의 조화를 유사조화와 대비조화로 나누고 정량적 색채 조화론을 제시한 사람은?

① 오스트발트(ostwald)
② 슈브릴(Chevreul)
③ 먼셀(Munsell)
④ 저드(Judd)

- 오스트발트 : 색량의 양에 따라서 구분한 것으로 B(검정), W(흰색), C(순색)를 기준으로 한다.
- 먼셀 : 5가지 색상(Red, Green, Blue, Yellow, Purple)을 기준으로 20가지의 색상환으로 만들었으며 한국산업규격(KS)으로 사용한다.
- 저드 : 질서의 원리, 동류성의 원리, 대비의 원리, 유사의 원리, 비모호성의 원리를 주장하였다.

49
절단된 곳의 단면을 명시하기 위해 쓰이는 선은?

① 피치선
② 파단선
③ 은선
④ 해칭선

- 피치선 : 볼트, 리벳 등의 간격을 새긴 선
- 파단선 : 단면도의 절단된 부분을 나타내는 선
- 은선 : 투시도에서 감추어져 보이지 않는 선

50
설계도로 나타낼 수 없는 재료의 특성, 제품성능, 제조방법 등을 문장, 숫자로 표시한 도면을 무엇이라 하는가?

① 계획도
② 제작도
③ 승인도
④ 시방서

- 계획도 : 제작 초기에 제작도의 기초가 되는 도면으로 설계자의 의도와 계획을 나타내는 도면
- 제작도 : 설계자의 뜻을 작업자에게 완전하게 전달할 수 있는 충분한 내용과 가공의 용이, 제작비의 절감이 요구되는 도면
- 승인도 : 주문자가 승인한 도면

51
다음 중 편집디자인 요소로서 가독성과 불가분의 관계를 갖는 것은?

① 타이포그래피(Typography)
② 포토그래피(Photography)
③ 컬러디자인(Colordesign)
④ 플래닝(Planning)

가독성은 글자의 모양이 얼마나 잘 읽히느냐를 말하는 것으로 타이포그래피(Typography)와 관련이 있다.

52
종이의 사이즈는 한국산업규격으로 정해진 A열과 B열이 있다. 다음 A열 규격 중 297mm×420mm 인 것은?

① A1
② A2
③ A3
④ A4

종이 사이즈
• A1 : 594mm X 841mm
• A2 : 420mm X 594mm
• A3 : 297mm X 420mm
• A4 : 210mm X 297mm

53
색체조화에 대한 연구를 동하여 이론을 제시한 사람이다. 관련이 없는 사람은?

① 레오나드로 다빈치
② 뉴턴
③ 슈브럴
④ 맥스월

• 레오나드로 다빈치 : 색채조화론의 선구자이며 스푸마토 명암 대비법을 개발하였다.
• 뉴턴 : 프리즘을 이용하여 백색광을 분광하여 가시광선의 일곱가지 색을 분류하였다.
• 오스트발트 : 색채조화론을 만들었다.
• 슈브럴 : 색의 3속성 개념을 도입한 색상환에 의해서 색의 조화를 유사 조화와 대비 조화로 나누고 정량적 색채 조화론을 제시하였다.
• 맥스월 : 색의 혼합을 발견하였다.

54
컴퓨터그래픽스의 도입 효과에 대한설명으로 가장 거리가 먼 것은?

① 다양한 대안의 제시가 비교적 쉽다.
② 여러 가지 수정이 용이하며 변형이 자유롭다.
③ 컴퓨터그래픽 기기를 쉽게 익힐 수 있다.
④ 정보들의 축척으로 나중에 다시 이용할수 있다.

컴퓨터그래픽스 기기를 쉽게 익히는 것은 개인의 능력차이다.

55
RGB 모드 색상에 관한 설명 중 틀린 것은?

① 혼합될수록 어두워지는 감산혼합이다.
② 영상이미지 또는 TV 등의 컬러 처리를 수행한다.
③ 빛의 3원색이라고도 한다.
④ 최대의 강도로 3가지 색의 빛이 겹칠 때 흰색으로 보인다.

혼합될수록 어두워지는 것은 가산혼합이다.

56
수직선에 대한 느낌으로 가장 알맞은 것은?

① 안정감, 친근감, 평화스러운 느낌
② 엄숙함, 강직함, 긴장감, 존엄한 느낌
③ 움직임, 활동감, 불안정한 느낌
④ 우아하고 부드러운 느낌

• 수직선 : 상승, 엄숙, 존엄, 권위, 숭고, 고결, 희망
• 수평선 : 정지, 안정, 평화, 무한
• 사선 : 활동감, 속도감, 불안감, 강한표현
• 포물선 : 반원모양의 유연한 느낌

57
포장의 역할과 가장 거리가 먼 것은?

① 운반의 편리함을 만든다.
② 상품을 보호한다.
③ 객관화, 보편화하는 수단이다.
④ 기능성, 심미성을 갖고 있다.

포장디자인의 요건
- 보호 보존성 : 제품을 보호해야 한다.
- 관리성(편리성) : 상품의 운반과 적재가 쉽고 간단해야 한다.
- 심미성 : 제품 용도와 어울리는 아름다움이 있어야 한다.
- 상품성 : 상품(제품)의 성격을 잘 표현해야 한다.
- 구매의욕 : 소비자들의 시선을 자극하여 구매 의욕을 높일 수 있어야 한다.
- 재활용성 : 환경보존을 위한 절감, 재생을 할 수 있어야 한다.

58
다음 중 석유화학 산업의 발달로 나타난 재료는?

① 플라스틱 ② 알루미늄
③ 유리   ④ 도자기

플라스틱은 석유화학 공업의 응용산물로 1930년대 석유화학의 발전으로 합성수지가 생산되고 제2차 세계대전 이후에 공업적 생산이 시작되었다.

59
제품 설계에서 재활용 가능성의 배려 등 환경을 고려한 디자인은?

① 그린 디자인   ② 공공복지 디자인
③ 미래의 디자인   ④ 의상 디자인

1992년 '리우선언' 이후에 나타난 것으로 디자인에 경제성장과 환경보호를 함께 추구하자는 것이다.

60
다음 중 필름의 감광도를 나타내는 국제표준화기구의 표기법은?

① ASA   ② DIN
③ JIS   ④ ISO

2019년 2회 컴퓨터그래픽기능사 정답

01	02	03	04	05
①	①	①	②	④
06	07	08	09	10
④	④	④	①	④
11	12	13	14	15
①	③	③	②	①
16	17	18	19	20
③	④	②	②	②
21	22	23	24	25
①	④	①	③	③
26	27	28	29	30
④	②	②	①	①
31	32	33	34	35
④	①	①	②	③
36	37	38	39	40
②	③	④	②	②
41	42	43	44	45
②	②	④	④	③
46	47	48	49	50
④	③	②	④	④
51	52	53	54	55
①	③	④	③	①
56	57	58	59	60
②	③	①	①	④

CBT 복원문제 _ 컴퓨터그래픽기능사

2019년 4회

01
다음의 설명에 해당하는 디자인 표현 재료는?

- 쉽게 번져 세밀한 표현이 어렵다.
- 정착액으로 고정하여야 오래 보관할 수 있다
- 선의 느낌이 연필과 비슷하며 그림자 묘사가 쉽다.

① 수채화 물감
② 포스터 컬러
③ 파스텔
④ 색연필

① 수채화 물감 : 물을 사용하여 명도를 조절하여 흘리기와 번지기 효과를 낼 수 있다.
② 포스터 컬러 : 아교나 달걀 흰자위를 안료로 섞은 불투명한 수채화 물감이다.
④ 색연필 : 사용이 간단하며 프리핸드 드로잉이나 러프 스케치용 으로 사용한다.
- 매직마커 : 번지지 않으며 건조시간이 빠르다.
- 유화물감 : 여러 번 칠할 수 있고 수정이 쉽지만 건조시간이 오래 걸린다.

02
다음 중 입력과 관련이 없는 것은?

① OCR 리더
② 디지타이저
③ 조이스틱
④ LED 모니터

- 모니터는 출력장치이다.
- OCR은 광학적문자판독장치로 인쇄되거나 씌어진 문자, 기호 등을 전기신호로 바꾸어 컴퓨터에 입력하는 장치이다.

03
고명도끼리의 배색의 특징으로 옳은 것은?

① 맑고 깨끗한 느낌이다.
② 부드러우면서도 명쾌한 느낌이다.
③ 무겁고 우중충한 느낌이다.
④ 침착한 느낌이다.

② 중명도끼리의 배색 : 부드러우면서도 명쾌한 느낌이다.
③ 저명도끼리의 배색 : 무겁고 우중충한 느낌이다.
④ 저명도끼리의 배색 : 침착한 느낌이다.

04
시장조사 방법의 조사 순서로 옳은 것은?

① 문제의 규정 → 수집(연구)방법의 결정 → 자료(정보)의 결정 → 분석방법의 결정 → 보고서의 작성
② 문제의 규정 → 분석방법의 결정 → 자료(정보)의 결정 → 수집(연구)방법의 결정 → 보고서의 작성
③ 문제의 규정 → 자료(정보)의 결정 → 수집(연구)방법의 결정 → 분석방법의 결정 → 보고서의 작성
④ 문제의 규정 → 자료(정보)의 결정 → 분석방법의 결정 → 수집(연구)방법의 결정 → 보고서의 작성

05
배색의 조건으로 맞지 않은 것은?

① 목적과 기능에 맞는 배색을 한다.
② 실생활과 유행에 맞는 배색을 한다.
③ 주관적인 배색을 한다.
④ 광원을 고려하여 배색한다.

주관적인 배색은 피해야한다.

06
다음은 무엇에 관한 설명인가?

- 컴퓨터에서 직접 인쇄판을 만들어 출력한다.
- 필름을 보관할 장소가 필요없다.
- 좀 더 정확한 디지털데이터를 반영할 수 있다.

① 필름출력 ② 종이출력
③ 인쇄출력 ④ CTP출력

- CTP는 Computer To Plate의 약자로 컴퓨터에서 직접 인쇄판을 출력할 수 있다.
- 필름 출력이 필요 없으므로 더 정확한 디지털데이터를 반영할 수 있으며 비용과 시간이 절감되는 장점이 있다.

07
다음 중 관용색명이 아닌 것은?

① 회황색
② 라일락색
③ 병아리색
④ 프러시안블루

- 관용색명 : 베이지색(낙타), 피콕블루(공작의 날개빛), 에메랄드그린(그린에메랄드색), 살몬핑크색(연어)처럼 동물, 광물, 원료, 지명 등에서 유래하였거나 예전부터 습관적으로 사용하는 색명이다.
- 일반색명(계통색명) : 어두운 회색, 분홍빛 빨강, 라이트 핑크처럼 기본 색명에 수식어를 붙인 색명이다.

08
포토샵에서의 레이어와 알파 채널 등을 모두 저장할 수 있는 파일 포멧은?

① jpg ② PSD
③ GIF ④ EPS

- JPG : 사진이나 그림 등을 저장하는 기술의 표준이며 1600만 색상을 표시할 수 있어 고해상도 저장이 가능하다.
- PSD : 레이어, 알파채널, 패스 등을 모두 저장할 수 있는 포토샵 전용 파일 형식이다.
- GIF : 온라인 전송이 가능한, 용량이 적고 투명하며, 인터레이스, 애니메이션 지원이 가능한 그래픽 파일 포맷이다.
- EPS : 포스트스크립트를 이용하여 고품질 인쇄용 파일을 만드는 것으로 파일 용량이 매우 크다.

09
한 변이 주어진 정오각형을 그린 평면 도법으로 옳은 것은?

① 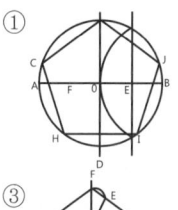   ②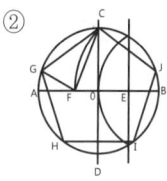

③ 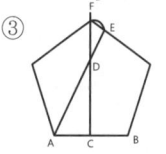   ④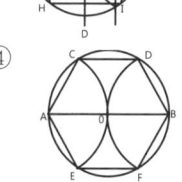

10
종이의 제조 공정에 관한 설명 중 틀린 것은?

① 사이징 : 아교를 칠한다.
② 충전 : 광물질을 첨가한다.
③ 착색 : 염료, 안료를 사용한다.
④ 정정 : 섬유를 절단한다.

정정 : 종이를 뜨기 전에 원료에 섞인 불순물을 제거하고 얽힌 섬유를 분리한다.

11
바우하우스(Bauhaus)의 설명으로 틀린 것은?

① 독일에 설립된 최초의 조형학교이다.
② 예술적 창작과 공학적 기술의 통합목표이다.
③ 월터그로피우스(Walter Gropius)가 창시자이다.
④ 초기의 예비 조형교육은 오토 와그너가 담당했다.

오토 와그너는 루이스설리반과 함께 기능주의 대표작가이다.

12
다음 중 인접색의 조화에 해당하는 것은?

① 빨강-녹색-주황   ② 귤색-주황-남색
③ 연두-녹색-다홍   ④ 빨강-자주-보라

먼셀의 색채 조화 중 하나이며 동일한 채도를 가진색이 조화를 잘 이룬다.

13
설계자의 뜻을 작업자에게 완전하게 전달할 수 있는 충분한 내용과 가공의 용이, 제작비의 절감이 요구되는 도면은?

① 계획도
② 제작도
③ 주문도
④ 승인도

- 계획도 : 제작 초기에 제작도의 기초가 되는 도면으로 설계자의 의도와 계획을 나타내는 도면
- 주문도 : 제품을 주문할 때 물건의 크기, 형태 등의 주문 정보를 나타낸 도면
- 승인도 : 주문자가 승인한 도면

14
스트리퍼블(strippable)페인트의 설명으로 틀린 것은?

① 도장재의 더러움 방지를 위해 일시적으로 사용한다.
② 필요할 때 간단히 벗겨낼 수 있다.
③ 비닐계 수지이다.
④ 얇게 도장해야 한다.

스트리퍼블 페인트는 핀홀(구멍)을 방지하기 위해 2~4회 정도 겹쳐서 도장해야 한다.

15
기존의 제품을 바탕으로 새로 디자인을 고치거나 개선하는 것은?

① 모델링(Modeling)
② 렌더링(Rendering)
③ 리디자인(Re-Design)
④ 스타일링(Styling)

- 모델링(Modeling) : 제품 디자인의 최종적 단계로 생산되는 제품을 3차원으로 표현한 것
- 렌더링 : 모델링된 작업에 실제감을 부여하여 이미지를 창조하는 과정이다.
- 스타일링(Styling) : 기성제품의 바꿀수 없는 부분은 유지한 채 외관에 주안을 두어 디자인하는 것

16
"색채계에는 심리, 물리적인 빛의 혼색실험에 기초를 두고 색을 표시하는(A)와 지각색을 표시하는 (B)가 있다."( )에 들어갈 용어로 옳은 것은?

① A-심리계, B-지각계
② A-혼색계, B-현색계
③ A-현색계, B-혼색계
④ A-물리계, B-지각계

- 혼색계 : 심리, 물리적 빛의 혼색 실험에 기초를 두고 색광을 표시하는 표색계로 CIE 표준표색계(XYZ 표색계)가 있다.
- 현색계 : 지각색의 색채를 일정하게 나타내는 표색계는 먼셀 표색계와 오스발트 표색계가 있으며 사용하기 쉽다.

17
현색계에 대한 설명이 틀린 것은?

① 색편의 배열 및 색채 수를 용도에 맞게 조절할 수 있다.
② 지각적으로 일정하게 배열되어 있다.
③ 수치로 표기되어 변색, 탈색 등의 물리적 영향이 없다.
④ 관측하는 사람에 따라 색좌표를 주관적으로 정할 수 있다.

보는 사람의 주관에 따라서 값이 정해지므로 색좌표를 구하기 어렵고, 환경의 영향으로 변색, 오염으로 색차가 발생한다.

18
채도가 높은 색들의 배색에서 얻을 수 있는 느낌은?

① 어둡고 무겁다.
② 서늘하고 정적이다.
③ 온화하고 부드럽다.
④ 화려하고 자극적이다.

비고	명도	채도
높다	밝고 경쾌	화려하고 자극적
낮다	어둡고 활기가 없음	탁하고 우울하다.

19
다음 중 치수 보조선 기입이 가장 옳게 표현된 것은?

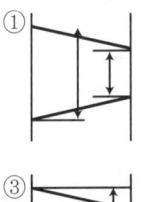 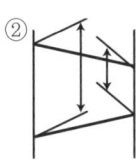

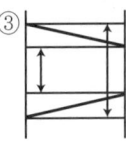 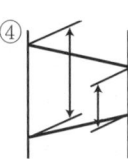

> 치수보조선
> • 도면으로부터 1~2mm 정도 거리에서 치수선에 수직이 되도록 긋는다.
> • 치수선을 2~3mm 정도 초과하도록 긋는다.
> • 간격이나 각도가 좁아 치수 기입이 어려울 경우에는 치수선에서 적당한 각도와 거리로 치수 보조선을 그을 수 있다.

20
단순한 모양에서 출발하여 점차 더 복잡한 형상으로 구축되는 기법으로 산, 구름 같은 자연물의 불규칙적 움직임을 표현하는 모델링 기법은?

① 파라메트릭 모델(Parametric model)
② 프랙탈 모델(Fractal model)
③ 서페이스 모델(Surface model)
④ 와이어 프레임 모델(Wire frame model)

> • 파라메트릭 모델(Parametric model) : 제품의 모양을 유형화 하여 치수 등을 파라미터로 부여하여 모델을 쉽게 만들 수 있도록 하는 설계방법이다.
> • 서페이스 모델(Surface model) : 프레임의 겉에만 모델링을 하여 표면은 간단한 다각형으로 구성되어 입체감을 느낄 수 없다.
> • 와이어 프레임 모델(Wire frame model) : 3차원 물체를 표현하는 가장 간단한 방법으로, 정보처리에는 제한적이나 모델링 시간이 빠르고 물체의 앞면뿐만 아니라 뒷면의 선들도 관찰되는 특징이 있다.

21
전자 출판에 대한 설명 중 가장 거리가 먼 것은?

① 컴퓨터나 전자기기를 이용한 문서 출판을 의미한다.
② DTP(Desk Top Publishing)라고 한다.
③ In Design이나 Quark Xpress와 같은 프로그램에서 주로 작업할 수 있다.
④ 스캔 받은 이미지에 특수효과를 줄 때 효과적이다.

> 스캔 받은 이미지에 특수한 효과를 주는 것은 포토샵프로그램이다.

22
인간과 도구의 상호작용(interaction)이 중요한 연구 대상인 디자인 분야는?

① 스페이스 디자인(Space design)
② 커뮤니케이션 디자인(Communication design)
③ 프로덕트 디자인(Product design)
④ 인테리어 디자인(Interior design)

> • 스페이스 디자인 : 삶의 질을 향상시키고 자연과 인간 문명의 조화가 목적이다.
> • 커뮤니케이션 디자인 : 일상생활에서 소통을 위한 시각적 기호를 디자인하는 것이다.
> • 인테리어 디자인 : 내부 공간, 가구, 조명, 주위환경 등을 디자인하고 기획한다.

23
종이에 내수성을 가지게 하고, 잉크 번짐을 막기 위해 종이의 표면 또는 섬유에 아교물질을 피복시키는 공정은?

① 고해
② 사이징
③ 충전
④ 착색

> • 고해 : 펄프 섬유를 기계로 절단 가공하는 기초 작업으로 강도, 촉감, 투명도를 조절
> • 충전 : 고해기에서 백토, 황산바륨, 활석, 탄산염 등을 사용하여 조직을 균일, 불투명하게 하는 작업
> • 착색 : 착색제(염기성 염료, 안료)를 사용하여 종이의 용도에 맞게 색을 입히는 작업

24
제품디자인의 프로세스로 가장 적합한 것은?

① 계획 – 분석 – 조사 – 평가 – 종합
② 조사 – 분석 – 계획 – 평가 – 종합
③ 계획 – 조사 – 분석 – 종합 – 평가
④ 조사 – 계획 – 분석 – 종합 – 평가

25
유기재료 중 대량생산에 가장 많이 사용되는 것은?

① 목재   ② 가죽
③ 볏짚   ④ 플라스틱

> 플라스틱은 석유화학 공업의 응용산물로 1930년대 석유화학의 발전으로 합성수지가 생산되고 제2차 세계대전 이후에 공업적 생산이 시작되었다.

26
기존 제품의 재료나 기능 또는 형태를 개량하고 개선하는 것은?

① 리터치(Retouching)
② 리디자인(Redesign)
③ 굿 디자인(Good design)
④ 토탈 디자인(Total design)

> ① 리터치(Retouching) : 이미지의 흠집이나 결점을 보정하는 것
> ③ 굿 디자인(Good design) : 좋은 디자인의 조건은 합목적성, 심미성, 독창성, 경제성, 질서성 등이 있어야 한다.

27
먼셀 색체계 표기인 5R 6/9 대한 설명이 옳은 것은?

① 명도(V) = 9, 채도(C) = 6의 빨간색
② 명도(V) = 5, 채도(C) = 9의 빨간색
③ 명도(V) = 6, 채도(C) = 9의 빨간색
④ 명도(V) = 9, 채도(C) = 5의 빨간색

> 먼셀색체계의 표시법 : 색상(Hue), 명도(Valu), 채도(Chroma)를 기호로 H V/C로 표시한다.

28
다음 중 표지를 인쇄할 때 사용하는 용지는?

① 라이스지(Rice paper)
② 크라프트지(kraft paper)
③ 인디아지(india paper)
④ 아트지(Art paper)

> • 라이스지(Rice paper) : 컬러인쇄물, 담배종이
> • 크라프트지(kraft paper) : 포장용
> • 인디아지(india paper) : 사전

29
배색에 관한 설명 중 틀린 것은?

① 강조색은 작은 면적으로 효과를 극대화 할 때 사용하고 배색의 지루함을 없애준다.
② 배색에서 전체적으로 가장 많은 면적과 기능을 차지하는 것을 주조색이라 한다.
③ 여러 가지 색을 서로 어울리게 배열하는 것으로 기능, 목적, 효용에 따라 다양한 방법이 있다.
④ 톤 온 톤(tone on tone) 배색은 무채색에 의한 분리 효과를 표현한 배색이다.

> 톤온톤(tone on tone)은 같은 색상으로 색조가 다른 색을 겹치는 것이다.

30
캐드(CAD)의 뜻으로 옳은것은?

① Computer Aided Design
② Computer Analog Design
③ Computer Aided Drawing
④ Computer Analog Drawing

> CAD는 Computer Aided Design의 약자로 기계설계, 건축디자인 분야에서 많이 사용된다.

31
다음 그림과 같은 작도법은?

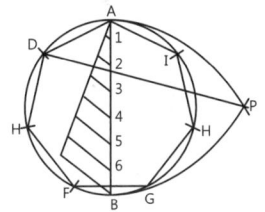

① 한 변이 주어진 임의의 정다각형
② 원에 내접하는 임의의 정다각형
③ 원의 중심 구하기
④ 다각형에 외접하는 원그리기

32
다음 중 인접색의 조화에 해당하는 것은?

① 노랑-다홍-빨강
② 노랑-남색-자주
③ 다홍-연두-남색
④ 녹색-주황-보라

인접색은 색상환에서 가까운 곳에 있는 색을 말한다.

33
라이프스타일에 대한 내용으로 부적합한 것은?

① 사람들이 살아가고 돈과 시간을 소비하는 전반적인 양식을 의미하는 것이다.
② 생활의 구조적 측면인 생활의식, 생활행동, 관심 등이 복합되어 있는 것이다.
③ 생활수준의 전반적인 향상이 높은 지식과 자기의식, 개성 및 자기 주관을 가진 다양한 소비자계층이 등장하고 있다.
④ 라이프스타일의 변화는 기술혁신과 정보화로부터 큰 영향을 받지 않는 개성에 주목한다.

라이프스타일은 새로운 지식과 서비스에 영향을 받아 변하기 때문에 기술혁신과 정보화에 영향을 받는다.

34
수공예부흥운동인 Art & Craft는 다음 중 어떤 양식을 주로 추구했는가?

① 바로코
② 고딕
③ 로코코
④ 로마네스크

수공예부흥운동(미술공예운동)은 고딕양식의 대표 건축가인 퓨진, 존 러스킨의 영향을 받아 윌리엄 모리스가 주장하였다.

35
다음 배색의 효과에 대한 설명으로 거리가 먼 것은?

① 고명도의 색을 좁게 하고 저명도의 색을 넓게 하면 명시도가 높아 보인다.
② 같은 명도의 색이라도 면적이 커지면 고명도로 보이고 밝아 보인다.
③ 같은 채도의 색이라도 면적이 작아지면 저채도로 보이고 탁하게 보인다.
④ 같은 명도의 색이라도 면적이 작아지면 고명도로 보인다.

같은 명도의 색이라도 면적이 작아지면 명도와 채도가 낮아진다.

36
고체 무기재료 중 비결정의 탄화수소계 물질로서, 주원소가 비금속인 탄소로 이루어진 것은?

① 플라스틱
② 유리
③ 금속
④ 도자기

• 플라스틱 : 유기재료이며 탄소가 주요소이다.
• 금속 : 무기재료이며 철광석을 주원료로하고 철재와 비철금속으로 나뉜다.
• 도자기 : 무기재료이며 점토가 주원료이다.

37
물체가 없어진 후에도 얼마 동안 상이 남아 있는 현상은?

① 상상
② 환상
③ 잔상
④ 추상

38
다음 중 필름의 감광도를 나타내는 국제표준화기구의 표기법은?

① ASA
② DIN
③ JIS
④ ISO

국제표준화 규격
- ASA : 미국표준규격
- DIN : 독일표준규격
- JIS : 일본공업규격
- ISO : 국제표준규격
- KS : 한국산업규격으로 필름의 감도 표시가 아니다.

39
모니터의 출력 시스템간의 색상 차이를 보정하기 위한 작업을 지칭하는 말은?

① 디티피(DTP)
② 하프톤 스크린(Halftone Screen)
③ 캘리브레이션(Calibration)
④ 리터칭(Retouching)

- 디티피(DTP) : Desk Top Publishing의 줄임말로 개인용 컴퓨터로 책의 편집, 인쇄를 할 수 있는 것을 말하며 탁상출판이라고 함
- 하프톤 스크린(Halftone Screen) : 이미지의 밝은 부분과 어두운 부분의 중간에 작은 점들로 명암을 주는 것
- 리터칭(Retouching) : 이미지의 흠집이나 결점을 보정하는 것

40
아래의 그림 a, b는 같은 길이와 크기이지만, 다르게 보이는 것은 어떤 현상 때문인가?

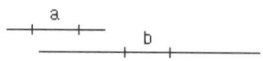

① 분할착시
② 유화착시
③ 반전착시
④ 대비착시

- 분할착시 : 분할된 면이나 선은 분할되지 않은 선이나 면 보다 더 크고 길게 보인다.
- 유화의 착시 : 같은 길이의 선이 화살표의 방향에 따라 길이가 달라 보인다.
- 반전착시 : 반대로 보았을 때 전혀 다른 모양의 사물이 보인다.

41
어떤 두 색이 맞붙어 있을 때 그 경계 언저리에 대비가 더 강하게 일어나는 현상은?

① 면적대비
② 한난대비
③ 보색대비
④ 연변대비

- 면적대비 : 같은 색이라도 면적이 넓으면 명도와 채도가 증가하고, 면적이 좁으면 명도와 채도가 낮아 보이는 현상
- 한난대비 : 색의 차고 따뜻한 느낌의 차이에 의해서 변화가 오는 대비현상
- 보색대비 : 색상환에서 서로 마주 보는 두 색이 서로의 영향으로 더욱 선명하게 보이는 현상

42
식물성 접착제인 콩풀의 특징 중 옳은 것은?

① 소석회의 혼합률은 50% 이상으로 한다.
② 사용할 때에는 80~90℃로 데운 물에 타서 쓴다.
③ 내수성이 크며 상온에서 붙일 수 있다.
④ 점성이 높고 색이 좋으며 오염이 잘 안 된다.

콩풀은 내수성이 크나 점성이 약하고 오염되기 쉽다.

43
컴퓨터의 컬러 모니터 상에 색을 표현하는 색체계와 거리가 먼 것은?

① RGB컬러
② 빛의 3원색
③ CMYK컬러
④ 가산혼합 방식의 색 표현

CMYK 컬러 : C(시안), M(마젠타), Y(노랑), K(검정)의 4가지 색을 기본으로 하는 감산혼합 모델로 인쇄에서 주로 사용함

44
다음 중 이웃하는 두 항의 차이가 일정한 수열에 의한 비례로, 동양 건축의 법칙처럼 사용되고 있으며 율동감을 느낄 수 있는 비례는?

① 등비수열에 의한 비례
② 등차수열에 의한 비례
③ 정수비에 의한 비례
④ 상가수열에 의한 비례

- 등비수열에 의한 비례(1:2:4:8:16) : 두 항의 비가 일정한 수열의 비례로 율동감이 있다.
- 등차수열의 비례(1:2:4:8:16) : 이웃 한 두 항의 차가 일정하다.
- 정수비에 의한 비례(3:4:5) : 비의 비율이 정수로 나온다.
- 상가수열에 의한 비례(1:2:3:5:8) : 앞의 두 항의 합이 다음 항과 같은 값을 갖는다.

45
다음 중 묘사에 관한 설명과 거리가 가장 먼 것은?

① 반복함으로 조형의 질서와 법칙을 파악할 수 있다.
② 초보 단계에서는 기초적인 도구를 이용한 사실적 표현이 바람직하다.
③ 복잡한 조형요소들을 일관된 체계나 구조 속에서 간략화 하여 변형한다.
④ 감각을 깊게 하고 조형력을 기르기 위한 수단으로 묘사가 필요하다.

46
다음 중 포장디자인의 개발시기와 가장 관련이 없는 요건은?

① 이윤의 하락
② 유통의 변경
③ 시장의 진입
④ 생산의 증가

포장디자인 개발시기
- 신제품 출시(시장진입)
- 상품의 시장점유율 하락(이윤하락)
- 유통경로 및 판매 방법의 변경(유통의 변경)
- 제품의 변동

47
다음 중 현색계에 대한 설명이 틀린 것은?

① 정확한 측정을 할 수 있다.
② 지각적으로 일정하게 배열되어 있다.
③ 먼셀 표색계가 대표적이다.
④ 사용하기가 쉽다.

지각색의 색채를 일정하게 나타내는 표색계는 먼셀표색계와 오스발트 표색계가 있으며 사용하기 쉽다.

48
컴퓨터 그래픽스 프로그램 작업에 사용되는 눈금자의 단위가 아닌 것은?

① points
② inches
③ picas
④ bit

비트(bit)는 컴퓨터의 최소 연산단위이다.

49
다음 중 웹 디자인에 관한 설명 중 틀린 것은?

① 디자인은 전송 속도를 우선 고려하여야 한다.
② 그림 이미지는 JPEG, GIF 등을 사용한다.
③ 디자인은 웹브라우저의 특성을 파악하고 이를 잘 활용해야 한다.
④ 디자인할 화면의 크기는 최대한 크고, 보기 좋게 한다.

정해진 용량 안에서 해야 하므로 자료를 최대한 압축해서 간결하고 생동감 있게 만들어야 한다.

50
일러스트레이트 프로그램에서 도형들의 겹친 부분 결합, 분리 등 여러 형태로 변하게 하는 기능의 명령어는?

① Scale
② Pathfinder
③ Distort
④ Placed Art

- Scale : 이미지의 크기를 줄이거나 확대합니다.
- Distort : 이미지를 왜곡시킵니다.

51
다음 디자인의 조건 중 합목적성에 대한 설명으로 옳은 것은?

① 합목적성은 비합리성과 같은 조건이다.
② 심미적으로 개선, 발전시키는 것이다.
③ 미의식으로 개성을 창출하는 것이다.
④ 사용목적을 명확하게 하는 것이다.

> 합목적성은 실용성과 기능성을 충족하며 이성적, 합리적, 객관적 특징을 가지는 디자인의 1차 조건이다.

52
다음 인터렉션디자인에 대한 설명으로 틀린 것은?

① 인간과 정보의 대화하는 방법, 대화 자체를 디자인하는 것
② 정보를 처리하거나 보여주는 조작 방식을 디자인하는 것
③ 컴퓨터를 통제하기 위해 이미지나 문자를 디자인하는 것
④ 사용자 참여를 확대할 수 있는 환경을 만드는 것

> 인터렉션디자인은 인간이 디지털기기를 편리하게 사용할 수 있도록 디자인하는 것이다.

53
종이의 제조 방법에 대한 설명 중 틀린 것은?

① 정정 – 종이를 뜨기 전에 종이원료에 섞인 불순물을 제거하고 얽힌 섬유를 분리하는 것을 말한다.
② 충전 – 사이징과 전후하여 고해기 속에서 종이 재료에 광물성의 가루를 첨가하고 걸러내는 공정을 말한다.
③ 고해 – 종이에 내수성을 주고, 표면을 아교물질로 피복시키는 공정이다.
④ 초지 – 종이 층의 균일성을 주는 공정이다.

> 펄프 섬유를 기계로 절단 가공하는 기초 작업으로 강도, 축감, 투명도를 조절한다.

54
인간의 시세포가 밤과 낮의 각기 다른 조건에서도 잘 활동할 수 있는 것은 무엇 때문인가?

① 간상체와 추상체
② 수평세포
③ 수정체와 홍채
④ 양극세포

> • 추상체 : 색상, 명도, 채도 구분
> • 간상체(항상체) : 명암만 구분이 가능(고감도 필름 역할)

55
8비트 컬러가 표현할 수 있는 색상의 수는?

① 8 색
② 64 색
③ 256색
④ 65.536 색

1bit	4bit	8bit	16bit	24bit
2색	16색	256색	65,0000색 (하이컬러)	1,677만색 (트루컬러)

56
다음 용어의 설명이 틀린 것은?

① 스큐잉(skewing) : 이미지를 회전시키는 것
② 마스크(mask) : 변경이 되거나 변경으로부터 보호되는 지역
③ 스케일링(scaling) : 이미지나 그래픽의 크기를 바꾸는 것
④ 앤티앨리어스(anti-alias) : 픽셀의 그리드에 단계별 회색을 넣어 계단현상을 없애주는 것

> 스큐잉(skewing)은 이미지를 기울이는 것이다.

57
동적이고 불안정한 느낌을 주지만 사용에 따라 강한 표현을 나타낼 수 있는 선은?

① 곡선
② 수평선
③ 포물선
④ 사선

- 곡선 : 우아, 매력, 불명료, 유연, 여성성
- 수평선 : 정지, 안정, 평화, 무한
- 포물선 : 반원모양의 유연한 느낌

58
광원에서 나온 빛을 천장이나 벽에 부딪혀 확산된 반사광으로 비추는 조명방식은?

① 직접조명
② 간접조명
③ 전반확산조명
④ 반직접조명

- 직접조명 : 광원에서 나오는 빛의 90% 이상이 면에 조명된다.
- 국부조명 : 특정한 장소만을 조명한다.
- 전반조명 : 방 전체를 조명하기 위해 조명기구를 일정한 높이와 간격으로 설치하는 것이다.

59
아날로그 화상을 디지털 화상으로 전환하는 장치가 아닌 것은?

① 디지털 카메라
② 필름 레코더
③ 모션캡쳐
④ 스캐너

- 디지털카메라 : 카메라 렌즈에서 받아들인 이미지를 필름이 아닌 메모리 카드 등에 기록한다.
- 필름 레코더 : 모니터에 나타난 도형이나 그림을 35mm 슬라이드에 저장한다.
- 모션캡쳐 : 사람의 몸에 빛 반사성이 좋은 마커를 붙이고, 적외선 불빛이 나오는 적외선 카메라로 움직임을 캡쳐하는 것이다.
- 스캐너 : 인쇄된 형태의 문서를 이용하여 읽어 들인 후 하드디스크에 저장한다.

60
비슷한 모양의 도형이나 그룹이 같은 모양으로 보이는 것은?

① 근접성의 원리
② 유사성(친숙성)의 원리
③ 폐쇄성의 원리
④ 연속성의 원리

- 근접성의 원리 : 가까이 있는 두 개 또는 그 이상의 시각요소들이 패턴이나 그룹처럼 보이는 것
- 폐쇄성의 원리 : 선이 끊어져 있어도 연결되어 보이거나 무리지어 하나의 형태로 보이는 것
- 연속성의 원리 : 유사한 배열이 방향성을 지니고 하나의 묶음처럼 지각되는 법칙

2019년 4회		컴퓨터그래픽기능사 정답		
01	02	03	04	05
③	④	①	③	③
06	07	08	09	10
④	①	②	③	④
11	12	13	14	15
④	④	②	④	④
16	17	18	19	20
②	③	④	④	②
21	22	23	24	25
④	③	②	③	②
26	27	28	29	30
②	③	④	④	①
31	32	33	34	35
③	①	④	④	②
36	37	38	39	40
②	③	④	③	④
41	42	43	44	45
④	③	③	②	③
46	47	48	49	50
④	①	④	④	②
51	52	53	54	55
④	③	③	①	③
56	57	58	59	60
①	④	②	②	②

CBT 복원문제 _ 컴퓨터그래픽기능사

2020년 1회

01
마케팅 활동의 주요 요소와 거리가 먼 것은?

① 시장 조사
② 제품 생산 계획
③ 디자인 연구소 설립
④ 광고 및 판매 촉진

- 마케팅은 제품(Product), 가격(Price), 유통(Place), 촉진(Promotion)을 말하며 4P라고한다.
- 디자인 연구소 설립은 마케팅활동의 주요 요소와 거리가 멀다.

02
실내 요소의 기능에 관한 설명 중 틀린 것은?

① 바닥 – 물체의 중량이나 움직임을 지탱해 준다.
② 천장 – 빛, 음, 습기 등 환경의 중요한 조절 매체이다.
③ 벽 – 내부와 외부의 공간을 구획한다.
④ 창문 – 가구배치를 위한 배경이 된다.

창문은 환기, 조명, 채광의 기능을 한다.

03
비영리 광고가 아닌 것은?

① 공공광고
② 정치광고
③ 기업광고
④ 이념광고

기업광고는 이윤을 목적으로 한 영리광고이다.

04
자본주의와 과시적 소비가 지나치게 밀착되는 현상에 대한 저항으로, 좀 더 환경적이고 인간적인 디자인 철학을 제시한 조형 운동은?

① 아르누보
② 독일공작연맹
③ 미술공예운동
④ 반디자인 운동

- 아르누보(유켄트 스틸) : 신예술을 의미하며, 빅토르 오르타와 헨리반데벨데가 대표작가이며, 여성적인 곡선미를 강조한 공예형태로서 흑백과 강렬한 조화가 특징이며 회화, 건축, 공예, 인테리어, 그래픽 등의 분야에 영향을 주었다.
- 독일공작연맹 : 헤르만 무테지우스를 중심으로 디자인의 규격화를 통해서 상품의 양질화와 객관적이고 합리적인 디자인을 주장했다.
- 미술 공예운동 : 윌리엄모리스가 중심이 되어 기계를 부정하고 만드는 즐거움과 예술적 가치를 주장하였다.
- 반디자인 운동 : 자본주의와 과시적 소비가 지나치게 밀착되는 현상에 대한 저항으로, 좀 더 환경적이고 인간적인 디자인 철학을 제시한 조형 운동이다.

05
모형의 종류 중 시제품 생산용으로 최초의 원형 모형이 되는 것은?

① 연구 모델(Study Model)
② 스케치 모델(Sketch Model)
③ 스킴 모델(Skim Model)
④ 프로토타입 모델(Prototype Model)

모델의 종류
- 연구모델(러프모델, 스케치모델, 스킴모델) : 디자인 초기에 형태와 균형감을 알기위해 제작한다.
- 제시모델(더미, 프레젠테이션 모델) : 디자인 담당자에게 보여주기 위해 만들며 러프모델 보다 좀 더 실제 제품에 가깝다.
- 완성형모델(프로토타입, 제작모델, 워킹 모델) : 실제 형태와 재료로 생산품과 똑같이 제작한다.

06
이상적 모더니즘을 탈피하여 1930년대 미국에서 소비자와 비즈니스를 위한 상업적 모던디자인이 추구했던 형태의 특징은?

① 유선형
② 순수형
③ 표준형
④ 기하학적형

> 그 당시에 인기가 있었던 것은 '유선형'으로 디자인된 기계들이었다. 싱어(singer)재봉틀, 후버(Hoover)청소기 등이 유선형 디자인이다.

07
편집디자인에서 원고의 내용과 중요도에 따라 각각 분할하여 배열하는 것은?

① 포맷
② 라인 업
③ 타이포그래피
④ 마진

> • 포맷 : 편집하는 문서의 크기나 전체적인 대략적 형태를 정한다.
> • 타이포그래피 : 글자를 이용하여 가장 보기 좋게 문서를 꾸미는 기술이다.
> • 마진 : 문서에서 내용을 제외한 디자인 요소가 없는 공백을 말한다.

08
신문 광고의 장점이 아닌 것은?

① 시기의 선택이 자유롭다.
② 인쇄나 컬러의 선명도가 좋다.
③ 다양한 독자층과 광대한 보급성으로 전국적인 광고에 적합하다.
④ 배포 지역이 명확해서 지역별 광고에 편리하다.

> 신문광고의 단점
> • 신문마다 따로 취급해야 한다.
> • 보여지는 기간이 짧고 독자 선택이 어렵다.
> • 인쇄 및 컬러가 떨어진다.
> • 타 광고나 기사의 영향 받을 수 있다.

09
디자인의 조형요소와 거리가 먼 것은?

① 유행
② 형태
③ 색채
④ 재질감

> 형태, 색채, 재질감, 빛, 그림자 등의 요소가 결합하여 조형요소가 된다.

10
편집 디자인의 분류 기준과 내용이 잘못 연결된 것은?

① 형태별 분류 : 단행본, 잡지, 전문서적 등
② 표현 양식별 분류 : 내용, 목적에 따른 표현 등
③ 간행주기에 따른 분류 : 일간, 주간, 계간 등
④ 지질에 따른 분류 : 한지 양지, 판지 등

> 한지, 양지, 판지 등은 지질을 분류한 것이지 디자인 분류 기준이 아니다.

11
시장세분화의 주요변수가 아닌 것은?

① 지리적 변수
② 인구통계적 변수
③ 미래적 변수
④ 사회심리적 변수

> 시장세분화 주요변수 : 지리적, 인구통계적, 사회심리적, 행동 특성적

12
사람과 사람 간에 시그널, 사인, 심벌이라는 기호에 의해서 의미를 전달하는 디자인 분야는?

① 시각디자인
② 제품디자인
③ 환경디자인
④ 공예디자인

> • 제품디자인 : 기능성과 심미안을 추구하여 산업제품을 생산하는 디자인분야
> • 환경디자인 : 쾌적하고 윤택한 환경조성을 목적으로 주변 환경과 조화되는 디자인
> • 공예디자인 : 인간의 감수성과 제품의 유기적 관계를 실용목적을 가진 제품으로 만드는 디자인

13
다음 중 렌더링에 관한 설명이 틀린 것은?

① 완성될 제품에 대한 예상도이다.
② 실물이 가진 형태, 색채, 재질감을 충실히 표현한다.
③ 제시용 렌더링이란 부품의 구조와 기능을 설명할 목적으로 쓰인다.
④ 최종 디자인을 결정하려는 표현 전달의 단계이다.

> 렌더링
> • 완성될 제품에 대한 예상도이다.
> • 제품 개발 요구자에게 제품을 정확하게 이해시키기 위해 제작한다.
> • 최종 디자인을 결정하려는 표현 전달의 단계이다.
> • 재질감, 색상 등이 실제 제품과 같은 느낌이 나도록 해야한다.

14
디스플레이(전시디자인)의 목적 중 교육적 기능을 가장 잘 설명한 것은?

① 새로운 문화공간으로서 놀이 환경을 조성한다.
② 신상품과 구상품에 대한 연관성을 주지시킨다.
③ 타상점, 타 브랜드와의 이미지 공통화를 꾀한다.
④ 신상품의 소개, 상품의 사용법, 가치 등을 미리 알린다.

> 디스플레이(전시디자인)
> • 신상품의 소개, 상품의 사용법, 가치 등을 미리 알린다.
> • 브랜드를 알려 유행을 선도한다.
> • 상품의 전시를 통하여 직접적인 판매를 꾀한다.
> • 판매와 문화적 공간을 통합하여 새로운 문화공간으로서의 판매공간을 조성한다.

15
실내디자인에 사용되는 각 재료의 장점이 아닌 것은?

① 목재 : 흡음성과 절연성이 있다.
② 종이 : 거친 시공을 가릴 수 있다.
③ 직물 : 보온성이 높고 방음성이 있다.
④ 자연석 : 보온성과 흡음성이 좋다.

> 자연석은 색상과 모양이 자연스러워 보기에 좋다.

16
다음 중 선에 관한 설명이 틀린 것은?

① 점이 이동하면서 그 자취가 선을 이루게 된다.
② 기하학적인 선은 완벽하고 단정한 느낌을 준다.
③ 프리핸드 선은 딱딱한 직선의 느낌을 수반한다.
④ 사선은 움직임이 강하게 느껴진다.

> 프리핸드선은 무질서하지만 부드럽고 자유분방하며 여성적인 느낌을 준다.

17
기업에서 실시하고 있는 C.I 란?

① 회사의 경영방침
② 상품의 개발전략
③ 제품디자인 개발정책
④ 기업의 전략적 이미지 통합

> CI(Corporate Identity)
> • 기업의 이미지를 통일하여 이미지 상승과 이윤을 추구한다.
> • CI의 3대 요소 : VI(Visual Identity : 기업의 시각적인 통일화), BI(Behaver Identity : 기업과 직원의 행동 통일화), MI(Mind Identity : 기업의 주체성과 동일성)
> • CI 작업은 벡터방식의 그래픽소프트웨어(일러스트레이터, 코렐로우 등)를 주로 사용한다.

18
형태심리학자들이 연구해 낸 형태에 관한 시각의 기본법칙과 설명이 틀린 것은?

① 근접성 – 보다 가까이 있는 두 개 또는 그 이상의 시각요소들이 패턴이나 그룹으로 보이는 것
② 유사성 – 비슷한 모양의 형이나 그룹을 다 함께 하나의 부류로 보는 경향
③ 연속성 – 형이나 형의 그룹이 방향성을 지니고 연속되어 보이는 것
④ 폐쇄성 – 형태에 대한 지속적이고 고정적인 인식을 하는 시지각의 항상성을 의미하는 것

> 게슈탈트 법칙 중 폐쇄성은 선이 끊어져 있어도 연결된 것처럼 보이거나 무리지어 하나의 형태로 보이는 것이다.

19
옵아트(op art)에 관한 설명으로 틀린 것은?

① 최소한의 조형수단으로 제작한 회화나 조각을 가리킨다.
② 생리적 착각의 회화이며 망막의 예술이다.
③ 흑과 백을 사용한 형태 중심의 작품들이 중심을 이루었다.
④ 색채 원근감을 도입하여 시각적 일루전(illusion)을 얻었다.

> 옵아트는 기하학적 형태나 색채의 장력에서 오는 착시를 이용한 추상미술이다.

20
고대국가의 건축에서 나타난 특징으로 볼 수 없는 것은?

① 거대함에서 비롯되는 기념비적 특성이 있다.
② 아치와 돔 양식을 주로 도입하였다.
③ 기하학적 비례의 원리를 적용시켰다.
④ 강력한 통치 국가임을 과시하는 건축물이다.

> 아치와 돔 양식을 주로 도입한 것은 로마네스크와 비잔틴이다. 아치와 돔은 로마시대에도 있었지만 주로 도입한 것은 아니다.

21
색채조화론에 대한 설명이 옳게 연결된 것은?

① 비렌 - 자연의 관찰을 통해 색상의 자연스러운 질서를 제시하였다.
② 슈브럴 - 질서의 원리, 친근성의 원리, 유사성의 원리, 명료성의 원리로 유형화 하였다.
③ 문.스펜서 - 색의 삼속성에 따라 오메가 공간이라는 색입체를 만들고, 색채조화의 정도를 정량적으로 설명하였다.
④ 오스트발트 - 색삼각형의 개념도에서 톤, 흰색, 검정, 회색, 순색, 틴트, 셰이드의 7개 개념을 제시하였다.

> • 비렌 : 색채의 인식은 정신적 반응에 의한다고 보았으며 순수색, 흰색, 검정색으로 색 삼각형을 만들었다.
> • 슈브럴 : 색의 3속성 개념을 도입한 색상환에 의해서 색의 조화를 유사 조화와 대비 조화로 나누고 정량적 색채 조화론을 제시하였다.
> • 오스트발트 : 색량의 양에 따라서 구분한 것으로 B(검정), W(흰색), C(순색)를 기준으로 한다.

22
우리나라가 채택하여 사용하고 있는 색채 시스템은?

① 먼셀
② 문.스펜서
③ 오스트발트
④ ISCC-NIST

> 먼셀 : 5가지 색상(Red, Green, Blue, Yellow, Purple)을 기준으로 20가지의 색상환으로 만들었으며 한국산업규격(KS)으로 사용한다.

23
먼셀의 색입체 수직단면도에서 명도와 채도가 가장 높은 색은?

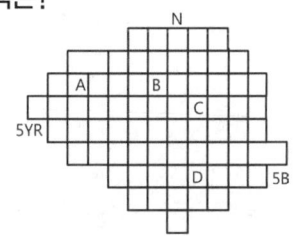

① A
② B
③ C
④ D

> x축(채도)에서 왼쪽으로 갈수록 채도가 높으며, y축(명도)에서 위쪽으로 갈수록 명도가 높다.

24
투시도에서 화면을 나타내는 기호는?

① HL
② GL
③ CV
④ PP

- 수평선(HL : Horizontal Line) : 기선(GL)에 평행하며 눈높이와 동일
- 기선(GL : Ground Line) : 화면과 지반면과의 교선
- 시중점(CV : Center of Vision) : 시점이 화면에 수직으로 투상되는 점
- 화면(PP : Picture Plane) : 투시도가 그려지는 면

25
그림에 해당하는 작도법은?

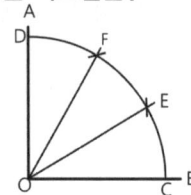

① 수직선 긋기
② 직선의 n등분
③ 직각의 3등분
④ 각의 n등분

직각(90°)을 3등분하는 작도법이다.

26
다음 중 중성색에 속하는 것은?

① 청록
② 주황
③ 녹색
④ 파랑

- 난색 : 빨강색, 주황색, 노랑색처럼 따뜻한 느낌을 주는 장파장의 색이다.
- 한색 : 파랑, 청록색처럼 차갑게 느껴지는 색이다.
- 중성색 : 차갑지도 따뜻하지도 않은 녹색, 보라색 계열. 무채색이다.

27
다음 중 시원하고 서늘한 느낌을 주는 여름철 실내 색채로 가장 효과적인 색은?

① 파랑, 청록
② 자주, 연두
③ 보라, 노랑
④ 자주, 남색

한색(파랑, 청록)계열은 시원한 느낌을 준다.

28
독일의 심리학자 카츠(D.Katz)가 현상학적 관찰에 의해 분류한 지각적인 색 중 분류기준이 나머지와 다른 것은?

① 빨간 사과
② 파란 하늘
③ 노란 장미
④ 붉은 벽돌

카츠는 파란색을 면색(面色)으로 분류했다.

29
먼셀의 색채기호 표시법 중 옳은 것은?

① HV/C
② VH/C
③ H/VC
④ CH/V

색상(Hue), 명도(Valu), 채도(Chroma)를 기호로 HV/C로 표시한다.
먼셀의 색체계는 한국산업규격(KS)으로 사용한다.

30
정원 뿔을 여러 가지 다른 각의 평면으로 자를 때 생기는 곡선은?

① 나사곡선
② 특수곡선
③ 원추곡선
④ 자유곡선

정원 뿔을 평면으로 자를 때 생기는 곡선을 원추곡선이라하며 원, 타원, 포물선, 쌍곡선 등이 생긴다.

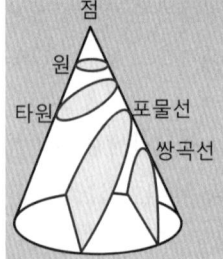

31
지면과 투상면에 대해 육면체의 각 면이 각기 임의의 경사를 가지도록 놓인 경우는?

① 사각투시도법
② 유각투시도법
③ 성각투시도법
④ 평행투시도법

> • 1소점 투시도(평행투시) : 물체가 화면과 평행하고 기선에 수직이다. 대칭을 이루는 물체나 실내 투시도 등에 사용하며 위에서 내려다 보는 느낌이다.
> • 2소점 투시도(유각 투시, 성각 투시) : 물체를 비스듬하게 볼 때 수직방향의 선이 평행이 된다. 일반적인 건물 투시도에 사용한다. 화면 경사에 따라 45°투시, 30°~60°투시, 임의의 경사각 투시가 있다.
> • 3소점 투시도(사각투시도) : 소점이 3개이며 입체감을 살릴 수 있으나 물체가 과장되어 보일 수 있으며 건물, 조경 등에 사용한다.

32
무대디자인과 상품 진열 등에서 조명색을 결정하는 광원의 성질은?

① 투과성
② 연속성
③ 흡수성
④ 연색성

> 같은 색도의 물체라도 광원에 따라 색감이 달라지는 것으로 상품 진열에 가장 바람직한 조명색은 천연주광색이 가장 좋다.

33
입체의 정투상도가 옳은 것은?

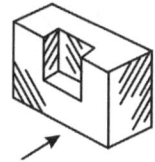

①
②
③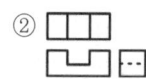
④

> 서로 직각으로 교차하는 세 개의 화면(평면, 입면, 측면)사이에 물체가 있고 각 화면에 수직되는 평행광선으로 투상하여 얻은 도형이다. 평면적 표현이 가능하고 가구배치, 구조도 등에 사용한다.

34
시점이 한곳에 집중되어 순간적으로 일어나는 현상은?

① 동시대비
② 계속대비
③ 색채동화
④ 면적효과

> 두 가지 색을 이웃해서 놓고 시점을 한 곳으로 집중하면 두 가지 색이 서로에게 영향을 주어 다른 색으로 보이는 현상

35
제1각법과 제3각법의 투상도 배치에서 동일한 위치에 놓여지는 투상면은?

① 정면도
② 좌측면도
③ 저면도
④ 평면도

> • 좌측면도 : 물체의 정면을 기준으로 좌측에서 본 도면
> • 저면도 : 물체의 정면을 기준으로 아래에서 본 도면
> • 평면도 : 물체의 정면을 기준으로 위에서 본 도면

36
설계자의 뜻을 작업자에게 완전하게 전달할 수 있는 충분한 내용과 가공의 용이, 제작비의 절감이 요구되는 도면은?

① 계획도
② 제작도
③ 주문도
④ 승인도

> • 계획도 : 제작 초기에 제작도의 기초가 되는 도면으로 설계자의 의도와 계획을 나타내는 도면
> • 주문도 : 제품을 주문할 때 물건의 크기, 형태 등의 주문 정보를 나타낸 도면
> • 승인도 : 주문자가 승인한 도면

37
다음 배경색 중 노란색 글씨의 명시도를 가장 높게 보이게 하는 것은?

① 파랑
② 초록
③ 빨강
④ 주황

> 명시도 : 물체의 색이 잘 보이는 정도를 말한다. 색상의 명시는 도형과 바탕색의 차이에서 오는데 색상, 명도, 채도의 차가 클수록 높다.

38
강한 고채도의 색은 주목성이 높아 다른 색과 반발하기 쉽다. 어떤 색과 배색하여야 가장 효과적인가?

① 반대색
② 난색계
③ 중성색
④ 한색계

> 강한 고채도의 색상은 중성색(녹색, 보라색 계열, 무채색)과 배색하여야 눈에 잘 띈다.

39
색료의 3원색이 아닌 것은?

① Magenta
② Yellow
③ Green
④ Cyan

> • 색료의 3원색 : 자주(Magenta), 노랑(Yellow), 청록(Cyan)
> • 빛의 3원색 : 빨강(Red), 녹색(Green), 파랑(Blue)

40
다음 중 선을 사용할 때 우선순위로 옳은 것은?

① 외형선→숨은선→중심선
② 숨은선→중심선→외형선
③ 중심선→외형선→숨은선
④ 외형선→중심선→숨은선

> 선의 우선순위 → 외형선 숨은선 → 절단선 → 중심선 → 무게중심선 → 치수 보조선

41
다음 중 도피가공(塗被加工)에 주로 쓰이는 도피 재료는?

① 활석
② 망간
③ 안티몬
④ 밀납

> 표면에 여러 가지 색상의 안료를 접착제와 함께 바르며, 백색은 아트지 가공시 사용하기도 한다.

42
유기안료에 대한 설명 중 옳은 것은?

① 체질안료로 유기안료의 일종이다.
② 용제에는 녹지 않는다.
③ 은폐력이 높다.
④ 무기안료에 비해 아름다운 색채를 얻을수 있다.

> 유기안료의 특징
> • 무기안료보다 색상이 선명하다.
> • 착색력이 뛰어나다.
> • 내광성, 내열성이 떨어진다.
> • 유기용제에 녹아 색 번짐이 있다.

43
필름의 보관과 취급 방법이 틀린 것은?

① 광선과 강한 열에 노출되지 않게 한다.
② 수분 방지용 포장이 되어 있으면 냉장고나 냉동실에 보관하는 것도 좋다.
③ 필름 구입 시에는 반드시 유효 기간을 점검해야 한다.
④ 일단 노출된 필름은 강한 빛이 닿아도 된다.

> 필름은 햇빛에 노출 되서는 안 된다.

44
에어브러시(Air brush)에 관한 설명 중 틀린 것은?

① 거칠고 대담한 표현이 가장 적합하다.
② 공기의 압력을 이용해서 잉크나 물감을 내뿜어 그린다.
③ 사실적이고 환상적인 일러스트레이션 표현에 알맞은 기법이다.
④ 가장 중요한 것은 컴프레서와 스프레이건의 취급법이다.

> 거칠고 담대한 표현은 페인트브러시(Paint Brush)에 있는 브러시들로 한다.

45
투명 수채화 물감에 대한 설명이 옳은 것은?

① 중후한 느낌의 표현에 적합하다.
② 덧칠하거나 긁어낼 수 있다.
③ 흘리기와 번지기 효과를 낼 수 있다.
④ 명도는 주로 흰색으로 조절한다.

수채화 물감
- 맑고 투명한 느낌의 표현에 적합하다.
- 물의 양을 조절하여 진하기, 명도를 조절한다.
- 흘리기와 번지기 효과를 낼 수 있다.

46
유리를 분류할 때 성질에 따른 분류에 속하는 것은?

① 붕산 유리
② 조명 유리
③ 경질 유리
④ 강화 유리

경질유리는 연화점이 높고 경도(단단한 정도)가 높으며 내식성이 크다.

47
종이의 분류 중 양지로만 구성된 것은?

① 신문지, 인쇄 종이
② 필기 용지, 종이솜
③ 도화지, 색판지
④ 창호지, 습자지

종이의 구분
- 양지 : 신문지, 인쇄용지, 필기용지, 도화지, 포장용지, 박엽지, 잡종지
- 판지 : 골판지, 백판지, 황판지, 건재원지
- 기계 제작 화지 : 창호지, 습자지, 휴지, 종이솜, 선화지, 종이끈, 포장용지(편광지)

48
다음 중 석유화학 산업의 발달로 나타난 재료는?

① 플라스틱
② 알루미늄
③ 유리
④ 도자기

플라스틱은 석유화학 공업의 응용산물로 1930년대 석유화학의 발전으로 합성수지가 생산되고 제2차 세계대전 이후에 공업적 생산이 시작되었다.

49
포토샵에서 작업 중 일러스트레이터로 작업한 EPS 파일을 불러오려고 한다. 다음 중 어떤 명령을 수행해야 하는가?

① New
② Copy
③ Save
④ Place

- New : 새로운 문서를 만든다.
- Copy : 오브젝트를 복사한다. Copy로 복사한 오브젝트는 Paste 명령으로 다른 곳에 붙일 수 있다.
- Save : 작성한 문서를 저장한다.
- Place : 현재 작업 중인 문서로 다른 프로그램에서 작업한 파일(EPS, AI 등)을 불러올 때 사용한다.

50
인간의 색을 인지하는 방식을 기초로 한 모델로, 색상은 360° 단계, 채도와 명도는 0~100%로 표현하는 방식은?

① CIE 모델
② CMYK 모델
③ HSB 모델
④ YUV 모델

- 인간이 인지하는 색을 기초로 한다.
- HSB는 색상(hue), 채도(saturation), 명도(brightness)를 뜻한다.
- 채도가 높을수록 색상은 강렬해진다.
- 명도가 높을수록 백색에 가까워진다.

51
3차원 컴퓨터그래픽스의 조명(Light)에 대한 설명으로 틀린 것은?

① 조명은 비치는 위치에 따라 간접조명 및 직접조명으로 분류한다.
② 무한 광(Omni light)은 전체 분위기를 조성하는 조명이다.
③ 집중조명 광(Spot light)은 방향성을 지니고 사실적인 그림자를 만들 수 있다.
④ 확산 광(Ambient light)은 방향성이 없고 그림자를 만들지 않는다.

Omni light는 모든 방향으로 골고루 비추는 조명이다.

52
디지털 카메라나 이미지 스캐너의 이미지 센서로부터 최소한으로 처리한 데이터를 포함하고 있으며, 화소 자체의 정보만을 담고 있는 파일 포맷 방식은?

① RAW ② EPS
③ TGA ④ BMP

- EPS(encapsulated postscript) : 포스트스크립트를 이용하여 고품질 인쇄용 파일을 만드는 것으로 파일 용량이 매우 크다.
- TGA : Truevision(현재의 Pinnacle Systems)사에 의해 개발된 그래픽 포맷으로 비손실 압축이 가능하다.
- BMP : 마이크로소프트사에서 개발한 IBM 호환기종에서 사용 가능하도록 만든 비트맵 그림파일이다. 다른 형식(jpg, gif 등)에 비해서 파일의 크기가 크다.

53
포토샵 프로그램에서 이미지의 명암 및 색상 등의 보정과 거리가 먼 메뉴는?

① 명도/대비(Brightness/Contrast)
② 레벨(Levels)
③ 핀치(Pinch)
④ 색상/채도(Hue/Saturation)

포토샵의 필터에 있는 기능으로 이미지의 중심을 기준으로 오목하게 하거나 볼록하게 하는 메뉴이다.

54
그래픽 프로그램 사용 시 컴퓨터 작업 속도를 보다 향상시키기 위한 방법으로 틀린 것은?

① 불필요한 프로그램을 동시에 열어놓고 사용하지 않도록 한다.
② 작업계획단계에 고해상도로 작업하여 최종 결과물 표현에 대한 시간을 단축한다.
③ 클립보드에 너무 큰 용량의 데이터가 들어있지 않도록 사용 후에는 비워준다.
④ 시스템과 프로그램의 메모리 관리 설정을 적절하게 해준다.

작업계획단계에서부터 최종 결과물 해상도로 작업해야한다. 고해상도로 작업 하면 파일용량이 커서 작업물을 불러오거나 저장할 때 시간이 많이 걸린다.

55
다음 중 3차원 프로그램에서 대상물의 표면에 사실감을 더하기 위해 재질감을 표현하는 방법은?

① Modeling
② Mapping
③ Lighting
④ Morphing

Mapping(매핑)
- 3차원 물체에 컬러와 셰이딩을 하고 표면에 사실적 질감을 처리하는 것이다.
- 텍스처 매핑, 범프 매핑, 솔리드텍스처 매핑, 레이 트레이싱 등의 방법이 있다.

56
필압을 감지하여 붓이나 펜촉을 가지고 그린 것처럼 표현해 주는 입력장치는?

① 마우스 ② 태블릿
③ 키보드 ④ 트랙볼

태블릿은 입력장치로서 펜을 이용하여 태블릿판에 그림이나 글자를 입력하는 장치이다. 펜의 누르기(필압)를 조절하면 선의 두께를 조절할 수 있다.

57
중앙처리장치(CPU)의 기능이 아닌 것은?

① 명령어에 사용된 정보 기억
② 수치적 연산기능 수행
③ 명령 해독 및 동작 지시
④ 프로그램 데이터의 출력

프로그램 데이터의 출력은 출력장치(모니터, 프린터, 플로터, 레코더 등)가 하는 일이다.

58
안티 앨리어싱의 기능을 가장 잘 설명한 것은?

① 이미지 경계부위의 컬러와 계조를 유연하게 함
② 이미지의 픽셀이 갖고 있는 명도대비를 증가시킴
③ 이미지 픽셀들의 크기를 증가시킴
④ 이미지의 경계부위를 뚜렷하게 함

- 화면과 점 사이의 밝기를 조절하여 이미지가 매끄럽게 보이도록 한다.
- 이미지 경계부위의 불규칙한 중간단계의 컬러와 계조의 보정을 통하여 부드럽게 보이도록 한다.

59
2D 컴퓨터 애니메이션 제작에서 사용되는 개념이 아닌 것은?

① 인비트윈(in-between)
② 로토스코핑(rotoscoping)
③ 트위닝(tweening)
④ 트레이싱 라인(tracing line)

- 인비트윈(in-between) : 애니메이션 제작에서 두 개의 키프레임 이미지 사이의 중간 단계 프레임을 연결하는 과정
- 로토스코핑(rotoscoping) : 애니메이션과 실사를 함께 사용한 2D 영화
- 트위닝(tweening) : 애니메이션에서 처음 동작과 끝 동작을 지정한 후 중간의 프레임의 경로를 지정하는 것
- 트레이싱 라인(tracing line) : 특정 면에 질감효과를 준 후 안쪽의 형태가 보이도록 하는 3D 메뉴의 한 종류

60
3차원 물체를 표현하는 가장 간단한 방법으로, 정보처리에는 제한적이나 모델링 시간이 빠르고 물체의 앞면뿐만 아니라 뒷면의 선들도 관찰되는 특징을 갖는 모델링 방식은?

① 솔리드 모델링
② 와이어 프레임 모델링
③ 서페이스 모델링
④ 폴리곤 모델링

- 솔리드 모델링 : 물체의 내부까지 채워진 입체형으로 물체의 성격과 부피도 알 수 있으며 렌더링에 시간이 많이 걸린다.
- 서페이스 모델링 : 프레임의 겉에만 모델링을 하여 표면은 간단한 다각형으로 구성되어 입체감을 느낄 수 없다.
- 폴리곤 모델링 : 다각형 면의 집합을 이용하여 물체를 형성하는 방식으로 물체의 제작이 쉽고 빠르다.

2020년 1회		컴퓨터그래픽기능사 정답		
01	02	03	04	05
③	④	③	④	④
06	07	08	09	10
①	②	②	①	④
11	12	13	14	15
③	①	③	④	④
16	17	18	19	20
③	④	④	①	②
21	22	23	24	25
③	①	①	④	③
26	27	28	29	30
③	①	②	①	③
31	32	33	34	35
①	④	①	①	①
36	37	38	39	40
②	①	③	③	①
41	42	43	44	45
①	④	④	①	③
46	47	48	49	50
③	①	①	②	③
51	52	53	54	55
②	①	③	②	②
56	57	58	59	60
②	④	①	④	②

CBT 복원문제 _ 컴퓨터그래픽기능사

2020년 2회

01
다음 중 실내디자인의 계획 단계에서 고려할 조건으로 가장 거리가 먼 것은?

① 입지적 조건　② 건축적 조건
③ 설비의 조건　④ 색채의 조건

색채의 조건과 재료 선택은 설계단계에서 한다.

02
조형의 대상으로서 빛에 대한 설명으로 틀린 것은?

① 반짝이는 빛은 역동적인 에너지가 느껴진다.
② 빛을 받는 표면과 그림자로 형태를 구별할 수 있다.
③ 물질에 따라 빛의 굴절이 다름으로 해서 질감을 느낄 수 있다.
④ 부드러운 빛은 긴장감과 우울함이 느껴진다.

부드러운 빛은 편안하고 안정적인 느낌이다.

03
제품을 디자인하는 과정 중에서 스타일이 결정된 단계에서 제품의 완성 예상도를 실물처럼 표현하는 것은?

① 렌더링
② 아이소메트릭 투영법
③ 모델링
④ 조감 투시도법

실제 제품과 같이 완성 예상도를 표현하는 것은 렌더링이다.

04
다음 중 근대 디자인 역사에서 기계사용을 반대한 운동은?

① 미래파　② 독일공작연맹
③ 바우하우스　④ 미술공예운동

- 미래파 : 이탈리아의 마리네티를 중심으로 기계문명, 속도, 운동감을 표현할 것을 주장하였다.
- 독일공작연맹 : 헤르만 무테지우스를 중심으로 디자인의 규격화를 통해서 상품의 양질화와 객관적이고 합리적인 디자인을 주장했다.
- 바우하우스 : 월터 그로피우스가 설립한 국립종합조형학교로 합목적 기능과 실용성을 중시하고, 예술창작과 기술의 통합을 목표로 하였다.
- 미술 공예운동 : 윌리엄모리스가 중심이 되어 기계를 부정하고 만드는 즐거움과 예술적 가치를 주장하였다.

05
디자인의 원리 중 대상의 부분과 부분, 부분과 전체 사이에 질서를 주는 것은?

① 통일　② 대칭
③ 리듬　④ 비례

다양한 디자인 요소들을 하나로 묶어 부분과 부분, 부분과 전체사이에 형식과 질서를 주어 안전감과 통일감을 부여한다.

06
1960년대 중반에 이탈리아에서 시작되었으며 알키미아 스튜디오와 함께 팝아트적인 요소들을 다양한 양식들과 혼용하여 복합적인 형태를 추구한 디자인 그룹은?

① 미니멀리즘　② 멤피스
③ 아르누보　④ 미래파

- 미니멀리즘 : 최소한의 예술이라는 의미로 간결성, 기계적 엄밀성을 특징으로 하며 3차원적이고 단순한 형태를 반복하였다.
- 아르누보(유켄트 스틸) : 신예술을 의미하며, 빅토르 오르타와 헨리반데벨데가 대표작가이며, 여성적인 곡선미를 강조한 공예형태로서 흑백과 강렬한 조화가 특징이며 회화, 건축, 공예, 인테리어, 그래픽 등의 분야에 영향을 주었다.
- 미래파 : 이탈리아의 마리네티를 중심으로 기계문명, 속도, 운동감을 표현할 것을 주장하였다.

07
기초디자인 능력을 기르기 위해 대상을 관찰하여 묘사할 때 중점을 두어야 할 사항으로 바르지 못한 것은?

① 관찰을 위한 수단으로서 미적 요소를 배운다는 자세로 임한다.
② 능숙한 기술력과 함께 기본적 감각을 익히는데 역점을 둔다.
③ 사진의 기계적 획일성을 강조한 세밀한 묘사에 중점을 둔다.
④ 자연성, 정밀성, 명료성등으로 재창조해야한다.

'기초디자인 능력'을 기르기 위해서는 세밀한 묘사는 피해야 한다.

08
디자인의 궁극적 목적으로 가장 적합한 것은?

① 미의 창조를 통한 미적 욕구 충족
② 인간 생활의 물질적 풍요를 충족시키는 목적
③ 하나의 그림, 모형 등을 전개시키는 계획 및 설계
④ 창의적 발상을 통한 아이디어 전개

디자인의 궁극적 목적은 인간 생활의 물질적 풍요를 충족시켜 행복하게 하는데 있다.

09
오즈번(Alex F. Osborn)에 의해 창안된 회의방식으로 디자인에서 널리 사용되고 있으며, 10명 이내의 멤버가 자유로운 발언을 통해 새로운 아이디어를 얻는 방식은?

① 상관분석법
② 시스템분석법
③ 브레인스토밍법
④ 체크리스트법

브레인스토밍은 알렉스 오즈번이 제안한 것으로 다양한 아이디어를 제시하여, 타인의 아이디어를 비난하지 않고 연상반응을 통하여 더 많은 아이디어를 도출하는 것이다.

10
마케팅 믹스(marketing mix)의 구성요소가 아닌 것은?

① 제품
② 영업
③ 유통구조
④ 판매촉진

마케팅 믹스는 마케팅의 목표를 효과적으로 달성하기 위해 마케팅 방법을 균형있게 조정하는 것이며 구성요소는 제품(Product), 가격(Price), 유통(Place), 촉진(Promotion)이며 4P라고도 한다.

11
디자인에서 갖춰야할 조건 중 가장 중요한 것은?

① 실용성과 아름다움
② 실용성과 상징성
③ 순수성과 아름다움
④ 개성과 상징성

디자인의 조건은 합목적성, 심미성, 독창성, 경제성, 질서성 등이 있는데, 합목적성에는 실용성이 심미성에는 아름다움이 포함된다.

12
다음 중 점, 선, 면 등의 이념적 형태는?

① 순수형태
② 사실형태
③ 자연형태
④ 인공형태

- 이념적 형태(순수 형태) : 점, 선, 면, 입체(직접적으로 지각할 수 있다)
- 현실적 형태(인위적 형태) : 자연형태(기하학적 모양으로 직접 지각할 수 없다)

13
광고제작물의 구성요소 중에서 독자들에게 주의를 환기시키고 본문으로 유도하기 위한 호소력이 담긴 간결하고 함축미가 있는 말은?

① 캡션
② 일러스트레이션
③ 카피
④ 헤드라인

- 캡션 : 사진이나 일러스트를 설명하는 짧은 글
- 일러스트레이션 : 내용의 설명을 돕는 그림이나 사진
- 카피 : 구체적인 내용을 전달하는 본문 문구

14
다음 중 게슈탈트의 시지각 원리가 아닌 것은?

① 유사성
② 근접성
③ 개폐성
④ 연속성

게슈탈트(시지각)원리
- 근접성의 원리 : 가까이 있는 두 개 또는 그 이상의 시각요소들이 패턴이나 그룹처럼 보이는 것
- 유사성(친숙성)의 원리 : 비슷한 모양의 도형이나 그룹이 같은 부류로 보는 경향
- 폐쇄성의 원리 : 선이 끊어져 있어도 연결되어 보이거나 무리지어 하나의 형태로 보이는 것
- 연속성의 원리 : 유사한 배열이 방향성을 지니고 하나의 묶음처럼 인식되는 법칙

15
스케치의 종류 중에서 '갈겨쓴다'의 의미로 아이디어 발상 과정의 초기단계에서 사용하며, 입체적인 표현은 생략하고 간단한 형식으로 표현하는 스케치는?

① 러프 스케치
② 스타일 스케치
③ 퍼스펙티브 스케치
④ 스크래치 스케치

- 러프 스케치 : 스크래치 스케치에서 선정된 아이디어를 간단한 음영, 컬러, 재질감 등을 표현한다.
- 스타일 스케치 : 가장 정밀하며 전체 외관의 컬러, 질감, 패턴 스타일 등을 표현한다.
- 퍼스펙티브(perspective)스케치 : 아이디어를 투시도법처럼 입체감 있게 스케치하는 방법이다.

16
다음 중 편집디자인 분야에 속하지 않는 것은?

① 신문디자인
② 북디자인
③ 브로슈어디자인
④ 영상디자인

편집디자인은 종이로 인쇄 가능한 분야를 말한다.

17
다음 중 AIDMA 법칙의 구성요소가 아닌 것은?

① 주의
② 흥미
③ 욕구
④ 가격

소비자 구매과정(AIDMA 법칙)
- A : Attention(주의) : 제품이나 서비스를 알려서 주의를 끈다.
- I : Interest(흥미) : 다른 제품과 차별화하여 흥미를 유발한다.
- D : Desire(욕망) : 제품을 구매하고 싶은 욕망을 갖게 한다.
- M : Memory(기억) : 갖고 싶은 제품을 기억했다가 구매 상황에서 다시 떠올리게 한다.
- A : Action(행동) : 제품을 소유하고 싶은 욕망이 생기면 구매하게 된다.

18
신제품 개발 과정 중 제품개발에 대한 설명으로 옳은 것은?

① 완전한 제품원형을 만드는 데는 오랜 기간이 소요되지 않는다.
② 원형품의 개발 및 시험, 유표화(Branding), 패키징 등의 세 단계를 거친다.
③ 원형품을 설계할 때는 물리적 특성에 대한 소비자들의 반응을 후자에 놓고 추진한다.
④ 완성된 제품은 기능 테스트와 소비자 테스트를 생략한다.

- 완전한 제품원형을 만드는데는 여러 번의 실험과 단계가 있으므로 시간이 소요된다.
- 제품을 설계할 때는 소비자들의 반응을 먼저 살펴본 후 추진해야 한다.
- 제품을 완성하기 전까지 기능 테스트와 소비자 테스트를 해야한다.
- 제품개발 단계 : 아이디어 제출 → 아이디어 심사 → 제품의 개념 선정과 시험 → 마케팅 전략 개발 → 사업성 분석 → 제품개발 → 제품품질 테스트 → 상업화

19
선에 대한 설명 중 틀린 것은?

① 선은 하나의 점이 이동하면서 이루는 자취이다.
② 선의 동적 특성에 영향을 끼치는 것은 점의 속도, 강약, 방향 등이다.
③ 점이 일정한 방향으로 진행할 때 직선이 생긴다.
④ 수직선은 평화, 정지를 나타낸다.

- 수직선은 상승, 엄숙, 존엄, 권위, 숭고, 고결, 희망의 느낌이다.
- 평화, 정지의 느낌은 수평선이다.

20
다음 중 변화가 큰 대칭으로, 착시효과를 내는 데 가장 효과적인 방법은?

① 좌우대칭 ② 방사대칭
③ 비대칭   ④ 역대칭

- 좌우대칭 : 선을 기준으로 상·하 또는 좌·우가 같은 모양으로 대칭을 이루며 변화를 금방 알 수 있다.
- 방사대칭 : 중앙의 한 점을 기준으로 사방으로 일정한 거리에서 회전하며 연속적인 느낌이다.
- 비대칭 : 서로 비슷한 요소들이 시각적으로 균형을 이루며 안정감을 준다.

21
다음 중 물체의 앞면 모서리는 수평선과 평행하게 하고, 옆면 모서리는 수평선과 임의의 각도 α로 하여 그린 투상도는?

① 등각투상도
② 부등각투상도
③ 사투상도
④ 축측투상도

- 등각투상도 : 3면(정면, 평면, 측면)이 모두 120°를 이루어 동시에 볼 수 있도록 표현하며, 설명용 도면으로 많이 사용한다.
- 부등각투상도 : 화면을 중심으로 좌·우와 상·하의 각도가 각기 다른 축측 투상이다.
- 축측투상도 : 대상물의 표면이 투상면과 경사로 되어 있으며, 한 정점에 모이는 세 개의 선이 화면에서 경사를 이룬다.(등각 투상도, 이등각 투상도, 부등각 투상도)

22
다음 중 인접색의 조화에 해당하는 것은?

① 빨강-녹색-주황
② 귤색-주황-남색
③ 연두-녹색-다홍
④ 빨강-자주-보라

먼셀의 색채조화 중 하나이며 동일한 채도를 가진색이 조화를 잘 이룬다.

23
신인상파 화가의 점묘화는 무슨 혼합인가?

① 회전혼합   ② 병치혼합
③ 가산혼합   ④ 감산혼합

병치혼합 : 두 가지 색을 가깝게 놓아 혼색하는 방법으로 명도와 채도가 그대로 유지된다(신인상파 화가의 점묘화, 모자이크, 직물, 컬러TV 영상).

24
나란히 배치된 색의 경계부분에 일어나는 대비효과를 약화시키기 위해 무채색의 테두리를 두르는 것과 관련이 있는 대비현상은?

① 계시대비   ② 면적대비
③ 연변대비   ④ 명도대비

- 계시대비 : 한 가지 색을 본 후 다른 색을 보면 처음에 본 색의 영향으로 나중에 본 색이 달라져 보이는 현상이다.
- 면적대비 : 같은 색이라도 면적이 넓으면 명도와 채도가 증가하고, 면적이 좁으면 명도와 채도가 낮아 보이는 현상이다.
- 명도대비 : 명도가 다른 두 색을 배색하면 밝은 색은 더 밝게, 어두운 색은 더 어둡게 보이는 현상이다.

25
투시도를 작도할 때 소점을 나타내는 기호는?

① SP   ② PP
③ VP   ④ HL

- 입점(SP : Standard Point) : 평면상에 사람이 서서 사물을 보는 위치
- 화면(PP : Picture Plane) : 투시도가 그려지는 면
- 소실점(VP ; Visual Point) : 물체를 투시하여 물체에 연장선을 그었을 때 연장선들이 만나는 점
- 수평선(HL : Horizontal Line) : 기선(GL)에 평행하며 눈높이와 동일

26
색의 주목성에 대한 설명이 틀린 것은?

① 자극성이 강해 눈에 잘 띄는 색이다.
② 주의를 기울이지 않더라도 사람의 시선을 끄는 색이다.
③ 인간의 심리작용에 의해서도 좌우된다.
④ 한색계열의 저채도 색은 주목성이 높다.

고난도의 난색계열(빨간색 계통)이 주목성이 높다.

27
프리즘에 의한 스펙트럼의 발견은 빛의 어떤 성질을 이용한 것인가?

① 굴절현상
② 회절현상
③ 간섭현상
④ 파동현상

빛을 프리즘에 통과시키면 굴절현상이 일어나 가시광선영역의 스펙트럼을 볼 수 있다.

28
정투상도법에서 제3각법을 기준으로 정면도, 평면도, 우측면도를 그릴 때의 설명이 틀린 것은?

① 각 도면의 위치는 측면도를 기준으로 한다.
② 우측면도는 정면도를 기준으로 우측에 있다.
③ 정면도와 평면도는 가로의 크기가 동일하다.
④ 정면도와 우측면도는 세로의 크기가 동일하다.

정투상법(제3각법은) 정면도를 기준으로 정면도 위에는 평면도가, 우측에는 우측면도가 있다.

29
비눗방울 표면에서 무지개색이 보이는 것은 빛의 어떤 성질과 관련이 있는가?

① 간섭
② 흡수
③ 투과
④ 굴절

빛이 비눗방울로 투과되어 들어가 다시 나오면서 반사만 하는 빛과 위상의 차로 서로 간섭하기 때문에 무지개색이 보인다.

30
치수기입에 대한 설명이 틀린 것은?

① 치수는 실형이 나타나 있는 곳에 실제 길이를 기입한다.
② 치수는 원칙적으로 치수보조선을 그어서 그림 밖에 기입한다.
③ 치수는 정면도보다는 측면도에 집중하여 기입한다.
④ 치수는 외형선에 기입하고 은선에 기입하는 것은 피한다.

치수는 정면도에 집중하여 기입한다.

31
색광혼합에 관한 설명 중 틀린 것은?

① 적(Red), 녹(Green), 청(Blue)이 3원색이다.
② 3원색을 모두 혼합하면 백색광이 된다.
③ 색광혼합의 중간색이 색료혼합의 3원색이다.
④ 혼합결과 명도가 낮아져 감법혼색이라고도 한다.

색광혼합은 명도가 높아지며 가법혼색이라고 한다.

32
어두운 곳에서 밝은 곳으로 갑자기 나오면 처음에는 눈이 부시지만 점차 주위의 밝기에 적응하게 되는 현상은?

① 간상순응
② 명순응
③ 암순응
④ 색순응

- 명순응 : 어두운 곳에서 갑자기 밝은 곳으로 나왔을 때 차츰 빛에 적응하는 것
- 암순응 : 밝은 곳에서 갑자기 어두운 곳으로 들어갔을 때 차츰 어두움에 적응하는 것

33
평면도와 입면도에 의하여 투시도를 그리는 형식으로, 하나의 소점이 깊이를 좌우하도록 작도하는 도법은?

① 평행 투시도법 ② 유각 투시도법
③ 조감 투시도법 ④ 사각 투시도법

- 1소점 투시도(평행투시) : 물체가 화면과 평행하고 기선에 수직이다. 대칭을 이루는 물체나 실내 투시도 등에 사용하며 위에서 내려다 보는 느낌이다.
- 2소점 투시도(유각 투시, 성각 투시) : 물체를 비스듬하게 볼 때 수직방향의 선이 평행이 된다. 일반적인 건물 투시도에 사용한다. 화면 경사에 따라 45°투시, 30°~60°투시, 임의의 경사각 투시가 있다.
- 3소점 투시도(사각투시도) : 소점이 3개이며 입체감을 살릴 수 있으나 물체가 과장되어 보일 수 있으며 건물, 조경 등에 사용한다.

34
색채의 심리적 현상과 거리가 먼 것은?

① 온도 ② 무게
③ 감정 ④ 식별

온도, 무게, 감정은 색채의 심리적 현상이고 식별은 시각적 현상이다.

35
그림과 같은 타원 그리기 방법은?

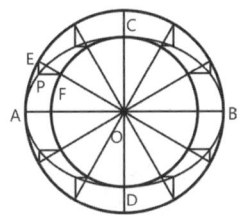

① 두 원을 연결시킨 타원
② 두 원을 격리시킨 타원
③ 4 중심법에 의한 타원
④ 장축과 단축이 주어진 타원

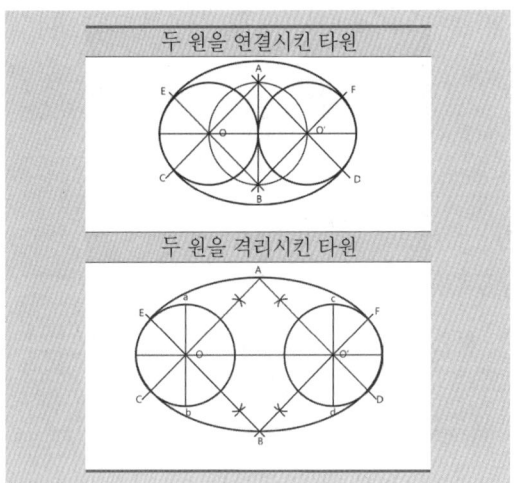

36
그림의 도형에서 구하고자 하는 것은?

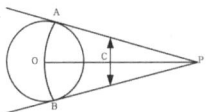

① 수직선을 2등분하기
② 주어진 반지름의 원 그리기
③ 원의 둘레 구하기
④ 원주 밖의 1점에서 원에 접선 긋기

원주 밖의 1점(P)에서 원에 접선(선분PA, 선분PB)긋기

37
비렌(Birren Faber)의 색채 공감각에서 식당내부의 가구 등에 식욕이 왕성하도록 유도하기 위한 가장 좋은 색채는?

① 보라 ② 주황
③ 초록 ④ 파랑

비렌은 음식의 맛을 연상시켜 느끼게 되는 감정으로 식욕을 돋우는 대표적인 색은 주황이라고 하였다.

38
제도에서 Φ40의 설명으로 옳은 것은?

① 지름이 40mm이다. ② 반지름이 40mm이다.

③ 길이가 40㎜이다.　　④ 두께가 40㎜이다.

명칭	기호
지름	Ø
반지름	R
정사각형	□
구면	S
구의 지름/반지름	SØ, SR
판의 두께	t
원	⌒
모따기	C

39
색조(Tone)에 관한 설명으로 옳은 것은?

① 색상, 명도, 채도를 동시에 나타낸다.
② 색상, 명도를 동시에 나타낸다.
③ 색상, 채도를 동시에 나타낸다.
④ 명도, 채도를 동시에 나타낸다.

색조는 색채의 세가지 속성(색상, 명도, 채도)중에서 명도와 채도를 통합한 개념이다.

40
다음 중 색채조화에 관한 연구와 관련이 없는 사람은?

① 그로피우스　　② 스펜서
③ 오스트발트　　④ 비렌

- 그로피우스 : 바우하우스를 창립하였다.
- 스펜서 : 색의 삼속성에 따라 오메가 공간이라는 색입체를 만들고, 색채조화의 정도를 정량적으로 설명하였다.
- 오스트발트 : 색량의 양에 따라서 구분한 것으로 B(검정), W(흰색), C(순색)를 기준으로 한다.
- 비렌 : 색채의 인식은 정신적 반응에 의한다고 보았으며 순수색, 흰색, 검정색으로 색 삼각형을 만들었다.

41
빛의 양을 열려 있는 시간의 길이로 조절하는 장치는?

① 필름　　② 셔터
③ 렌즈　　④ 초점 조절장치

셔터의 시간을 조절하여 카메라에 들어오는 빛의 양을 조절한다.

42
찬 느낌을 주고 수분의 흡수와 발산이 빨라서 여름의복에 적합한 식물성 섬유는?

① 황마　　② 견
③ 아마　　④ 케이폭

- 황마 : 굵은실로 마대와 카펫의 바탕천에 사용하고 황저포를 만들기도 한다.
- 견 : 가볍고 질기며, 따듯하다.
- 케이폭 : 푹신하고 부드러우며 습기에 강하다.

43
다음 중 번지기 쉽기 때문에 정착액을 뿌려 색상을 고정시켜야 하는 채색 재료는?

① 마커　　② 파스텔
③ 수채물감　　④ 색연필

파스텔의 특징
- 쉽게 번져 세밀한 표현이 어렵다.
- 선의 느낌이 연필과 비슷하며 그림자 묘사가 쉽다.
- 다양한 색채로 표현할 수 있어 회화재료로 사용한다.
- 정착액으로 고정하여야 오래 보관할 수 있다.

44
얇은 철판에 두께의 변화를 주지 않고 표면과 이면에 오목한 부분과 볼록한 부분이 반복되도록 금형을 사용하여 성형하는 기법은?

① 압인가공
② 소성가공
③ 엠보싱가공
④ 압출가공

- 압인가공 : 소재표면에 무늬가 있는 공구를 눌러 얕은 요철이 생기게 한다.
- 소성가공 : 금속의 소성을 변형시켜 다양한 모양을 만들며 열간가공과 냉간가공이 있다.
- 엠보싱가공 : 표면에 열과 압력을 가하여 오목한 부분과 볼록한 부분을 만든다.
- 압출가공 : 고온으로 가열한 재료를 틀에 넣고 강한 압력으로 압출해서 성형하는 가공이다.

45
수지를 알코올류에 융해시켜 만든 도료는?

① 주정도료
② 래커
③ 에나멜
④ 유성도료

- 주정도료 : 사물에 바르면 용매를 휘발되고 막이 생겨 광택이 나며 습기를 방지한다. 수지를 알콜에 분해하여 만든다.
- 래커 : 광택과 건조가 우수하며 분사형이다. 섬유소 유도체에 합성수지 또는 가소제와 안료를 혼합해서 만든다.
- 에나멜 : 건조, 광택, 경도가 좋다. 나프타 등의 용제로 희석한 유성니스를 전색제로 사용하며 수지 또는 역청질과 건성유를 혼합해서 만든다.
- 일반적으로 페인트를 말하여, 가격이 저렴하고 색상이 선명하며 도장시 밀착이나 부착이 양호하다. 건조시간이 많이 걸리며 안료와 보일류를 혼합해서 만든다.

46
디자인 재료의 구비조건과 거리가 먼 것은?

① 품질이 균일한 것
② 염가로 구입할 수 있는 것
③ 외관이 미려한 것
④ 가공기술이 완전한 것

디자인 재료의 구비조건
- 품질이 균일할 것
- 염가로 구입할 수 있는 것
- 가공기술이 완전한 것
- 공급이 원활하고 구입이 편리할 것

47
다음 중 종이의 특성이 틀린 것은?

① 가로 방향은 강하고, 세로 방향은 약하다.
② 함수율은 적을 때에는 6%, 많은 때에는 10% 정도이다.
③ 가볍고 얇으며, 여러 가지 방법으로 가공할 수 있다.
④ 침엽수 펄프는 섬유가 길고 좁으며, 활엽수 펄프는 짧고 약하다.

- 가로, 세로 방향에 관계 없이 강도가 일정해야 한다.

48
다음 중 용해 펄프의 용도에 해당되지 않는 것은?

① 인조견사
② 스테이플 파이버(staple fiber)
③ 종이
④ 필름

- 용해펄프(페이온 펄프)는 인조견사, 필름. 스테이플 페이퍼를 만드는데 사용한다.
- 종이는 제지용 펄프이다.

49
검정색과 흰색의 이미지로 구성되어 있으며 선택된 영역이 합성되지 않도록 막아주는 마스크 역할을 하는 것은?

① 레이어(Layer)
② 알파 채널(Alpha Channel)
③ Z 버퍼(Z-buffer)
④ 히스토그램(Histogram)

- 레이어(Layer) : 간단한 이미지를 여러 겹으로 쌓아서 복잡한 한 장의 이미지를 완성하는 방법
- Z 버퍼(Z-buffer) : 3차원 물체를 렌더링할 때 보이지 않는 부분의 거리값을 보관하는 기억장치
- 히스토그램(Histogram) : 조사한 수를 막대로 나타낸 그래프

50
오브젝트를 벡터 방식으로 표현하는 그래픽 소프트웨어는?

① 일러스트레이터
② 포토샵
③ 페인터
④ 페인트샵프로

- 비트맵 그래픽 소프트웨어 : 페인터, 페인트샵프로, 포토샵, 윈도우그림판
- 벡터 그래픽 소프트웨어 : CAD, 일러스트, 코렐드로우

51
유비쿼터스(Ubiquitous)네트워킹과 관련이 가장 먼 것은?

① RFID
② 홈 네트워크
③ 디지털 세탁기
④ 아날로그 TV

- 유비쿼터스는 사용자가 어디서나 네트워크를 이용하여 각종 기구를 제어하거나 사용할 수 있는 것을 말한다.
- RFID(radio frequency identification) : 소형의 칩을 물품에 달아서 데이터를 수신하거나 전송하는 장치이다.

52
컴퓨터에서 신문광고용 그래픽 작업을 하여, 이를 인쇄용 4원색 분해 원고출력을 하고자 할 경우 가장 적절한 선수(line per inch)는?

① 40 ~ 60선
② 80 ~ 133선
③ 180 ~ 200선
④ 200 ~ 300선

- 인쇄에서는 선수(1cm 안에 있는 점이나 선의 수)에 따라서 인쇄의 질이 결정된다.
- 신문 : 80~130
- 고급인쇄 : 150선

53
다음 중 앨리어스(alias)와 안티앨리어스(anti-alias)에 관한 설명으로 틀린 것은?

① 12point 이하의 문자는 안티 앨리어스 시키면 문자 이미지가 더 선명하게 보인다.
② 페인트 툴로 그린 선은 안티 앨리어스된 선이다.
③ 안티 앨리어스 처리 시 이미지의 크기는 변하지 않으면서 부드러운 이미지를 얻을 수 있다.
④ 안티 앨리어스는 물체 경계면의 픽셀을 주변 색상과 혼합한 중간 색상을 넣어 표현한다.

작은 글자를 안티 앨리어스 하면 글자의 주변이 뭉개져 보인다.

54
영상을 제작하기 전에 내용을 쉽게 이해할 수 있도록 주요 장면을 그림으로 정리한 계획표는?

① 도큐먼트(document)
② 스토리보드(story board)
③ 트랜지션(transition)
④ 프레젠테이션(presentation)

- 도큐먼트(document) : 문서화된 생산물, 그래픽프로그램에서는 그림이나 영상을 만들 페이지의 크기를 말한다.
- 트랜지션(transition) : 직·병렬 제어에서 주 전동기 조합을 전환하는 과도기의 회로 접속상태
- 프레젠테이션(presentation) : 상품이나 서비스를 이해하기 쉽게 설명하는 것

55
사운드 전용 포맷에 대한 설명 중 틀린 것은?

① AIFF : 오디오 교환파일 포맷
② WAV : 윈도우의 표준 사운드 파일
③ AU : DOS 소프트웨어용의 일반적 포맷
④ MID : 표준형식의 미디파일

선마이크로시스템즈에서 개발한 유닉스용 소프트웨어의 확장자이다.

56
포토샵 프로그램의 효율적 작업을 위한 작업속도 향상방법 중 틀린 것은?

① 메뉴 명령대신 가급적 동등키(단축키)를 사용하여 곧바로 실행될 수 있도록 작업하여 효율을 높인다.
② 내장 디스크 대신 외장 메모리에 프로그램을 넣어 처리 속도를 향상시킨다.
③ 레이어(Layer)와 채널을 가능한 적게 사용하는 방식을 취한다.
④ 최초 작업은 저해상도 파일로 미리 해봄으로서 실제 출력 크기의 이미지 해상도 작업 시 제작상의 착오를 최소화한다.

외장 메모리는 내장 디스크보다 속도가 느리다.

57
컴퓨터 내에서는 산술논리장치와 제어장치로 구성되어 정보를 실행하는 것은?

① CPU ② Clock
③ Memory ④ BUS

- Clock : 디지털 시스템에 내장되어 있는 전자 회로 또는 장치
- Memory : 컴퓨터에서 사용하는 기억장치(일반적으로 RAM이라고 함)
- BUS : 컴퓨터에서 중앙처리장치와 주기억장치, 입·출력 장치 간에 정보를 전송하는 전기적 통로

58
인터넷 상에서 이미지가 처음에는 대략적인 모양만을 나타내는 거친 프리뷰를 나타내고, 그 다음에 단계적으로 자세하게 나타나도록 하기 위해 이미지를 저장할 때, 선택하는 옵션은?

① 인터레이스 방식 ② 안티 앨리어싱 방식
③ 블러 방식 ④ 다운샘플링 방식

- 안티 앨리어싱(Anti-Aliasing)방식 : 이미지 경계부위의 불규칙한 중간단계의 컬러와 계조를 보정을 통하여 부드럽게 보이도록 한다.
- 블러방식 : 이미지의 초점을 흐리게 하는 방식
- 다운샘플링(크로마서브샘플링) : 명도 정보에 비해 색차 정보를 줄여서 동영상을 인코딩 하는 방법이다.

59
컴퓨터의 저장 포맷 중 분판출력을 목적으로 하며, 전자출판의 가장 대표적 파일 포맷은?

① JPEG ② EPS
③ WMF ④ PSD

- JPEG(joint photographic coding experts group) : 사진이나 그림 등을 저장하는 기술의 표준이며 1600만 색상을 표시할 수 있어 고해상도 저장이 가능하다.
- EPS(encapsulated postscript) : 포스트스크립트를 이용하여 고품질 인쇄용 파일을 만드는 것으로 파일 용량이 매우 크며 전자출판의 가장 대표적 파일 포맷이다.
- WMF(Windows Metafile Format) : 마이크로소프트사의 윈도우에서 벡터 도형 포맷을 지원하기 위해 만든 포맷이다.

60
투명한 셀로판 위에 그려진 그림을 겹쳐서 움직이는 전통적 애니메이션 기법은?

① 셀(Cell)애니메이션
② 인형 애니메이션
③ 디지털 애니메이션
④ 투광 애니메이션

- 인형 애니메이션 : 인형의 스톱모션을 이용하여 한 장면씩 촬영하는 기법
- 디지털 애니메이션 : 컴퓨터를 이용하여 2D, 2D 작업을 이용하여 만드는 기법
- 투광 애니메이션 : 상품이나 로고타입 등의 외곽선 또는 배경의 절단된 틈으로 나오는 빛을 촬영하는 기법

2020년 2회		컴퓨터그래픽기능사 정답		
01	02	03	04	05
④	④	①	④	①
06	07	08	09	10
②	③	②	③	②
11	12	13	14	15
①	①	④	③	④
16	17	18	19	20
④	④	②	④	④
21	22	23	24	25
③	④	②	③	③
26	27	28	29	30
④	①	①	①	③
31	32	33	34	35
④	②	①	④	④
36	37	38	39	40
④	②	①	④	①
41	42	43	44	45
②	③	②	③	①
46	47	48	49	50
③	①	③	②	①
51	52	53	54	55
④	②	①	②	③
56	57	58	59	60
②	①	①	②	①

CBT 복원문제 _ 컴퓨터그래픽기능사

2020년 4회

01
다음 디자인의 조건 중 기능성과 실용성이 중요시 되는 것은?

① 합목적성   ② 경제성
③ 심미성   ④ 독창성

합목적성은 실용성과 기능성을 충족하며 이성적, 합리적, 객관적 특징을 가지는 디자인의 1차 조건이다.

02
다음 중 브랜드 아이덴티티 디자인(BI)의 고려 요소 중 가장 거리가 먼 것은?

① 브랜드의 성격을 모두 다 보여 주어야 한다.
② 신뢰감을 주어야 한다.
③ 판매를 촉진시켜야 한다.
④ 좋은 이미지를 창출하여야 한다.

BI는 상품의 이미지를 통일하는 작업이기 때문에 브랜드의 성격을 다 보여줄 필요는 없다.

03
다음 그림과 같은 착시 현상은?

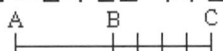

① 분할의 착시
② 방향의 착시
③ 수평의 착시
④ 각도의 착시

• 분할의 착시 : 분할된 면이나 선은 분할하지 않은 선이나 면 보다 더 크고 길게 보인다.
• 각도와 방향의 착시 : 같은 모양이라도 주변의 영향을 받으면 다르게 보인다.

04
다음 중 평면 디자인의 원리에서 가시적인 시각 요소와 거리가 먼 것은?

① 중량   ② 형태
③ 색채   ④ 질감

• 시각적 요소 : 형태, 색, 크기, 질감, 명암, 빛
• 상관요소 : 방향감, 위치감, 중량감, 공간감

05
매슬로우(Maslow)의 욕구 5단계 순서가 옳게 나열된 것은?

① 자아 욕구→생리적 욕구→안전의 욕구→사회적 욕구→자기실현의 욕구
② 생리적 욕구→자아 욕구→사회적 욕구→안전의 욕구→자기실현의 욕구
③ 자아욕구→생리적 욕구→사회적 욕구→안전의 욕구→자기실현의 욕구
④ 생리적 욕구→안전의 욕구→사회적 욕구→자아 욕구→자기실현의 욕구

매슬로우의 인간욕구 5단계
• 생리적 욕구 : 생존을 위한 기본적 욕구(의, 식, 주, 성생활)
• 안전의 욕구 : 물리적 위험으로부터 생활의 안전 추구
• 사회적(소속)욕구 : 사회적(회사, 친구, 모임)소속감 추구
• 존경의 욕구(자아 욕구) : 권력, 지위, 명예, 존경의 욕구
• 자기실현의 욕구 : 자아 개발과 존재가치 실현

06
다음 중 "아비뇽의 처녀들"을 그린 입체파 화가는?

① 브라뫼   ② 피카소
③ 세잔   ④ 칸딘스키

입체파 화가는 피카소, 브라크, 마티스가있으며 '아비뇽의 처녀들'은 피카소의 작품이다.

07
다음 중 인테리어 실내 공간의 기본적 요소가 아닌 것은?

① 바닥
② 가구
③ 벽
④ 천장

실내 공간의 기본적 요소 : 바닥, 벽, 천장, 기둥, 보, 개구부

08
포장디자인의 개념과 거리가 가장 먼 것은?

① 상품의 내용을 분명히 해주고, 소비자가 구매 욕구를 일으키도록 한다.
② 상품을 안전하게 사용하도록 보로의 기능을 갖는다.
③ 제조자와 소비자를 연결시켜 주는 촉매제 역할을 한다.
④ 새로운 상품이 판매점에 출현하였음을 소비자에게 알리는 점두 광고의 역할을 주로 한다.

포장디자인의 요건
• 보호 보존성 : 제품을 보호해야 한다.
• 관리성(편리성) : 상품의 운반과 적재가 쉽고 간단해야 한다.
• 심미성 : 제품 용도와 어울리는 아름다움이 있어야 한다.
• 상품성 : 상품(제품)의 성격을 잘 표현해야 한다.
• 구매의욕 : 소비자들의 시선을 자극하여 구매 의욕을 높일 수 있어야 한다.
• 재활용성 : 환경보존을 위한 절감, 재생을 할 수 있어야 한다.

09
앙리 반 데 벨데에 의해 사용된 곡선을 중심으로 한 장식적 양식과 화려한 색채를 사용하던 시기에 전 유럽을 풍미했던 양식은?

① 미술공예운동(Art and Crafts movement)
② 아르누보(Art Nouveau)
③ 바우하우스(Bauhaus)
④ 시카고파(Chicago School)

• 미술 공예운동 : 윌리엄모리스가 중심이 되어 기계를 부정하고 만드는 즐거움과 예술적 가치를 주장하였다.
• 아르누보(유켄트 스틸) : 신예술을 의미하며, 빅토르 오르타와 헨리반데벨데가 대표작가이며, 여성적인 곡선미를 강조한 공예형태로서 흑백과 강렬한 조화가 특징이며 회화, 건축, 공예, 인테리어, 그래픽 등의 분야에 영향을 주었다.
• 바우하우스 : 월터 그로피우스가 설립한 국립종합조형학교로 합목적 기능과 실용성을 중시하고, 예술창작과 기술의 통합을 목표로 하였다.
• 시카고파 : 1880년대부터 1900년대까지 기능 중심의 고층의 상업건물을 짓는데 집중하였으며 '형태는 기능을 따른다'는 표현을 했다.

10
설계도로 나타낼 수 없는 재료의 특성, 재료의 특성, 제품(공사)성능, 제조(시공)방법 등을 문장, 숫자로 표시한 것은?

① 견적서
② 시방서
③ 평면도
④ 명세서

사양서라고도 하며 설계, 제조, 시공 등 설계도로 나타낼 수 없는 사용재료의 특성, 재질, 치수, 시공상의 방법과 정도, 제조공법, 기술적 및 외관상 요구 등을 문서로 적어서 규정한 것

11
소비자의 구매심리 과정인 AIDMA법칙에 해당 되지 않는 것은?

① 주목(Attention)
② 흥미(interest)
③ 욕망(desire)
④ 판매행위(action)

소비자 구매과정(AIDMA 법칙)
• A : Attention(주의) : 제품이나 서비스를 알려서 주의를 끈다.
• I : Interest(흥미) : 다른 제품과 차별화하여 흥미를 유발한다.
• D : Desire(욕망) : 제품을 구매하고 싶은 욕망을 갖게 한다.
• M : Memory(기억) : 갖고 싶은 제품을 기억했다가 구매 상황에서 다시 떠올리게 한다.
• A : Action(행동) : 제품을 소유하고 싶은 욕망이 생기면 구매하게 된다.

12
다음 중 시장을 세분화하는데 있어서 인구 통계적 변화와 관련이 가장 먼 것은?

① 연령, 성별
② 교육수준
③ 구매 형태
④ 소득수준

인구 통계학적 특성은 나이, 성별, 가족, 소득, 교육, 직업, 종교 등의 인구 통계적인 변수로 시장을 세분화한다.

13
디자인에서 최종적으로 생명을 불어 넣을 수 있는 요소는?

① 독창성
② 유행성
③ 재료성
④ 성실성

디자인에 최종적으로 생명을 불어 넣는 요소는 독창성이며 창조는 모방과 개선의 산물이므로 독창성을 위해서 폭넓은 지식과 기존의 개념에 얽매이지 않아야 한다.

14
렌더링의 윤곽선 표현기법에 대한 설명 중 틀린 것은?

① 눈에 가까운 곳은 굵게 하며 눈에서 멀어질수록 가늘게 처리한다.
② 어두운 곳은 부드럽고, 밝은 곳을 날카롭게 한다.
③ R(radius)부는 한가운데를 분명히 하도록 한다.
④ R(radius)부와 직선이 이어지는 부분을 뚜렷이 표현한다.

R(radius)부와 직선이 이어지는 부분은 흐리게 표현한다.

15
장식적 형태로서 면의 한계 또는 교차에 의해 나타나는 것은?

① 점
② 선
③ 면
④ 입체

- 점 : 조형요소 중 최소의 단위이며 위치만 표시한다.
- 선 : 점이 이동한 흔적이나 면의 한계, 교차에 의해 나타나며 길이, 위치, 방향을 표시한다.
- 면 : 점의 확대나 선이 이동하면 생기는 자취로 길이와 넓이만 있고 공간을 구성하는 기본 단위이다.
- 입체 : 면이 한 방향으로 이동하거나 회전하면서 두께를 만든 것으로 위치, 길이, 폭이 있다.

16
실내 및 건축물이나 도시주변을 의미 있게 디자인하는 분야는?

① CIP디자인
② POP디자인
③ 코디네이트 디자인
④ 환경디자인

쾌적하고 윤택한 환경조성을 목적으로 주변 환경과 조화를 이루어야 하는 디자인이다

17
예술은 대중을 위해서 뿐만 아니라, 대중에 의해서 대중의 예술이 되어야 한다고 주장하고 예술의 사회화와 민주화를 위해 미술공예운동을 실천한 사람은?

① 존 러스킨
② 윌리엄 모리스
③ 오웬 존스
④ 헨리 드레이퍼서

수공예 부흥운동(미술공예운동)은 고딕양식의 대표 건축가인 퓨진, 존 러스킨의 영향을 받아 윌리엄 모리스가 주장하였다.

18
렌더링에 관한 설명 중 옳은 것은?

① 머리에 떠오르는 이미지를 그리는 것을 말한다.
② 디자인의 개념을 나타내는 이미지 스케일을 말한다.
③ 목업을 제작하기 위하여 그리는 도면의 일종이다.
④ 실제 제품과 같은 상태의 형태, 재질감, 색상 등을 실감 있게 표현하는 것이다.

렌더링
- 완성될 제품에 대한 예상도이다.
- 제품 개발 요구자에게 제품을 정확하게 이해시키기 위해 제작한다.
- 최종 디자인을 결정하려는 표현 전달의 단계이다.
- 재질감, 색상 등이 실제 제품과 같은 느낌이 나도록 해야한다.

19
다음 중 제품디자인에 해당되는 것은?

① 전동차 포장디자인
② 선전탑 디자인
③ 자동차 디자인
④ 표지디자인

전동차 포장디자인, 선전탑 디자인, 표지디자인은 시각디자인이다.

20
다음 중 형태와 바탕에 대한 루빈(Rubin)의 법칙이 아닌 것은?

① 바탕은 형태보다 눈에 잘 보인다.
② 형태는 바탕보다 잘 기억된다.
③ 바탕은 형태 뒤에 있는 것처럼 느껴진다.
④ 윤곽은 그 내부를 형태로 만들어주고 외부와 형태를 구분한다.

형태가 바탕보다 눈에 띄기 때문에 잘 기억된다.

21
다음 그림은 누구의 색입채 모형인가?

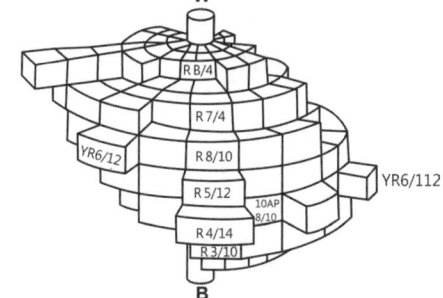

① 오스트발트
② 먼셀
③ 문.스펜서
④ 쉐브릴

22
강한 고채도의 색은 주목성이 높아 다른 색과 반발하기 쉽다. 어떤 색과 배색하여야 가장 효과적인가?

① 반대색
② 난색계
③ 중성색
④ 한색계

중성색을 배색하면 고채도의 색이 돋보이므로 가장 효과적이다.

23
일반적인 제도 규칙으로 틀린 것은?

① 길이의 단위는 mm를 사용한다.
② 각도의 단위는 도(degree)를 사용한다.
③ 보이지 않는 부분의 모양은 가는 실선을 사용한다.
④ 치수선을 외형선에서 10~15mm정도 띄워서 긋는다.

- 보이지 않는 부분은 파선으로 표시한다.
- 가는 실선은 치수선에 사용한다.

24
다음 중 분명함과 동적인 화려함 등의 이미지를 느끼게 하는 배색은?

① 동일색상의 배색
② 반대색상의 배색
③ 유사색조의 배색
④ 동일색조의 배색

동일색상 배색	· 동일색상의 명도나 채도의 차이를 이용 · 차분, 정적, 간결
유사색상 배색	· 색상환에서 색상차가 적은 배색 · 즐거움, 쓸쓸함, 우아함, 평온, 협조적, 온화, 화합, 건전
반대색상 배색	· 색상환에서 보색관계 · 분명함, 강함, 똑똑함, 생생, 동적, 화려

25
( )안에 들어갈 내용을 알맞게 짝지은 것은?

> 색채 현상은 빛의 현상으로, 빛의 현상은 인간이 물체 또는 광원에 대한 색을 지각할 때 물체마다 다른 색으로 느끼게 하는데 매우 중요한 역할을 한다. 햇빛과 같이 모든 파장이 유사한 감도를 갖는 빛을( )라 한다. 물체의 색은 표면 반사율에 의해 결정되는데 여러 가지 파장이 고르게 반사되는 경우에는( )으로 지각된다.

① 백색광, 무채색 ② 백색광, 유채색
③ 유색광, 무채색 ④ 유색광, 유채색

26
색채이미지에 따라 따뜻하고, 차갑게 느껴지는 감정을 유발하는 지각 및 감정효과는?

① 유목성 ② 온도감
③ 상징성 ④ 연상성

> 따듯하고 차가운 것은 색의 온도감이다.

27
색채의 중량감에 대한 설명으로 옳은 것은?

① 주로 채도의 의하여 좌우된다.
② 중명도의 회색보다 노란색이 무겁게 느껴진다.
③ 난색계통보다 한색계통이 가볍게 느껴진다.
④ 주로 고명도의 색은 가볍게 느껴진다.

> 중량감에 영향을 주는 것은 명도이며, 높을수록 가벼운 느낌이다.

28
물체의 앞면 모서리는 수평선과 평행하게 옆면 모서리는 수평선과 임의의 각도로 하여 그린 투상도는?

① 사투상 ② 정투상
③ 표고투상 ④ 투시투상

> 사투상은 물체의 앞면 모서리는 수평선과 평행하게 하고, 옆면 모서리는 수평선과 임의의 각도(30°, 45°, 60°)로 그리며 길이와 높이는 현척으로, 폭은 현척으로 그리거나 1/2, 3/4, 5/8, 3/8로 축소해서 그린다.

29
오스트발트 표색계에서 백색량(w)이 "14"이고, 흑색량(B)이 "44"이면 순색량은?

① 100 ② 42
③ 58   ④ 0

> 오스트발트의 표색계의 개념은 백색량(W)+ 흑색량(B)+ 순색량(C)= 100%이므로
> W(14)+ B(44)+ C(42)= 100%

30
주위의 색과 명도, 색상, 채도의 차를 크게 주어 배색하였을 때 나타나는 가장 큰 효과는?

① 색의 주목성
② 색의 경중성
③ 색의 한난성
④ 색의 음양성

> 주목성은 명도차가 클수록 높아진다. 어두운 바탕에는 고명도, 고채도의 색이 명시성이 높다.

31
색에서 냄새를 느낄 수 있는 공감각의 설명 중 틀린 것은?

① 좋은 냄새가 느껴지는 색은 맑고, 순수한 고명도 색상의 색이다.
② 나쁜 냄새가 느껴지는 색은 밝고, 맑은 한색 계통의 색이다.
③ 짙은맛의 미각을 느끼게 하는 색은 코코아색, 포두주색, 올리브 그린 등이다.
④ 은은한 향기가 나는 것 같은 색은 보라 또는 연보라의 라일락색 등이다.

> • 좋은 냄새 : 순색, 고명도, 고채도
> • 나쁜 냄새 : 어두운색, 탁한색

32
실내 색채 조화론의 대두로 "색채의 조화는 유사성의 조화와 대조에서 이루어진다"고 주장한 사람은?

① 문(Moon. P), 스펜서(Spencer. D. E)
② 오스트발트(Ostwalt Wildela)
③ 비렌(Birren Faber)
④ 슈브뢸(Chevreul. M .E)

33
어두운 색 속의 작은 면적의 색은 상대적으로 더욱 밝게 보이고, 밝은 색 속의 작은 면적의 색은 더욱 어둡게 보이는 대비 현상은?

① 색상대비   ② 명도대비
③ 채도대비   ④ 보색대비

- 색상대비 : 명도와 채도가 같은 색이 이웃하여 있을 때 두 색이 서로의 영향으로 색상차가 나는 것
- 채도대비 : 채도가 다른 두 색이 대조되어 높은 채도의 색은 더 높게, 낮은 채도의 색은 더 낮게 보이는 현상
- 보색대비 : 색상환에서 서로 마주 보는 두 색이 서로의 영향으로 더욱 선명하게 보이는 현상

34
빛에 빨간 물체가 밤이 되는 검게, 낮에 파란 물체가 밤이 되는 밝은 회색으로 보이는 현상은?

① 푸르킨예 현상
② 색각조절현상
③ 베졸트 현상
④ 변색 현상

- 푸르킨예 현상
  - 새벽이나 초저녁에 물체들이 푸르스름한 색으로 보이는 현상이다.
  - 어두워지면 청색보다 적색이 먼저 사라진다.
  - 밝아지면 파랑색이 먼저 보인다.
  - 어두워지면 빨간색은 검은색으로, 파란색은 밝은 회색으로 보인다.

35
영·헬름홀츠의 3원색설과 관련 있는 색은?

① 백, 흑, 순색   ② 적, 녹, 청자
③ 적, 황, 청자   ④ 황, 녹, 청자

36
투시도법에서 물체의 각 점이 수평선상에 모이는 점은?

① 시점(E)   ② 입점(SP)
③ 소점(VP)   ④ 측점(MP)

- 시점(EP : Eye Point) : 관찰자의 눈의 위치
- 입점(SP : Standard Point) : 평면상에 사람이 서서 사물을 보는 위치
- 측점(MP : Measuring Point) : 물체의 깊이를 재기 위한 점

37
그림의 주어진 각∠AOB를 2등분하는 작도에 대한 내용으로 틀린 것은?

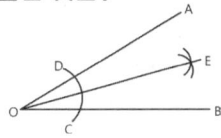

① ∠AOE=½∠AOB   ② ∠EOB=½∠AOB
③ ∠AOE=∠EOB   ④ ½∠ADE=∠EOB

38
제도에서 실물과 같은 크기로 그린 도면은?

① NS   ② 배척
③ 축척   ④ 현척

- N.S(None Scale) : 무축척 도면
- 배척 : 도면에서 실물보다 확대하여 그린 도면
- 축척 : 실제보다 축소해서 그린 도면
- 현척(실척) : 실물의 크기와 동일하게 그린 도면

39
다음 중 색의 진출성이 가장 큰 것은?

① 고명도, 고채도의 따뜻한 느낌의 색
② 저명도, 저채도의 차가운 느낌의 색
③ 고명도, 저채도의 따뜻한 느낌의 색
④ 저명도, 고채도의 차가운 느낌의 색

같은 크기의 형태라도 실제보다 더 크게 보이는 색을 '진출색'이라고 하는데 유채색, 고명도, 고채도, 난색 계열이 이에 속한다.

40
아래와 같이 선명한 빨강 바탕에 분홍색을 놓았을 때와 회색 바탕에 분홍색을 놓았을 때, 다음 설명 중 옳은 것은?

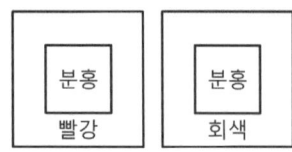

① 빨강 바탕의 분홍색이 채도가 높아 보인다.
② 회색 바탕의 분홍색이 채도가 높아 보인다.
③ 두 경우 모두 채도의 변화가 없다.
④ 두 경우 모두 채도가 높아진다.

> 채도대비 : 채도가 다른 두 색이 대조되어 높은 채도의 색은 더 높게, 낮은 채도의 색은 더 낮게 보이는 현상. 무채색 위의 유채색은 높아 보이고, 높은색 위의 낮은색은 낮아 보임

41
확대할 네거티브 필름의 상태를 알아보기 위해 필름과 같은 크기로 인화하는 방법은?

① 확대인화　　② 즉석인화
③ 밀착인화　　④ 특수인화

> 확대인화 : 소형의 네거티브 필름을 규격대화 확대하여 인화

42
화학펄프에 황산바륨과 젤라틴을 바른 것으로 종이표면에 감광제를 발라 인화지로 쓰이는 종이는?

① 황산지
② 바리타지
③ 인디아지
④ 글라싱지

> • 황산지 : 물과 기름에 젖지 않아 식품이나 약품포장에 사용하며 진한황산용액으로 처리하여 종이의 질이 균일하고 얇고 반투명
> • 인디아지 : 얇고 흰색으로 성서나 사전의 인쇄에 사용
> • 글라싱지 : 강한 광택으로 표면이 매끈하며 식품, 담배, 약품 등의 포장, 간지 등에 사용

43
가열에 의하여 금속을 정상적인 성질로 회복시키는 열처리 방법은?

① 풀림　　② 담금질
③ 뜨임　　④ 불림

> • 풀림 : 가열과 냉각으로 금속의 성질을 정상적으로 회복시키며 연화하거나, 내부 응력 제거, 결정 입자를 균일하게 하는 등의 열처리 작업
> • 담금질 : 금속을 고열로 가열 후 물이나 기름에 넣어 냉각시키는 열처리 방법으로 금속을 경화
> • 뜨임 : 담금질로 성질이 변한 금속을 담금질 이전의 상태로 되돌리는 열처리 방법
> • 불림 : 표준 상태로 만들기 위해 열처리로 강을 단련 후, 적당 온도로 가열하고 공기 중에서 자연 냉각

44
다음 중 전처리의 불완전으로 인한 도막의 결함이 아닌 것은?

① 벗겨진다.
② 얼룩이 생긴다.
③ 도금막이 강하다
④ 부식이 생긴다.

45
다음 중 목재에 관한 설명으로 옳은 것은?

① 춘재부에서 추재부를 거쳐 다음 춘재부에 이르는 하나의 띠를 나이테라고 한다.
② 나이테의 추재부가 밀접하게 배열된 목재는 무르고 연하다.
③ 일반적으로 나이테가 명료한 것은 대부분 활엽수이다.
④ 일반적으로 옅은색의 목재는 짙은색의 목재보다 내구력이 크다.

> • 추재부가 밀접한 목재는 단단하고 내구성이 크다.
> • 침엽수가 나이테가 뚜렷하다.
> • 짙은 목재는 심재가 단단하고 내구성이 크다.

46
표현재료인 아크릴 물감에 관한 설명 중 옳은 것은?

① 아교나 달걀 흰자위를 안료로 섞은 불투명한 물감이다.
② 색채 분말을 굳혀 만든 재료이다.
③ 합성수지를 사용하여 제작되었으며 건조시간이 빠르며 점착성이 강하다.
④ 테레핀이나 아미씨 기름 등을 사용한다.

① 포스터 컬러
② 파스텔
④ 유화물감

47
다음 중 금속재료 가공이 아닌 것은?

① 사출가공
② 소성가공
③ 단조가공
④ 엠보싱 가공

- 사출가공 : 플라스틱 가공법
- 소성가공 : 금속의 소성을 변형시켜 다양한 모양을 만들며 열간가공과 냉간가공이 있다.
- 단조가공 : 금속을 적당한 온도로 가열하여 주어진 모양과 치수로 가압, 성형하여 만든다.
- 엠보싱가공 : 표면에 열과 압력을 가하여 오목한 부분과 볼록한 부분을 만든다.

48
분마연마(분사가공)에서 미세한 규사 알갱이와 같은 연마제를 압축공기와 함께 금속 가공물에 분사하여 연마하는 방법은?

① 샌드 블라스트법(Send blast)
② 버프 연마법(buffing)
③ 배럴 연마법(Barrel)
④ 전해 연마법

49
포토샵 프로그램에서 Lighting Effects 필터를 적용할 때, 적합한 컬러 모드는?

① RGB모드
② CMYK모드
③ Gray Scale 모드
④ Index 모드

대부분의 포토샵 필터는 RGB 모드에서 사용할 수 있다.

50
비트맵 방식의 프로그램에서 화면을 구성하고 있는 최소 단위는?

① 픽셀(Pixel)
② 페인팅(Painting)
③ 필터(Filter)
④ 채널(Channel)

픽셀은 비트맵 이미지의 기본단위이며 포토샵은 비트맵 이미지를 편집, 수정할 수 있다.

51
1KB는 몇 Bytes인가?

① 1,000 bytes
② 1,024 bytes
③ 1,028 bytes
④ 1,240 bytes

52
모니터의 색상과 출력물 간의 색상차이를 최소화하는 작업은?

① 로토스코핑(Rotoscoping)
② 트림(Trim)
③ 캘리브레이션(Calibration)
④ 세춰레이션(Saturation)

캘리브레이션 : 모니터의 색상과 결과물의 색상, 또는 스캔한 이미지의 색상이 다르게 보일 때 컬러 균형 및 기타 특성을 조절하여 같은 색으로 맞추는 것

53
다음 중 컴퓨터 입력장치가 아닌 것은?

① 타블렛(Tablet)
② 라이트 팬(Light pen)
③ 자기 디스크(Magnetic disk)
④ 디지타이저(Digitizer)

> 자기 디스크는 보조기억장치이다.

54
다음 중 물체의 고유한 질감(Texture)을 표현해 주기 위한 기능은?

① 디더링(Dithering) ② 블랜드(Blend)
③ 스미어(Smear)   ④ 매핑(Mapping)

> - 디더링(dithering) : 디스플레이 되는 이미지의 색공간 차이에서 오는 결점을 보완하는 방법
> - 블랜드 : 어떤 이미지가 다른 색상, 모양의 이미지로 변할 때 변하는 중간 과정이 자동으로 형태와 컬러가 변형하는 기능
> - 스미어 : TV 수상 화면 전체가 윤곽이 흐릿하고 해상도가 저하되는 현상

55
컴퓨터 애니메이션 작업에서 작업을 하는 사람과 사람사이의 의사소통 수단이며, 일정한 형식은 없지만 연속되는 장면을 위주로 음악, 음향, 카메라, 물체, 빛 등의 움직임, 편집과정(또는 작업순서 등)을 자세하게 적어 놓은 것은?

① 스토리보드
② 아이디어스케치
③ 렌더링
④ 벡터 그래픽스

> - 아이디어 스케치 : 신속한 아이디어 전개로 이미지를 포착하기 위한 방법이며 디자인 해결안 모색 단계에서 그린다.
> - 렌더링 : 모델링된 작업에 실제감을 부여하는 이미지를 창조하는 과정이다.
> - 벡터 : 선과 곡선값을 수학적 연산으로 계산하여 베지어 곡선으로 그린 이미지이며 위치 및 크기를 변경해도 이미지의 품질의 손상이 없음

56
다음 컴퓨터 하드웨어 장치 중 그 성격이 다른 것은?

① 주기억장치
② 연산장치
③ 보조기억장치
④ 제어장치

> CPU는 기억장치, 제어장치, 연산장치로 구성되어 있다.

57
컴퓨터그래픽에서 3차원 오브젝트를 모델링한 후 색상을 입혀 좀 더 사실감 있는 물체를 표현하는 것은?

① 와이어프레임(Wire Frame)
② 렌더링(Rendering)
③ 이미지프로세싱(Image processing)
④ 히든 라인(Hidden Line)

58
주로 인물을 소재로 하여 익살, 유머, 풍자 등의 효과를 살려 그린 그림으로, 어원은 "과장하다"에서 유래된 말로 대상의 특징을 포착, 과장하여 그려졌고, 작가의 드로잉 능력과 관찰력, 상상력 그리고 개성있는 표현이 요구되는 그림은?

① 카툰(Cartoon)
② 캐리커쳐(Caricature)
③ 캐릭터(Character)
④ 콜라주(Collage)

> - 카툰(Cartoon) : 강조와 과장, 생략된 기법으로 표현하는 만화나 풍자이며 정치나 시사적인 내용을 다루는 신문이나 잡지에 사용하고 있다.
> - 캐릭터(Character) : 특정한 사물이나 회사, 행사 등을 생물이나 무생물로 상징할 수 있는 일러스트로 영화, 팬시, 문구류 등에도 사용한다.
> - 콜라주(Collage) : 질감이나 종류가 다른 여러 가지 사물을 붙여서 한 가지 작품을 만드는 방법으로 브라크와 피카소가 사용했다.

59
애니메이션 흐름의 중요한 동작 변환점을 나타내는 용어는?

① 비트윈(Between)
② 키 프레임(Key Frame)
③ 타임라인(Time Line)
④ 와이어프레임(Wire Frame)

- 인비트윈(in-between) : 애니메이션 제작에서 두 개의 키프레임 사이의 중간 단계 프레임을 연결하는 과정
- 타임라인(Time Line) : 비디오 클립이나 오디오 클립을 보여지는 순서대로 배치하는 작업 공간
- 와이어프레임(Wire Frame) : 물체를 점과 선만으로 표현하는 방식

60
벡터 방식의 그래픽 소프트웨어로 작업한 이미지의 특징이 아닌 것은?

① 선과 면이 깔끔하고 정갈하다.
② 로고나 캐릭터 디자인에 적합하다.
③ 부드러운 이미지 표현에 강하다.
④ 축소, 확대가 자유롭다.

벡터이미지(Vector Image)의 특징
- 선과 곡선값을 수학적 연산으로 구성한 이미지이다.
- 위치 및 크기를 변경해도 이미지의 품질의 손상이 없다.
- 객체지향 이미지, 오브젝트 이미지, 포스트스크립트 이미지라고도 한다.
- 문자와 정교한 선을 그릴 때 가장 유용하다.
- 비트맵에 비해서 명암과 색상은 떨어진다.
- 일러스트레이터, 코렐드로우, CAD 등이 대표적 프로그램이다.

2020년 4회 컴퓨터그래픽기능사 정답

01	02	03	04	05
①	①	①	①	④
06	07	08	09	10
②	②	④	②	②
11	12	13	14	15
④	③	①	④	②
16	17	18	19	20
④	②	④	③	①
21	22	23	24	25
②	③	③	②	①
26	27	28	29	30
②	④	①	②	①
31	32	33	34	35
②	④	②	①	②
36	37	38	39	40
③	④	④	①	②
41	42	43	44	45
③	②	①	③	①
46	47	48	49	50
③	①	①	①	①
51	52	53	54	55
②	①	③	④	①
56	57	58	59	60
③	②	②	②	③

CBT 복원문제 _ 컴퓨터그래픽기능사

2021년 1회

01
마케팅 활동의 주요 요소와 거리가 먼 것은?

① 시장 조사
② 제품 생산 계획
③ 디자인 연구소 설립
④ 광고 및 판매 촉진

- 마케팅은 제품(Product), 가격(Price), 유통(Place), 촉진(Promotion)을 말하며 4P라고한다.
- 디자인 연구소 설립은 마케팅활동의 주요 요소와 거리가 멀다.

02
다음 중 구매시점 광고를 의미하는 용어는?

① P.O.P　　　② Package
③ DM　　　　④ PR

POP는 Point of purchase advertising의 줄임말로 매장에서 구매시점에 하는 광고이다.

03
개인적, 암시적, 운전자에게 호소하는 특징이 있는 광고는?

① 텔레비전 광고　　② 신문 광고
③ 라디오 광고　　　④ DM 광고

라디오 광고는 운전자에게 소리만을 이용하여 반복적으로 광고하여 암시적인 효과를 준다.

04
바우하우스(Bauhaus)의 설명으로 틀린 것은?

① 독일에 설립된 최초의 조형학교이다.
② 예술적 창작과 공학적 기술의 통합목표이다.
③ 월터 그로피우스(Walter Gropius)가 창시자이다.
④ 초기의 예비 조형교육은 오토 와그너가 담당했다.

오토 와그너는 루이스설리반과 함께 기능주의 대표작가이다.

05
예술, 공업, 수공의 협력에 의한 제품향상을 목적으로 결성된 독일공작연맹의 제창자는?

① 존 러스킨
② 앙리 반데벨데
③ 헤르만 무테지우스
④ 칸단스키

- 존러스킨 : 공예사상
- 앙리 반데벨데 : 유겐트 스틸
- 칸단스키 : 추상표현주의

06
아이디어 발상 방법의 하나인 브레인스토밍에 관한 잘못된 설명은?

① 집단회의에서 참가자의 연쇄반응에 의한 발상 기법이다.
② 전형적인 자유 연상법이다.
③ 하나의 새로운 아이디어만을 구하는데 목적이 있다.
④ 일단 제출된 아이디어는 비판하지 않는다.

브레인스토밍은 알렉스 오즈번이 제안한 것으로 다양한 아이디어를 제시하여, 타인의 아이디어를 비난하지 않고 연상반응을 통하여 더 많은 아이디어를 도출하는 것이다.

07
제품수명주기의 순서가 바르게 나열된 것은?

① 도입기→성장기→성숙기→쇠퇴기
② 성장기→성숙기→쇠퇴기→도입기
③ 성장기→도입기→성숙기→쇠퇴기
④ 도입기→성숙기→성장기→쇠퇴기

> 제품 수명주기
> • 도입기 : 신제품이므로 이익이 낮고, 경비(유통, 광고)가 높다.
> • 성장기 : 광고와 홍보로 제품의 인지도 상승으로 수요와 이윤이 증가하고 경쟁제품이 출현하며 시장점유 극대화에 노력해야한다.
> • 성숙기 : 매출액이 안정된 상태로, 마케팅 전략의 초점은 제품을 조금씩 개선하여 성숙기를 연장한다.
> • 쇠퇴기 : 소비시장의 감소로 다른 제품으로 대체하거나 소멸되므로 소비자의 성향에 맞춰 기존의 상품을 대체할 신상품을 개발해야 한다.

08
포장 디자인의 굿 디자인 요건과 거리가 먼 것은?

① 제품의 내부 구조에 충실해야 한다.
② 전달에 충실해야 한다.
③ 잠재 고객의 주의를 끌어야 한다.
④ 다른 회사와 차별성을 가져야 한다.

> 포장디자인의 기능
> • 제품을 보호하고 운반하기 편리해야한다.
> • 기업이미지와 부합되어야 한다.
> • 제품의 특성과 정보가 강조되어야 한다.
> • 경쟁상품과 구분되어야 한다.

09
박물관, 대형마트, 뷔페식 식당 등의 실내 디자인 계획 시 공통적으로 고려해야 할 사항 중 가장 중요한 것은?

① 난간 및 계단은 설치하지 않는다.
② 동선의 역순과 교차를 고려한다.
③ 사용자를 고려하여 간접 조명을 설치한다.
④ 외부 빛의 유입 방안을 모색하여야 한다.

> 공간이 넓고 사람들이 많이 이용하는 실내 디자인은 동선계획이 가장 중요하다.

10
실용성 또는 기능성과 관련되는 디자인의 조건은?

① 독창성
② 합목적성
③ 심미성
④ 경제성

> 합목적성은 실용성과 기능성을 충족하며 이성적, 합리적, 객관적 특징을 가지는 디자인의 1차 조건이다.

11
기하학적 추상 일러스트레이션의 설명 중 옳은 것은?

① 대상을 질서에 의하여 사실적으로 표현하는 것이다.
② 직선, 삼각형, 사각형, 원 등의 형태를 이용하는 것이다.
③ 비구상적, 부정형적인 것을 말한다.
④ 자연계에서 찾아볼 수 있는 형태를 이용한 것이다.

> 추상 일러스트레이션의 한 분야로 기하학적 도형의 형태를 다양하게 사용한다.

12
다음 중 기본 형태에 대한 설명이 옳은 것은?

① 면 : 물체가 점유하는 공간
② 선 : 면의 한계 또는 교차
③ 점 : 입체의 한계 또는 교차
④ 입체 : 선의 한계 또는 교차

> • 면 : 점의 확대나 선이 이동하면 생기는 자취로 길이와 넓이만 있고 공간을 구성하는 기본 단위이다.
> • 선 : 점이 이동한 흔적이나 면의 한계, 교차에 의해 나타나며 길이, 위치, 방향을 표시한다.
> • 점 : 조형요소 중 최소의 단위이며 위치만 표시한다.
> • 입체 : 면이 한 방향으로 이동하거나 회전하면서 두께를 만든 것으로 위치, 길이, 폭이 있다.

13
실내디자인에서 주거공간을 계획할 때 고려할 사항으로 거리가 먼 것은?

① 취미, 가족형태, 연령의 변화를 예상하여 계획한다.
② 사용자의 동선을 고려한다.
③ 가구를 효율적으로 배치할 수 있도록 한다.
④ 전통성을 먼저 재현한다.

주거공간은 가족들의 생활양식, 동선, 가구배치, 주위환경 등 주택의 기본적인 기능을 고려하여야 한다.

14
다음 중 곡선에서 느껴지는 일반적 느낌과 가장 관련이 깊은 것은?

① 우아, 매력, 불명료, 유연, 여성성
② 고결, 희망, 상승감, 긴장감, 숭고함
③ 경직, 명료, 확실, 단순, 남성적, 정적
④ 동적인 느낌을 주나 불안한 느낌, 강함

선의 느낌
② 수직선, ③ 직선, ④ 사선

15
디자인 과정 중에서 스케치의 역할이 아닌 것은?

① 기존의 형태를 모방한다.
② 아이디어를 빠르게 표현한다.
③ 의도된 형태를 발전, 전개시킨다.
④ 프레젠테이션을 통해 최종 디자인을 결정할 때 쓰인다.

스케치의 역할
• 아이디어를 빠르고 구체적으로 표현한다.
• 의도한 형태를 표현하여 발전, 전개시킨다.
• 스케치를 이용하여 상호 이해하며 프레젠테이션을 한다.

16
실내 디자인의 기본 요소 중 인간이 접촉 빈도가 가장 높은 것은?

① 벽
② 바닥
③ 천장
④ 기둥

실내 공간을 구성하는 수평적 요소로 접촉 빈도가 가장 많고, 안정적이어야 한다.

17
디자인 초기 개념화 단계에서 디자인의 이미지를 확인하고 형태감과 균형 파악을 위해 제작하는 모형(모델)은?

① 제시 모형
② 연구 모형
③ 실험 모델형
④ 제작 모델형

모델의 종류
• 제시모델(더미, 프레젠테이션 모델) : 디자인 담당자에게 보여주기 위해 만들며 러프모델 보다 좀 더 실제 제품에 가깝다.
• 완성형모델(프로토타입, 제작모델, 워킹 모델) : 실제 형태와 재료로 생산품과 똑같이 제작한다.
• 연구모델(러프모델, 스케치모델, 스킴모델) : 디자인 초기에 형태와 균형감을 알기위해 제작한다.
• 실험모델 : 외형보다 제품의 성능시험을 위해서 만든다.

18
다음 중 색 지각의 3요소에 해당되지 않는 것은?

① 질감
② 눈
③ 물체
④ 빛

색 지각 3요소 : 눈(시각), 빛(광원), 물체(반사, 투과)

19
착시에 대한 설명으로 틀린 것은?

① 지각의 항상성과 반대되는 현상으로 원격 자극을 왜곡해서 지각하는 것을 말한다.
② 흔히 말하는 착시란 기하학적 착시를 뜻한다.
③ 객관적인 상태로 놓여 있는 어떤 기하학적 도형이 실측한 객관적인 크기나 형과는 다르게 지각되는 현상이다.
④ 사물을 지각하는데 있어 과거의 경험, 연상, 욕구, 상상 등이 착시를 만드는 것과는 무관하다.

과거의 경험, 연상, 상상 등이 결합하여 사물을 다른 모양으로 보이게 하기도 한다.

20
삶의 질을 향상시키고 자연과 인간 문명의 조화가 목적인 디자인 분야는?

① 시각 디자인
② 제품 디자인
③ 공간 디자인
④ 그린 디자인

- 시각 디자인 : 시각에 의존하여 정보를 전달하는 것이 목적이다.
- 제품디자인 : 인간과 도구의 상호작용이 목적이다.
- 그린디자인 : 1992년 '환경과 개발에 관한 리우선언'이후에 나타난 것으로 디자인에 경제성장과 환경보호를 함께 추구하는 것이다.

21
먼셀의 명도 단계 수는?

① 5단계
② 7단계
③ 11단계
④ 14단계

먼셀의 명도수 단계는 0~10까지 11단계이고 N0, N10인 흑색과 백색은 실존하지 않는다.

22
차고 따뜻한 색을 같이 배치할 때 나타나는 대비 현상은?

① 보색대비
② 한난대비
③ 명도대비
④ 채도대비

- 보색대비 : 색상환에서 서로 마주 보는 두 색이 서로의 영향으로 더욱 선명하게 보이는 현상
- 명도대비 : 명도가 다른 두 색이 대조되어 밝은 색은 더 밝게, 어두운 색은 더 어둡게 보이는 현상
- 채도대비 : 채도가 다른 두 색이 대조되어 높은 채도의 색은 더 높게, 낮은 채도의 색은 더 낮게 보이는 현상

23
정사각형에 내접하는 가장 큰 접속 반원 그리기에서 작도내용 중 틀린 것은?

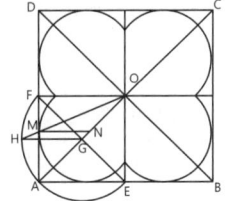

① 선분 FO와 선분 HG는 평행이다.
② 선분 HG와 선분 MN은 길이가 같다.
③ 점 H와 점 O를 연결하여 교점 M을 얻는다.
④ 선분 MN을 반지름으로 하는 반원을 그린다.

선분 HG와 선분 MN은 평행이나 선분 OH와 OG는 평행이 아니므로 선분 HG와 선분 MN은 길이가 다르다.

24
색의 3속성 개념을 도입한 색상환에 의해서 색의 조화를 유사조화와 대비조화로 나누고 정량적 색채 조화론을 제시한 사람은?

① 오스트발트(ostwald)
② 슈브릴(Chevreul)
③ 먼셀(Munsell)
④ 저드(Judd)

- 오스트발트 : 색량의 양에 따라서 구분한 것으로 B(검정), W(흰색), C(순색)를 기준으로 한다.
- 먼셀 : 5가지 색상(Red, Green, Blue, Yellow, Purple)을 기준으로 20가지의 색상환으로 만들었으며 한국산업규격(KS)으로 사용한다.
- 저드 : 질서의 원리, 동류성의 원리, 대비의 원리, 유사의 원리, 비모호성의 원리를 주장하였다.

25
다음 중 투시도법에 대한 설명으로 틀린 것은?

① 시점과 물체를 연결한 투사선을 이용하여 물체의 상을 화면에 그리는 도법이다.
② 긴 복도, 곧게 뻗은 철길, 가로수 등이 평행 투시의 예이다.
③ 유각투시는 지면과 투상면에 대해 육면체의 각 면이 각기 임의의 경사를 가진다.
④ 3개의 소점에 의한 투시도를 3점 투시 또는 조감도법이라 한다.

> 유각투시도는 화면 경사에 따라 45°투시, 30°~ 60°투시, 임의의 경사각 투시가 있다.

26
색의 파장이 긴 것부터 짧은 순서대로 바르게 나열한 것은?

① 보라→남색→파랑→녹색→노랑→주황→빨강
② 노랑→주황→빨강→보라→녹색→파랑→남색
③ 빨강→주황→노랑→녹색→파랑→남색→보라
④ 녹색→파랑→남색→보라→빨강→주황→노랑

> 스펙트럼 분광시 빨강색은 파장이 가장 길고, 보라색은 파장이 가장 짧다.

27
다음은 색에 대한 설명이다.( )에 들어갈 내용이 순서대로 바르게 나열된 것은?

- 더 이상 분해할 수 없는 색을 ( )이라 한다.
- 색광의 기본색은 ( ), ( ), ( )이고, 색료의 기본색은 ( ), ( ), ( )이다.

① 원색, Red, Green, Blue, Magenta, Yellow, Cyan
② 기본색, Red, Green, Blue, Magenta, Yellow, Cyan
③ 원색, Magenta, Yellow, Cyan, Red, Green, Blue
④ 기본색, Magenta, Yellow, Cyan, Red, Green, Blue

> - 원색은 혼합해서 만들 수 없고 다른 색으로 분해되지도 않는다.
> - 색광의 기본색은 빨강(red), 녹색(green), 파랑(blue)이다.
> - 색료의 기본색은 자주(magenta), 노랑(yellow), 청록(cyan)이다.

28
선(線)에 대한 설명 중 틀린 것은?

① 치수선, 치수 보조선등은 가는 실선을 사용한다.
② 파선은 물품의 일부를 떼어낸 것을 표시하는 선에 사용한다.
③ 쇄선은 중심선, 상상선 등에 사용된다.
④ 가는 실선으로 해칭을 표현한다.

> 파선은 보이지 않는 부분을 표시할 때 사용하며 짧은 선을 좁은간격으로 배열한 것이다.(———)

29
도면에서 치수의 단위에 대한 설명으로 틀린 것은?

① 길이의 단위는 cm를 사용한다.
② 길이의 단위는 mm를 사용하나, 단위 mm는 기입하지 않는다.
③ 각도는 필요에 따라 분, 초의 단위도 함께 사용할 수 있다.
④ 각도의 단위는 도(°)를 사용한다.

> 일반적인 치수기입의 원칙에 따라 mm를 사용한다.

30
다음 중 관용색명의 종류가 다른 것은?

① 프러시안 블루　② 베이지색
③ 피콕 그린　　　④ 살몬 핑크색

> 베이지색(낙타), 피콕그린(복숭아), 살몬핑크색(연어)은 생물에서 따온 색명이고 프러시안 블루는 1700년경 베를린에서 발견되어 베를린 블루로 불리기도 한다.

31
교통 표지판 등에서 중시해야 하는 색채의 감각은?

① 명시도와 주목성
② 항상성
③ 색의 진출과 팽창
④ 잔상

> 교통 표지판은 멀리서도 잘 보여야 하기 때문에 명시도와 주목성을 중시해야 한다.

32
먼셀 색체계의 설명 중 틀린 것은?

① 모든 색상명을 소문자로 표기한다.
② 색표기는 색상, 명도, 채도의 순으로 한다.
③ 숫자가 커질수록 명도가 높다.
④ 숫자가 커질수록 채도가 높다.

> 먼셀의 색체계에서 색상명은 대문자와 숫자로 표기한다.

33
도면을 접는 방법에 대한 설명이 틀린 것은?

① 도면의 표제란은 모든 접는 방법에 대해서 제일 앞쪽의 오른쪽 아래에 위치하도록 한다.
② A0~A3 크기의 복사한 도면은 일반적으로 A4 크기로 접는다.
③ 도면은 반드시 A4 크기로 접어 깨끗하게 보관하는 것이 원칙이다.
④ 원도를 말아서 보관할 경우에는 그 안지름은 40㎜로 한다.

> A4 크기로 접어서 깨끗하게 보관하는 것이 원칙이지만 '반드시'는 아니다.

34
투시도법의 용어 중 물체의 각 점이 수평선상에 모이는 점은?

① 입점(SP)
② 시점(EP)
③ 소점(VP)
④ 측점(MP)

- 입점(SP : Standard Point) : 평면상에 사람이 서서 사물을 보는 위치
- 시점(EP : Eye Point) : 관찰자의 눈의 위치
- 측점(MP : Measuring Point) : 물체의 깊이를 재기 위한 점

35
추상체가 활동하여 물체의 형태, 색채를 분명히 감지할 수 있는 상태는?

① 암소시
② 박명시
③ 시감도
④ 명소시

> 추상체는 색채를 감지하며 명소시(밝은곳)에 활동한다.

36
똑같은 무게의 상품을 넣은 검정색과 연두색의 상자 중 운반 작업자가 연두색의 상자를 운반했을 때 피로도가 경감했다고 한다. 이것은 색채 감정 효과 중 무엇과 관련이 있는가?

① 온도감
② 중량감
③ 경연감
④ 강약감

> 색의 중량감은 고명도인 연두색이 검정색보다 가볍다.

37
저드의 색채 조화 원리와 관련이 없는 것은?

① 유사성의 원리
② 친근성의 원리
③ 비질서의 원리
④ 비모호성의 원리

> 저드의 색채 조화 원리 : 질서의 원리, 유사의 원리, 동류의 원리, 대비의 원리, 비모호성의 원리

38
다음 중 다면체가 아닌 회전체는?

①   ②

③   ④

① ② ③은 도형을 회전시켜 만들 수 없는 다면체이다.

39
색의 주목성에 대한 설명 중 틀린 것은?

① 고명도, 고채도의 색은 주목성이 높다.
② 일반적으로 명시도가 높으면 주목성도 높다.
③ 녹색은 빨강보다 주목성이 높다.
④ 포스터, 광고 등에는 주목성이 높은 배색을 한다.

빨강색은 녹색보다 고채도의 난색계열이므로 주목성이 높다.

40
한국산업표준에서 기계 제도 분야의 정투상도법은 어느 것을 사용함을 원칙으로 하는가?

① 제1각법   ② 제2각법
③ 제3각법   ④ 제4각법

한국산업규격(KS)에서는 제3각법 사용을 원칙으로 한다.

41
다음 중 조명이 어두운 상태에서 어떤 동작을 촬영하고자 할 경우에 적합한 필름은?

① ISO 125
② ISO 200
③ ISO 400
④ ISO 1000

감도(ISO)가 높을수록 입자가 커서 빛의 양이 적은 어두운 곳에서도 촬영이 가능하다.

42
다음 중 가장 무른 연필심의 종류는?

① 4B   ② B
③ H   ④ 2H

• 연필은 심의 굳은 정도(경도), 색의 연함(농도)으로 표시한다.
• 경도는 H(Hard), F(Frim), B(Black)으로 표시한다.
• 수치가 높을수록 농도가 진하고 경도가 낮다.

43
가공지의 제조방법 중 도피 가공을 한 종이는?

① 아트지   ② 유산지
③ 리트머스 시험지   ④ 크레이프지

도피가공은 아트지, 바리이타지를 만드는 방법으로 여러 색상의 안료와 접착제를 혼합하여 만든다.

44
다음 중 양지에 속하는 것은?

① 도화지   ② 창호지
③ 골판지   ④ 휴지

• 양지는 펄프가 주 원료이며 인쇄용으로 사용한다.
• 창호지는 기계로 만들며, 골판지는 목재펄프와 재생섬유를 원료로 하며, 휴지는 기계로 만든 화지이다.

45
〈보기〉에서 설명하는 재료는?

〈보기〉
• 이집트의 파피루스가 있었다.
• 제조 기술은 A.D 100년에 채륜이 개량 확립하였다.
• 19세기 후반 펄프의 제조가 공업화되어 대량 생산되었다.

① 개량 목재   ② 유약
③ 종이   ④ 피혁

종이는 기원전 2400년경 이집트의 파피루스에서부터 시작하여 AD 100년 중국 후한의 채륜이 개량하여 19세기 후반 대량생산이 가능해졌다.

46
목재도장 재료 중 수성 착색제에 관한 설명이 틀린 것은?

① 상벌칠 도료에 녹지 않는다.
② 2중 염료 혼합이 잘된다.
③ 건조가 빠르다.
④ 사용 방법이 간편하다.

> 물로 용해하여 수용성 교착제와 혼합해 사용한다. 대표적인 것은 흰색 수성페인트이며 내수성이 약하고 광택이 없다.

47
다음 중 화성암의 종류에 속하는 것은?

① 응회암
② 섬록암
③ 사암
④ 석회암

> 화성암 : 화강암, 안산암, 감람석, 섬록암

48
파스텔 재료에 대한 설명이 틀린 것은?

① 선의 느낌은 연필과 비슷하나 그림자 부분을 묘사하기가 쉽다.
② 정착액이 필요하다.
③ 다양한 색채를 만들 수 있어서 회화의 재료로도 쓰인다.
④ 매우 정확하고 정밀한 부분을 세밀하게 표현할 수 있다는 장점이 있다.

> 파스텔의 특징
> • 쉽게 번져 세밀한 표현이 어렵다.
> • 선의 느낌이 연필과 비슷하며 그림자 묘사가 쉽다.
> • 다양한 색채로 표현할 수 있어 회화재료로 사용한다.
> • 정착액으로 고정하여야 오래 보관할 수 있다.

49
벡터(Vector)에 대한 설명으로 옳은 것은?

① 캔버스에 작업하듯이 이미지를 페인팅하는 방식이다.
② 이미지 질의 손상 없이 크기를 변경할 수 있다.
③ Painter, Photoshop 등이 대표적인 벡터방식프로그램이다.
④ 자연스러운 색상이나 명암단계를 표현하기에 좋다.

> 벡터 이미지(Vector Image)의 특징
> • 선과 곡선값을 수학적 연산으로 구성한 이미지이다.
> • 위치 및 크기를 변경해도 이미지 품질의 손상이 없다.
> • 객체지향 이미지, 오브젝트 이미지, 포스트스크립트 이미지라고도 한다.
> • 문자와 정교한 선을 그릴 때 가장 유용하다.
> • 비트맵에 비해서 명암과 색상은 떨어진다.
> • 일러스트레이터, 코렐드로우, CAD 등이 대표적 프로그램이다.

50
비트에 따른 사용 가능한 컬러 수에 대한 설명 중 틀린 것은?

① 1bit는 2색으로 흑백 이미지를 표현할 때 사용된다.
② 4bit는 4색으로 이미지 표현을 할 수 있다.
③ 8bit는 총 256단계의 컬러 표현이 가능하다.
④ 24bit는 16777216색으로 트루컬러라고 부른다.

1bit	4bit	8bit	16bit	24bit
2색	16색	256색	65,000색 (하이컬러)	1,677만색 (트루컬러)

51
가상 메모리(Virtual Memory)의 기능을 가장 잘 설명한 것은?

① 사용자가 보조기억장치에 해당하는 용량을 기억장치처럼 사용하도록 구현된 메모리
② 중앙처리장치와 주기억장치 사이의 속도차이를 극복하기 위한 메모리
③ 필요시 주기억장치로 옮겨 사용할 수 있는 자료를 기억하는 장치
④ 프로그램이 실행될 때 보조기억장치로 자료를 이동시켜 실행시킬 수 있는 기억장치

가상 메모리(Virtual Memory)
- 실행되는 프로그램이 주기억장치(RAM)보다 크거나 여러 개인 경우 보조기억장치(하드디스크)를 주기억장치(RAM)처럼 사용한다.
- 사용하는 응용프로그램 메모리가 내장되어 있는 메모리보다 클 경우 보조기억장치(하드디스크)를 주기억장치(RAM)처럼 사용한다.
- 가상메모리는 운영체제에서 지원한다.

52
3D 모델링에서 합집합, 차집합, 교집합의 3가지 집합 개념을 도형에 적용하여 복잡한 기하학적 도형을 쉽게 형성할 수 있는 방법은?

① 은면 소거 방법
② 스캔 라인(Scan line)방법
③ Z-버퍼 방법
④ 불린(Boolean)연산 방법

불린(Boolean)연산 방법
- 2D 도면을 기초로하여 3D 모델링을 하는 방법으로 합집합, 차집합, 교집합의 개념을 이용한다.
- CAD의 pedit의 join명령, region 명령을 많이 사용한다.

53
2차원 컴퓨터 그래픽스에서 2가지 이상의 색상을 자연스럽게 변화시켜 가며, 특정 구역 안에 색을 칠해주는 기법은?

① 그라데이션(Gradation)
② 블러(Blur)
③ 클리핑(Clipping)
④ 모자이크(Mosaic)

- 블러(Blur) : 이미지를 흐릿하게 만든다.
- 클리핑(Clipping) : 이미지의 일부분을 잘라내는 것이다.
- 모자이크(Mosaic) : 이미지의 일부분을 타일 모양으로 만들어 형태를 정확하게 알아볼 수 없도록 한다.

54
사진촬영 시 카메라 렌즈에 끼워 사물을 독특하게 보이게 하는 것과 같이 그래픽 이미지에 특징적인 효과를 적용하여 변경해주는 기능은?

① Filter
② Feather
③ Fade
④ Facet

- Feather : 포토샵에서 이미지의 가장자리를 부드럽게 표현한다.
- Fade : 바로 이전에 수행한 명령의 적용되는 정도를 수정하면서 다시 실행한다.
- Facet : 포토샵에서 이미지와 주변의 픽셀들을 뭉쳐서 색상을 단순화한다.

55
다음 중 컴퓨터 시스템의 기본 구성장치가 아닌 것은?

① 입력장치
② 출력장치
③ 중앙처리장치
④ 스피커장치

스피커는 외부에 별도로 설치해야 하는 장치이다.

56
3차원 컴퓨터 그래픽스에서 서페이스(Surface)모델에 대한 설명으로 옳은 것은?

① 3차원 물체의 선뿐만 아니라 표면도 표현할 수 있다.
② 와이어프레임 모델보다 데이터양이 작다.
③ 단면도의 작성이나 숨은선의 제거는 불가하다.
④ 오브젝트의 색상이나 질감은 표현할 수 없다.

> 서페이스 모델의 특징
> • 3차원 물체의 선과 표면도 표현할 수 있다.
> • 은선과 은면의 제거가 가능하다.
> • 오브젝트의 색상이나 질감 표현이 가능하다.
> • 메시모델, 표면모델링이라고도 한다.

57
다음 중 모아레(Moire)현상에 관한 설명으로 틀린 것은?

① TV에서 가는 줄무늬 의상을 촬영할 때 모아레 현상이 생긴다.
② 하프돈 스크린이 잘못 설정되었을 때 나타난다.
③ 인쇄물 이미지를 스캔 받을 경우에는 필터를 이용하여 모아레 현상을 막을 수 있다.
④ 하프톤 도트 모아레 패턴은 모니터 상에서 교정이 가능하다.

> 모아레 현상은 모니터와 상관없이 생기는 것이므로 모니터상에서 교정이 불가능하다.

58
3차원 디지털 애니메이션에 대한 설명 중 틀린 것은?

① 물체의 움직임을 포인트가 되는 키 프레임(Key frame)을 만들어 제어한다.
② 하나의 물체에서 다른 물체로 빠른 변화를 표현하기 위해 몰핑(Morphing)기법을 사용한다.
③ 셀(Cell)을 사용하여 배경과 움직이는 화상을 따로 그려 채색한다.
④ 사람이나 동물의 움직이는 동작을 데이터로 이용하기 위해 모션캡처(Motion capture)기법을 사용한다.

> 셀(Cell)을 사용하여 만드는 것은 셀 애니메이션이다.

59
다음 그래픽 용어의 설명 중 틀린 것은?

① 앨리어싱 : 픽셀의 그리드에 단계별 회색을 넣어 계단 현상을 없애 주는 것
② 렌더링 : 모델링된 작업에 실제감을 부여하여 이미지를 창조하는 과정
③ 래스터 이미지 : 비트맵 방식으로 이루어진 이미지
④ 프랙탈 : 해안선, 산맥 등의 자연물 모양을 표현하는 방법

> ① 안티앨리어싱

60
포토샵 프로그램에 대한 설명이 틀린 것은?

① 사진 이미지 수정 및 변환이 자유롭다.
② 대표적인 2D 이미지 편집 프로그램이다.
③ 벡터 방식의 도형생성 및 편집에 주로 사용된다.
④ 사진의 색상, 명암, 채도 등을 수정할 수 있다.

> • 포토샵은 비트맵 형식의 이미지를 편집, 수정할 때 사용한다.
> • 벡터 방식의 이미지 수정은 CAD나 일러스트, 코렐드로우와 같은 프로그램에서 할 수 있다.

2021년 1회 컴퓨터그래픽기능사 정답

01	02	03	04	05
③	①	③	④	③
06	07	08	09	10
③	①	①	②	②
11	12	13	14	15
②	②	④	①	①
16	17	18	19	20
②	②	①	④	③
21	22	23	24	25
③	②	②	②	③
26	27	28	29	30
③	①	②	①	①
31	32	33	34	35
①	①	③	③	④
36	37	38	39	40
②	③	④	③	③
41	42	43	44	45
④	①	①	①	③
46	47	48	49	50
②	②	④	②	②
51	52	53	54	55
①	④	①	①	④
56	57	58	59	60
①	④	③	①	③

LESSON 08 CBT 복원문제 _ 컴퓨터그래픽기능사

2021년 3회

01
디자인(Design)이란 단어의 어원은?

① 구성(Composition)
② 데지그나레(Designare)
③ 욕구(Desire)
④ 편집(Edit)

> 라틴어의 데지그나레(Designare)가 어원으로 '계획을 기호로 표현한다'라는 의미이다.

02
마케팅 믹스(marketing mix)의 구성요소가 아닌 것은?

① 제품
② 영업
③ 유통구조
④ 판매촉진

> 마케팅 믹스는 마케팅의 목표를 효과적으로 달성하기 위해 마케팅 방법을 균형있게 조정하는 것이며 구성요소는 제품(Product), 가격(Price), 유통(Place), 촉진(Promotion)이며 4P라고도 한다.

03
색감각을 일으키는 빛의 특성을 나타내는 색체계는?

① 혼색계
② 색지각
③ 현색계
④ 등색상

> • 혼색계 : 심리, 물리적 빛의 혼색 실험에 기초를 두고 색광을 표시하는 표색계로 CIE 표준표색계(XYZ 표색계)가 있다.
> • 현색계 : 지각색의 색채를 일정하게 나타내는 표색계는 먼셀 표색계와 오스발트 표색계가 있으며 사용하기 쉽다.

04
"색채계에는 심리, 물리적인 빛의 혼색실험에 기초를 두고 색을 표시하는(A)와 지각색을 표시하는 (B)가 있다."(   )에 들어갈 용어로 옳은 것은?

① A-심리계, B-지각계
② A-혼색계, B-현색계
③ A-현색계, B-혼색계
④ A-물리계, B-지각계

> • 혼색계 : 심리, 물리적 빛의 혼색 실험에 기초를 두고 색광을 표시하는 표색계로 CIE 표준표색계(XYZ 표색계)가 있다.
> • 현색계 : 지각색의 색채를 일정하게 나타내는 표색계는 먼셀 표색계와 오스발트 표색계가 있으며 사용하기 쉽다.

05
한 변이 주어진 정오각형을 그린 평면 도법으로 옳은 것은?

①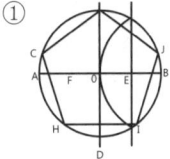
②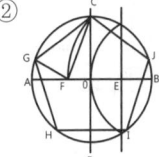
③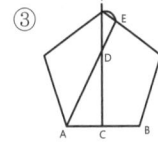
④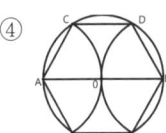

06
금속과 비금속의 복합체로 결정화된 물질이며 디자인, 전기, 전자 등에 널리 쓰이는 재료는?

① 유리 재료
② 플라스틱 재료
③ 금속 재료
④ 도자기 재료

- 유리재료 : 규사, 탄산나트륨, 탄산칼슘 등을 고온으로 녹인 후 냉각하면 생기는 투명도가 높은 물체이며, IC 직접회로의 기판, 콘덴서 등에서 사용한다.
- 플라스틱재료 : 유기재료이며 탄소가 주요소이다.
- 금속재료 : 무기재료이며 철광석을 주원료로하고 철재와 비철금속으로 나뉜다.

07
다음 중 제품수명주기의 순서가 바르게 나열된 것은?

① 도입기→성장기→성숙기→쇠퇴기
② 성장기→성숙기→쇠퇴기→도입기
③ 성장기→도입기→성숙기→쇠퇴기
④ 도입기→성숙기→성장기→쇠퇴기

제품 수명주기
- 도입기 : 신제품이므로 이익이 낮고, 경비(유통, 광고)가 높다.
- 성장기 : 광고와 홍보로 제품의 인지도 상승으로 수요와 이윤이 증가하고 경쟁제품이 출현하며 시장점유 극대화에 노력해야한다.
- 성숙기 : 매출액이 안정된 상태로, 마케팅 전략의 초점은 제품을 조금씩 개선하여 성숙기를 연장한다.
- 쇠퇴기 : 소비시장의 감소로 다른 제품으로 대체하거나 소멸되므로 소비자의 성향에 맞춰 기존의 상품을 대체할 신상품을 개발해야 한다.

08
다음 중 양지에 속하는 것은?

① 도화지
② 창호지
③ 골판지
④ 휴지

- 양지는 펄프가 주 원료이며 인쇄용으로 사용한다.
- 창호지는 기계로 만들며, 골판지는 목재펄프와 재생섬유를 원료로 하며, 휴지는 기계로 만든 화지이다.

09
설계자의 뜻을 작업자에게 완전하게 전달할 수 있는 충분한 내용과 가공의 용이, 제작비의 절감이 요구되는 도면은?

① 계획도
② 제작도
③ 주문도
④ 승인도

- 계획도 : 제작 초기에 제작도의 기초가 되는 도면으로 설계자의 의도와 계획을 나타내는 도면
- 주문도 : 제품을 주문할 때 물건의 크기, 형태 등의 주문 정보를 나타낸 도면
- 승인도 : 주문자가 승인한 도면

10
다음 중 인접색의 조화에 해당하는 것은?

① 빨강-녹색-주황
② 귤색-주황-남색
③ 연두-녹색-다홍
④ 빨강-자주-보라

먼셀의 색채 조화 중 하나이며 동일한 채도를 가진색이 조화를 잘 이룬다.

11
같은 밝기의 회색을 흰색 바탕과 검정 바탕에 각각 놓았을 때 흰색 바탕의 회색은 어둡게, 검정 바탕의 회색은 밝게 보이는 대비는?

① 명도대비
② 색상대비
③ 채도대비
④ 보색대비

- 색상대비 : 명도와 채도가 같은 색이 이웃하여 있을 때 두 색이 서로의 영향으로 색상차가 나는 것
- 채도대비 : 채도가 다른 두 색이 대조되어 높은 채도의 색은 더 높게, 낮은 채도의 색은 더 낮게 보이는 현상
- 보색대비 : 색상환에서 서로 마주 보는 두 색이 서로의 영향으로 더욱 선명하게 보이는 현상

12
컴퓨터 작동 시 정보를 기억할 수 있고 전원이 꺼지면 지워지는 메모리는?

① Random Access Memory
② Read Only Memory
③ Hard Disk Memory
④ Floppy Memory

램(RAM)이라고도 하며 읽기와 쓰기가 자유롭고 전원을 끄면 메모리에 있는 내용이 지워진다.

13
다음 중 아이디어를 전개하고 확인하는데 이용되는 가정 정밀한 모델(모형)은?

① 스터디 모델(study model)
② 프레젠테이션 모델(presentation model)
③ 스케치 모델(sketch model)
④ 러프 모델(rough model)

• 제시모델(더미, 프레젠테이션 모델) : 디자인 담당자에게 보여주기 위해 만들며 러프모델 보다 좀 더 실제 제품에 가깝다.

14
메모리의 종류 중 기억 내용을 삭제하기 위하여 데이터의 재입력이 항시 필요하기 때문에 다이내믹 램이라고 불리는 것은?

① SRAM
② DRAM
③ EDO RAM
④ DDR-SDRAM

• SRAM : 캐시메모리로 사용하며 속도가 빠르다.
• EDO RAM : DRAM에 비해 메모리 액세스 속도가 빠르다.
• DDR-SDRAM : 메모리 직접회로로 SDRAM에 비해 대역폭이 두 배나 늘어났다.

15
다음 중 치수 보조선 기입이 가장 옳게 표현된 것은?

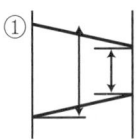 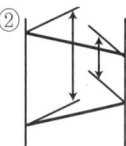
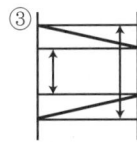 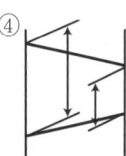

치수보조선
• 도면으로부터 1~2mm 정도 거리에서 치수선에 수직이 되도록 긋는다.
• 치수선을 2~3mm 정도 초과하도록 긋는다.
• 간격이나 각도가 좁아 치수 기입이 어려운 경우에는 치수선에서 적당한 각도와 거리로 치수 보조선을 그을 수 있다.

16
벡터 파일 포맷이 아닌 것은?

① TGA
② AI
③ CDR
④ EPS

• TGA : Truevision(현재의 Pinnacle Systems)사에 의해 개발된 비트맵 그래픽 포맷으로 비손실 압축이 가능하다.
• AI(일러스트레이터), CDR(코렐드로우), EPS(포스트스크립트)는 벡터 방식의 그래픽 포맷이다.

17
다음 용어에 대한 설명 중 틀린 것은?

① 일반적으로 PC에서 캐시메모리로 사용되는 것은 DRAM이다.
② ROM은 기록된 데이터를 단지 읽을 수만 있는 메모리를 말한다.
③ RAM은 컴퓨터 작동 정보를 기억할 수 있고 전원이 꺼지면 지워지는 메모리 이다.
④ SRAM은 DRAM보다 빠른 속도를 가진다.

캐시메모리에 사용되는 것은 SRAM(정적메모리)이다.

18
전자 출판에 대한 설명 중 가장 거리가 먼 것은?

① 컴퓨터나 전자기기를 이용한 문서 출판을 의미한다.
② DTP(Desk Top Publishing)라고 한다.
③ In Design이나 Quark Xpress와 같은 프로그램에서 주로 작업할 수 있다.
④ 스캔 받은 이미지에 특수효과를 줄 때 효과적이다.

> 스캔 받은 이미지에 특수한 효과를 주는 것은 포토샵프로그램이다.

19
다음 중 율동을 구성하는 형식과 가장 거리가 먼 것은?

① 반복　　② 방사
③ 점이　　④ 대칭

> 율동은 생명감과 존재감을 표현하고, 같은 형식이 일정한 규칙과 질서를 유지할 때 나타나며 비대칭, 반복, 교차, 방사, 점이 등을 통해 나타난다.

20
그림은 무엇을 구하기 위한 것인가?

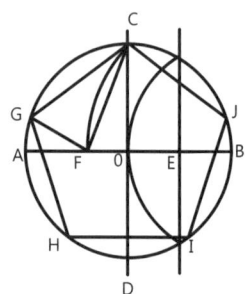

① 원주에 근사한 직선 구하기
② 원에 내접하는 정5각형 그리기
③ 원에 내접하는 반원형 그리기
④ 한 변에 주어진 정5각형 그리기

21
종이의 제조 방법에 대한 설명 중 틀린 것은?

① 정정 – 종이를 뜨기 전에 종이원료에 섞인 불순물을 제거하고 얽힌 섬유를 분리하는 것을 말한다.
② 충전 – 사이징과 전후하여 고해기 속에서 종이 재료에 광물성의 가루를 첨가하고 걸러내는 공정을 말한다.
③ 고해 – 종이에 내수성을 주고, 표면을 아교물질로 피복시키는 공정이다.
④ 초지 – 종이 층의 균일성을 주는 공정이다.

> 고해 – 펄프 섬유를 기계로 절단 가공하는 기초 작업으로 강도, 촉감, 투명도를 조절한다.

22
다음 중 목재의 주된 성분이 아닌 것은?

① 셀룰로오스
② 헤미셀룰로오스
③ 리그닌
④ 아세테이트

> • 목재의 화학적 성분은 셀룰로오스, 헤미셀룰로오스, 리그닌이다.
> • 아세테이트는 필름의 성분이다.

23
마케팅 시스템의 목표와 거리가 먼 것은?

① 소비자 만족 증진　　② 소비의 확대
③ 생산의 극대화　　　④ 생활의 질 증진

24
X-Y 플로터가 개발되면서 종이 위에 정확한 그림 표현(설계도면, 곡선, 복잡한 도형 등)이 가능하였으며, 또한 플로터의 시기라고 칭하기도 한 컴퓨터 그래픽스 세대는?

① 제1세대　　② 제2세대
③ 제3세대　　④ 재4세대

- 제1세대 : 도트매트릭스 프린터, X-Y 플로터
- 제2세대 : DAC-1(CAD/CAM), CRT 모니터
- 제3세대 : CRT 라이트 펜용 플로터

25
유사색 조화에 해당되는 것은?

① 연두 – 초록 – 청록
② 주황 – 파랑 – 자주
③ 주황 – 초록 – 보라
④ 노랑 – 연두 – 남색

연두, 초록, 청록은 한색으로 유사색이다.

26
색에 관한 설명 중 틀린 것은?

① 물리보색과 심리보색은 반드시 일치한다.
② 색상이나 채도보다 명도에 대한 반응이 더 민감하게 느껴진다.
③ 무채색끼리는 채도대비가 일어나지 않는다.
④ 보색을 대비시키면 채도가 높아지고, 색상을 강조하게 된다.

물리보색
- 색상환에서 서로 반대에 있는 색을 혼합하면 무채색이 되는 색이다.
- 물리보색과 심리보색은 반대이다.
- 물리보색은 원판회전혼합(가법혼색)이다.

27
굿 디자인(Good Design)의 조건이 아닌 것은?

① 합목정성
② 심미성
③ 종합성
④ 독창성

디자인의 조건은 합목적성, 심미성, 독창성, 경제성, 질서성 등이 있다.

28
DM(Direct Mail)광고라고 볼 수 없는 것은?

① 폴더(Folder)
② 리플릿(leaflet)
③ 포스터(poster)
④ 카달로그(catalogue)

- DM(Direct Mail)광고는 소비자에게 직접 보내는 우편물로 광고를 하는 것으로 광고층이 정해져 있고 시기와 빈도, 형태, 크기 등을 다양하게 제작할 수 있다.
- 포스터는 대중전달 매체의 하나로 직접 우편물로 광고를 하지는 않는다.

29
하나의 색이 그보다 탁한 색 옆에 위치할 때 실제보다 더 선명하게 보이는 대비현상은?

① 색상대비
② 채도대비
③ 보색대비
④ 계시대비

- 색상대비 : 명도와 채도가 같은 색이 이웃하여 있을 때 두 색이 서로의 영향으로 색상차가 나는 것
- 보색대비 : 색상환에서 서로 마주 보는 두 색이 서로의 영향으로 더욱 선명하게 보이는 현상
- 계시대비 : 한 가지 색을 본 후 다른 색을 보면 처음에 본 색의 영향으로 나중에 본 색이 달라져 보이는 현상

30
실내디자인의 목적과 거리가 가장 먼 것은?

① 문화적, 경제적 측면을 고려한 합리적인 실내 공간 계획
② 기능적이고 쾌적한 환경을 창조하기 위한 실내 공간 계획
③ 독창적이고 합리적인 공간으로 창조하기 위한 실내 공간계획
④ 기능적 설계요소보다 미적인 요소를 중시하는 실내 공간 계획

실내 디자인은 인간의 삶을 행복하게 하기 위해서 물리적, 심리적, 미적 기능을 갖추어야 한다.

31
포토샵에서 CMYK 모드로 작업할 때 활성화되지 않아 실행할 수 없는 필터는?

① Gaussian Blur
② Sharpen Edges
③ Difference Clouds
④ Lighting Effects

Lighting Effects는 RGB 컬러에서만 가능하다.

32
마케팅의 원칙에 속하지 않는 것은?

① 수요전체의 원칙　② 판매촉진의 원칙
③ 소요창조의 원칙　④ 적정배분의 원칙

마케팅 : 상품을 유통시키는데 관련된 모든 경영활동
- 제품관계 : 신제품 개발, 기존제품 개량, 포장·디자인의 결정, 재고 상품의 폐지 등
- 시장거래관계 : 시장조사·수요예측, 판매경로 설정, 가격정책, 상품의 물리적 취급, 경쟁대책 등
- 판매관계 : 판매원의 인사관리, 판매활동 실시, 판매사무 처리 등
- 판매촉진관계 : 광고·선전, 각종 판매촉진책 실시
- 종합조정관계 : 각종 활동 전체에 관련된 정책, 계획책정, 조직설정, 예산관리 실시 등

33
다음 중 세계 최초의 진공관식 컴퓨터는?

① ENIAC　② EDSAC
③ EDVAC　④ UNICAD

애니악은 1946년 개발한 최초의 진공관식 컴퓨터이다.

34
다음 중 디자인의 궁극적인 목적은?

① 인간의 행복을 위한 생활환경의 개선 및 창조
② 경제적 이윤을 추구하기 위한 디자이너의 욕망
③ 예술적인 창작 작품 제작을 위한 수단
④ 인간의 장식적 욕구를 충족시키기 위한 수단

디자인의 궁극적 목적은 인간 생활의 물질적 풍요를 충족시켜 행복하게 하는데 있다.

35
실내 디자인의 계획 단계에서 고려할 조건으로 가장 거리가 먼 것은?

① 입지적조건
② 건축적 조건
③ 설비의조건
④ 색채의 조건

색채의 조건과 재료 선택은 설계단계에서 한다.

36
다음 그림과 같은 작도법은?

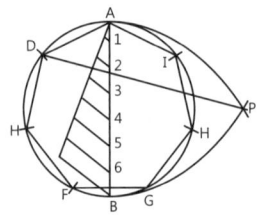

① 한 변이 주어진 임의의 정다각형
② 원에 내접하는 임의의 정다각형
③ 원의 중심 구하기
④ 다각형에 외접하는 원그리기

37
다음 중 제품디자인에서 작업시 고려해야 할 일반적인 조건이 아닌 것은?

① 기능성　② 성실성
③ 심미성　④ 경제성

디자인의조건
- 합목적성 : 실용성, 이성적, 합리적, 객관적 특징(디자인의 1차 조건)
- 심미성 : 허용된 범위 내에서 대중에 의해 공감되는 미
- 독창성 : 아이디어가 독창적 이어야 하며 기존의 개념과 틀에 얽매이지 않아야 함
- 경제성 : 최소의 자재, 경비(싼 값으로)로 최대의 효과(우수한 제품)를 내야함
- 질서성 : 합목적성, 심미성, 독창성, 경제성이 조화를 이루어야 함
- 합리성, 비합리성 : 지적활동(심미성, 독창성), 합리적 부분(합목적성, 경제성)

38
색채의 중량감에 대한 설명으로 옳은 것은?

① 주로 채도에 의하여 좌우된다.
② 중명도의 회색보다 노란색이 무겁게 느껴진다.
③ 난색계통보다 한색계통이 가볍게 느껴진다.
④ 주로 고명도의 색은 가볍게 느껴진다.

중량감에 영향을 주는 것은 명도이며, 높을수록 가벼운 느낌이다.

39
기계를 부정하고 만드는 예술적 가치와 만드는 즐거움으로 돌아가자는 운동을 주창한 사람은 누구인가?

① 윌리엄 모리스
② 헨리 반 데 벨데
③ 루이스 설리반
④ 월터 그로피우스

- 19세기 미술공예운동 윌리엄 모리스가 중심이 되어 기계를 부정하고 만드는 즐거움과 예술적 가치를 주장하여 수공예 미술운동을 주창하였다.
- 헨리 반 데 벨데 : 유켄트 스틸
- 루이스 설리반 : 기능주의 대표 작가
- 월터 그로피우스 : 바우하우스를 설립하여 합목적 기능과 실용성을 중시하고, 예술창작과 기술의 통합을 목표로 하였다.

40
모델링(Modeling)의 종류 중 제품의 성능과 형태가 실제 생산품과 똑같으며 종합적인 성능 실험과 광고모델, 전시회 출품에까지 사용되어지는 것은?

① 제시 모델   ② 연구 모델
③ 제작 모델   ④ 실험 모델

- 제시모델(더미, 프레젠테이션 모델) : 디자인 담당자에게 보여주기 위해 만들며 러프모델 보다 좀 더 실제 제품에 가깝다.
- 연구모델(러프모델, 스케치모델, 스킴모델) : 디자인 초기에 형태와 균형감을 알기위해 제작한다.
- 실험모델 : 외형보다 제품의 성능시험을 위해서 만든다.

41
아래의 그림 a, b는 같은 길이와 크기이지만, 다르게 보이는 것은 어떤 현상 때문인가?

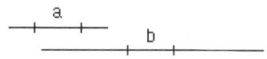

① 분할착시   ② 유화착시
③ 반전착시   ④ 대비착시

- 분할착시 : 분할된 면이나 선은 분할되지 않은 선이나 면 보다 더 크고 길게 보인다.
- 유화의 착시 : 같은 길이의 선이 화살표의 방향에 따라 길이가 달라 보인다.
- 반전착시 : 반대로 보았을 때 전혀 다른 모양의 사물이 보인다.

42
색채의 조화에서 공통되는 원리와 거리가 먼 것은?

① 질서의 원리
② 비모호성의 원리
③ 동류의 원리
④ 색채조절의 원리

저드의 색채 조화 : 실서의 원리, 동류성의 원리, 대비의 원리, 유사의 원리, 비모호성의 원리를 주장하였다.

43
어떤 두 색이 맞붙어 있을 때 그 경계 언저리에 대비가 더 강하게 일어나는 현상은?

① 면적대비
② 한난대비
③ 보색대비
④ 연변대비

- 면적대비 : 같은 색이라도 면적이 넓으면 명도와 채도가 증가하고, 면적이 좁으면 명도와 채도가 낮아 보이는 현상
- 한난대비 : 색의 차고 따뜻한 느낌의 차이에 의해서 변화가 오는 대비현상
- 보색대비 : 색상환에서 서로 마주 보는 두 색이 서로의 영향으로 더욱 선명하게 보이는 현상

44
먼셀 색체계 표기인 5R 6/9 대한 설명이 옳은 것은?

① 명도(V) = 9, 채도(C) = 6의 빨간색
② 명도(V) = 5, 채도(C) = 9의 빨간색
③ 명도(V) = 6, 채도(C) = 9의 빨간색
④ 명도(V) = 9, 채도(C) = 5의 빨간색

> 먼셀색체계의 표시법 : 색상(Hue), 명도(Valu), 채도(Chroma)를 기호로 H V/C로 표시한다.

45
컴퓨터의 컬러 모니터 상에 색을 표현하는 색체계와 거리가 먼 것은?

① RGB컬러
② 빛의 3원색
③ CMYK컬러
④ 가산혼합 방식의 색 표현

> CMYK 컬러 : C(시안), M(마젠타), Y(노랑), K(검정)의 4가지 색을 기본으로 하는 감산혼합 모델로 인쇄에서 주로 사용함

46
( )안에 들어갈 내용을 알맞게 짝지은 것은?

> 색채 현상은 빛의 현상으로, 빛의 현상은 인간이 물체 또는 광원에 대한 색을 지각할 때 물체마다 다른 색으로 느끼게 하는데 매우 중요한 역할을 한다. 햇빛과 같이 모든 파장이 유사한 감도를 갖는 빛을(   )라 한다. 물체의 색은 표면 반사율에 의해 결정되는데 여러 가지 파장이 고르게 반사되는 경우에는(   )으로 지각된다.

① 유색광, 무채색
② 백색광, 유채색
③ 백색광, 무채색
④ 유색광, 유채색

47
인간의 시세포가 밤과 낮의 각기 다른 조건에서도 잘 활동할 수 있는 것은 무엇 때문인가?

① 간상체와 추상체
② 수평세포
③ 수정체와 홍채
④ 양극세포

> • 추상체 : 색상, 명도, 채도 구분
> • 간상체(항상체) : 명암만 구분이 가능(고감도 필름 역할)

48
애니메이션 제작에서 두 개의 키프레임 이미지 사이의 중간 단계 프레임을 연결하는 과정을 무엇이라 하는가?

① 트위닝(tweening)
② 로토스코핑(rotoscoping)
③ 인비트원(in-between)
④ 트레이싱 라인(tracing line)

> • 인비트원(in-between) : 애니메이션 제작에서 두 개의 키프레임 이미지 사이의 중간 단계 프레임을 연결하는 과정
> • 로토스코핑(rotoscoping) : 애니메이션과 실사를 함께 사용한 2D 영화
> • 트위닝(tweening) : 애니메이션에서 처음 동작과 끝 동작을 지정한 후 중간의 프레임의 경로를 지정하는 것
> • 트레이싱 라인(tracing line) : 특정 면에 질감효과를 준 후 안쪽의 형태가 보이도록 하는 3D 메뉴의 한 종류

49
다음 중 굵은 실선으로 표시하는 선은?

① 치수선
② 외형선
③ 지시선
④ 치수보조선

명칭	종류	표시	선의 용도
외형선	굵은 실선		대상물의 외부모양을 표시하는 선
치수선	가는 실선		치수를 기입하기 위한 선
치수보조선			치수를 기입하기 위해 연장하는 선
지시선			기호, 서술 등을 기입하기 위해 연장하는 선
해칭선	45° 평행 사선의 가는 실선	/////////	단면도의 질된 부분을 표시하는 선
파단선	파형, 지그재그의 가는 선	∿∿∿	
중심선, 기준선	가는 일점쇄선	— · — · —	도형의 중심을 표현 / 위치 결정의 근거를 표시
숨은선(은선)	굵은 선의 1/2 파선	- - - - - -	물체의 보이지 않는 부분을 표시하기 위한 선

50
색채 조화론의 선구자이며 스푸마토 명암 대비법을 개발한 사람은 누구인가?

① 레오나르도 다빈치
② 슈브뢸
③ 비렌
④ 저드

- 슈브뢸 : 색의 3속성 개념을 도입한 색상환에 의해서 색의 조화를 유사 조화와 대비 조화로 나누었다.
- 비렌 : 색채의 인식은 정신적 반응에 의한다고 보았다.
- 저드 : 색의 명료성, 유사의 원리, 친근성의 원리, 질서의 원리를 주장하였다.

51
벡터(Vector)이미지에 관한 설명 중 틀린 것은?

① 축소, 확대, 회전과 같은 변형이 용이하다.
② 그림이 복잡할수록 파일의 크기가 증가한다.
③ 점, 선, 면을 각각 수학적 데이터로 인식하여 표현한다.
④ 픽셀들의 집합이다.

비트맵 이미지의 특징
- 깊이 있는 색조와 부드러운 질감을 나타낼 수 있다.
- 이미지의 크기에 따라 출력에 영향을 준다.
- 압축을 통해 해상도와 파일크기의 조절이 가능하다.
- 픽셀들의 집합이다.
- 포토샵, 페인트샵 프로, 페인터 등이 비트맵 프로그램이다.

52
메모리에 대한 설명으로 틀린 것은?

① SRAM : 캐시메모리로 사용하며 속도가 빠르다.
② EDO RAM : DRAM에 비해 메모리 액세스 속도가 빠르다.
③ DDR-SDRAM : 메모리 직접회로로 SDRAM에 비해 대역폭이 두 배나 늘어났다.
④ ROM : 읽기와 쓰기가 자유롭고 전원을 끄면 메모리에 있는 내용이 지워진다

- 컴퓨터를 사용하는데 꼭 필요한 내용을 담고 있으며 전원을 꺼도 메모리의 내용이 남아있다.
- RAM : 읽기와 쓰기가 자유롭고 전원을 끄면 메모리에 있는 내용이 지워진다.

53
Potoshop에서 레이어와 알파 채널 등을 모두 저장할 수 있는 파일 포맷은?

① JPEG
② PSD
③ GIF
④ BMP

- JPG : 사진이나 그림 등을 저장하는 기술의 표준이며 1600만 색상을 표시할 수 있어 고해상도 저장이 가능하다.
- PSD : 레이어, 알파채널, 패스 등을 모두 저장할 수 있는 포토샵 전용 파일 형식이다.
- GIF : 온라인 전송이 가능한, 용량이 적고 투명도, 인터레이스, 애니메이션 지원이 가능한 그래픽 파일 포맷
- BMP : 마이크로소프트사에서 개발한 IBM 호환기종에서 사용 가능하도록 만든 비트맵 그림파일이다. 다른 형식(jpg, gif 등)에 비해서 파일의 크기가 크다.

54
수직 · 수평의 화면 분할, 3원색과 무채식의 구성 특성을 보이는 근대 디자인 운동은?

① 아르누보(Art nouveau)
② 드 스틸(De stijl)
③ 유켄트 스틸(Jugendstil)
④ 시세션(Secession)

데스틸(De Still) : 신조형주의
기하학적 형태와 수직, 수평, 화면분할과 3원색을 기본으로 '기하학적인 형태가 기능적인 것'이라는 기능주의 철학으로 순수한 형태미를 추구하였으며 현대 건축, 회화, 조각, 디자인에 지대한 영향을 끼쳤으며 대표작가로 데오 반 도스버그, 몬드리안이 있다.

55
색의 혼합에 관한 설명으로 틀린 것은?

① 가산혼합 : 빛의 혼합이며 3원색을 혼합하면 검정색이 된다.
② 감산혼법 : 색료의 혼합이며 혼색 할수록 명도가 떨어지고 광량도 적어진다.
③ 병치혼합 : 두 가지 색을 가깝게 놓아 혼색하는 방법으로 명도와 채도가 그대로 유지된다.
④ 회전혼합 : 무채색이 반사하는 반사광이 혼합되며 유채색과 무채색의 혼합은 평균채도로 보인다.

> 가산혼합 : 빛의 혼합이며 3원색을 혼합하면 흰색이 된다. 혼합할수록 명도가 높아지며 두 가지 이상의 색자극이 동시에 일어난다.

56
시장 조사 분석의 방법 중 시장세분화 변수가 아닌 것은?

① 지리적 변수
② 인구통계적 변수
③ 사고의 합리적 변수
④ 행동특성적 변수

> 시장세분화 변수
> • 지리적 변수   • 인구통계적 변수
> • 사회적심리 변수 • 행동특성적 변수

57
일반적인 색의 응용에 관한 설명 중 틀린 것은?

① 가장 넓은 부분을 차지하는 색은 보조색이다.
② 주조색에 이어 면적비가 큰 색은 보조색이다.
③ 대체로 강조색은 작은 면적에 사용한다.
④ 강조색은 눈에 띄는 포인트 컬러를 주로 사용한다.

> • 주조색 : 배색의 기본색이며 전체면적의 60~70%를 차지한다.
> • 보조색 : 전체 면적의 20~30%를 차지하며 주조색을 보완해준다.

58
도법의 변형에서 투시도법으로 얻은 상이 작아서 그대로 사용할 수 없을 경우 사용하는 도법은?

① 확대도법   ② 연장도법
③ 축소도법   ④ 분할도법

> 상이 작아서 그대로 사용할 수 없는 경우에는 확대해서 그리기도 한다.

59
가법혼색에 대한 설명 중 옳은 것은?

① Cyan, Magenta, Red를 기본 3색으로 한다.
② 색을 혼합할수록 명도가 높아진다.
③ 3원색을 혼합하면 검정에 가까운 갈색이 된다.
④ 일반적으로 색료혼합이라고도 부른다.

> • 가색혼법 : 색광의 3원색(빨강, 녹색, 청색)을 혼합하여 다른 색을 만드는 방법으로 혼합할수록 명도가 높아진다.
> • 감색혼법 : 색료(시안(cyan), 자주(Magenta), 노랑(Yellow))의 혼합으로 혼합할수록 명도가 낮아진다.

60
컬러모드에 대한 설명 중 옳은 것은?

① CMYK 모드는 가산혼합의 색상규현의 원리로 사용하고 있다.
② 비트맵 모드는 검정색과 흰색으로만 이미지를 표현한다.
③ HSB 모드는 명도 요소와 2가지 색상 축을 기준으로 정의된다.
④ 인덱스 색상 모드는 일반적인 컬러 색상을 픽셀 밝기 정보만 가지고 이미지를 구현한다.

> • CMYK 모드 : C(시안), M(마젠타), Y(노랑), K(검정)의 4가지 색을 기본으로 하는 감산혼합 모델로 인쇄에서 주로 사용함
> • HSB 모드 : 색을 인지하는 방식을 기초로 한 색 모델로 색상(hue), 채도(saturation), 명도(brightness)모델이라고도 함
> • 인덱스 색상 : 원본 이미지의 색상이 표에 없으면 색상표에서 가장 근접한 색상으로 표시하며 256색을 사용하여 색상을 변환하고 이미지의 색을 저장한다.

2021년 3회 컴퓨터그래픽기능사 정답

01	02	03	04	05
②	②	①	②	③
06	07	08	09	10
④	①	①	②	④
11	12	13	14	15
①	①	②	②	④
16	17	18	19	20
①	①	④	④	②
21	22	23	24	25
③	④	③	①	①
26	27	28	29	30
①	③	③	②	④
31	32	33	34	35
④	④	①	①	④
36	37	38	39	40
②	②	④	①	③
41	42	43	44	45
④	④	④	③	③
46	47	48	49	50
③	①	③	②	①
51	52	53	54	55
④	④	②	②	①
56	57	58	59	60
③	①	①	②	②

CBT 복원문제 _ 컴퓨터그래픽기능사

2021년 4회

01
디자인의 조건으로 맞는 것은?

① 합목적성 ② 혼합성
③ 충동성   ④ 배타성

> 디자인의 조건 : 합목적성, 심미성, 독창성, 경제성, 질서성, 합리성

02
디자인의 요소 중 선의 느낌으로 맞는 것은?

① 직선 : 다양한 길이와 방향을 가진 선들이 차례로 연결됨
② 곡선 : 수직선, 수평선, 사선, 남성적, 강한 느낌
③ 꺾은선 : 섬세, 동적, 우아, 매력, 여성적
④ 소극적인 선 : 면이나 선의 교차점에 생기는 선

> · 직선 : 수직선, 수평선, 사선, 남성적, 강한 느낌
> · 곡선 : 섬세, 동적, 우아, 매력, 여성적
> · 꺾은선 : 다양한 길이와 방향을 가진 선들이 차례로 연결됨

03
조화에 관한 설명으로 맞는 것은?

① 각 요소에 질서를 주어 부분과 전체가 안정감을 이루게 한다.
② 시각적 무게를 힘의 분배를 통하여 긴장감과 안정감을 유지한다.
③ 유사, 대비, 균일, 강약 등의 요소가 자연스럽게 어우러져 미적 상태를 유지한다.
④ 여러 가지 요소들 중에서 분명하게 드러나 보인다.

> · 통일과 변화 : 각 요소에 질서를 주어 부분과 전체가 안정감을 이루게 한다.
> · 균형 : 시각적 무게를 힘의 분배를 통하여 긴장감과 안정감을 유지한다.
> · 강조와 대비 : 여러 가지 요소들 중에서 분명하게 드러나 보인다.

04
기계를 부정하고 수작업으로 돌아가자는 주장한 것으로 맞는 것은?

① 아르누보 : 회화, 건축, 공예, 인테리어, 그래픽 등의 분야에 영향을 주었다.
② 미술공예운동
③ 분리파 : 전통양식으로부터의 분리를 주장함
④ 기능주의 : 편리함과 만족을 중요시함

> · 아르누보 : 회화, 건축, 공예, 인테리어, 그래픽 등의 분야에 영향을 주었다.
> · 분리파 : 전통양식으로부터의 분리를 주장함
> · 기능주의 : 편리함과 만족을 중요시함

05
마케팅의 기능이 아닌 것은?

① 시장조사관계
② 시장거래관계
③ 판매관계
④ 종합조정관계

> 마케팅의 기능 : 제품관계, 시장거래관계, 판매관계, 판매촉진관계, 종합조정관계

06
소비자의 유형으로 맞지 않은 것은?

① 관습적 구매 집단 ② 유동적 구매 집단
③ 합리적 집단 ④ 이성적 소비자 집단

> 소비자 유형과 특성 : 관습적 구매 집단, 유동적 구매 집단, 합리적 집단, 감정적 소비자 집단, 신소비자 집단

07
사회적으로 유익한 결과를 가져다 주는 디자인으로 정신적가치를 중요시하는 복합적 디자인을 생각한 사람은?

① 윌리엄 모리스
② 빅터 파파넥
③ 헤르만 무테지우스
④ 입체주의

> 빅터 파파넥(Victor Papanek) : 사회적으로 유익한 결과를 가져다 주는 디자인, 제품이나 서비를 이용하며 서로 상호작용하는 정신적 가치를 중요시하는 복합적 디자인을 생각했다.

08
보기와 같은 특징을 가지는 광고는 무엇인가?

〈보기〉
㉠ 독자 구성이 차별화되어 있다.
㉡ 수명이 비교적 길다.
㉢ 컬러광고가 가능하며 구체적이고 자세한 내용을 전달할 수 있다.
㉣ 회독률이 높아 광고효과를 기대할 수 있다.

① TV 광고 ② POP
③ 신문광고 ④ 잡지광고

09
편집디자인에 관한 설명으로 맞는 것은?

① 기업의 이미지를 통일한다.
② 구성 요소로 라인업, 포맷, 마진이 있다.
③ 제품을 보호하는 기능이 있다.
④ 전송속도를 고려해야 한다.

> • 기업의 이미지를 통일한다. : 아이덴티티 디자인
> • 제품을 보호하는 기능이 있다. : 포장 디자인
> • 전송속도를 고려해야 한다. : 웹 디자인

10
스케치의 역할로 맞지 않는 것은?

① 아이디어를 빠르고 구체적으로 표현한다.
② 의도한 형태를 표현하여 발전, 전개한다.
③ 스케치를 이용하여 상호 이해하며 프레젠테이션을 한다.
④ 개발 요구자에게 제품을 정확하게 이해시키기 위해 제작한다.

> 개발 요구자에게 제품을 정확하게 이해시키기 위해 제작한다 : 렌더링

11
다음 중 동적이고 불안정한 느낌을 주지만 사용에 따라 강한 표현을 나타내는 것은?

① 수직선 ② 수평선
③ 사선 ④ 곡선

> • 수직선 : 상승, 엄숙, 존엄, 권위, 숭고, 고결, 희망
> • 수평선 : 정지, 안정, 평화, 무한
> • 사선 : 활동감, 속도감, 불안감, 강한표현
> • 곡선 : 우아, 매력, 불명료, 유연, 여성성

12
다음 중 좁은 의미로는 핸드드로잉에 의한 그림을 뜻하지만 넓은 의미로는 회화, 사진을 비롯하여 도표, 도형, 문자 이외의 시각화된 것을 가리키는 것은?

① 타이포그래피 ② 레터링
③ 일러스트레이션 ④ 에디토리얼 디자인

> • 타이포그래피 : 글자를 이용하여 가장 보기 좋게 문서를 꾸미는 기술을 말한다.
> • 레터링 : 문자를 쓰거나 조형을 목적으로 문자를 그리는 모든 행위를 말한다.
> • 에디토리얼 디자인은 신문, 잡지, 서적 등 출판물을 디자인하는 것을 말한다.

13
다음 중 1988년 서울 올림픽 상징으로 쓰인 삼태극 마크(엠블렘)는 무슨 대칭인가?

① 역 대칭 ② 좌우 대칭
③ 방사 대칭 ④ 확대 대칭

- 역대칭 : 변화가 큰 대칭으로, 착시효과를 내는 데 가장 효과적인 방법
- 좌우대칭 : 선을 기준으로 상,하 또는 좌,우가 같은 모양으로 대칭을 이룬다. 변화를 금방 알 수 있다.
- 방사대칭 : 중앙의 한 점을 기준으로 사방으로 일정한 거리에서 회전한다. 연속적인 느낌이다.
- 확대대칭 : 도형이 일정 비율로 확대되는 형태이다.

14
모델링(Modeling)의 종류 중 제품의 성능과 형태가 실제 생산품과 똑같으며 종합적인 성능 실험과 광고 모델, 전시회 출품에 까지 사용되어지는 것은?

① 제시 모형 ② 연구 모형
③ 제작 모형 ④ 실험 모형

- 제시모델(더미, 프레젠테이션 모델) : 디자인 담당자에게 보여주기 위해 만들며 러프모델 보다 좀 더 실제 제품에 가깝다.
- 연구모델(러프모델, 스케치모델, 스킴모델) : 디자인 초기에 형태와 균형감을 알기위해 제작한다.
- 실험모델 : 외형보다 제품의 성능시험을 위해서 만든다.

15
마케팅 활동에서 광고 관리를 위해 필요한 정보로 생활스타일(Life style)은 어느 정보에 속하는가?

① 광고정보 ② 소비자정보
③ 시장정보 ④ 환경정보

마케팅활동에서 생활스타일은 소비자정보에 속한다.

16
디자인(Design)이란 단어의 어원은?

① 구성(Composition)
② 데지그나레(Designare)
③ 욕구(Desire)
④ 편집(Edit)

라틴어의 데지그나레(Designare)가 어원으로 '계획을 기호로 표현한다'라는 의미이다.

17
다음 중 타이포그래피의 요소가 아닌 것은?

① 원고의 내용 ② 활자의 종류
③ 활자의 크기 ④ 행, 단락, 그리드

타이포 그래피의 요소
- 개념요소 : 실제하지 않는 점(단어), 선(행), 면(단락), 양(컬럼) 등으로 구성되어 있다.
- 시각화요소 : 개념요소를 실제하게 만들며 색(회색효과), 질감(단락, 컬럼), 형(레이아웃), 크기(페이지, 책)등으로 구성되어 있다.
- 상관요소 : 실제화된 요소의 외적 상관요소이며 공간(여백), 중량(시각적 위치), 방향(타이포그래피 정렬), 위치(타이포그래피 레이아웃), 시간(페이지의 연속성), 도형(삽화, 이미지) 등으로 구성되어 있다.

18
컴퓨터에 의한 드로잉의 장점이 아닌 것은?

① 데이터를 저장할 수 있다.
② 수정이 가능하다.
③ 데이터를 구조 계산이나 생산 단계에서 일관되게 적용할 수 있다.
④ 다른 사람의 데이터를 모방 할 수 있다.

④는 컴퓨터 드로잉의 단점이다.

19
면은 공간을 구성하는 단위이며, 공간 효과를 나타내는 중요한 요소이다. 다음 중 적극적인 면(Positive plane)은 어느 것인가?

① 점의 밀집 ② 선의 집합
③ 점의 확대 ④ 입체화된 선

- 소극적인 면(Negative Plane) : 면이나 선의 교차로 생기는 선의 집합
- 적극적인 면(Positive Plane) : 선의 이동, 점의 확대로 생성

20
중세 건축 디자인의 특징으로 볼 수 없는 것은?

① 성당 건축이 가장 큰 관심사였다.
② 높은 첨탑과 높은 천장을 건축하려 했다.
③ 채광면이 확대되어 다채로운 스테인드글라스가 높은 창에 끼워졌다.
④ 신의 이름에 가려진 인간의 본질을 되찾으려 노력하였다.

> 르네상스에 와서야 신의 이름에 가려진 인간의 본질을 되찾으려 노력 하였다.

21
조감도는 소점이 몇 개 인가?

① 1개　　② 2개
③ 3개　　④ 4개

> 3소점 투시도(사각투시도)는 소점이 3개이며 입체감을 살릴 수 있으나 물체가 과장되어 보일 수 있으며 건물 조감도, 조경 등에 사용한다.

22
빨간 문양을 잠시 동안 보다가 흰 종이 위로 눈을 옮기면 어떻게 보이는가?

① 노랑의 잔상　　② 청록의 잔상
③ 주황의 잔상　　④ 연두의 잔상

> 부의 잔상으로 원래자극과 닮지만 밝기는 반대로 되는 현상으로 원래자극의 보색 색상으로 보인다.

23
제도에서 ∅20 이 뜻하는 것은?

① 반지름이 20mm이다.
② 지름이 20mm이다.
③ 두께가 20mm이다.
④ 길이가 20mm이다.

명칭	기호
지름	∅
반지름	R
정사각형	□
구면	S
구의 지름/반지름	S∅, SR
판의 두께	t
원	⌒
모따기	C

24
투시도의 원리에 대한 설명 중 옳은 것은?

① 시거리를 길게 하면 시야가 좁아진다.
② 시거리를 짧게 하면 대상은 시각적으로 작게 된다.
③ 큰 것을 그릴 때에는 시거리를 짧게 잡아야 한다.
④ 시야의 넓음은 시거리에 의해서 정해진다.

> 시야의 넓음은 시거리에 의해서 정해지므로 시거리가 짧으면 시야가 좁아지므로 큰 것을 그릴 때는 시거리를 길게 잡아야 한다.

25
낮에 황록색을 가장 밝게 인식하는 색채지각 현상과 관련이 없는 것은?

① 망막의 시세포 중 간상체가 주로 작용한 것이다.
② 홍채가 안구 안으로 들어오는 빛의 양을 조절하였다.
③ 낮에 반응하는 시세포인 추상체에 의한 것이다.
④ 망막의 중심에 밀집된 시세포에 의해 지각된 것이다.

26
다음 중 가장 부드럽고 통일된 느낌을 주는 배색은?

① 색상 차가 큰 배색
② 비슷한 색상끼리의 배색
③ 높은 채도끼리의 배색
④ 채도의 차가 큰 배색

- 유사색상의 배색 : 온화함, 상냥함, 건전함
- 반대색상의 배색 : 똑똑함, 생생함, 화려함

27
투시도법의 기호와 용어가 틀린 것은?

① GP – 기선
② PP – 화면
③ HL – 수평선
④ VP – 소점

- 기면(GP : Ground Plane : 기준이 되는 지반면으로 화면과 수직
- 화면(PP : Picture Plane) : 투시도가 그려지는 면
- 수평선(HL : Horizontal Line) : 기선(GL)에 평행하며 눈높이와 동일
- 소실점(VP : Visual Point) : 물체를 투시하여 물체에 연장선을 그었을 때 연장선들이 만나는 점

28
가법 혼색에서 빨강(R)과 녹색(G)을 혼합하였을 때 나타나는 색은?

① 흰색
② 검정
③ 노랑
④ 파랑

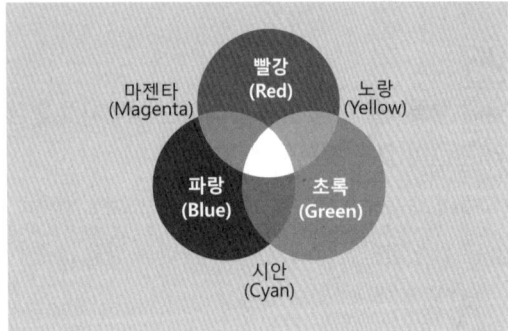

29
오스트발트 색채 조화론의 조화종류가 아닌 것은?

① 무채색의 조화
② 등백계열의 조화
③ 등수계열조화
④ 동일조화

오스트발트 색채 조화론
- 무채색의 조화
- 동일색상의 조화 : 등백색 계열의 조화 등흑색 계열의 조화 등 순색 계열의 조화
- 등가색환에서의 조화
- 보색 마름모꼴에서의 조화
- 보색이 아닌 마름모꼴에서의 조화
- 다색조화(윤성조화)

30
다음 그림과 같은 곡선은?

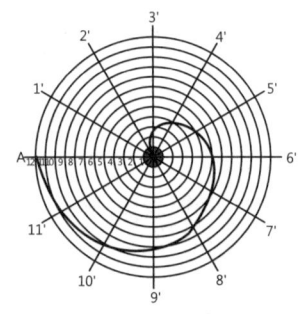

① 인벌류트 곡선 그리기
② 등간격으로 나사선 그리기
③ 아르키메데스 나사선 그리기
④ 하트형 응용곡선 그리기

31
다음 중 먼셀 색입체의 수평 단면상에 보이는 것으로 관련이 없는 나머지 하나는?

① N5
② 10BG 5/4
③ 5RP 5/8
④ 5PR 4/10

색입체의 중앙을 수평으로 절단한 경우에 보이는 색상이다.
먼셀색체계의 표시법 : 색상(Hue), 명도(Valu), 채도(Chroma)를 기호로 H V/C로 표시한다.
- N5 : 명도 5(중명도)
- 10BG 5/4 : Blue Green 10, 명도 5, 채도 4
- 5RP 5/8 : Red Purple 5, 명도 5, 채도 8
- 5PR 4/10 : Blue Purple 5, 명도 4, 채도 10

32
색의 동화 현상 관한 설명 중 틀린 것은?

① 주변색과 동화되어, 색이 만나는 부분이 좀 더 색상대비 효과가 강하게 나타난다.
② 어떤 색이 다른 색에 둘러싸여 있을 때, 둘러싸여 있는 색이 둘러싸고 있는 색에 가깝게 보이는 현상이다.

③ 베졸드가 이 효과에 흥미를 갖고 패턴을 고안한 것이 베졸드 효과이다.
④ 일반적으로 색상 면적이 작을 때나, 그 색 주위의 색과 비슷할 경우 동화가 일어난다.

> 인접한 주위의 색이 가깝게 느껴지는 현상으로 대비와 반대되는 현상이다.

33
다음 중 색의 온도감에 대한 설명이 옳은 것은?

① 연두, 보라, 자주 색은 난색이다.
② 중간 온도의 느낌을 주는 색을 중간색이라 부른다.
③ 색의 강하고 약함을 느끼는 색채지각 현상이다.
④ 3속성 중 색상에 주로 영향을 받는다.

> 색의 온도감 : 색상의 영향을 받음
> • 난색 : 빨강색, 주황색, 노랑색처럼 따듯한 느낌을 주는 장파장의 색이다.
> • 한색 : 파랑, 청록색처럼 차갑게 느껴지는 색이다.
> • 중성색 : 차갑지도 따듯하지도 않은 녹색, 보라색 계열. 무채색을 중성색이라고 한다.

35
다음 중 색의 대비에 관한 설명이 틀린 것은?

① 보색인 색을 인접시키면 본래의 색보다 채도가 낮아져 탁해 보인다.
② 명도단계를 연속시키면 본래의 색보다 채도가 낮아져 탁해 보인다.
③ 명도가 다른 두 색을 인접시키면 명도가 낮은 색은 더욱 어두워 보인다.
④ 채도가 다른 두 색을 인접 시키면 채도가 높은 색은 더욱 선명해 보인다.

> 보색대비 : 색상환에서 서로 마주 보는 두 색이 서로의 영향으로 더욱 선명하게 보이는 현상

34
도면에 기입된 't30'의 의미는?

① 다듬질 치수
② 두께 치수
③ 가공 치수
④ 기준 치수

명칭	기호
지름	Ø
반지름	R
정사각형	□
판의 두께	t
원	∩
모따기	C

36
다음 그림과 같은 정투상도(제3각법)의 입체는?

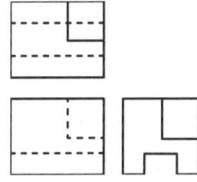

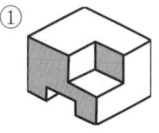 ①
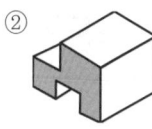 ②
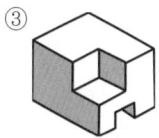 ③
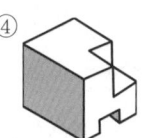 ④

> 정투상도법(제3각법은)은 정면도를 기준으로 정면도 위에는 평면도가, 우측에는 우측면도가 있다.

37
투명한 유리컵에 청량음료를 담았을 때의 색채현상으로 적합한 것은?

① 투명색
② 공간색
③ 경영색
④ 표면색

> 공간색 : 3차원 공간(유리컵, 투명한 물체)을 채운(덩어리나 부피감)색

38
"흐린 노랑연두"와 같이 기본 색명에다 색상, 명도, 채도를 나타내는 수식어를 붙인 색명은?

① 관용색명   ② 고유색명
③ 일반색명   ④ 기본색명

- 관용색명 : 베이지색(낙타), 피콕블루(공작의 날개빛), 에메랄드그린(그린에메랄드색), 반다이크 브라운(화가 반다이크가 자주 사용한 색), 살몬핑크색(연어)등처럼 동물, 광물, 원료, 지명 등에서 유래하였거나 예전부터 습관적으로 사용하는 색명이다.
- 일반색명(계통색명) : 어두운 회색, 분홍빛 빨강, 라이트 핑크처럼 기본 색명에 수식어를 붙인 색명이다.

39
대칭형인 물체의 외형과 내부의 구조 및 형태를 동시에 표현하는 단면도는?

① 반 단면도   ② 계단 단면도
③ 온 단면도   ④ 부분 단면도

- 계단 단면도 : 한 개의 투상면에 여러 개의 평행하게 잘린 단면을 표시한다.
- 온 단면도(전 단면도) : 물체의 중심을 기준으로 절단면이 물체의 중심선을 지나가 도형 전체를 단면도로 표시한다.
- 부분 단면도 : 물체 일부분(축의 키 홈, 작은 구멍 등)의 단면 경계가 불확실하여 도면의 이해가 어려운 경우 필요한 부분만 외형도에서 잘라내서 표시한다.

40
다음 그림과 같은 투상도의 명칭은?

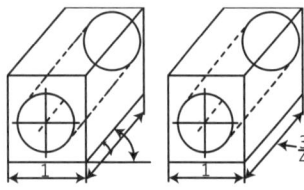

① 축측투상도   ② 사투상도
③ 부등각투상도   ④ 1소점투시도

사투상은 물체의 앞면 모서리는 수평선과 평행하게 하고, 옆면 모서리는 수평선과 임의의 각도(30°, 45°, 60°)로 그리며 길이와 높이는 현척으로, 폭은 현척으로 그리거나 1/2, 3/4, 5/8, 3/8로 축소해서 그린다.

41
직물의 기본적인 3원 조직이 아닌 것은?

① 평직   ② 능직
③ 사직   ④ 주자직

직물의 3원 조직 : 평직, 평직, 주자직

42
다음 중 대량생산을 위한 재료의 일반적 구비조건이 아닌 것은?

① 충분한 양이 확보되어야 한다.
② 구입이 용이해야 한다.
③ 가격이 비싸더라도 품질이 우수해야 한다.
④ 가공 기술적으로 완전해야 한다.

대량생산을 하면 가격이 낮아진다.

43
다음 도료 중 취급이 간편하며 발화성이 낮고 경제적인 도료는?

① 비닐 수지도료   ② 유성도료
③ 수성 도료   ④ 폴리우레탄 도료

수성 도료는 용제로 물을 사용한다.

44
종이의 제조공정 중 종이에 내수성을 갖게 하고, 잉크의 번짐을 막기 위해서 피복하는 공정은?

① 초지(paper making)
② 수해(beating)
③ 착색(coloring)
④ 사이징(sizing)

- 초지 : 종이 층의 균일성을 주는 공정
- 수해(고해) : 펄프 섬유를 기계로 절단 가공하는 기초 작업으로 강도, 촉감, 투명도를 조절
- 착색 : 착색제(염기성 염료, 안료)를 사용하여 종이의 용도에 맞게 색을 입히는 작업

45
다음 중 필름의 감광도를 나타내는 국제표준화기구의 표기법은?

① ASA ② DIN
③ JIS ④ ISO

> 국제표준화 규격
> • ASA : 미국표준규격
> • DIN : 독일표준규격
> • JIS : 일본공업규격
> • ISO : 국제표준규격

46
다음 중 금속을 적당한 온도로 가열하여 주어진 모양과 치수로 가압, 성형하여 제품을 만드는 소성 가공 방법은?

① 단조(forging)
② 압연(rolling)
③ 인발(drawing)
④ 압출(extruding)

> • 압연 : 고온의 금속 재료를 압연기의 롤 사이에 통과시켜 봉이나 관을 만드는 가공법으로 주조, 압연에 비해 빠르지만 단가가 비싸다.
> • 인발 : 다이(die)에 소재를 통과시키면서 기계로 잡아당겨 늘이는 가공으로 봉, 파이프, 선 등을 만드는데 사용한다.
> • 압출 : 고온으로 가열한 재료를 틀에 넣고 강한 압력으로 압출해서 성형하는 가공이다.

47
다음 중 양지에 해당되는 것은?

① 창호지
② 골판지
③ 인쇄용지
④ 박엽지

> 종이의 구분
> • 양지 : 신문지, 인쇄용지, 필기용지, 도화지, 포장용지, 박엽지, 잡종지
> • 판지 : 골판지, 백판지, 황판지, 건재원지
> • 기계 제작 화지 : 창호지, 습자지, 휴지, 종이솜, 선화지, 종이끈, 포장용지(편광지)

48
물을 섞어서도 사용할 수 있으며, 건조가 빠르고 유채물감과 같은 효과도 표현할 수 있는 것은?

① 컬러 톤 ② 포스터 컬러
③ 유화 물감 ④ 아크릴 컬러

> • 포스터 컬러 : 불투명 수채화 그림 물감
> • 유화 물감 : 식물성 건성유를 녹이고 풀어서 사용하는 채색용 물감

49
컴퓨터 그래픽스에 대한 설명 중 틀린 것은?

① 컴퓨터 처리에 의해 만들어진 화상이나 그를 위한 기술 그래픽디자인인 2D 작업만을 의미한다.
② 표현기법에는 색채표현이나 좌표변환 외에 물체를 수치 데이터로 표현하는 형상 모델 등 많은 처리 기법이 있다.
③ 그래픽 디스플레이에는 도형을 점의 집합으로 표시하는 래스터식과 좌표상의 도형으로 표시하는 벡터식이 있다.
④ 컴퓨터그래픽스의 환경은 컴퓨터 본체와 화상을 표시하는 그래픽 디스플레이, 대화형으로 조작하는 조이스틱이나 주변장치 및 그 소프트웨어로 이루어진다.

> 컴퓨터그래픽스는 2D 작업 뿐 아니라 건축 도면설계에 사용하는 CAD프로그램 등 3D 작업도 포함한다.

50
CMYK 모델을 모두 수용할 수 있는 색영역을 가지기 때문에 RGB 모델로의 변환 시에 중간 단계로 사용되는 컬러모델은?

① HSB 모델 ② Lab 모델
③ HSV 모델 ④ Indexed 모델

> • HSB 모델 : 색을 인지하는 방식을 기초로 한 색 모델로 색상(hue), 채도(saturation), 명도(brightness)모델이라고도 함
> • HSV 모드 : 색상(H), 채도(S), 명도(V)로 색을 정의하는 모드
> • Index 모드 : 24비트 컬러 중에서 정해진 256컬러의 컬러표를 사용하는 컬러 시스템

51
그래픽 소프트웨어의 벡터 프로그램 중 일러스트레이터에 대한 설명이 잘못된 것은?

① Adobe 사에서 만든 드로잉 프로그램이다.
② 마이크로소프트의 대표적인 프로그램이다.
③ 로고 및 심볼 디자인에 많이 쓰인다.
④ 포토샵과 더불어 2D 프로그램의 대표적인 소프트웨어이다.

> 일러스레이터는 ADOBE 사에서 만든것이며 코렐 사의 CorelDraw 도 벡터방식의 프로그램이다.

52
3차원 프로그램에서 입체물을 만들기 위한 좌표 X, Y, Z 축의 설명이 옳은 것은?

① X=높이, Y=너비, Z=깊이
② X=길이, Y=깊이, Z=너비
③ X=선, Y=면, Z=면적
④ X=너비, Y=높이, Z=깊이

53
Illustrator 작업에서 문자를 Create Outline(윤곽선 만들기)으로 변화하는 이유가 아닌 것은?

① 사용서체가 없는 컴퓨터에서 출력할 때도 서체가 깨지지 않기 때문이다.
② 글자나 단어의 각각 기준점과 곡선을 그래픽적으로 변화주거나 변형시킬 수 있기 때문이다.
③ 글자를 마스크용 오브젝트로 만들 수 있기 때문이다.
④ 해상도가 좋아지고 용량이 줄어들기 때문이다.

> 해상도에는 변화가 없으며 문자일 때는 용량이 작지만 윤곽선으로 만들면 용량이 커진다.

54
다음 HSB 컬러 모드에 대한 설명으로 틀린 것은?

① 채도는 색의 강도 또는 순수한 정도를 나타낸다.
② 색상(Hue), 채도(Saturation), 명도(Brightness)에 의해 색을 표현하는 방식이다.
③ 명도 0%는 흰색이며, 명도 100%는 순수한 검정이다.
④ 색상은 일반적 색체계에서 360°의 단계로 표현된다.

> 명도 0%(검정색), 명도 100%(흰색)

55
은선 제거(Hidden Line Removed)란?

① 보이는 면만 그리고, 가려진 면은 제거한다.
② 보이는 면과 가려진 면 모두 그린다.
③ 가려진 면만 그린다.
④ 보이는 면, 가려진 면을 모두 제거한다.

56
그래픽 작업 시 화면상에 나타난 아이콘, 객체의 선택을 위하여 마우스의 움직임과 동일하게 움직이는 화살표 또는 십자모양의 그래픽 표현 방법은?

① 윈도우(Window)
② 메뉴(Menu)
③ 툴(Tool)
④ 커서(Cursor)

57
하프톤 스크리닝(Halftone Screening)에 관한 설명으로 틀린 것은?

① 컴퓨터는 그라데이션 이미지를 일정한 색의 작은 점으로 나눈다.
② 회전혼합과 같은 효과로 다양한 회색을 만들 수 있다.
③ 점의 크기가 작으면 작을수록 좋은 출력물을 얻을 수 있다.
④ 무채색의 그라데이션은 검정색 잉크만으로 프린트 될 수 있다.

> 회전혼합 : 멕스웰 원판이라고도 하며 무채색이 반사하는 반사광이 혼합되며 유채색과 무채색의 혼합은 평균채도로 보인다.

58
온라인 전송을 위한 압축파일로 용량이 적고 투명하며, 인터레이스, 애니메이션 지원이 가능한 그래픽 파일 포맷은?

① EPS ② GIF
③ PIXAR ④ PDF

- EPS : 포스트스크립트를 이용하여 고품질 인쇄용 파일을 만드는 것으로 파일 용량이 매우 크다.
- PIXAR : 에드 캣멀이 1986년에 만든 3차원 컴퓨터 그래픽을 전문으로 하는 소프트웨어 회사이다.
- PDF : 어도비 사에서 만든 디지털 문서파일의 표준으로 맥킨토시, 윈도, 유닉스 등에서도 문서의 공유가 가능하다.

59
일러스트레이터에서 두 오브젝트간의 색채 및 모양의 단계적 변화를 위한 명령은?

① blend ② shear
③ skew ④ effects

shear : 이미지에 휘어진 느낌의 효과를 준다.

60
다음 중 그림이나 사진 등을 필요한 부분을 컴퓨터가 처리할 수 있는 형태로 바꾸어 컴퓨터에 입력하는 장치는?

① 스캐너
② 터치스크린
③ 디지타이저
④ 모니터

디지타이저 : 태블릿과 비슷한 입력장치로서 평면 모양의 장치에 펜이나 다른 도구를 이용하여 그림이나 글자를 입력하는 장치이다.

2021년 4회		컴퓨터그래픽기능사 정답		
01	02	03	04	05
①	④	③	②	①
06	07	07	08	10
④	②	④	②	④
11	12	13	14	15
③	③	③	③	②
16	17	18	19	20
②	①	④	③	④
21	22	23	24	25
③	②	②	④	①
26	27	28	29	30
②	①	③	④	③
31	32	33	34	35
④	①	④	①	②
36	37	38	39	40
④	②	③	①	②
41	42	43	44	45
③	③	③	④	④
46	47	48	49	50
①	③④	④	①	②
51	52	53	54	55
②	④	④	③	①
56	57	58	59	60
④	②	②	①	①

CBT 복원문제 _ 컴퓨터그래픽기능사

2022년 1회

01
율동(rhythm)의 일부로, 명도와 채도의 단계에 일정한 변화를 주거나 대상물의 크기에 변화를 주어 생동감 있는 효과를 낼 수 있는 것은?

① 강조　　　② 변칙
③ 점증　　　④ 반복

- 강조 : 한 가지 요소가 다른 많은 요소들과 다를 때 화면에서 분명하게 드러나는 것
- 반복 : 대상을 강조하기 위해 일정한 도형이나 구성을 규칙적으로 반복하는 것

02
다음 중 커뮤니케이션 매체를 전달하는 형식이 설득적, 강화적 전달이 아닌 것은?

① 포스터　　② 광고
③ 영화　　　④ 통계도표

- 통계도표는 정보를 전달하는 기능을 가진다.

03
디자인에서 이미지를 전달하기 위한 표현기법의 첫 단계는?

① 포토 리터칭(Photo Retouching)
② 모델링(Modeling)
③ 렌더링(Rendering)
④ 아이디어 스케치(Idea Sketch)

- 아이디어 스케치 : 신속한 아이디어 전개로 이미지를 포착하기 위한 방법이며 디자인 해결안 모색 단계에서 그린다.
- 특징 : 자유로운 이미지의 표현, 신속한 아이디어 전개, 이미지를 포착하기 위한 방법

04
다음 그림에서 "ㄱ"의 끊어진 부분이 "ㄴ"처럼 완전한 형으로 인식되는 것은 게슈탈트 법칙 중 어느 것에 대당되는가?

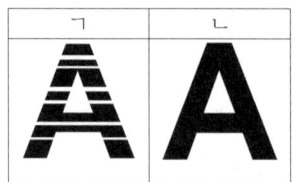

① 단순성의 법칙　　② 연속성의 법칙
③ 유사성의 법칙　　④ 폐쇄성의 법칙

게슈탈트(시지각)원리
- 근접성의 원리 : 가까이 있는 두 개 또는 그 이상의 시각요소들이 패턴이나 그룹처럼 보이는 것
- 유사성(친숙성)의 원리 : 비슷한 모양의 도형이나 그룹이 같은 부류로 보는 경향
- 폐쇄성의 원리 : 선이 끊어져 있어도 연결되어 보이거나 무리지어 하나의 형태로 보이는 것
- 연속성의 원리 : 유사한 배열이 방향성을 지니고 하나의 묶음처럼 인식되는 법칙

05
산업 박람회와 관련한 디자인 사조가 알맞게 짝지어진 것은?

① 1851년 런던 산업 박람회 – 미술공예운동
② 1876년 필라델피아 엑스포–유선형 양식
③ 1900년 파리 엑스포–신조형주의 운동
④ 1925년 파리 엑스포–아르누보 운동

- 1876년 필라델피아 엑스포–자유의 여신상, 전화기
- 1900년 파리 엑스포–에펠탑, 아르누보 운동의 확산
- 1925년 파리 엑스포–순수주의, 아르데코 양식의 확산

06
다음 중 제품디자인에서 아이디어를 탐색하는 방법으로 적합하지 않은 것은?

① 브레인스토밍
② 상관표 작성
③ 시네틱스
④ 형태학적 차트 작성

> 아이디어 탐색방법
> - 브레인스토밍 : 알렉스 오즈번이 제안한 것으로 다양한 아이디어를 제시하여, 타인의 아이디어를 비난하지 않고 연상반응을 통하여 더 많은 아이디어를 도출하는 것이다.
> - 고든법 : 사회자가 키워드를 제시하여 나온 아이디어를 찾아내는 방법이다.
> - 시네틱스법 : 서로 관련이 없는 것에서 다양한 유추(직접, 의인, 상징, 공상)를 통해서 아이디어를 찾는다.
> - 체크리스트법 : 문제의 항목을 열거 후 변수 등을 검토, 분석하여 아이디어를 얻는 체계적·논리적 방법이다.
> - 카탈로그법 : 참고자료(도형, 사진, 광고, 카탈로그, 문서 등)를 보면서 아이디어를 찾는 방법이다.
> - 특성 열거법 : 사물의 일부나 전체 특성을 열거하면서 아이디어를 찾는다.
> - 입출력법 : 아이디어의 시작(입력)부터 결과물(출력)에 이르는 과정을 강제로 연상하면서 아이디어를 찾는다.
> - 결점열거법 : 기존제품의 결점을 찾아 새로운 상품을 개선해 나가는 방법이다.
> - KJ법 : 각각의 사실과 정보에서 연관성이 있다고 생각되는 것끼리 만들어 나가는 방법이다.
> - 연상법 : 유사, 대비, 인과를 통해서 아이디어를 찾는다.

07
선의 조형적 표현 방법 중 단조로움을 없애 주고 흥미를 유발시켜 활동적인 분위기를 조성해 주거나 지나치게 많이 사용하면 불안정한 느낌을 주는 것은?

① 수직선
② 수평선
③ 사선
④ 포물선

> - 수직선 : 상승, 엄숙, 존엄, 권위, 숭고, 고결, 희망
> - 수평선 : 정지, 안정, 평화, 무한
> - 사선 : 활동감, 속도감, 불안감, 강한표현
> - 포물선 : 반원모양의 유연한 느낌

08
렌더링을 할 때 투명성이 좋아 유리, 목재, 금속 재질의 질감을 표현하는데 쓰이며, 물의 양을 가감하여 명도 조절이 가능한 재료는?

① 마카
② 파스텔
③ 수채화물감
④ 포스터 칼라

> - 마커 : 색상이 선명하고 다양한 색상으로 건조시간이 빠르고 번지지 않아서 러프스케치용으로 많이 사용
> - 파스텔 : 물에 거른 탈산석회에 여러 가지 안료를 넣고, 아라비아고무 용액으로 반죽하여 막대형으로 만들어 놓은 디자인 표현 재료로, 잘 묻어나고 번지기 쉽기 때문에 정착액을 뿌려 색상을 고정시킴
> - 포스터 칼라 : 아교나 달걀 흰자위를 안료로 섞은 불투명한 물감

09
포장 디자인의 표면 디자인 구성요소가 아닌 것은?

① 색채
② 심벌, 로고 및 타이포그라피
③ 레이아웃
④ 렌더링

> 렌더링 : 모델링된 작업에 실제감을 부여하는 이미지를 창조하는 과정이다.

10
현대디자인 운동의 실질적인 모체가 되었고, 산업제품의 표준화와 합리적 질서를 주장하며 미술과 공업, 상업의 각 분야에서 최고의 지혜를 집결하여 생활에 사용되는 생산품의 질을 향상시키는데 목표를 둔 디자인 운동은?

① 바우하우스
② 독일공작연맹
③ 데스틸
④ 미술공예운동

> - 바우하우스 : 월터 그로피우스가 설립한 국립종합조형학교로 합목적적 기능과 실용성을 중시하고, 예술창작과 기술의 통합을 목표로 하였다.
> - 데스틸(신조형주의) : 기하학적 형태와 수직, 수평, 화면분할과 3원색을 기본으로 '기하학적인 형태가 기능적인 것'이라는 기능주의 철학으로 순수한 형태미를 추구하였으며 현대 건축, 회화, 조각, 디자인에 지대한 영향을 끼쳤으며 대표작가는 데오 반 도스버그, 몬드리안이 있다.
> - 미술 공예운동 : 윌리엄 모리스가 중심이 되어 기계를 부정하고 만드는 즐거움과 예술적 가치를 주장하였다.

11
포장디자인의 기본적 고려사항이 아닌 것은?

① 쌓기 쉽게 디자인 되어야 한다.
② 상품을 안전하게 보호해야 한다.
③ 상품의 내용이나 정보를 명확히 하여야 한다.
④ 고급화를 위하여 정교하고 복잡하게 디자인 하여야 한다.

> 포장디자인의 요건
> • 보호 보존성 : 제품을 보호해야 한다.
> • 관리성(편리성) : 상품의 운반과 적재가 쉽고 간단해야 한다.
> • 심미성 : 제품 용도와 어울리는 아름다움이 있어야 한다.
> • 상품성 : 상품(제품)의 성격을 잘 표현해야 한다.
> • 구매의욕 : 소비자들의 시선을 자극하여 구매 의욕을 높일 수 있어야 한다.
> • 재활용성 : 환경보존을 위한 절감. 재생을 할 수 있어야 한다.

12
기업 이미지 통합정책(CIP)에 관한 설명 중 적절하지 않은 것은?

① CIP는 기업의 모든 디자인 활동에 통합된 시각적 이미지를 갖게 하여 상승효과를 거두는 것을 의미한다.
② 영국에서는 원래 CIP 개념이 그래픽 디자인을 위주로 하는 하우스 스타일로 간주되고 있다.
③ 기업의 형태와 구성원의 행동양식에서 품질화를 추구하려는 것을 이념적 동질화(MI)한다.
④ CIP를 기업 활동의 시각적인 측면보다는 총체적인 기업경영의 문제로 해석하려는 경향이 있다.

> CI(Corporate Identity)
> • 기업의 이미지를 통일하여 이미지 상승과 이윤을 추구한다.
> • CI의 3대 요소(VI(Visual Identity) : 기업의 시각적인 통일화, BI(Behaver Identity) : 기업과 직원의 행동 통일화, MI(Mind Identity) : 기업의 주체성과 동일성)
> • CI 작업은 벡터방식의 그래픽소프트웨어(일러스트레이터, 코렐드로우 등)를 주로 사용한다.

13
인간의 생활공간에 대한 설명 중 적절하지 않은 것은?

① 사람들이 생활의 많은 시간을 보내는 공간을 때와 장소에 따라서 그 역할에 가장 적합하게 구성하는 것이 실내 디자인이다.
② 생활공간은 그 성격에 따라 사적인 생활권과 공공의 생활권으로 나눌 수 있다.
③ 개성이나 취향이 최대한 반영되어 구성되는 주택은 공공의 생활권에 속한다고 할 수 있다.
④ 작업공간에서 일의 능률이 중시되고, 개인의 개성은 비교적 제한한다.

> 주택은 개인의 사생활 공간이다.

14
19세기 말 오스트리아를 중심으로 과거의 양식을 답습하는 것에 반대하여 일어난 신예술운동은?

① 유켄트스틸(Jugend Stil)
② 로코코(Rococo)
③ 시세션(Secession)
④ 바우하우스(Bauhaus)

> 라틴어로 '분리하다'라는 의미이며 19세기말, 과거 예술양식에서의 탈피를 목표로 독일과 오스트리아를 중심으로 일어났으며 근대 디자인의 혁신적 예술운동이다.

15
디자인 정책으로 적합하지 않은 것은?

① 모든 디자인 문제를 시장과 환경 분석에 따라 고객의 욕구를 충족 한다.
② 장래의 발전을 위한 장·단기 계획을 수립한다.
③ 제품 및 광고매체에 통일된 기업 이미지를 부여한다.
④ 디자이너의 개성적인 이미지만을 살려 표현한다.

16
디자인의 요소에 대한 설명 중 틀린 것은?

① 점-크기는 있고 위치는 없는 것
② 선-점이 이동한 것
③ 면-선이 이동한 것
④ 입체-면이 이동한 것

점 : 조형요소 중 최소의 단위이며 위치만 표시한다.

17
상업을 목적으로 한 매장 디스플레이 분류의 유형과 가장 거리가 먼 것은?

① 상점 외부 디스플레이
② 오브제 디스플레이
③ 쇼 윈도우 디스플레이
④ 상점 내부 디스플레이

오브제 디스플레이는 일반적인 전시 유형이다.

18
형태에 대한 설명 중 틀린 것은?

① 자연형태는 사람의 의지와 요구에 관계없이 형성된다.
② 인위형태는 사람의 의지로 형성된다.
③ 형태의 범주에서 다루는 것은 점, 선, 면, 입체가 있다.
④ 점, 선, 면의 구분은 색으로 한다.

점, 선, 면은 모양(형태)으로 구분한다.

19
디자인의 심미성을 성립시키는 미의식에 대한 설명으로 틀린 것은?

① 매우 주관적인 것으로 개개인에 따라 차이가 있다.
② 시대나 국가, 민족에 따라 공통의 미의식이 있다.
③ 디자인할 때 모든 사람의 미의식이 일치되도록 해야 한다.
④ 스타일이나 색의 유행 등도 대중이 공통적으로 느끼는 미의식이라 할 수 있다.

보편적으로 인식되는 아름다움이 있어야 한다.

20
문자 위주로 표현된 편집 디자인이 아닌 것은?

① 학술지
② 문학지
③ 그래픽 잡지
④ 단행본

그래픽 잡지는 문자와 이미지가 혼합된 편집 디자인이다.

21
저드(D.B.judd)의 색채 조화 원리가 아닌 것은?

① 3속성의 원리
② 질서의 원리
③ 친근성의 원리
④ 유사성의 원리

저드의 색채 조화 원리 : 질서의 원리, 유사의 원리, 동류의 원리, 대비의 원리, 비모호성의 원리

22
다음 색 회색(N3)배경 위에서 명시성이 가장 높은 것은?

① 녹색
② 노랑
③ 백색
④ 보라

회색의 색상환 반대쪽에 있는 노랑색이 명시성이 가장 높다.

23
그림과 같이 직각을 3등분 할 때, 다음 중 선의 길이가 같지 않은 것은?

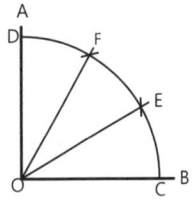

① OD
② OC
③ CF
④ EF

24
도면 표현기법 중 'SR 200'을 옳게 설명한 것은?

① 원의 지름이 200mm이다.
② 원의 반지름이 200mm이다.
③ 구의 지름이 200mm이다.
④ 구의 반지름이 200mm이다.

명칭	기호
지름	Ø
반지름	R
정사각형	□
구면	S
구의 지름/반지름	SØ, SR
판의 두께	t
원	⌒
모따기	C

25
다음 중 배색에 따른 느낌이 잘못 짝지어진 것은?

① 유사색상의 배색 – 온화함, 상냥함, 건전함
② 반대색상의 배색 – 똑똑함, 생생함, 화려함
③ 유사색상의 배색 – 차분함, 시원함, 일관됨
④ 반대 색조의 배색 – 강함, 예리함, 동적임

동일색상 배색	· 동일색상의 명도나 채도의 차이를 이용 · 차분, 정적, 간결
유사색상 배색	· 색상환에서 색상차가 적은 배색 · 즐거움, 쓸쓸함, 우아함, 평온, 협조적, 온화, 화합, 건전
반대색상 배색	· 색상환에서 보색관계 · 분명함, 강함, 똑똑함, 생생, 동적, 화려

26
먼셀 색체계에서 고명도에 높은 색은?

① N1~N3
② N4~N6
③ N7~N9
④ N11~N14

숫자가 클수록 명도가 높으며 0~10까지의 단계가 있다.

27
다음 중 채도가 가장 높은 색은?

① 유채색
② 무채색
③ 검정색
④ 순색

채도가 높은 색은 색상환의 기본이 되는 색이다.

28
간상체와 추상체의 특성과 관계없는 현상은?

① 암순응
② 이성체
③ 스펙트럼 민감도
④ 푸르킨예 현상

· 추상체 : 색상, 명도, 채도 구분
· 간상체(항상체) : 명암만 구분이 가능

29
2소점법 중, 2개의 측면을 똑같이 강조하여 보이도록 하는 것이 특징이며, 양면이 모두 흥미 있는 대상물에 알맞은 투시도법은?

① 평행 투시도법
② 45° 투시도법
③ 30°~60° 투시도법
④ 사각 투시도법

45° 투시도법은 2개의 측면이 같은 위치에 있다.

30
다양한 색의 작은 점이나 무수한 선이 조밀하게 배치되어 먼 거리에서 보면 색이 혼색되어 보이는 혼색 방법은?

① 회전혼색
② 감법혼색
③ 계시혼색
④ 병치혼색

병치혼합 : 두 가지 색을 가깝게 놓아 혼색하는 방법으로 명도와 채도가 그대로 유지된다(신인상파 화가의 점묘화, 모자이크, 직물, 컬러TV 영상).

31
2소점 투시도의 설명으로 틀린 것은?

① 수평으로 평행한 선은 모두 좌우 각각의 소점으로 모인다.
② 수직 방향의 선은 각기 수직으로 평행한다.
③ 유각 투시도, 성각 투시도라고도 한다.
④ 긴 복도, 곧게 뻗은 철길, 가로수 등을 표현하기에 적합하다.

④ 1소점 투시도

32
제3각법이 제1각법에 비하여 가진 장점이 아닌 것은?

① 물체를 본 쪽에 그림을 배치하므로, 물체의 관련도를 대조하는데 편리하다.
② 치수를 비교하는게 편리하고, 모양을 이해하기 쉽다.
③ 복잡한 모양에 대하여 보조 투상도를 이용하여 정확히 표현할 수 있다.
④ 평면도가 정면도의 아래쪽에 위치하므로 도면을 이해하기 쉽다.

정투상도법(제3각법은) 정면도를 기준으로 정면도 위에는 평면도가, 우측에는 우측면도가 있다.

33
가산 혼합에 관한 설명 중 틀린 것은?

① 빛의 혼합을 말한다.
② 3원색을 혼합하면 흰색이 된다.
③ 혼합할수록 명도가 높아진다.
④ 2색을 혼합하면 2색의 중간명도의 회색이 된다.

가산혼합(동시가법) : 빛의 혼합이며 3원색을 혼합하면 흰색이 된다. 혼합할수록 명도가 높아지며 두 가지 이상의 색자극이 동시에 일어난다.

34
무대디자인과 상품 진열 등에서 조명색을 결정하는 관원의 성질은?

① 투과성
② 연속성
③ 반색성
④ 연색성

같은 색도의 물체라도 광원에 따라 색감이 달라지는 것으로 상품 진열에 가장 바람직한 조명색은 천연주광색이 가장 좋다.

35
제도에 주로 사용되는 한글 서체는?

① 명조체
② 고딕체
③ 이탤릭체
④ 샘물체

제도에서는 고딕체를 사용하며 글자의 크기는 문자의 높이로 지정한다.

36
제도에서 물체가 보이지 않는 부분을 표시할 때 사용하는 선은?

① 실선
② 쇄선
③ 파단선
④ 파선

명칭	종류	표시	선의 용도
외형선	굵은 실선	————	대상물의 외부모양을 표시하는 선
치수선	가는 실선		치수를 기입하기 위한 선
치수보조선			치수를 기입하기 위해 연장하는 선
지시선			기호, 서술 등을 기입하기 위해 연장하는 선
해칭선	45° 평행 사선의 가는 실선	/////////	단면도의 절단된 부분을 표시하는 선
파단선	파형, 지그재그의 가는 실선	∿∿∿∿	
중심선, 기준선	가는 일점쇄선	— · — · —	도형의 중심을 표현 / 위치 결정의 근거를 표시
숨은선(은선)	굵은 선의 1/2 파선	- - - - -	물체의 보이지 않는 부분을 표시하기 위한 선

37
색의 잔상에 관한 설명이 틀린 것은?

① 잔상은 원래 자극의 세기, 관찰시간과 크기에 비례한다.
② 주위색의 영향을 받아 주위색에 근접하게 변화하는 것이다.
③ 주어진 자극이 제거된 후에도 원래의 자극과 색, 밝기가 같은 상이 보인다.
④ 주어진 자극이 제거된 후에도 원래의 자극과 색, 밝기가 반대인 상이 보인다.

② 동화 현상

38
다음 한쪽 단면도(반 단면도)에 대한 설명 중 옳은 것은?

① 비대칭형인 물체의 내부를 표현하기에 적합하다.
② 도형 전체가 단면으로 표시된 것이다.
③ 물체의 필요한 부분만 단면으로 표시한 것이다.
④ 대칭 중심선의 1/4을 단면으로 표시한다.

① 부분 단면도
② 온 단면도
③ 부분 단면도

39
다음 중 색채조절을 옳게 설명한 것은?

① 물감색의 혼합을 적절히 하는 것이다.
② 색채를 통해 쾌적성, 일의 능률 등을 향상시키는 것이다.
③ 포스터를 제작할 때 그 명시도를 높이는 말이다.
④ 디자인 작품 제작에 쓰이는 말이다.

색채 조절 효과
• 일의 능률 향상
• 안전 유지 재해 감소
• 피로 감소
• 의욕증가

40
색의 주목성에 관한 설명으로 틀린 것은?

① 고채도보다 저채도 색의 주목성이 높다.
② 한색보다 난색의 주목성이 높다.
③ 노랑과 검정의 배색이 주목성의 대표적인 예이다.
④ 주의를 기울이지 않더라도 사람의 시선을 끌어 눈에 띄는 속성을 말한다.

주목성은 명도차가 클수록 높아진다. 어두운 바탕에는 고명도, 고채도의 색이 명시성이 높다.

41
스트리퍼블(strippable)페인트의 설명으로 잘못된 것은?

① 도장재의 더러움 방지를 위해 일시적으로 사용한다.
② 필요할 때 간단히 벗겨낼 수 있다.
③ 비닐계 수지이다.
④ 얇게 도장해야 한다.

스트리퍼블 페인트는 핀홀(구멍)을 방지하기 위해 2~4회 정도 반복해서 도장해야 한다.

42
다음 중 금속의 열처리 방법이 아닌 것은?

① 담금질(quenching)
② 뜨임(tempering)
③ 불림(normalizing)
④ 연마(polishing)

• 담금질 : 금속을 고열로 가열 후 물이나 기름에 넣어 냉각시키는 열처리 방법으로 금속을 경화
• 뜨임 : 담금질로 성질이 변한 금속을 담금질 이전의 상태로 되돌리는 열처리 방법
• 불림 : 표준 상태로 만들기 위해 열처리로 강을 단련 후, 적당 온도로 가열하고 공기 중에서 자연 냉각
• 연마 : 금속표면 처리의 최종과정으로 평활을 유지하고 광택을 높이는 작업

43
목재의 심재에 대한 설명이 옳은 것은?

① 무르고 연하며 수액과 탄력성이 많다.
② 껍질 쪽의 옅은 부분을 말한다.
③ 무거우며 내구성은 풍부하고 일반적으로 질이 좋다.
④ 변형이 심한 편이나 갈라짐은 심하지 않다.

심재의 특징
- 목재의 수심 가까이 위치한 색이 짙은 부분의 조직이다.
- 재질이 단단하고 내구성이 크다.
- 수축 변형도 변재보다 적어 양질의 조직에 속한다.
- 갈라지기 쉽다.

44
현상에 의한 문제점 중 현상된 상이 부분적으로 밝게 나타나는 경우의 원인은?

① 현상액과 정착액의 온도차기 심할 때
② 현상 시간이 너무 길었을 때
③ 현상액이 충분히 채워지지 않았을 때
④ 현상 온도가 높았을 때

필름인화 문제점
- 네거티브 캐리어 위의 먼지 : 하얀 얼룩, 검은 얼룩, 작은 흠집
- 오랜 시간 현상액에 둔 경우 : 바랜 것처럼 보임, 노란색 얼룩
- 외부에서 암실로 들어온 빛 : 밝은 부분, 인화지 모서리에 회색 얼룩

45
종이의 특성을 설명한 내용 중 틀린 것은?

① 종이의 세로 방향은 강하고, 가로 방향은 약하다.
② 활엽수 펄프는 길고 좁으며, 침엽수 펄프는 짧고 약하다.
③ 종이의 강도는 섬유의 물리적, 화학적, 작용에 의해 좌우된다.
④ 종이의 함수율은 적을 때는 6%, 많을 때는 10% 정도가 된다.

침엽수 펄프는 섬유가 길고 좁으며, 활엽수 펄프는 짧고 약하다.

46
발포 플라스틱을 소재로 한 모델의 표면에 직접 착색재료로 적합하지 않은 것은?

① 아크릴 컬러
② 수성 페인트
③ 포스터 컬러
④ 래커 페인트

발포 플라스틱은 플라스틱에 발포제를 섞어 단열재로 사용하며 래커 페인트로 착색하면 표면이 녹는다.

47
안료와 접착제를 발라서 만들며, 강한 광택을 입힌 종이로 사진관이나 원색판의 고급인쇄에 쓰이는 것은?

① 그라비어지
② 로루지
③ 모조지
④ 아트지

- 그라비어지 : 윤전기용의 인쇄용지, 화학펄프와 쇄목펄프를 50%씩 배합하여 제조
- 로루지 : 한 쪽 면에 광택이 있어 포장지로 사용
- 모조지 : 아류산 펄프가 주원료로 잡지 표지나 사무, 포장에 사용

48
학명은 오룸(aurum)으로 아침의 태양 광선을 의미한다. 화학적으로 모든 금속 중 안정된 금속으로 공기 속이나 물속에서도 영구히 변하지 않으며, 귀금속 중 가장 귀족적인 성질을 가진 금속은?

① 금
② 백금
③ 은
④ 팔라듐

금은 불활성으로 시간에 따른 변색, 다른 물질에 의해 화학, 산화변화를 일으키지 않는다.

49
다음 그림과 같이 3차원 그래픽에서 오브젝트를 수많은 선의 모임으로 표시하며 입체감을 나타내는 모델링 기법은?

① 와이어 프레임 모델링 ② 표면 모델링
③ 솔리드 모델링 ④ 프렉탈 모델링

- 와이어프레임 모델 : 물체를 점과 선만으로 표현하는 방식이다.
- 서페이스 모델링 : 프레임의 겉에만 모델링을 하여 표면은 간단한 다각형으로 구성되어 입체감을 느낄 수 없다.
- 솔리드 모델링 : 물체의 내부까지 채워진 입체형으로 물체의 성격과 부피도 알 수 있으며 렌더링에 시간이 많이 걸린다.

50
색상 범위(Color Gamut)의 컬러 표현에서 표현 영역이 가장 광범위한 것은?

① 레이져 컬러출력 인쇄물
② RGB 컬러 모니터
③ 고해상 CMYK인쇄물
④ 잉크젯 인쇄물

RGB 모드는 HSB(HSV)나 CMYK 보다 색상 표현력이 좋다.

51
애니메이션 제작에서 두 개의 키프레임 이미지 사이의 중간 단계 프레임을 연결하는 과정은?

① 신서사이징(Synthesizing)
② 이미지 프로세싱(Image processing)
③ 레이트레이싱(Ray-tracing)
④ 인 비트위닝(In-betweening)

52
다음 중 픽셀의 설명으로 틀린 것은?

① 픽셀은 이미지를 구성하는 최소 단위이다.
② 종횡으로 많은 수의 픽셀이 모여 문자 또는 그림을 형성한다.
③ 픽셀은 각각의 위치 값을 가진다.
④ 픽셀은 색에 따라 다양한 크기를 가진다.

픽셀은 색과 관계 없이 일정한 크기를 가진다.

53
포토샵의 필터 중 하프톤의 효과나 모자이크 효과를 얻을 수 있는 가장 적합한 필터 기능은?

① Blur ② Brush Strokes
③ Distort ④ Pixelate

- Blur : 이미지를 흐릿하고 부드럽게 만든다.
- Distort : 이미지를 비틀어서 왜곡한다.

54
물체가 화면상에 식물처럼 표현되거나 그려지는 방식으로 광원은 그림자를 생성할 것인가, 표면의 질감은 어떻게 표현할 것인가, 광원과 표면은 어떤 식으로 상호 작용할 것인가 하는 것을 결정하여 표현하는 작업은?

① 렌더링(Rendering)
② 매핑(Mapping)
③ 제도(Drafting)
④ 화상워핑(Image warping)

- 매핑 : 오브젝트의 표면에 2D 이미지를 입히는 것으로 텍스처매핑, 범프매핑, 솔리드텍스처매핑 등의 방법이 있다
- 제도(Drafting) : 관념적인 공간이나 실체를 구체화 하기 위해 도면을 그리는 것이다.

55
다음의 디자인 프로세스 과정 중 컴퓨터가 직접적으로 대신할 수 없는 과정은?

① 드로잉 작업
② 이미지 표현 작업
③ 아이디어 발상
④ 페인팅 작업

아이디어의 발상은 사람(디자이너나 개발자)이 해야 하는 과정이다.

56
그래픽 사용자 인터페이스를 제공하는 컴퓨터시스템에서 각각의 프로그램이나 명령들을 작은 형태로 만들어 놓은 것은?

① Icon ② File
③ Bitmap ④ Id

57
다음 컴퓨터그래픽스의 이용 효과와 거리가 먼 것은?

① 디자인상에서 발생할 수 있는 오류를 사전에 방지할 수 있다.
② 디자인 전개의 다양화로 소품종 다량 생산이 용이해졌다.
③ 신속한 도면 설계와 수정 및 변형의 자유로운 유동성이 있다.
④ 설계 기법의 표준화로 생산성 향상을 가져올 수 있다.

소품종 다량생산은 기계화, 공업화의 특징이다.

58
모니터에 나타난 도형이나 그림을 35mm 슬라이드에 저장하는 출력장치는?

① 플로터 ② 필름 레코더
③ 레이저 프린터 ④ 스캐너

- 플로터 : 종이 위에 X, Y축을 기반으로 정확한 그림 표현(설계도면, 곡선, 복잡한 도형 등)을 한다.
- 레이저 프린터 : 가루상태의 잉크를 레이저광원으로 원통 위에 주사한 후 가열된 롤러를 이용하여 종이에 고착시키는 출력장치이다.
- 스캐너 : 인쇄된 형태의 문서를 읽어 들이는 입력장치이다.

59
컴퓨터의 기억장치 중 전원이 단절되면 존재하던 모든 정보를 잃게 되는 기능을 가진 것은?

① ROM ② CPU
③ FDD ④ RAM

- ROM : 기록된 데이터를 단지 읽을 수만 있는 메모리로, 운영체제처럼 컴퓨터를 사용하는데 꼭 필요한 내용을 담고 있다.
- CPU : 기억장치, 제어장치, 연산장치로 구성되어 있다.

60
다음 중 2D 그래픽 소프트웨어가 아닌 것은?

① 포토샵(Photoshop)
② 페인터(Painter)
③ 일러스트레이터(Illustrator)
④ 스트라타 스튜디오 프로(Strata Studio Pro)

스트라타 스튜디오 프로(Strata Studio Pro)는 매킨토시에서 사용하는 전문가용 3D 모델링 애니메이션 소프트웨어이다.

2022년 1회		컴퓨터그래픽기능사 정답		
01	02	03	04	05
③	④	④	④	①
06	07	08	09	10
②	③	③	④	②
11	12	13	14	15
④	③	③	③	④
16	17	18	19	20
①	②	④	③	③
21	22	23	24	25
①	②	④	④	③
26	27	28	29	30
③	④	②	②	④
31	32	33	34	35
④	④	④	④	②
36	37	38	39	40
④	②	④	②	①
41	42	43	44	45
④	④	③	④	②
46	47	48	49	50
④	④	①	④	②
51	52	53	54	55
④	④	④	①	③
56	57	58	59	60
①	②	②	④	④

CBT 복원문제 _ 컴퓨터그래픽기능사

2022년 2회

01
디자인과 건축분야에서 "형태는 기능을 따른다."라고 기능미를 주장한 사람은?

① 루이스 설리반
② 프랭크 로이드 라이트
③ 윌리엄 모리스
④ 월터 그로피우스

02
다음 중 실용성과 조형성이 융합된 아름다움을 의미하는 용어는?

① 기능미
② 재질미
③ 구성미
④ 양식미

실용성과 조형성은 기능미를 말하며 합목적성에 포함되는 이성적, 합리적, 객관적 특징을 가지는 디자인의 1차 조건이다.

03
기계, 건축, 선박 등에 있어서 큰 축척으로 그려졌을 경우, 그 밑부분의 축척을 확대하여 모양과 치수, 기구 등을 분명히 하기 위한 도면의 종류는?

① 평면도
② 입면도
③ 상세도
④ 단면도

- 평면도 : 정면도를 기준으로 위에서 본 도면
- 입면도 : 물품을 직립해서 보았을 때 외형에 대한 각 방향의 투상도
- 단면도 : 물체의 내부구조가 복잡하여 잘 보이지 않을 경우, 필요한 부분을 절단한 것으로 가정하여 그리는 도면

04
매슬로우(Maslow)의 인간욕구 5단계 중 사회적 욕구에 해당되는 것은?

① 지위, 권위, 명예
② 애정, 집단에서의 소속
③ 질서, 보호
④ 음식, 성, 생존

매슬로우의 인간욕구 5단계
- 생리적 욕구 : 생존을 위한 기본적 욕구(의, 식, 주, 성생활)
- 안전의 욕구 : 물리적 위험으로부터 생활의 안전 추구
- 사회적(소속)욕구 : 사회적(회사, 친구, 모임)소속감 추구
- 존경의 욕구(자아 욕구) : 권력, 지위, 명예, 존경의 욕구
- 자기실현의 욕구 : 자아 개발과 존재가치 실현

05
원시인들이 사용하였던 흙의 사용 용도로 볼 수 없는 것은?

① 집을 짓는 재료
② 수렵용 도구
③ 물을 담는 용기
④ 종교적인 토우

수렵용 도구는 도끼, 활, 창이다.

06
다음 중 조명기구의 역할과 가장 거리가 먼 것은?

① 수면효과
② 장식성
③ 배광 수단
④ 전구의 보호

수면을 취할 때는 조명을 꺼야 하므로 수면효과와는 거리가 멀다.

07
같은 길이와 같은 크기지만 주변의 영향으로 다르게 보이는 착시는?

① 분할의 착시
② 대비의 착시
③ 각도의 착시
④ 방향의 착시

- 분할의 착시 : 분할된 면이나 선은 분할되지 않은 선이나 면 보다 더 크고 길게 보인다.
- 각도와 방향의 착시 : 같은 모양이라도 주변의 영향을 받으면 다르게 보인다.

08
잡지광고의 특성과 가장 거리가 먼 것은?

① 특정한 독자층을 갖는다.
② 매체로서의 생명이 짧다.
③ 대부분 월간지 형태로 출간된다.
④ 감정적 광고나 무드광고를 하는데 적당하다.

잡지광고의 특성
- 독자 구성이 차별화되어 있다.
- 수명이 비교적 길다.
- 컬러광고가 가능하며 구체적이고 자세한 내용을 전달할 수 있다.
- 회독률이 높아 광고효과를 기대할 수 있다.
- 감정적 광고나 무드광고를 할 수 있다.

09
광고디자인에서 "친절하고 자세할수록" 가장 효과가 높은 표현적 요소는?

① 카피(Copy)
② 마케팅(Marketing)
③ 레이아웃(Layout)
④ 로고타입(LogoType)

카피는 구체적인 내용을 전달하는 본문이기 때문에 친절하고 자세할수록 효과가 높다.

10
우리가 직접 지각하여 얻는 형태이며 순수형태와 구별되는 것으로, 자연형태와 인위형태를 포함하는 형태는?

① 이념적 형태
② 상대적 형태
③ 절대적 형태
④ 현실적 형태

- 이념적 형태(순수 형태) : 점, 선, 면, 입체(직접적으로 지각할 수 있다)
- 현실적 형태(인위적 형태) : 자연형태(기하학적 모양으로 직접 지각할 수 없다)

11
시각 디자인의 조건 중 독창성에 관한 설명으로 가장 적합한 것은?

① 있는 것을 그대로 반복한다던지 남의 작품을 모방한다던지 하는 것은 바람직한 태도가 아니다.
② 옛것과 새로운 것은 밀접한 연관성이 없어 새로운 효과를 기대할 수 없다.
③ 이상한 표현으로 충격을 주는 디자인은 독창적인 올바른 자세라고 할 수 있다.
④ 자연이나 인위적으로 만들어 놓은 원형의 평범함 속에 독창성은 있을 수 없다.

디자인에 최종적으로 생명을 불어 넣는 요소는 독창성이며 창조는 모방과 개선의 결과이므로 독창성을 위해서 폭넓은 지식과 기존의 개념에 얽매이지 않아야 한다.

12
면의 특징에 관한 설명 중 틀린 것은?

① 점의 확대, 폭의 확대 등에 의해 성립된다.
② 이동하는 선의 자취가 면을 이룬다.
③ 길이와 너비, 넓이는 있으나 두께는 없다.
④ 삼각형, 사각형, 원형 등을 무정형이라 한다.

면은 점의 확대, 이동하는 선의 자취로 구성되며 길이와 넓이만 있고 두께는 없으며, 공간을 구성하는 단위이다.

13
디자이너가 즉흥적으로 떠오르는 여러 가지 생각을 메모하기 위한 최초의 스케치는?

① 스크래치 스케치
② 러프 스케치
③ 스타일 스케치
④ 컨셉 스케치

- 러프 스케치 : 스크래치 스케치에서 선정된 아이디어를 간단한 음역, 컬러, 재질감 등을 표현한다.
- 스타일 스케치 : 가장 정밀하며 전체 외관의 컬러, 질감, 패턴 스타일 등을 표현한다.
- 컨셉 : 어떤 아이디어대한 개념이나 구상을 뜻한다.

14
다음 중 신제품 전략의 주요 결정요소가 아닌 것은?

① 자사(Corporate)
② 경쟁사(Competitors)
③ 고객(Customers)
④ 수집(Collection)

신제품 출시 과정
- 완전한 제품원형을 만들기까지 여러 번의 실험을 해야하므로 시간이 소요된다.
- 소비자들의 반응을 먼저 살펴본 후 제품을 설계한다.
- 기능 테스트와 소비자 테스트를 통해 제품을 완성한다.
- 제품개발 단계 : 아이디어 제출 → 아이디어 심사 → 제품의 개념 선정과 시험 → 마케팅 전략 개발 → 사업성 분석 → 제품개발 → 품질 테스트 → 상업화

15
다음 중 실내디자인의 목표와 거리가 먼 것은?

① 효율성
② 폐쇄성
③ 경제성
④ 심미성

실내 디자인의 목표 : 효율성, 아름다움(심미성), 개성

16
다음 중 기업의 통일된 목표나 방향, 역할을 대·내외에 전달하는 기업의 이미지 통합(CIP)의 주요 요소가 아닌 것은?

① 행동양식의 통일성(behavior identity)
② 정신적 통일성(mind identity)
③ 시각적 통일성(visual identity)
④ 시장의 통일성(market identity)

CI(Corporate Identity)
- 기업의 이미지를 통일하여 이미지 상승과 이윤을 추구한다.
- CI의 3대 요소(VI(Visual Identity) : 기업의 시각적인 통일화, BI(Behaver Identity) : 기업과 직원의 행동 통일화, MI(Mind Identity) : 기업의 주체성과 동일성
- CI 작업은 벡터방식의 그래픽소프트웨어(일러스트레이터, 코렐드로우 등)를 주로 사용한다.

17
문자 상으로는 개념, 생각하는 방법이라는 의미이며, 디자인 행위의 초기단계로서 대상의 테마와 개념의 구성을 말하는 것은?

① 모델링(Modeling)
② 분석(Analysis)
③ 켄셉트(Concept)
④ 프리젠테이션(Presentation)

18
패키지의 지기를 만들 때 접거나 개봉하기 쉽도록 종이를 잘라내고 접는 선을 미리 눌러 놓는 과정은?

① 앰보싱(Embossing)
② 라미네이팅(Laminating)
③ 합지(Carrying)
④ 톰슨(Thomson)

- 엠보싱가공 : 표면에 열과 압력을 가하여 오목한 부분과 볼록한 부분을 만든다.
- 라미네이팅 : 인쇄물의 표면에 박막을 씌워 오염을 방지하고, 내수성과 광택을 향상시키는 후가공이다.
- 합지 : 2장 이상의 종이를 붙여서 종이(박스) 등을 만드는 과정이다.

19
인쇄물과 함께 동봉되는 단추, 열쇠, 자동차 모형 등과 같은 입체물로, 메시지에 주의를 끌게 하기 위한 우편광고(DM: direct mail)의 형태는?

① 폴더(Folder)
② 리플릿(Leaflet)
③ 세일즈 레터(Sales Letter)
④ 레터 가젯(Letter Gadget)

- 폴더(Folder) : 접는 광고지이다.
- 리플릿(Leaflet) : 1~2 페이지 정도의 인쇄물이다.
- 세일즈 레터(Sales Letter) : DM 발송 내용물로 신제품 안내문, 인사장 등이 들어간다.

20
다음 중 제품을 구성하는 기본 인자들과 가장 관련이 없는 것은?

① 구조   ② 재료
③ 특허   ④ 형태

제품을 구성하는 기본 요소는 구조, 재료, 형태이다.

21
다음 도면 중 A가 가리키는 선의 명칭은?

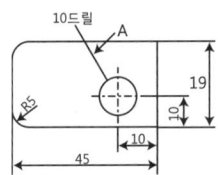

① 숨은선   ② 외형선
③ 지시선   ④ 파단선

지시선은 작업에 대한 특기사항이나 재질 등을 표시한다.

22
다음 중 투시도법의 용어 중 DVP는?

① 평화면   ② 대각소점
③ 정점   ④ 시심

대각소점(DVP : Diogonal Visual Point) : VP의 대각선 방향에 생기는 소점이며, 대각소점이라고 한다.

23
색에 대한 설명이 틀린 것은?

① 표면에서 반사된 빛은 우리 눈에서 색으로 느껴진다.
② 무지개는 빛의 산란에 의해 나타나는 현상이다.
③ 가장 긴 파장은 빨강색 영역이고 가장 짧은 파장의 영역은 보라색 영역이다.
④ 우리는 하늘을 볼 때 평면색(면색)을 느낀다.

무지개는 빛의 반사, 굴절로 생기는 현상이다.

24
오스트발트 색체계에 대한 설명이 옳은 것은?

① Yellow의 보색은 Turquoise이다.
② 색상번호-흑색량-백색량의 순서로 색을 표기한다.
③ 어떤 색의 보색은 반드시 그 색의 10째 번에 있다.
④ 색상환은 헤링의 4원색설을 기본으로 한다.

오스트발트 색채 조화론
- 무채색의 조화
- 동일색상의 조화 : 등백색 계열의 조화 등흑색 계열의 조화 등 순색 계열의 조화
- 등가색환에서의 조화
- 보색 마름모꼴에서의 조화
- 보색이 아닌 마름모꼴에서의 조화
- 다색조화(윤성조화)

25
인간의 눈 구조 중 시신경 섬유가 나가는 부분으로 광수용기가 없기 때문에 상을 볼 수 없는 곳은?

① 망막(retina)
② 중심와(fovea)
③ 수정체(lens)
④ 맹점(blind spot)

맹점은 눈에서 시신경이 나가는 부분이라 광수용기가 없어 상을 볼 수 없다.

26
다음의 반단면도 중 도면작도법상 선의 용도가 바르게 작도된 도면은?

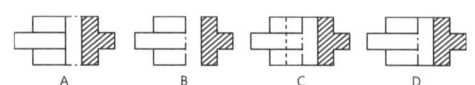

① A
② B
③ C
④ D

물체의 외형은 실선, 대상물의 중심은 일점쇄선, 해칭선은 빗금으로 그린다.

27
먼셀 색체계에 대한 설명이 틀린 것은?

① 색상기호 R, YR은 난색계열이다.
② V값은 명도를 나타낸다.
③ C값은 채도를 나타낸다.
④ 무채색은 H로 표시한다.

무채색은 N으로 표시한다.

28
색광의 3원색을 비슷한 밝기로 모두 혼합하면 어떤 색광이 되는가?

① 검정
② 청록
③ 노랑
④ 흰색

29
평면도법 중 "같은 면적 그리기"가 아닌 것은?

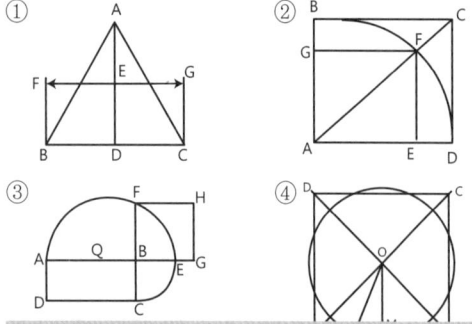

같은 비례로 그리기이다.

30
투시도의 종류에 해당되는 않는 것은?

① 평행투시도
② 투상투시도
③ 사각투시도
④ 유각투시도

투시도의 종류에는 1소점(평행투시), 2소점(유각, 성각 투시), 3소점 투시도(사각투시, 경사 투시)가 있다.

31
그림과 같이 투상면이 눈과 물체의 사이에 있어 유리상자 안에 물체를 놓고 밖에서 스쳐보는 상태에서 투상하는 방법은?

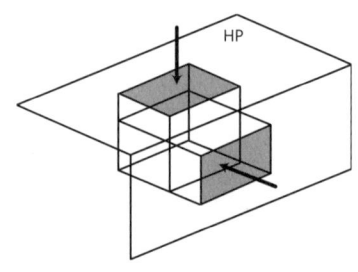

① 제1각법
② 제2각법
③ 제3각법
④ 제4각법

제3각법
• 정면도의 표현이 합리적이다.
• 치수기입이 합리적이다.
• 보조투상이 용이하다.
• 물체를 제3상한에 놓고 투상하는 방식이다.
• 눈 → 투상면 → 물체순이다.

32
빨간색과 노란색을 감산혼합을 했을 때의 색은?

① 녹색
② 파랑
③ 주황
④ 보라

빨간색과 노란색을 감산혼합하면 주황색이 된다.

33
다음 평면도법 중 각을 등분하는 것이 아닌 것은?

① 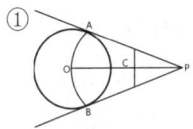 ②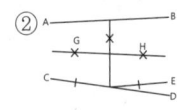

③ 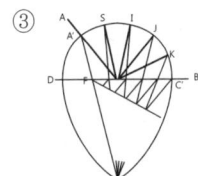 ④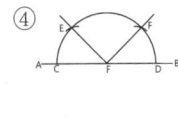

① 원주 밖의 한 점에서 원에 접선긋기

34
다음 중 멀리서 달려오는 자동차를 가장 쉽게 식별 할 수 있는 자동차의 색은?

① 회색
② 청록색
③ 노란색
④ 파란색

명시도는 따듯한 난색이 주목성이 높다.

35
색채 조화에 대한 연구 학자가 아닌 사람은?

① 레오나르도 다빈치
② 뉴턴
③ 오스트발트
④ 렌쯔

- 레오나르도 다빈치 : 색채 조화론의 선구자이며 스푸마토 명암 대비법을 개발하였다.
- 뉴턴 : 프리즘을 이용하여 백색광을 분광하여 가시광선의 일곱가지 색을 분류하였다.
- 오스트발트 : 색채 조화론을 만들었다.

36
빨강 바탕의 노란 줄무늬 와이셔츠는 원래의 빨강보다 노란빛을 띈다. 이와 관련이 있는 현상은?

① 동화효과
② 색상대비
③ 계시혼색
④ 연변대비

- 동화 효과(색의 전파, 혼색 효과) : 인접한 주위의 색이 가깝게 느껴지는 현상으로 대비와 반대되는 현상
- 색상대비 : 명도와 채도가 같은 색이 이웃하여 있을 때 두 색이 서로의 영향으로 색상차가 나는 것
- 계시대비 : 한 가지 색을 본 후 다른 색을 보면 처음에 본 색의 영향으로 나중에 본 색이 달라져 보이는 현상
- 연변대비 : 나란히 배치된 색의 경계부분에 일어나는 대비효과를 약화시키기 위해 무채색의 테두리를 두르는 것으로 인접색이 저명도인 경계부분은 더 밝아 보이고, 고명도는 어두워 보임

37
색의 3속성에서 강약이나 맑기를 의미하는 것은?

① 명도
② 채도
③ 색상
④ 색입체

- 명도 : 색의 밝고 어두운 정도
- 채도 : 색의 강약, 맑고 탁한 정도
- 색상 : 각각의 색을 구별할 수 있는 성질

38
명도와 관련된 느낌이 옳게 연결된 것은?

① 고명도-가벼운 느낌-팽창의 느낌
② 고명도-무거운 느낌-진출의 느낌
③ 저명도-가벼운 느낌-수축의 느낌
④ 저명도-무거운 느낌-팽창의 느낌

가벼운색	무거운색
난색, 고명도(흰색)	한색, 저명도(검정)

색의 무게 : 흰색 〉 노랑 〉 초록 〉 주황 〉 보라 〉 빨강 〉 파랑 〉 검정

39
사투상도에서 물체의 경사면 길이를 정면과 다르게 하여 물체가 실감이 나도록 하기 위한 경사면 길이 비율로 적합하지 않은 것은?

① 1 : 1
② 1 : 1/2
③ 1 : 3/4
④ 1 : 4/5

사투상은 물체의 앞면 모서리는 수평선과 평행하게 하고, 옆면 모서리는 수평선과 임의의 각도(30°, 45°, 60°)로 그리며 길이와 높이는 현척으로, 폭은 현척으로 그리거나 1/2, 3/4, 5/8, 3/8로 축소해서 그린다.

40
색의 온도감에 관한 설명으로 틀린 것은?

① 장파장의색이 따뜻하게 느껴진다.
② 명도가 낮을수록 차갑게 느껴진다.
③ 색의 속성 중에서 주로 색상의 영향을 받는다.
④ 때로는 차갑게 때로는 따뜻하게 느껴지는 색을 중성색이라고 한다.

색의 온도감
- 장파장 : 빨강색(난색), 단파장 : 보라색(한색)
- 난색 : 빨강색, 주황색, 노랑색처럼 따뜻한 느낌을 주는 장파장의 색이다.
- 한색 : 파랑, 청록색처럼 차갑게 느껴지는 색이다.
- 중성색 : 차갑지도 따뜻하지도 않은 녹색, 보라색 계열. 무채색이다.

41
양지 제조 공정 중 "고해"에 해당되는 것은?

① 긴 섬유를 알맞게 절단
② 번짐방지를 위한 눈메움
③ 발색 작업
④ 탈수 및 건조

42
플라스틱이 가지고 있는 일반적인 장점이 아닌 것은?

① 전기 절연성이 우수하다.
② 내수성이 좋고 재료의 부식이 없다.
③ 열팽창 계수가 작아 치수 안정성이 좋다.
④ 착색 및 가공이 용이하다.

플라스틱은 열팽창 계수가 높다.

43
다음과 같은 특성을 지는 채색 재료는?

- 유화의 성질과 비슷하나 빨리 건조된다.
- 접착성과 내수성이 강하다.
- 오래 두어도 변색되지 않는다.

① 아크릴 물감
② 수채 물감
③ 포스터 칼라
④ 마커

- 수채 물감 : 물을 사용하여 명도를 조절하여 가장 맑고 투명한 효과를 얻을 수 있다.
- 포스터 컬러 : 아교나 달걀 흰자위를 안료로 섞은 불투명한 물감이다.
- 마커 : 마커는 색상이 선명하고 다양한 색상으로 건조시간이 빠르고 번지지 않아서 스케치나 렌더링용으로 많이 사용한다.

44
인쇄용지의 상질지란?

① 그라운드+화학펄프로 만들어진다.
② 화학펄프+쇄목펄프로 만들어진다.
③ 화학펄프만으로 만들어진다.
④ 아황산펄프로 만들어진다.

상질지는 화학펄프로 만들며 고급인쇄에 사용한다.

45
다음 중 목재용 도료가 구비해야 할 성능이 아닌 것은?

① 강인한 도막을 형성할 수 있어야 한다.
② 부착성이 좋아야 한다.
③ 도막의 경도가 높아야 한다.
④ 흡수성이 좋아야 한다.

도료의 조건
- 색깔의 변색과 퇴색이 없어야 한다.
- 지정된 색상과 광택을 유지해야 한다.
- 모재에 부착성이 양호하여야 한다.
- 도막이 강해 내습, 내식, 내약품성을 유지해야 한다.

46
유리의 광학적 성질이 아닌 것은?

① 점성
② 굴절
③ 분산
④ 투과

점성은 접착제의 성질이다.

47
종이를 일정한길이만큼 찢는데 필요한 에너지를 알기 위해 측정하는 것은?

① 파열강도
② 인열강도
③ 내절강도
④ 인장강도

- 파열강도 : 종이를 눌러서 찢는 힘의 정도
- 내절강도 : 종이를 한쪽으로 계속 접었다 폈다는 반복하여 끊어질 때 까지의 횟수를 가지고 표시하는 강도
- 인장강도 : 종이를 양쪽으로 잡아당겨서 찢어질 때의 힘의 정도

48
다음 중 가장 감도가 높은 필름은?

① ASA 50
② ASA 100
③ ASA 400
④ ASA 1000

숫자가 높을수록 고감도이다.

49
다음 중 평면적인 모델에 3차원적인 입체감을 주기 위해 빛의 변화 등을 계산하여 채색해 나가는 렌더링 기법이 아닌 것은?

① 라디오시티(Radiosity)방식
② 모핑(Morphing)방식
③ 레이 캐스팅(Ray Casting)방식
④ 레이 트레이싱(Ray Tracing)방식

- 텍스쳐 매핑(texture mapping) : 오브젝트 표면에 이미지(사진, 그림, 동영상)로 질감을 덮어씌우는 기법
- 레이 캐스팅(Ray Casting) : 빛이 시작되었던 곳부터 조명에 이르는 과정을 추적하여 가장 사실적인 렌더링을 하는 기법
- 레이 트레이싱(Ray Tracing) : 물체에 반사된 빛이 불투명체에 닿거나 장면 밖으로 나갈 때까지 계속 빛을 추적하는 기법

50
3차원 모델링 요소 중에서 스플라인(spline)곡선에 대한 설명으로 틀린 것은?

① 소수의 점을 가지고도 매우 복잡한 표면을 정의할 수 있다.
② 복잡한 형상을 폴리곤 모델러(Polygon Modeler)보다 훨씬 수월하게 애니메이션 할 수 있다.
③ 곡선으로 이루어져있어 유기체 모델링에 적합하다.
④ 렌더링 시간을 줄여줘 게임 제작에 유용한 모델 방식이다.

51
이미지 데이터사이즈(용량)를 변화시키는 방법과 가장거리가 먼 것은?

① Mode의 전환
② 선택(Select)의 전환
③ 해상도(Resolution)의 조정
④ 이미지의가로, 세로 크기 조정

선택은 파일이나 이미지의 일부분을 선택하는 것으로 용량의 변화와 거리가 멀다.

52
2D그래픽 처리 프로그램에서 이미지의 합성, 변화 등의 과정을 통해 처리하는 작업을 뜻하는 용어는?

① 클리핑   ② 이미지 프로세싱
③ 모션캡쳐   ④ 스캐닝

- 클리핑(Clipping) : 이미지의 일부분을 잘라내는 것이다.
- 모션캡쳐 : 사람의 몸에 빛 반사성이 좋은 마커를 붙이고, 적외선 불빛이 나오는 적외선 카메라로 움직임을 캡쳐하는 것이다.
- 이미지 스캐닝 : 인쇄된 이미지 형태의 문서를 읽어 들이는 것

53
이미지의 콘트라스트를 높이고 이미지의 초점을 또렷하게 하는 기능을 가진 포토샵 필터는?

① Blur   ② Sharpen
③ Noise   ④ Pixelate

- Blur : 이미지를 흐릿하고 부드럽게 만든다.
- Noise : 이미지를 지저분하게 하거나 이미지에 있는 지저분한 것들을 제거한다.
- Pixelate : 포토샵의 필터 중 하프톤의 효과나 모자이크 효과를 얻을 수 있는 필터이다.

54
소비전력이 작고 전원이 꺼지더라도 저장된 정보가 유지되며, 작고 가벼워 이동성이 편리한 메모리는?

① ROM
② 플래시 메모리
③ RAM
④ 캐시 메모리

- ROM : 기록된 데이터를 단지 읽을 수만 있는 메모리로, 운영체제처럼 컴퓨터를 사용하는데 꼭 필요한 내용을 담고 있다.
- RAM : 읽기와 쓰기가 자유로우며 전원을 끄면 메모리에 있는 내용이 지워진다.
- 캐시 메모리 : 컴퓨터의 속도를 빠르게하는 임시메모리이다.

55
Spot color(별색)에 대한 설명이 틀린 것은?

① 배합해서 색을 나타내지 않고 개별적인 색을 사용한다.
② 반짝이는 금색, 은색과 같은 색상을 인쇄할 때 주로 지정한다.
③ CMYK를 4색 분해하여 망점을 섞어 표현한다.
④ 인쇄 시 spot color에 해당하는 컬러판이 추가로 필요하다.

스팟컬러는 4색을 분해하여 망점을 섞는 색 이외의 별색(금색, 은색 등)을 만들 때 사용하며 5도 인쇄라고도 한다.

56
어느 한 방향으로만 빛을 보낼 수 있어 대상을 부각시키기 위한 극적인 효과를 주는 특징이 있고 자동차의 헤드라이트, 랜턴의 빛과 같은 효과를 낼 수 있는 조명은?

① Omni Light
② Spot Light
③ Ambient Light
④ Directional Light

- Omni Light : 모든 방향으로 골고루 비추는 조명이다.
- Ambient Light : 방향성이 없고 그림자를 만들지 않는다.
- Directional Light : 같은 방향으로 비추는 조명이다.

57
1975년 빌게이츠와 폴알렌이 설립한 소프트웨어 제작 회사는?

① 마이크로소프트사
② Apple사
③ 휴렛팩커드
④ IBM

58
동영상 데이터의 표현과 관련한 코덱에 대한 설명이 틀린 것은?

① 코덱이란 코더(coder)와 디코더(decoder)의 기능을 갖는다.
② 코덱이란 압축(compression)과 해제(decompression)의 약자이다.
③ 코덱이 없어도 음악이나 영상을 컴퓨터가 재생할 수 있다.
④ 코덱은 디지털 동영상 데이터를 불러들여 읽는 것을 돕는다.

재생하려고 하는 동영상이나 음악에 맞는 코덱이 있어야 한다.

59
2D 그래픽 응용프로그램에서 패널(Panel)을 활성화 시킬 수 있는 명령은 어느 메뉴에 있는가?

① File 메뉴
② Edit 메뉴
③ View 메뉴
④ Window 메뉴

60
일러스트레이터 프로그램에서 타입(Type)툴을 사용하여 입력한 문자들을 도형으로 전환하여 변형하고자 할 때 사용하는 기능은?

① Adjust Colors
② Make Wrap
③ Desaturate
④ Create outline

- Adjust Colors : 색상을 보정하는 명령이다.
- Desaturate : 흑백효과를 주는 명령이다.
- Make Wrap : 개체 주변으로 텍스트가 자연스럽게 흐르게 하는 명령이다.

2022년 2회		컴퓨터그래픽기능사 정답		
01	02	03	04	05
①	①	③	②	②
06	07	08	09	10
①	②	②	①	④
11	12	13	14	15
①	④	①	④	②
16	17	18	19	20
④	③	④	④	③
21	22	23	24	25
③	②	②	④	④
26	27	28	29	30
④	④	④	②	②
31	32	33	34	35
③	③	①	③	④
36	37	38	39	40
①	②	①	④	②
41	42	43	44	45
①	③	①	③	④
46	47	48	49	50
①	②	④	②	④
51	52	53	54	55
②	②	②	②	③
56	57	58	59	60
②	①	③	④	④

LESSON 12

CBT 복원문제 _ 컴퓨터그래픽기능사

2022년 4회

01
다음 중 제품디자인 과정이 옳은 것은?

① 계획 → 조사 → 분석 → 평가 → 종합
② 계획 → 조사 → 분석 → 종합 → 평가
③ 조사 → 계획 → 종합 → 분석 → 평가
④ 조사 → 계획 → 분석 → 종합 → 평가

02
진출색과 후퇴색에 대한 일반적인 설명 중 틀린 것은?

① 따뜻한 색이 차가운 색보다 진출해 보인다.
② 밝은 색이 어두운 색보다 진출해 보인다.
③ 채도가 높은 색이 채도가 낮은 색보다 진출해 보인다.
④ 무채색이 유채색보다 진출해 보인다.

> 같은 크기라도 실제보다 더 크게 보이는 색을 '진출색'이라고 하는데 유채색, 고명도, 고난도, 난색 계열이 이에 속한다.

03
도면의 치수 숫자와 기호에 대한 설명 중 틀린 것은?

① 치수 숫자는 치수선으로부터 약간 띄어 쓴다.
② 치수는 치수선에 평행하게 도면의 왼쪽에서 오른쪽으로, 아래로부터 위로 읽을 수 있도록 기입한다.
③ 한 도면 내에서 용도에 따라 치수 숫자의 크기를 다르게 한다.
④ 경사진 치수선의 경우, 숫자는 치수선의 위쪽에 기입한다.

> 치수기입 원칙
> • 치수 기입에 사용하는 선은 치수선, 치수보조선, 인출선(지시선)이다.
> • 180° 이하인 호의 반지름은 R로 표기한다.
> • 치수는 될 수 있는 대로 정면도에 집중적으로 기입한다.
> • 실형이 나타나 있는 곳에 실제 길이를 기입한다.
> • 치수기입이 어려울 때는 인출선(지시선)을 그어 기입한다.
> • 치수기입의 원칙에 따라 mm를 사용한다.
> • 치수숫자는 치수선의 중앙 위에 약간의 간격을 두어 평행하게 기입한다.

04
배색에 관한 설명 중 틀린 것은?

① 강조색은 작은 면적으로 효과를 극대화 할 때 사용하고 배색의 지루함을 없애준다.
② 배색에서 전체적으로 가장 많은 면적과 기능을 차지하는 것을 주조색이라 한다.
③ 여러 가지 색을 서로 어울리게 배열하는 것으로 기능, 목적, 효용에 따라 다양한 방법이 있다.
④ 톤 온 톤(tone on tone) 배색은 무채색에 의한 분리 효과를 표현한 배색이다.

> 톤온톤(tone on tone)은 같은 색상으로 색조가 다른 색을 겹치는 것이다.

05
대칭형인 물체의 외형과 내부의 구조 및 형태를 동시에 표시하는 단면도는?

① 반 단면도
② 계단 단면도
③ 온 단면도
④ 부분 단면도

반 단면도
- 대칭형인 물체의 외형과 내부의 구조 및 형태를 동시에 표시하는 단면이다.
- 대칭 중심선의 1/4을 단면으로 표시하고, 단면하지 않은 쪽의 숨은선은 생략하는 것이 일반적이다.
- 겉모양과 단면을 동시에 표시할 수 있어 널리 사용한다.

06
가열하여 유동 상태로 된 플라스틱을 닫힌 상태의 금형에 고압으로 충전하여 이것을 냉각, 경화시킨 다음 금형을 열어 성형품을 얻는 방법은?

① 압축 성형   ② 사출 성형
③ 압출 성형   ④ 블로우 성형

- 압축 성형 : 가열된 플라스틱을 금형의 틀에 넣은 후 고압으로 충전, 냉각, 경화 후 틀을 개방한다. 고속, 대량, 자동 생산 가능.
- 압출 성형 : 가열된 플라스틱을 회전하는 스크류를 통하여 압출하여 단면이 같은 물품을 생산. 튜브, 바 등을 생산.
- 블로우 성형 : 재료를 부드럽게 하여 틀에 부은 후 압축공기를 불어넣어 재료를 넓게 핀 후 금형에 압착한다. PET 병 생산

07
Potoshop에서 레이어와 알파 채널 등을 모두 저장할 수 있는 파일 포맷은?

① JPEG   ② PSD
③ GIF   ④ BMP

- JPG : 사진이나 그림 등을 저장하는 기술의 표준이며 1600만 색상을 표시할 수 있어 고해상도 저장이 가능하다.
- PSD : 레이어, 알파채널, 패스 등을 모두 저장할 수 있는 포토샵 전용 파일 형식이다.
- GIF : 온라인 전송이 가능한, 용량이 적고 투명도, 인터레이스, 애니메이션 지원이 가능한 그래픽 파일 포맷
- BMP : 마이크로소프트사에서 개발한 IBM 호환기종에서 사용 가능하도록 만든 비트맵 그림파일이다. 다른 형식(jpg, gif 등)에 비해서 파일의 크기가 크다.

08
수공예 부흥운동인 Art & Craft 다음 중 어떤 양식을 주로 주구했는가?

① 바로코   ② 고딕
③ 로코코   ④ 로마네스크

수공예 부흥운동(미술공예운동)은 고딕양식의 대표 건축가인 퓨진, 존 러스킨의 영향을 받아 윌리엄모리스가 주장하였다.

09
푸르킨예 현상을 설명한 것 중 틀린 것은?

① 어두워지면서 파장이 긴 색이 먼저 사라지고 파장이 짧은 색이 나중에 사라진다.
② 새벽이나 초저녁의 물체들이 푸르스름한 색으로 보이는 현상을 말한다.
③ 어두운 곳의 명시도를 높이기 위해서는 초록이나 파랑 계열의 색이 유리하다.
④ 조명이 점차 어두워지면 파란색 계통이 먼저 영향을 받는다.

푸르킨 현상은 어두운 곳에서는 푸른색이 밝게 보이는 현상으로 조명이 꺼지면 청색이 적색보다 먼저 사라진다.

10
같은 색상에서 큰 면적의 색은 작은 면적의 색보다 화려하고 박력이 있어 보이는데 이러한 현상은?

① 정의잔상   ② 명도효과
③ 부의잔상   ④ 매스효과

- 정의 잔상 : 어떤 자극을 본 후 시선을 이동해도 원래의 자극처럼 색이나 밝기가 같아 보이는 현상
- 명도효과 : 명도가 다른 두 색이 대조되어 밝은 색은 더 밝게, 어두운 색은 더 어둡게 보이는 효과
- 부의 잔상 : 원래자극과 닮았지만 밝기는 반대로 되는 현상으로 원래자극의 보색 색상으로 보인다.

11
색채의 중량감에 대한 설명으로 옳은 것은?

① 주로 채도에 의하여 좌우된다.
② 중명도의 회색보다 노란색이 무겁게 느껴진다.
③ 난색계통보다 한색계통이 가볍게 느껴진다.
④ 주로 고명도의 색은 가볍게 느껴진다.

중량감에 영향을 주는 것은 명도이며, 높을수록 가벼운 느낌이다.

12
얇고 흰색으로 불투명도가 높고 지질이 균일하여 성서나 사전과 같이 양질의 인쇄물을 만들 때 사용되는 종이는?

① 글라싱지
② 라이스지
③ 인디아지
④ 콘덴서지

- 글라싱지 : 강한 광택으로 표면이 매끈하며 식품, 담배, 약품 등의 포장, 간지 등에 사용
- 라이스지 : 얇으면서 강하고 불투명, 무미, 무취하고 컬러인쇄물, 담배종이로 많이 사용
- 콘덴서지 : 크래프트 펄프 등을 원료로 하여 콘덴서의 유전체로 사용하며 가용성 염화물이 있으면 안됨

13
다음 중 제품디자인에서 작업시 고려해야 할 일반적인 조건이 아닌 것은?

① 기능성
② 성실성
③ 심미성
④ 경제성

디자인의조건
- 합목적성 : 실용성, 이성적, 합리적, 객관적 특징(디자인의 1차 조건)
- 심미성 : 허용된 범위 내에서 대중에 의해 공감되는 미
- 독창성 : 아이디어가 독창적 이어야 하며 기존의 개념과 틀에 얽매이지 않아야 함
- 경제성 : 최소의 자재, 경비(싼 값으로)로 최대의 효과(우수한 제품)를 내야함
- 질서성 : 합목적성, 심미성, 독창성, 경제성이 조화를 이루어야 함
- 합리성, 비합리성 : 지적활동(심미성, 독창성), 합리적 부분(합목적성, 경제성)

14
다음 중 디자인이 갖추어야 할 조건 중에서 실제의 쓸모를 말하는 것은?

① 심미성
② 기능성
③ 창의성
④ 독창성

기능성은 실생활에서 사용가능한 기능을 말한다.

15
디스플레이 표시나 프린터로 인쇄할 때의 정밀도를 나타내는 해상도의 단위이다. 1인치(inch)당 몇 개의 점(dot)으로 이루어졌는지를 나타내는 해상도의 약어는?

① DPI
② HSB
③ EPS
④ TIFF

- HSB : 색을 인지하는 방식을 기초로 한 색 모델로 색상(hue), 채도(saturation), 명도(brightness) 모델이라고도 함
- EPS : 포스트스크립트를 이용하여 고품질 인쇄용 파일을 만드는 것으로 파일 용량 매우 큼
- TIFF : 무손실 압축방식을 사용하며, OS에 의존하지 않고 사용가능

16
물체의 내부구조가 복잡하여 잘 보이지 않을 경우, 필요한 부분을 절단한 것으로 가정하여 그리는 것은?

① 단면도
② 평면도
③ 배면도
④ 전개도

- 평면도 : 정면도를 기준으로 위에서 본 도면
- 배면도 : 정면도를 기준으로 뒤에서 본 도면
- 전개도 : 입체적인 물체의 표면을 평면으로 펼쳐서 그리는 도면

17
다음 중 크기를 변화시켜 출력해도 이미지 데이터의 해상도가 손상되지 않는 이미지는?

① Bit-Map Image
② Vector Image
③ TIFF Image
④ PICT Image

벡터 이미지(Vector Image)의 특징
- 선과 곡선값을 수학적 연산으로 구성한 이미지이다.
- 위치 및 크기를 변경해도 이미지 품질의 손상이 없다.
- 객체지향 이미지, 오브젝트 이미지, 포스트스크립트 이미지라고도 한다.
- 문자와 정교한 선을 그릴 때 가장 유용하다.
- 비트맵에 비해서 명암과 색상은 떨어진다.
- 일러스트레이터, 코렐드로우, CAD 등이 대표적 프로그램이다.

18
포장의 역할과 가장 거리가 먼 것은?

① 운반의 편리함을 만든다.
② 상품을 보호한다.
③ 객관화, 보편화하는 수단이다.
④ 기능성, 심미성을 갖고 있다.

> 포장디자인의 요건
> • 보호 보존성 : 제품을 보호해야 한다.
> • 관리성(편리성) : 상품의 운반과 적재가 쉽고 간단해야 한다.
> • 심미성 : 제품 용도와 어울리는 아름다움이 있어야 한다.
> • 상품성 : 상품(제품)의 성격을 잘 표현해야 한다.
> • 구매의욕 : 소비자들의 시선을 자극하여 구매 의욕을 높일 수 있어야 한다.
> • 재활용성 : 환경보존을 위한 절감, 재생을 할 수 있어야 한다.

19
아래의 그림 a, b는 같은 길이와 크기이지만, 다르게 보이는 것은 어떤 현상 때문인가?

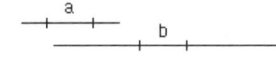

① 분할착시
② 유화착시
③ 반전착시
④ 대비착시

> • 분할착시 : 분할된 면이나 선은 분할되지 않은 선이나 면 보다 더 크고 길게 보인다.
> • 유화의 착시 : 같은 길이의 선이 화살표의 방향에 따라 길이가 달라 보인다.
> • 반전착시 : 반대로 보았을 때 전혀 다른 모양의 사물이 보인다.

20
오스트발트 표색계의 색채 개념은?

① Red + Green + Blue = 100%
② White + Black + Color = 100%
③ Red + Yellow + Blue = 100%
④ White + Blue + Green = 100%

> 오스트발트의 표색계의 개념은 백색량(W)+ 흑색량(B)+ 순색량(C)= 100%

21
굿 디자인(Good Design)의 조건이 아닌 것은?

① 독창성
② 복합성
③ 경제성
④ 합목적성

> 디자인의 조건은 합목적성, 심미성, 독창성, 경제성, 질서성 등이 있다.

22
( )안에 들어갈 내용을 알맞게 짝지은 것은?

> 인간이 볼 수 있는( )의 파장은 약(~)nm이다.

① 적외선, 560~960
② 가시광선, 380~780
③ 적외선, 380~780
④ 가시광선, 560~960

> • 자외선,X-선 : 파장이 380nm 보다 짧다.
> • 가시광선 : 380~780nm
> • 적외선 : 780nm 보다 길다.

23
지형의 높고 낮음을 지도 위에 표시하는 것과 같이 기준면을 정하고, 기준면에 평행한 평면을 같은 간격으로 잘라 평화면상에 투상한 수직 투상은?

① 정투상법
② 축측 투상법
③ 표고 투상법
④ 사투상법

> 표고 투상법
> • 대상물의 좌표면을 평행으로 절단하고, 절단선군을 정투상으로 그리는 도형의 표시법
> • 지도의 등고선처럼 표고선을 선으로 연결하여 지형의 높고 낮음을 표시
> • 곡선면도, 지형도에 사용

24
다음 중 정신질환자의 치료에 도움이 되는 병실 색채로 적합한 것은?

① 고채도의 빨강
② 고채도의 연두
③ 고채도의 주황
④ 중간채도의 파랑

> 중간채도의 파랑색은 마음을 진정시키고 차분하게 만들어준다.

25
다음 중 개멋(Gamut)을 잘 설명한 것은?

① 인쇄상의 컬러 CMYK를 RGB로 전환하는 것
② 컬러시스템이 표현할 수 있는 컬러대역(표현범위)
③ 빛의 파장을 컬러로 표현하는 방법과 컬러시스템
④ 컬러시스템간의 컬러차이점을 최소화하는 기능

컴퓨터, 모니터, 프린터 등 모든 장치에서 표현할 수 있는 컬러대역이다.

26
VGA(Video Graphic Adapter)또는 비디오 카드라고도 불리며, 컴퓨터의 디지털 정보를 모니터에 알맞게 디지털 신호로 바꾸어 화면에 나타내는 컬러 수와 해상도를 결정해 주는 장치는?

① 그래픽 소프트웨어
② 그래픽 보드
③ 중앙처리장치
④ 프린터

그래픽 카드, 그래픽 보드, 비디오 카드로도 불리며 컴퓨터의 디지털 정보를 출력해서 모니터에서 볼 수 있도록 해 준다.

27
사선의 성격을 나타낸 설명 중 올바른 것은?

① 고결, 희망, 상승감, 긴장감을 높여 준다.
② 평화, 정지, 안정감을 더해 준다.
③ 동적, 불안정한 느낌을 주지만 때론 강한 표현을 나타낸다.
④ 자유분방함과 풍부한 감정을 나타낸다.

- 사선 : 활동감, 속도감, 불안감, 강한표현
- 곡선 : 우아, 매력, 불명료, 유연, 여성성
- 수직선 : 상승, 엄숙, 존엄, 권위, 숭고, 고결, 희망
- 수평선 : 정지, 안정, 평화, 무한
- 포물선 : 반원모양의 유연한 느낌

28
다음 중 포장디자인의 개발시기와 가장 관련이 없는 요건은?

① 이윤의 하락
② 유통의 변경
③ 시장의 진입
④ 생산의 증가

포장디자인 개발시기
- 신제품 출시(시장진입)
- 상품의 시장점유율 하락(이윤하락)
- 유통경로 및 판매 방법의 변경(유통의 변경)
- 제품의 변동

29
실내디자인의 목적과 거리가 가장 먼 것은?

① 문화적, 경제적 측면을 고려한 합리적인 실내 공간 계획
② 기능적이고 쾌적한 환경을 창조하기 위한 실내 공간 계획
③ 독창적이고 합리적인 공간으로 창조하기 위한 실내 공간 계획
④ 기능적 설계요소보다 미적인 요소를 중시하는 실내 공간 계획

실내 디자인은 인간의 삶을 행복하게 하기 위해서 물리적, 심리적, 미적 기능을 갖추어야 한다.

30
다음 중 한쪽 단면도에 대한 설명으로 틀린 것은?

① 대칭형인 물체의 외형과 내부의 구조 및 형태를 동시에 표시하는 단면이다.
② 대칭 중심선의 1/4을 단면으로 표시하고, 단면하지 않은 쪽의 숨은선은 생략하는 것이 일반적이다.
③ 물체의 기본이 되는 중심선에 따라 전체를 절단한 면으로 표시하는 것을 원칙으로 한다.
④ 겉모양과 단면을 동시에 표시할 수 있어 널리 사용한다.

③ 은 전단면도(온단면도)이다.

31
탄소가 주요소가 되는 복합물을 의미하며 특히 탄소와 수소의 결합으로 만들어져 탄화수소(hydrocarbon)라고 부르기도 하는 재료는?

① 무기재료　　② 유기재료
③ 금속재료　　④ 유리재료

- 무기재료 : 광물질과 금속재료가 주원료로 금, 은, 철, 구리, 아연, 석재, 점토 등이 있다.
- 금속재료 : 무기재료이며 철광석을 주원료로하고 철재와 비철금속으로 나뉜다.
- 유리재료 : 규사, 탄산나트륨, 탄산칼슘 등을 고온으로 녹인 후 냉각하면 생기는 투명도가 높은 물체이며, IC 직접회로의 기판, 콘덴서 등에서 사용한다.

32
백색계의 무기 안료가 아닌 것은?

① 아연화　　② 황화아연
③ 티탄백　　④ 송연

송연은 유기재료이며 흑색이다.

33
1024 메가바이트(MB)와 같은 크기는?

① 1킬로바이트(KB)
② 1기가바이트(GB)
③ 1000기가바이트(GB)
④ 1000000바이트(B)

- 1024 메가바이트(MB)= 1기가바이트(GB)
- 1000기가바이트(GB)= 1테라바이트(TB)

34
다음 중 웹 디자인에 관한 설명 중 틀린 것은?

① 디자인은 전송 속도를 우선 고려하여야 한다.
② 그림 이미지는 JPEG, GIF 등을 사용한다.
③ 디자인은 웹브라우저의 특성을 파악하고 이를 잘 활용해야 한다.
④ 디자인할 화면의 크기는 최대한 크고, 보기 좋게 한다.

정해진 용량 안에서 해야 하므로 자료를 최대한 압축해서 간결하고 생동감 있게 만들어야 한다.

35
신문광고에서 일러스트레이션, 사진, 광고내용을 함축하여 광고목적에 적합하도록 표현하며, 캐치프레이즈와 동의어로 사용되기도 하는 것은?

① 헤드라인(headline)
② 로고타이프(logotype)
③ 보더라인(borderline)
④ 캡션(caption)

- 로고타이프 : 회사의 이름이나 제품이 눈에 띄도록 만들어 상표처럼 사용하는 것으로 회사나 제품의 이미지를 쉽게 전달하고, 기억에 남으며, 모든 매체에서 사용 가능하고, 대중에게 호감을 줄 수 있어야 함
- 보더라인 : 신문광고에서 사용하는 시각적 요소로 디자인 일부를 다른 내용과 구분시키거나 돋보이게 하기 위해서 사용하는 윤곽선
- 캡션 : 사진이나 일러스트를 설명하는 짧은 글

36
종이의 제조 방법에 대한 설명 중 틀린 것은?

① 정정 – 종이를 뜨기 전에 종이원료에 섞인 불순물을 제거하고 얽힌 섬유를 분리하는 것을 말한다.
② 충전 – 사이징과 전후하여 고해기 속에서 종이재료에 광물성의 가루를 첨가하고 걸러내는 공정을 말한다.
③ 고해 – 종이에 내수성을 주고, 표면을 아교물질로 피복시키는 공정이다.
④ 초지 – 종이 층의 균일성을 주는 공정이다.

펄프 섬유를 기계로 절단 가공하는 기초 작업으로 강도, 축감, 투명도를 조절한다.

37
8비트 컬러가 표현할 수 있는 색상의 수는?

① 8색　　② 64색
③ 256색　　④ 65,536색

1bit	4bit	8bit	16bit	24bit
2색	16색	256색	65,0000색 (하이컬러)	1,677만색 (트루컬러)

38
규사, 탄산나트륨, 탄산칼슘 등을 고온으로 녹인 후 냉각하면 생기는 투명도가 높은 물체이며, IC 직접회로의 기판, 콘덴서 등에 걸쳐 신소재로서 적용성이 높아가고 있는 것은?

① 플라스틱재료　　② 유리재료
③ 세라믹재료　　　④ 금속재료

- 플라스틱 : 유기재료이며 탄소가 주요소이다.
- 세라믹 : 도자기, 타일처럼 비금속이나 무기질 재료를 고온에서 가공, 성형하여 만든 것으로 천연 원료를 그대로 사용하거나, 정제 가공하여 사용하기도 한다.
- 금속재료 : 무기재료이며 철광석을 주원료로 하고 철재와 비철금속으로 나뉜다.

39
치수보조선에 알맞은 용도의 선은?

① 굵은 실선
② 가는 실선
③ 가는 일점 쇄선
④ 굵은 일점 쇄선

명칭	종류	표시	선의 용도
외형선	굵은 실선		대상물의 외부모양을 표시하는 선
치수선	가는 실선		치수를 기입하기 위한 선
치수보조선			치수를 기입하기 위해 연장하는 선
지시선			기호, 서술 등을 기입하기 위해 연장하는 선
해칭선	45° 평행 사선의 가는 실선	/////////	단면도의 절단된 부분을 표시하는 선
파단선	파형, 지그재그의 가는 실선	∿∿∿	
중심선, 기준선	가는 일점쇄선	— - — - —	도형의 중심을 표현 위치 결정의 근거를 표시
숨은선 (은선)	굵은 선의 1/2 파선	- - - - -	물체의 보이지 않는 부분을 표시하기 위한 선

40
우리나라가 채택하여 사용하고 있는 색채 시스템은?

① 먼셀
② 문.스펜서
③ 오스트발트
④ ISCC-NIST

먼셀 : 5가지 색상(Red, Green, Blue, Yellow, Purple)을 기준으로 20가지의 색상환으로 만들었으며 한국산업규격(KS)으로 사용한다.

41
스캐너(Scanner)에 관한 설명 중 틀린 것은?

① 스캐너는 입력장치에 속한다.
② 스캐너의 해상도(Resolution)은 Inch당 도트(Dot)의 수로 표현된다.
③ 스캐너는 어떤 디자인을 도형화하기 위해 사용된다.
④ 스캐너의 기능은 해상도, 표현영역 확대와 축소, 색상과 콘트라스트 조정 등의 기능을 수행한다.

스캐너는 인쇄된 형태의 문서만 읽어들일 수 있다.

42
다음 중 유기재료에 속하는 것은?

① 목재　　　　　② 강철
③ 유리　　　　　④ 도자기

- 유기재료 : 탄소가 주요 원료가 되는 것으로 목재, 석탄, 백토, 섬유, 펄프, 플라스틱 등이 있다.
- 무기재료 : 광물질과 금속재료가 주원료로 금, 은, 철, 구리, 아연, 석재, 점토 등이 있다.

43
소비자가 물품을 구입하기까지는 다양한 심리적 변화를 거쳐야 하며 이것을 구매심리 과정이라 한다. 구매심리 과정이 올바르게 표현된 것은?

① 주목 – 흥미– 욕망– 기억 – 구매행위
② 흥미 – 주목 – 기억 – 욕망 – 구매행위
③ 주목 – 욕망 – 흥미 – 구매행위 – 기억
④ 흥미 – 기억 – 주목 – 욕망 – 구매행위

소비자 구매과정(AIDMA 법칙)
• A : Attention(주의) : 제품이나 서비스를 알려서 주의를 끈다.
• I : Interest(흥미) : 다른 제품과 차별화하여 흥미를 유발한다.
• D : Desire(욕망) : 제품을 구매하고 싶은 욕망을 갖게 한다.
• M : Memory(기억) : 갖고 싶은 제품을 기억했다가 구매 상황에서 다시 떠올리게 한다.
• A : Action(행동) : 제품을 소유하고 싶은 욕망이 생기면 구매하게 된다.

44
설계도로 나타낼 수 없는 재료의 특성, 제품성능, 제조방법 등을 문장, 숫자로 표시한 도면을 무엇이라 하는가?

① 계획도 ② 제작도
③ 승인도 ④ 시방서

• 계획도 : 제작 초기에 제작도의 기초가 되는 도면으로 설계자의 의도와 계획을 나타내는 도면
• 제작도 : 설계자의 뜻을 작업자에게 완전하게 전달할 수 있는 충분한 내용과 가공의 용이, 제작비의 절감이 요구되는 도면
• 승인도 : 주문자가 승인한 도면

45
다음 그림은 누구의 색입채 모형인가?

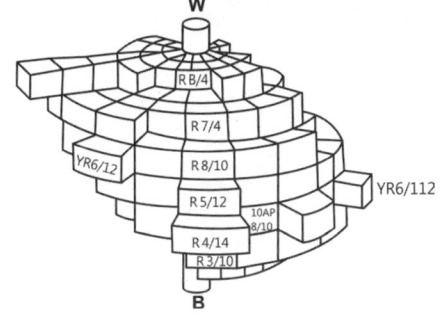

① 오스트발트 ② 먼셀

③ 문.스펜서 ④ 쉐브륄

46
다음 중 인디자인 같은 프로그램이 할 수 있는 것으로 적합하지 않은 것은?

① 글꼴의 변형이 자유롭다.
② 사진과 글자의 배치 이동이 자유롭다.
③ 책이나 브로슈어를 만들 수 있다.
④ 사진을 합성할 수 있다.

• 인디자인은 문서 편집 프로그램이다.
• 사진의 합성은 포토샵 같은 그래픽 프로그램에서 할 수 있다.

47
다음 그림과 같은 도법은?

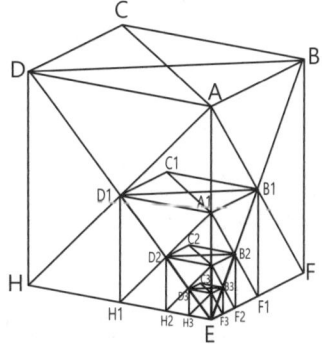

① 투상도법 ② 전개도법
③ 축소도법 ④ 분할도법

그림이 작아서 그대로 사용할 수 없는 경우에는 확대해서 그리기도 한다.

48
유기재료의 성분이 아닌 것은?

① 단백질 ② 녹말
③ 글리코겐 ④ 유황

목재는 유기재료인데 단백질, 녹말, 글리코겐 성분으로 이루어져 있다.

49
실내디자인 과정 중 정보수집 및 분석이 이루어지는 단계는?

① 시공단계
② 사용 후 평가단계
③ 설계단계
④ 기획단계

> 실내디자인 전개 과정
> 1. 기획단계 : 디자인 작업 관련 정보 수집 및 분석
> 2. 설계 단계 : 공간의 재료, 색채계획 등을 시각적으로 제시, 공간계획을 도면화하여 디자인을 확정
> 3. 시공단계 : 설계 최종안으로 제작 시공
> 4. 사용 후 평가 : 시공 결과를 검토, 확인하여 시공상의 문제점 해결

50
다음 중 금속재료의 특징으로 맞는 것은?

① 유기재료이다.
② 녹이 슬기 쉽다.
③ 가공이 쉬워 디자인이 자유롭다.
④ 석유화학공업의 응용산물이다.

> • 금속재료는 무기재료이다.
> • 가공이 쉬워 디자인이 자유롭다. 석유화학공업의 응용산물이다.
>   : 플라스틱

51
지역과 지역을 연결하는 통신망을 무엇이라 하는가?

① VAN   ② RAN
③ RFID   ④ BUS

> • VAN(Value Added Network) : 부가가치통신망
> • RAN(Remote Area Network) : 원거리 통신망
> • RFID(Radio Frequency Identification) : 소형칩을 물품에 달아서 이동경로나 데이터를 전송하는 장치이다.
> • BUS : 컴퓨터 내부에서 신호를 주고받기 위한 통로이다.

52
컴퓨터그래픽스의 발달 역사에 대한 설명으로 옳은 것은?

① 1970년 그라우드에 의하여 면과 면 사이에 영역을 부드럽게 처리하는 셰이딩 기법이 개발되었다.
② 미국의 애커드와 모클리에 의하여 세계최초의 진공관 컴퓨터인 UNIVAC-I가 개발되었다.
③ 1962년 서덜랜드에 의하여 CRT 위에 라이트 펜으로 직접 그릴 수 있는 플로터(Plotter)가 개발되었다.
④ 1990년 애플(Apple)사에서 3D스튜디오(3D Studio)를 발표하면서 IBM 호환 계통에서도 컴퓨터그래픽스의 대중화가 급격하게 진행되었다.

> ② 최초의 진공관 컴퓨터는 ANIAC이며, UNIVAC-I는 상업용 컴퓨터이다.
> ③ 제3세대
> ④ 3D Studio는 1990년 오토데스크사에서 발표하였다.

53
통일된 제도 규격에 맞추어 제도할 때의 이점이 아닌 것은?

① 도면이 정확하고 간결하며 능률적이다.
② 설계의도를 설계자의 직접 설명으로 전달할 수 있다.
③ 생산 능률을 향상시키고 제품의 호환성을 확보할 수 있다.
④ 원가절감 및 품질향상에 기여할 수 있다.

> 통일된 제도 규격은 설계도를 보면 설명하지 않더라도 설계자의 의도를 알 수 있다.

54
모니터의 출력 시스템간의 색상 차이를 보정하기 위한 작업을 지칭하는 말은?

① 디티피(DTP)
② 하프톤 스크린(Halftone Screen)
③ 캘리브레이션(Calibration)
④ 리터칭(Retouching)

- 디티피(DTP) : Desk Top Publishing의 줄임말로 개인용 컴퓨터로 책의 편집, 인쇄를 할 수 있는 것을 말하며 탁상출판이라고 함
- 하프톤 스크린(Halftone Screen) : 이미지의 밝은 부분과 어두운 부분의 중간에 작은 점들로 명암을 주는 것
- 리터칭(Retouching) : 이미지의 흠집이나 결점을 보정하는 것

55
다음 설명으로 가장 옳은 것은?

① 일반적인 영화필름의 형태는 초당 32Frame으로 표현된다.
② 싱가포르, 말레이시아 등의 방송 시스템에서 사용하는 방식을 PAL이라고 하는데 초당 12Framc을 보여 준다.
③ 우리나라를 비롯 미국, 캐나다, 일본 등의 방송 시스템에서 NTSC 방식을 사용하는데 초당 29.97 Frame을 보여준다.
④ 일반적인 비디오 포맷 형태로 초당 24Frame으로 보여준다.

- 일반적인 영화필름은 초당 24Frame이다.
- PAL 방식은 유럽에서 주로 사용하며 초당 25Frame을 보여준다.

56
다음 중 동영상을 편집할 수 있는 가장 적당한 프로그램은?

① 포토샵
② 일러스트레이터
③ 프리미어
④ 인디자인

- 포토샵 : 비트맵 이미지 편집 프로그램
- 일러스트레이터 : 벡터 이미지 드로잉 프로그램
- 인디자인 : 문서 편집 프로그램

57
색의 3속성 개념을 도입한 색상환에 의해서 색의 조화를 유사 조화와 대비 조화로 나누고 정량적 색채 조화론을 제시한 사람은?

① 오스트발트(ostwald)
② 슈브뢸(Chevreul)
③ 먼셀(Munsell)
④ 저드(Judd)

- 오스트발트 : 색량에 따라서 구분한 것으로 B(검정), W(흰색), C(순색)를 기준으로 한다.
- 먼셀 : 5가지 색상(Red, Green, Blue, Yellow, Purple)을 기준으로 20가지의 색상환으로 만들었으며 한국산업규격(KS)으로 사용한다.
- 저드 : 질서의 원리, 동류성의 원리, 대비의 원리, 유사의 원리, 비모호성의 원리를 주장하였다.

58
신문광고의 구성요소를 조형적 요소와 내용적 요소로 구분할 때, 내용적 요소에 가까운 것은?

① 일러스트레이션
② 트레이드 마크
③ 로고타입
④ 헤드라인

- 내용적 요소 : 헤드라인, 서브헤드라인, 바디카피, 슬로건, 캡션
- 조형적 요소 : 일러스트레이션, 트레이드 마크, 로고타입, 보더라인

59
다음 종이의 분류 중 양지로만 구성된 것은?

① 신문지, 인쇄 종이
② 필기 용지, 종이솜
③ 도화지, 색판지
④ 창호지, 습자지

종이의 구분
- 양지 : 신문지, 인쇄용지, 필기용지, 도화지, 포장용지, 박엽지, 잡종지
- 판지 : 골판지, 백판지, 황판지, 건재원지
- 기계 제작 화지 : 창호지, 습자지, 휴지, 종이솜, 선화지, 종이끈, 포장용지(편광지)

60
비철금속에 해당하는 것은?

① 주철
② 연철
③ 아연
④ 합금강

- 비철금속 : 구리, 주석, 아연, 금, 수은, 납
- 철재 : 주철, 연철, 합금강

2022년 4회		컴퓨터그래픽기능사 정답		
01	02	03	04	05
②	④	③	④	①
06	07	08	09	10
①	②	②	④	④
11	12	13	14	15
④	③	②	②	①
16	17	18	19	20
①	②	③	④	②
21	22	23	24	25
②	②	③	④	②
26	27	28	29	30
②	③	④	④	③
31	32	33	34	35
②	④	②	④	①
36	37	38	39	40
③	③	②	②	①
41	42	43	44	45
③	①	①	④	②
46	47	48	49	50
④	③	④	④	②
51	52	53	54	55
②	①	②	③	①
56	57	58	59	60
③	②	④	①	③

LESSON 13
CBT 복원문제 _ 컴퓨터그래픽기능사
2023년 1회

01
선이 이동한 궤적에 의해 생기는 것은?

① 색채　　　② 선
③ 면　　　　④ 입체

- 점 : 조형요소 중 최소의 단위이며 위치만 표시한다.
- 선 : 점이 이동한 흔적이나 면의 한계, 교차에 의해 나타나며 길이, 위치, 방향을 표시한다.
- 면 : 점의 확대나 선이 이동하면 생기는 자취로 길이와 넓이만 있고 공간을 구성하는 기본 단위이다.
- 입체 : 면이 한 방향으로 이동하거나 회전하면서 두께를 만든 것으로 위치, 길이, 폭이 있다.

02
기계의 사용을 거부하고 수공작업에 의한 미술공예운동을 펼쳤으며, 이후 신미술(아르누보)운동에 큰 영향을 준 사람은?

① 존 러스킨(Ruskin, J.)
② 윌리엄 모리스(Morris, W.)
③ 요셉 호프만(Hoffmann, J.)
④ 클로만 로저(Moser, K.)

03
고전적 각선미를 강조하여 단순한 구성 속에 기하학적인 형식으로 개성창조를 목적으로 한 운동이며, 아르누보(Art Nouveau)의 신예술양식이 미친 오스트리아의 새로운 조형 활동은?

① 드 스틸(De Still)
② 시세션(Secession)
③ 큐비즘(Cubism)
④ 아르데코(Art deco)

- 데스틸(신조형주의) : 기하학적 형태와 수직, 수평, 화면분할과 3원색을 기본으로 '기하학적인 형태가 기능적인 것'이라는 기능주의 철학. 대표작가는 데오 반 도스버그, 몬드리안
- 큐비즘(입체파) : 피카소와 브라크에 의해 창시되었으며 형태의 본질을 기본적인 기하학적 형태로 환원하여 여러 시점에서 표현
- 아르데코 : 유연하면서 기능성을 강조한 것으로 동양적인 색과 무늬를 넣어서 이국적 느낌이 나게한 것이 특징. 피카소, 풀로, 브란트 등이 대표작가

04
다음 중 상자형 포장재료와 가장 거리가 먼 것은?

① 목재　　　② 종이
③ 플라스틱　④ 비닐

포장 재료별 분류
- 상자형 : 상자를 만들기에 적합한 나무, 종이, 알루미늄, 플라스틱 등
- 봉투형 : 봉투를 만들기에 적합한 종이, 천, 비닐 등
- 원통형 : 원통형 금속제, 종이, 플라스틱, 캔 등

05
실내 공간 중 시선이 많이 머무는 곳으로 실내분위기 형성에 가장 큰 영향을 미치는 실내디자인 요소는?

① 바닥　　　② 벽
③ 천장　　　④ 마루

- 바닥 : 실내 공간을 구성하는 수평적 요소로 접촉 빈도가 가장 많고, 안정적이어야 한다.
- 천장 : 실내 공간의 윗 부분에서 외부의 빛과 소리를 반사 및 흡수를 통해 보호하고, 실내 분위기를 조절하는 수평적 요소이다.

06
다음 중 디자인의 원리가 아닌 것은?

① 균형, 강조　　② 비례, 조화
③ 형태, 색채　　④ 통일, 반복

> 디자인 원리
> • 조화 : 유사, 대비, 균일, 강화(상호 관계)
> • 리듬(율동) : 반복, 교차, 시각적 운동감
> • 균형 : 대칭, 비대칭, 비례(힘의 균등), 안정감

07
디자인의 조건 중 심미성에 관한 의미로 가장 적절한 것은?

① 도구를 아름답게 하기 위한 표현으로 회화적 장식을 하는 것
② 기능과 유기적으로 연결된 형태, 색채, 재질의 미를 창조하는 것
③ 도구를 사용하기 원활하게 하고 실수, 피로 등을 방지하는 것
④ 지각된 여러 요구사항을 간결하게, 낭비 없이 성취하는 것

08
다음에서 설명하는 디자인의 특징을 갖고 있는 지역이나 국가는?

> "보다 아름다운 생활용품을"이라는 슬로건이 디자인의 기본 철학이며 다른 유럽국보다 전란이 거의 없어 옛 수공예의 전통이 근본적으로 생활용품 속에 오래 살아남아 있어 현대적인 생활양식과 융합되면서 전통이 현대에 순조롭게 전승될 수 있었다.

① 스칸디나비아의 디자인
② 영국의 디자인
③ 발칸반도의 디자인
④ 프랑스의 디자인

09
디자인 리서치(Design research)란?

① 디자인의 제조원가
② 디자인의 조사연구
③ 디자인의 특허권
④ 디자인의 평가

> 디자인 과정 중에 하는 사용자 디자인 조사연구라고도 하며 더 나은 디자인을 위한 통찰력과 영감을 얻을 수 있다.

10
타이포그래피의 속성 중 글자를 얼마나 잘 인식하고 구별할 수 있는가를 의미하는 용어는?

① 가독성(readability)   ② 판독성(legibility)
③ 무게감(weight)   ④ 스타일(Style)

> • 가독성(readability) : 글자의 모양이 얼마나 잘 읽히느냐를 말하는 것으로 타이포그래피(Typography)와 관련이 있다.
> • 무게감(weight) : 문자의 굵기에 따라서 문자의 무게감이 달라진다.
> • 스타일(Style) : 글꼴의 형태나 모양, 장평 등에 따라 달라진다.

11
실내디자인의 요소 중 개구부(開口部)는 창, 출입문, 배연구 등으로 구분된다. 다음 중 개구부의 디자인에서 고려해야 할 사항으로 거리가 먼 것은?

① 목적, 기능, 형태가 적합해야 한다.
② 건물 외관에서는 포인트가 되고, 건물과 균형을 이루어야 한다.
③ 실내계획에서는 주변과 달리 특이한 형태나 색으로 눈에 띄게 해야 한다.
④ 유지관리를 위해 안정성, 개폐 방법 등을 고려해야 한다.

> 주변과 어울리는 미적 효과는 줄 수 있지만 특이한 형태나 색은 피해야 한다.

12
산업디자인 작업 시 고려해야 할 조건과 거리가 먼 것은?

① 합목적성   ② 심미성
③ 소비성   ④ 독창성

> 디자인의 조건
> • 합목적성 : 실용성, 이성적, 합리적, 객관적 특징(디자인의 1차 조건)
> • 심미성 : 허용된 범위 내에서 대중에 의해 공감되는 미
> • 독창성 : 아이디어가 독창적 이어야 하며 기존의 개념과 틀에 얽매이지 않아야 함
> • 경제성 : 최소의 자재, 경비(싼 값으로)로 최대의 효과(우수한 제품)를 내야함
> • 질서성 : 합목적성, 심미성, 독창성, 경제성이 조화를 이루어야 함
> • 합리성, 비합리성 : 지적활동(심미성, 독창성), 합리적부분(합목적성, 경제성)

13
표현, 묘사라는 뜻으로 제품 디자인 과정 중 스타일이 결정되는 단계에서 현존하지 않는 것을 실물이 있는 것처럼 표현하는 완성 예상도는?

① 렌더링
② 투시도
③ 목업
④ 모델링

- 투시도 : 물체가 눈에 보이는 모양과 동일하게 그리는 방법으로 입체감과 거리감을 느낄 수 있다.
- 목업 : 질감, 부피감 등의 외형적인 단점을 보완하기 위해 외장 부분을 실제와 동일하게 제작한다.
- 모델링 : 제품 디자인의 최종 단계로 생산되는 제품을 3차원으로 표현한다.

14
제품 디자인 과정에서 디자이너의 아이디어를 확인하기 위하여 디자인 안을 입체화시키는 작업은?

① 렌더링
② 모델링
③ 스케치
④ 드로잉

15
광고 카피에 대한 설명 중 틀린 것은?

① 캡션은 이미지의 보완적 설명문이다.
② 헤드라인은 카피의 중심으로 본문에 해당하는 부분이다.
③ 구매심리과정인 AIDMA 법칙을 이용하여 광고 카피에 적용한다.
④ 신문광고의 구성요소 중 주목률을 결정하는 것은 헤드라인이다.

헤드라인은 그림, 사진, 광고내용 등을 함축하여 표현한 것으로, 캐치프레이즈와 동의어로 사용되기도 한다.

16
패션산업에서의 토탈패션(Total fashion coordination)과 관계있는 마케팅 전략은?

① 비차별적 마케팅 전략
② 집중적 마케팅 전략
③ 차별적 마케팅 전략
④ 부분적 마케팅 전략

집중적 마케팅 전략은 시장 전체에 마케팅 전략을 구사하지 못할 때 특정 목표에 집중적으로 마케팅하여 시장 점유율을 높이는 것이다.

17
베르트하이머의 "부분과 부분이 서로 유사성에 의해 그룹을 이루어 보인다."는 유사성의 원리와 관계가 없는 것은?

① 크기의 요인
② 형태의 요인
③ 명도의 요인
④ 온도의 요인

18
주거공간의 실내 계획 시 고려사항 중 가장 거리가 먼 것은?

① 기후, 방위
② 가구 종류
③ 위치, 환경
④ 거주자의 생활양식

실내 디자인은 인간의 삶을 행복하게 하기 위해서 물리적, 심리적, 미적 기능을 갖추어야 한다.

19
다음 중 게슈탈트 지각심리 요소와 관련이 없는 것은?

① 근접성의 법칙
② 통일성의 법칙
③ 유사성의 법칙
④ 폐쇄성의 법칙

게슈탈트(시지각)원리
- 근접성의 원리 : 가까이 있는 두 개 또는 그 이상의 시각요소들이 패턴이나 그룹처럼 보이는 것
- 유사성(친숙성)의 원리 : 비슷한 모양의 도형이나 그룹이 같은 부류로 보는 경향
- 폐쇄성의 원리 : 선이 끊어져 있어도 연결되어 보이거나 무리지어 하나의 형태로 보이는 것
- 연속성의 원리 : 유사한 배열이 방향성을 지니고 하나의 묶음처럼 인식되는 법칙

20
광고 계획의 수립과정에 대한 설명 중 "광고소구 대상의 결정"과 관련된 것은?

① 구매영향력 행사자, 사용자 등 누구를 대상으로 할 것인가를 결정한다.
② 메시지전략, 표현전략이 정해지면 적절한 광고 주제, 광고소구를 수립한다.
③ 광고활동으로 인해 달성하려고 하는 목표를 설정한다.
④ 광고조사를 바탕으로 예비광고계획을 세우고 시험광고를 실시한다.

21
다음 중 한국 표준 색이름에 기초한 관용색명의 색표기가 틀린 것은?

① 갈색 : 2.5YR 4/8
② 석류색 : 7.5Y 3/10
③ 회색 : N5
④ 마젠다 : 5RP 5/14

② 석류색은 관용색명이 아니다. 노랑색 계열의 색이다.

22
다음 도형은 무엇을 구하기 위한 것인가?

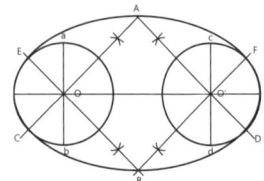

① 두 원을 격리시킨 타원 그리기
② 두 원을 연접시킨 타원 그리기
③ 장축과 단축이 주어진 타원 그리기
④ 4중심법에 의한 타원 그리기

23
자연광에 의한 육면체의 음영작도에서 역광일 경우의 표현방법으로 옳은 것은?

① 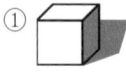 ②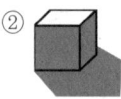

③  ④

역광은 좌측상단을 기준으로 빛이 45도 각도 뒤에서 비춘다고 생각하고 작도한다.

24
실내 공간은 배색에 따라 심리적 온도감의 차이가 있다. 추운 지역에 실내 공간 색으로 다음 중 가장 적합한 것은?

① 주황   ② 연두
③ 파랑   ④ 흰색

난색이 따듯한 느낌이므로 주황색이 가장 적합하다.

25
먼셀 색체계와 오스트발트 색채계의 공통점에 대한 설명이 옳은 것은?

① 20색상환을 사용한다.
② 색상환에서 마주보는 색은 서로 보색관계이다.
③ 색입체를 수직으로 절단하면 등명도면의 배열이 된다.
④ 순색들의 채도단계는 각기 다르다.

- 오스트발트 : 색량에 따라서 구분한 것으로 B(검정), W(흰색), C(순색)를 기준으로 한다.
- 먼셀 : 5가지 색상(Red, Green, Blue, Yellow, Purple)을 기준으로 20가지의 색상환으로 만들었으며 한국산업규격(KS)으로 사용한다.

26
육면체의 1개 모서리가 화면과 평행하고, 다른 2방향의 모서리가 각각 화면에 경사져 2개의 소점을 가지는 투시도는?

① 평행 투시도　　② 사각 투시도
③ 유각 투시도　　④ 특수 투시도

> 2소점 투시도(유각 투시, 성각 투시) : 물체를 비스듬하게 볼 때 수직방향의 선이 평행이 된다. 일반적인 건물 투시도에 사용한다. 화면 경사에 따라 45°투시, 30°~60°투시, 임의의 경사각 투시가 있다.

27
오스트발트 색체계의 색 표기법으로 옳은 것은?

① 5R 4/14　　② 19:pB
③ 14gc　　　 ④ s20230-Y90R

> 오스트발트 색체계
> • 색량에 따라서 구분한 것으로 B(검정), W(흰색), C(순색)를 기준으로 한다.
> • Yellow, ultramarine blue, red, see green을 기본색으로 8개의 혼색을 만들어, 각 색 마다 3단계로 나누어 24가지 색이 되도록 하였다.
> • 1~24까지 색을 무채색 단계의 흰색을 a, 검성을 p로 하여 8단계로 나타낸다.
> • 14gc : 색상번호 14, 흰색량 g, 검정색량 c

28
다음 중 색광의 혼합으로 틀린 것은?

① Red + Green = Yellow
② Red + Blue = Magenta
③ Green + Blue = Cyan
④ Green + Red + Blue = Black

> • 색광의 3원색을 합치면 흰색이 된다.

29
다음 중 보색에 대한 설명으로 틀린 것은?

① 혼합하여 무채색이 되는 두 가지 색은 서로 보색관계이다.
② 모든 2차색은 그 색에 포함되지 않은 원색과 보색관계이다.
③ 회전혼색의 결과 무채색이 되는 보색을 심리보색이라 한다.
④ 보색관계인 두 색의 색료 혼합은 검정이 가까운 색이 된다.

> 회전혼색의 결과 무채색이 되는 색은 회전혼색이라 한다.

30
다음 잔상의 예 중 성격이 다른 것은?

① 쥐불놀이　　　② 녹색 수술복
③ 애니메이션 영화　④ TV

> 녹색 수술복은 빨간색의 잔상색이라 피의 색깔이 잘 보이지 않는다.

31
다음 중 색의 감정적인 효과가 틀린 것은?

① 혼합하여 무채색이 되는 두 가지 색은 서로 보색관계이다.
② 정신집중을 요하는 사무공간은 단파장의 색이 적합하다.
③ 숙면을 위한 침실의 색은 난색계열의 고채도 색이 적합하다.
④ 차분한 이미지를 주는 의복의 색은 한색계열의 저채도 색이 적합하다.

> 침실은 차분한 한색계열의 저채도의 색이 적합하다.

32
다음 설명 중 색의 대비효과 종류가 다른 하나는?

① 빨강 색지 위에 놓인 회색 도형은 초록빛 회색으로 보인다.
② 빨강 색지를 보다가 초록 색지를 보면 보다 선명해 보인다.
③ 회색 색지 위의 색 도형은 파랑 색지 위에 있을 때 보다 채도가 높아 보인다.
④ 흰색 색지 위의 회색 도형은 검정 색지 위에 있을

때보다 더 어둡게 보인다.

② 보색대비

33
실내 공간을 입체적으로 표현하는 도면은?

① 평면도 ② 입면도
③ 단면도 ④ 투시도

- 평면도 : 정면도를 기준으로 위에서 본 도면
- 입면도 : 물품을 직립해서 보았을 때 외형에 대한 각 방향의 투상도
- 단면도 : 물체의 내부구조가 복잡하여 잘 보이지 않을 경우, 필요한 부분을 절단한 것으로 가정하여 그리는 도면

34
다음 중 디바이더(divider)의 용도로 옳은 것은?

① 선의 등분 ② 직선 작도
③ 곡선 작도 ④ 나선 작도

디바이더는 선, 원주 등을 일정한 길이로 나눌 때 사용한다.

35
다음 중 가는 2점 쇄선의 용도는?

① 중심선, 수준면선
② 상상선, 중심선
③ 기준선, 피치선
④ 기준선, 특수 지정선

- 피치선 : 실선
- 상상선 : 가는 2점 쇄선
- 회전 단면선 : 가는 실선
- 절단선 : 가는 1점 쇄선

36
처음으로 프리즘(Prism)을 통하여 태양광선을 스펙트럼으로 분광하는 실험을 한 사람은?

① 뉴턴 ② 먼셀
③ 스펜서 ④ 오스트발트

뉴턴 : 프리즘을 이용하여 백색광을 분광하여 가시광선의 일곱 가지 색을 분류하였다.

37
다음 중 황금 비율은?

① 1 : 1.148 ② 1 : 1.518
③ 1 : 1.618 ④ 1 : 1.718

38
도면의 양식에 관한 설명 중 틀린 것은?

① 도면은 원칙적으로 A4의 크기로 접는다.
② 표제란은 표지의 긴 쪽 길이를 가로 방향으로 한 X형 또는 긴 쪽의 길이를 세로 방향으로 한 Y형의 어느 것이든지, 그림을 그릴 영역 안의 오른쪽 아래 구석에 위치시키는 것이 좋다.
③ 그림을 그리는 영역을 한정하기 위한 윤곽선은 0.5mm 이상두께의 실선으로 그리는 것이 좋다.
④ 도면을 철할 경우, 구멍 뚫기의 여유는 최소 너비 10mm(윤곽선 포함)로 오른쪽 끝에 둔다.

도면을 철할 때는 용지 바깥여백은 10mm씩, 좌측은 25mm씩 준다.

39
다음 중 청량감을 표현하기에 적합한 배색은?

① 고명도의 한색계열의 배색
② 고채도의 난색계열의 배색
③ 저명도의 무채색 배색
④ 반대색상의 배색

고명도의 한색이 차가운 느낌의 청량감을 준다.

40
다음의 2색 배색 중 동적인 이미지를 주는 배색이 아닌 것은?

① 빨강-청록
② 연두-자주
③ 연분홍-어두운 빨강
④ 하늘색-연분홍

색상환에서 보색관계의 색상차가 큰 색들이 동적인 이미지를 준다.

41
신문용지의 구비조건이 아닌 것은?

① 인장력　　② 흡유성
③ 평활도　　④ 투명도

> 신문용지는 고속의 윤전기로 인쇄되기 때문에 찢어지지 않는 인장력과 흡유성, 평활도, 불투명도 등의 성질을 지녀야 한다.

42
다음 중 유기재료는?

① 유리　　② 도자기
③ 플라스틱　　④ 금속

> - 무기재료 : 광물질과 금속재료가 주원료로 금, 은, 철, 구리, 아연, 석재, 점토 등이 있다.
> - 유기재료 : 탄소가 주요 원료가 되는 것으로 목재, 석탄, 백토, 섬유, 펄프, 플라스틱 등이 있다.

43
파스텔에 관한 설명 중 옳은 것은?

① 진하고 산뜻한 색조를 표현하는데 유리하다.
② 안료를 유지로 굳힌 것으로서 보존성이 우수하다.
③ 파스텔화는 핵사티브를 뿌려서 보관해야 한다.
④ 물에 풀어 사용하면 부드러운 표현을 할 수 있다.

> 파스텔의 특징
> - 선의 느낌이 연필과 비슷하며 그림자 묘사가 쉽다.
> - 다양한 색채로 표현할 수 있어 회화재료로 사용한다.
> - 정착액으로 고정하여야 오래 보관할 수 있다.

44
양피지와 비슷하며 피치먼트 지(Parchment paper)라고 하며 버터, 치즈, 육류 포장에 많이 쓰이는 종이는?

① 황산지　　② 박리지
③ 감압지　　④ 온상지

> - 박리(이형)지 : 접착성 테이프의 접착면에 접착하여 접착면을 보호하며 크라프트지의 한 쪽 면에 실리콘수지에멀션을 바름
> - 감압(기록)지 : 종이에 가해지는 압력에 의해서 기록이 가능한 종이로 세금계산서, 영수증 등에 사용
> - 온상지 : 반 표백 크라프트 펄프를 원료로 만들어 아스팔트나 피치로 처리하여 벼, 야채, 과일 등의 조기 발아와 육성에 사용

45
다음 중 학명이 플래티넘(Platinum)인 회백색의 귀금속은?

① 금　　② 백금
③ 은　　④ 오금

46
컬러 네거티브 필름상의 청색(Blue)은 컬러 인화 후 인화지에 어떤 색으로 나타나는가?

① 적색(Red)　　② 녹색(Green)
③ 청색(Blue)　　④ 황색(Yellow)

> 네거티브 필름은 피사체의 명암이 반대로 되며 색상은 보색(빨간색은 초록, 노랑색은 자색)으로 나타난다.

47
다음 중 붓에 대한 설명으로 옳은 것은?

① 0호에서 20호 정도까지 있고 숫자가 클수록 붓의 끝이 굵다
② 세밀한 그림을 수정할 때는 붓의 호수가 클수록 좋다.
③ 그래픽 디자인에서 둥근 붓은 주로 바탕을 채색할 때 쓴다.
④ 붓을 사용한 후에는 붓끝의 물감만 씻어서 보관하는 것이 좋다.

48
다음 중 유기 안료가 아닌 것은?

① 한자 옐로우(Hanja yellow)
② 퍼머넌트 레드(permament red)
③ 프탈로시아닌 블루(phthalocyanine blue)
④ 코발트 블루(cobalt blue)

> 유기안료의 특징
> - 무기안료보다 색상이 선명하다.
> - 착색력이 뛰어나다.
> - 내광성, 내열성이 떨어진다.
> - 유기 용제에 녹아 색 번짐이 있다.
> - 코발트 블루는 무기안료이다.

49
셀 해상도는 한 픽셀의 몇 비트의 정보를 갖느냐에 따라 결정된다. 8비트(Bit)는 몇 색을 재현 할 수 있는가?

① 8컬러 ② 64컬러
③ 256컬러 ④ 1680만 컬러

1bit	4bit	8bit	16bit	24bit
2색	16색	256색	65,000색 (하이컬러)	1,677만색 (트루컬러)

50
비트맵 이미지 운용에서 크롭(Crop)기능을 가장 잘 설명한 것은?

① 이미지를 이동시키는 것
② 이미지를 회전시키는 것
③ 이미지의 크기를 바꾸는 것
④ 이미지의 일부를 잘라내는 것

51
다음 중 전자출판 방식으로 디자인하고자 할 때 가장 효과적인 소프트웨어는?

① 3Dmax ② Illustrator
③ Photoshop ④ Quark Xpress

- 3D MAX : 게임 모델링, 애니메이션, 렌더링 등에 많이 사용되고 있는 벡터방식 그래픽소프트웨어
- Illustrator : 심볼, 로고, 캐릭터 C.I 등을 제작할 때 사용하는 벡터 이미지용 소프트웨어
- Photoshop : 비트맵 이미지의 색상 보정, 사진 복원, 이미지 합성, 웹 디자인을 할 수 있는 비트맵 편집 그래픽소프트웨어

52
원래의 이미지, 스캐닝된 이미지, 출력될 이미지 간의 색상차이를 최소화시키는 작업을 의미하는 것은?

① 레지스트레이션(Registration)
② 레이 트레이싱(Ray tracing)
③ 트렌지션(Transition)
④ 켈리브레이션(Calibration)

53
3D로 제작한 모델을 빛, 명암 등을 부여하여 시각적 실제감을 부여하는 작업은?

① 렌더링 ② 컬러링
③ 모델링 ④ 매핑

- 모델링 : 제품 디자인의 최종적 단계로 생산되는 제품을 3차원으로 표현한 것이다.
- 매핑 : 오브젝트의 표면에 2D 이미지를 입히는 것으로 텍스처매핑, 범프매핑, 솔리드텍스처매핑 등이 있다.

54
컴퓨터그래픽스의 긍정적 효과가 아닌 것은?

① 지적재산에 대한 보호 용이
② 컴퓨터 시뮬레이션을 통한 비용 절감
③ 시각적 전달효과가 높은 문서 증가
④ 디자인 개발에서 분석 및 설계의 용이

컴퓨터그래픽스는 지적재산에 대한 복제가 쉬워 보호가 어렵다.

55
픽셀로 이루어진 일반적은 사진 이미지 합성작업에 사용되는 이미지 종류는?

① 벡터 이미지
② 렌덤 이미지
③ 레스터 이미지
④ 오브젝트 이미지

레스터 이미지는 점(픽셀)으로 이루어져 있다.

56
덩어리감으로 입체를 생성하며 물체의 성격과 부피 등의 물리적 성질까지 알 수 있어 상업적으로 가장 많이 사용되고 있는 모델링 방식은?

① 와이어프레임 방식
② 서페이스 모델링
③ 솔리드 모델링
④ 프렉탈 모델링

- 와이어프레임 모델 : 물체를 점과 선만으로 표현하는 방식이다.
- 서페이스 모델링 : 프레임의 겉에만 모델링을 하여 표면은 간단한 다각형으로 구성되어 입체감을 느낄 수 없다.

57
컴퓨터시스템에서 하드웨어 정치를 별도의 설정 없이 입출력 포트에 꽂기만 하면 바로 사용할 수 있는 것을 뜻하는 것은?

① Cable
② Network
③ Pnp
④ node

Pnp(Plug and play : 플러그 앤드 플레이)

58
안티알라이싱(Anti-Aliasing)에 대한 설명으로 틀린 것은?

① 작은 문자일 수록 안티앨리어싱 처리를 하면 가독성이 높아진다.
② 저해상도의 비트맵 이미지에서 나타나는 계단현상을 부드럽게 처리한다.
③ 문자의 경우 12pt 이상의 크기에서 적용시키는 것이 좋다.
④ 문자의 안티앨리어싱 적용여부는 배경색, 문자 크기, 문자 폰트에 따라 결정하는 것이 좋다.

작은 문자는 안티앨리어싱 처리를 하면 뭉개져 가독성이 더 떨어진다.

59
기억된 정보를 읽어낼 수는 있으나 변경시킬 수 없는 메모리이며, 주로 부팅 시 필요한 프로그램이나 변경될 소지가 없는 데이터 메모리로 사용되는 것은?

① RAM
② ROM
③ Hard Disk
④ Web hard

- RAM : 읽기와 쓰기가 자유롭고 전원을 끄면 메모리에 있는 내용이 지워진다.
- Hard Disk : 보조기억장치의 하나로 많은 데이터를 저장할 수 있으며 전원을 꺼도 데이터가 보관된다.
- Web hard : 인터넷 상에 일정 용량의 저장공간을 확보하여 문서나 파일 등을 보관하여 어디서나 문서나 파일을 컴퓨터로 내려 받을 수 있다.

60
애니메이션 제작 시 만드는 것으로, 시나리오를 영상화 시키기 위한 일종의 설계도면은?

① 레코딩(Recording)
② 섬네일(Thumbnail)
③ 스토리보드(Story board)
④ 플래닝(Planning)

스토리보드는 영상(영화, 광고, 애니메이션)의 주요장면을 그림으로 표현한다.

2023년 1회 컴퓨터그래픽기능사 정답

01	02	03	04	05
③	②	②	④	②
06	07	08	09	10
③	②	①	②	②
11	12	13	14	15
③	③	①	②	②
16	17	18	19	20
②	④	②	②	①
21	22	23	24	25
②	①	②	①	②
26	27	28	29	30
③	③	④	③	②
31	32	33	34	35
③	②	④	①	②
36	37	38	39	40
①	③	④	①	④
41	42	43	44	45
④	③	③	①	②
46	47	48	49	50
④	①	④	③	④
51	52	53	54	55
④	④	①	①	③
56	57	58	59	60
③	③	①	②	③

CBT 복원문제 _ 컴퓨터그래픽기능사

2023년 2회

01
브레인스토밍에 대한 설명 중 틀린 것은?

① 여러 사람이 그룹을 만들어 아이디어를 낸다.
② 남의 의견에 비판을 하지 않는다.
③ 다른 사람의 아이디어를 참고하지 않는다.
④ 좋은 아이디어 보다는 많은 아이디어를 내려고 한다.

> 브레인스토밍 : 알렉스 오즈번이 제안한 것으로 다양한 아이디어를 제시하여, 타인의 아이디어를 비난하지 않고 연상반응을 통하여 더 많은 아이디어를 도출하는 것이다.

02
포스터 디자인의 역사에 대한 설명 중 거리가 먼 것은?

① 다른 매체에 비해 일찍부터 광고 역할을 맡았다.
② 포스터는 전달의 기능보다는 예술적 기능이 가장 중요하다.
③ 근대 포스터의 역사는 19~20세기에 와서 크게 발전하였다.
④ 가장 오래된 포스터는 동굴의 원시회화라고 할 수 있다.

> 포스터는 표현과 색채효과를 이용하여 심미감이나 구매의욕을 느끼는 광고 선전효과가 있으므로 전달의 기능이 중요하다.

03
1919년에 개교하여 1933년에 폐교된 진보적인 디자인 대학으로 현대 디자인과 디자인 교육에 방대한 영향을 미친 학교는?

① 바우하우스
② 울름조형대학
③ 베르크분트
④ 영국왕립대학

> 바우하우스 : 월터 그로피우스가 설립한 국립종합조형학교로 합목적적 기능과 실용성을 중시하고, 예술창작과 기술의 통합을 목표로 하였다.

04
광고주가 선정한 사람들에게 직접 메시지를 우송하는 광고는?

① DM광고
② 옥외광고
③ CF광고
④ CM광고

> DM(Direct Mail)광고는 소비자에게 직접 보내는 우편물로 광고를 하는 것으로 광고층이 정해져 있고 시기와 빈도, 형태, 크기 등을 다양하게 제작할 수 있다.

05
아래의 내용과 관련 있는 디자인 요소는?

> 현관의 바닥과 타일은 때가 덜 타는 요철이 적은 소재를 선택한다.

① 공간
② 색
③ 질감
④ 형태

> 질감
> • 빛에 의해 만들어지므로 명암효과에 따라 다르게 보일 수 있다.
> • 명도의 대비나 시각적 거리감과 함께 표현된다.
> • 촉각적 질감과 시각적 질감으로 나누어진다.

06
게슈탈트 심리학자 창시자 베르트하이머(M. Wertheimer)가 제창한 형태변화의 법칙이 아닌 것은?

① 근접성의 요인
② 유사성의 원인
③ 연속성의 원인
④ 심미성의 요인

> 게슈탈트(시지각)원리
> - 근접성의 원리 : 가까이 있는 두 개 또는 그 이상의 시각요소들이 패턴이나 그룹처럼 보이는 것
> - 유사성(친숙성)의 원리 : 비슷한 모양의 도형이나 그룹이 같은 부류로 보는 경향
> - 폐쇄성의 원리 : 선이 끊어져 있어도 연결되어 보이거나 무리지어 하나의 형태로 보이는 것
> - 연속성의 원리 : 유사한 배열이 방향성을 지니고 하나의 묶음처럼 인식되는 법칙

07
제품디자인 과정 중 초기단계의 아이디어 발생단계에서 가장 많이 쓰이는 것은?

① 러프도면
② 스크래치 스케치
③ 러프모델
④ 렌더링

> - 러프 도면 : 스크래치 스케치에서 선정된 아이디어를 간단한 음영, 컬러, 재질감 등을 부여해 그리는 것이다.
> - 연구 모형(러프모델, 스케치모델, 스킴모델) : 디자인 초기에 만드는 것으로 형태와 균형감을 알기위해 제작한다.
> - 렌더링 : 모델링된 작업에 실제감을 부여하는 이미지를 창조하는 과정이다.

08
다음 중 선에 대한 설명이 옳은 것은?

① 위치만 있고 크기는 없다.
② 점이 이동한 것이다.
③ 입체의 한계 또는 교차이다.
④ 면이 이동한 것이다.

> - 점 : 조형요소 중 최소의 단위이며 위치만 표시한다.
> - 선 : 점이 이동한 흔적이나 면의 한계, 교차에 의해 나타나며 길이, 위치, 방향을 표시한다.
> - 면 : 점의 확대나 선이 이동하면 생기는 자취로 길이와 넓이만 있고 공간을 구성하는 기본 단위이다.
> - 입체 : 면이 한 방향으로 이동하거나 회전하면서 두께를 만든 것으로 위치, 길이, 폭이 있다.

09
다음 중 1960년대 후반부터 시작된 포스트모더니즘의 특징과 관련이 없는 것은?

① 장식과 의장이 다시 수용된 것이 특징이다.
② 절충주의, 이종교배의 다양성을 추구했다.
③ 예전의 단순성, 순수성, 합리성이 강조되었다.
④ 과거 양식의 회귀, 순수예술과 상업예술의 혼용이 권장되었다.

> 포스트모더니즘
> - 1970년대부터 세계와 인간을 파악하여 장식과 의장을 수용하고 문화적 절충주의, 이종교배의 다양성을 추구했다.
> - 역사와 전통을 재해석하여 과거 양식의 회귀, 순수예술과 상업예술을 혼용하였다.
> - 미국의 팝 아트를 중심으로 미술, 문학, 음악 등에 영향을 미치고 유럽, 남미, 아시아 등에 영향을 끼쳤다.

10
효율적인 소비제품을 만들기 위한 노력으로 거리가 먼 것은?

① 품질향상　　　② 시장개척
③ 가격인하　　　④ 다른 제품의 모방

11
다음 중 그래픽 디자인에 가장 큰 영향을 준 것은?

① 철의 대량 생산
② 증기 기관 동력차의 발명
③ 사진술과 석판 인쇄술
④ 망원경의 발명

> 그래픽은 사진과 인쇄술의 발전과 관련이 있다.

12
공간상에서 크기가 다른 점들이 큰 것부터 순서대로 배열되었을 때의 느낌으로 가장 옳은 것은?

① 중량감, 형태감　　② 긴장감, 공간감
③ 운동감, 원근감　　④ 중량감, 안정감

크기가 다르기 때문에 원근감이 있고, 순서대로 배열되어 있으므로 운동감이 있다.

13
실내디자인의 관계요소로 가장 적합한 것은?

① 사람, 물체, 공간
② 사람, 물체, 생활
③ 사람, 시간, 공간
④ 사람, 공간, 기능

14
포장디자인에 대한 설명 중 적합하지 않은 것은?

① 포장디자인은 상품 판매 전략에 있어서 중요한 역할을 한다.
② 포장디자인은 마케팅과 결합할 때 성공하게 된다.
③ 입체작업을 할 때는 포장 재료의 취급법과 가격 면에 대해 신중하게 고려해야 한다.
④ 플라스틱은 포장디자인 분야에서 가장 오래된 재료이다.

플라스틱은 석유화학 공업의 응용산물로 1930년대 석유화학의 발전으로 합성수지가 생산되고 제2차 세계대전 이후에 공업적 생산이 시작되었다.

15
디자인 초기단계에서 디자이너 자신이 전개하는 아이디어를 확인하기 위하여 손쉬운 재료를 빠른 시간 내에 만드는 러프 목업 모델의 종류가 아닌 것은?

① 프로토타입 모델
② 스터디 모델
③ 스케치 모델
④ 스킴 모델

- 연구모델(러프모델, 스케치모델, 스킴모델) : 디자인 초기에 형태와 균형감을 알기위해 제작한다.
- 제시모델(더미, 프레젠테이션 모델) : 디자인 담당자에게 보여주기 위해 만들며 러프모델 보다 좀 더 실제 제품에 가깝다.

16
가로수와 나무심기, 산책로 조성, 분수대와 연못 건설, 어린이 놀이터 조성 등이 주요 대상이 되는 디자인 분야는?

① 조경디자인
② 도시디자인
③ 실내디자인
④ 전시디자인

조경디자인은 쾌적한 생활공간을 만들기 위해 식물, 토목재료, 조형물로 디자인 하는 것이다.

17
다음 중 리디자인(redesign)과 관련이 적은 것은?

① 합목적성
② 심미성
③ 경제성
④ 독창성

리디자인은 기존의 디자인을 수정(심미성), 개선(합목적성)하여 더 경제적으로 만드는 것이다.

18
포장 디자인에 있어서 중요하게 고려해야 할 일반적인 사항으로 거리가 먼 것은?

① 보호성
② 심미성
③ 투명성
④ 전달성

포장디자인의 요건
- 보호 보존성 : 제품을 보호해야 한다.
- 관리성(편리성) : 상품의 운반과 적재가 쉽고 간단해야 한다.
- 심미성 : 제품 용도와 어울리는 아름다움이 있어야 한다.
- 상품성 : 상품(제품)의 성격을 잘 표현해야 한다.
- 구매의욕 : 소비자들의 시선을 자극하여 구매 의욕을 높일 수 있어야 한다.
- 재활용성 : 환경보존을 위한 절감, 재생을 할 수 있어야 한다.

19
공간의 균형에서 스케일(규모 : scale)에 관한 설명이 틀린 것은?

① 스케일은 라틴어에서 유래되었다.
② 계단, 사다리를 뜻하는 고어(古語)이다.
③ 일정의 치수, 특정단위로만 사용된다.
④ 스케일은 상대적인 크기, 축척도를 말한다.

특정 단위, 일정한 치수는 설계도면에서 사용한다.

20
다음 중 표적시장에 영향을 주기 위해 기업이 사용하는 통제 가능한 변수의 집합을 의미하는 용어는?

① 마케팅 믹스
② 마케팅 관리
③ 마케팅 전략
④ 마케팅 전술

마케팅 믹스는 마케팅의 목표를 효과적으로 달성하기 위해 마케팅 방법을 균형있게 조정하는 것이며 구성요소는 제품(Product), 가격(Price), 유통(Place), 촉진(Promotion)이며 4P라고도 한다.

21
그림과 같이 주어진 직선 A, B를 4등분 할 때에 이용되는 원리는?

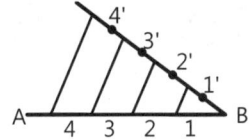

① 수직선
② 수평선
③ 평행선
④ 삼각형

직선 A, B를 4등분할 때는 직선에 평행선을 그어서 작도한다.

22
투시도법에서 PP란?

① 화면
② 시점
③ 입점
④ 기선

- 화면(PP : Picture Plane) : 투시도가 그려지는 면
- 시점(EP : Eye Point) : 관찰자의 눈의 위치
- 입점(SP : Standard Point) : 평면상에 사람이 서서 사물을 보는 위치
- 기선(GL : Ground Line) : 화면과 지반면과의 교선

23
1소점 실내 투시도에서 그려지는 면으로 옳은 것은?

① 1개의 벽면, 바닥, 천장
② 2개의 벽면, 바닥, 천장
③ 3개의 벽면, 바닥, 천장
④ 4개의 벽면, 바닥, 천장

1소점 투시도(평행투시) : 물체가 화면과 평행하고 기선에 수직이다. 대칭을 이루는 물체나 실내 투시도 등에 사용하며 위에서 내려다 보는 느낌이다. 3개의 벽면(좌, 우, 정면), 바닥, 천장이 그려진다.

24
부드러운 인상을 주는 유아용품의 색으로 적합한 것은?

① 고명도, 저채도의 색
② 저명도, 저채도의 색
③ 고명도, 고채도의 색
④ 저명도, 고채도의 색

고명도(가벼운 느낌), 저채도의 안정적이고 부드러운 느낌을 준다.

25
다음 중 눈에 띄는 색을 이용하여 사람의 시선을 끌 옥외 광고 제작 시 가장 적합한 색은?

① N5
② 5B 5/8
③ 5G 5/10
④ 5R 4/14

먼셀색체계의 표시법 : 색상(Hue), 명도(Valu), 채도(Chroma)를 기호로 H V/C로 표시한다.
5R(빨간색), 4(명도), 14(채도)

26
기계, 건축, 선박 등을 큰 축척으로 그렸을 경우, 그 일부분의 축척을 확대하여 모양과 치수, 기구 등을 분명히 하기위해 쓰이는 도면은?

① 상세도
② 공정도
③ 부품도
④ 배치도

- 공정도 : 어떤 일을 진행하는 정도를 기록한 것
- 부품도 : 기계의 부품을 상세하게 현형으로 기록함
- 배치도 : 가구나 기계 등의 설치 위치를 표시한 것

27
색채 조절의 효과와 거리가 먼 것은?

① 일의 능률을 올린다.
② 기계의 성능을 향상 시킨다.
③ 안전을 위함이다.
④ 피로를 덜어준다.

색채 조절 효과
- 일의 능률 향상
- 안전 유지 재해 감소
- 피로 감소
- 의욕증가

28
관용색명에 대하여 옳게 설명한 것은?

① 기본 색명에 수식어를 붙여서 표현한다.
② 색채에 대한 기본 지식이 있어야 사용할 수 있다.
③ 정확한 기호로 표기하는 색명이다.
④ 예전부터 습관적으로 사용하는 색명이다.

- 관용색명 : 베이지색(낙타), 피콕블루(공작의 날개빛), 에메랄드그린(그린에메랄드색), 반다이크 브라운(화가 반다이크가 자주 사용한 색), 살몬핑크색(연어)등처럼 동물, 광물, 원료, 지명 등에서 유래하였거나 예전부터 습관적으로 사용하는 색명이다.
- 일반색명(계통색명) : 어두운 회색, 분홍빛 빨강, 라이트 핑크처럼 기본 색명에 수식어를 붙인 색명이다.

29
그림과 같은 입체의 정투상도는?

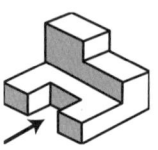

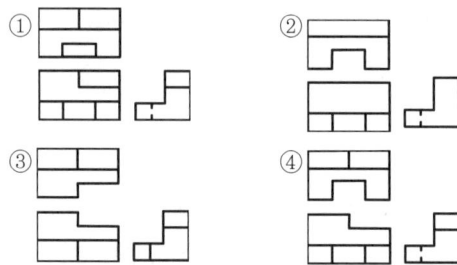

30
색의 팽창과 수축을 고려해 색상별 폭이 다르게 구성되어 있는 프랑스 국기의 배색 면적이 넓은 순서대로 나열된 것은?

① 파랑 〉 흰색 〉 빨강
② 파랑 〉 빨강 〉 흰색
③ 빨강 〉 흰색 〉 파랑
④ 흰색 〉 빨강 〉 파랑

- 팽창과 수축은 색에 따라서 실제 면적보다 크게 보이거나 작게 보이는 것으로 고명도, 고채도일수록 팽창색이다.
- 파랑색이 가장 고명도이고 그 다음이 빨강색이다.

31
선이 한 곳에 중복되었을 때 우선해서 그어야 하는 순서로 옳은 것은?

① 외형선 → 중심선 → 숨은선 → 절단선 → 치수보조선
② 외형선 → 숨은선 → 절단선 → 중심선 → 치수보조선
③ 외형선 → 절단선 → 숨은선 → 중심선 → 치수보조선
④ 외형선 → 숨은선 → 중심선 → 절단선 → 치수보조선

32
실내 공간을 실제보다 높게 보이게 하고, 공식적이고 위엄 있는 분위기를 창출하는 선은?

① 수직선　　　② 수평선
③ 사선　　　　④ 곡선

- 수직선 : 상승, 엄숙, 존엄, 권위, 숭고, 고결, 희망
- 수평선 : 정지, 안정, 평화, 무한
- 사선 : 활동감, 속도감, 불안감, 강한표현
- 곡선 : 우아, 매력, 불명료, 유연, 여성성

33
다음 중 색의 동화효과와 관계가 없는 것은?

① 빨간색 망에 들어 있는 귤이 더 빨갛게 보인다.
② 아파트의 외벽에 칠한 노란색은 좁은 면적일 때 더 밝게 보인다.
③ 파란색의 가는 줄무늬가 있는 회색 셔츠는 더 파랗게 보인다.
④ 벽돌로 된 벽의 줄눈 색이 흰색일 때 벽돌이 더 밝아 보인다.

동화현상 : 어떤 색이 주위 색의 영향으로 비슷한 색으로 보이는 것으로 점이나 선의 넓이에 영향을 받으며 둘러싸인 색의 면적이 좁거나, 둘러싸인 색이 주위색과 비슷한 경우 일어난다.

34
해칭(hatching)에 관한 설명 중 틀린 것은?

① 해칭한 부분의 바깥에 문자 등을 기입하는 것이 불가능할 경우에는 해칭을 중단하고 기입한다.
② 단면인 것이 분명하다면 해칭하는 것을 생략해도 된다.
③ 해칭선은 주된 외형선에 대하여 45°로 경사지게 긋는다.
④ 인접한 단면의 해칭은 각도와 간격을 같게 해야 한다.

인접한 단면의 해칭은 선의 방향이나 각도를 바꾸어 다른 면임을 알 수 있게 해야한다.

35
색맹에 관한 설명 옳은 것은?

① 색맹은 수정체의 기능이 불완전하기 때문이다.
② 색맹은 추상체의 기능이 부족하기 때문이다.
③ 색맹은 간상체의 기능이 부족하기 때문이다.
④ 색맹은 홍채의 기능이 불완전하기 때문이다.

색맹은 추상체는 없고 간상체(어둠을 구별)만 있다.

36
영 · 헬름홀츠가 주장한 3원색이 아닌 것은?

① Red　　　② Yellow
③ Green　　④ Blue

영 · 헬름홀츠
- 영 · 헬름홀츠의 3원색은 빨강, 초록, 파랑이다.
- 노랑은 빨강과 초록의 수용기가 같이 자극되었을 때 지각된다.
- 3종류 빛 수용기의 반응에 따라 색이 느껴진다.

37
순색에 흰색을 많이 섞을수록 나타나는 현상은?

① 채도가 낮아진다.
② 명도가 낮아진다.
③ 채도가 높아진다.
④ 명도와 채도가 높아진다.

순색에 흰색을 섞으면 채도는 낮아지고 명도는 높아진다.

38
배색에 있어서 색들과의 공통된 상태와 색감이 내포되어 있을 때 그 색채군을 조화한다는 저드의 색채 조화 원리는?

① 명료성의 원리
② 유사성의 원리
③ 친근성의 원리
④ 대비의 원리

저드의 색채 조화론
- 명료성(비모호성)의 원리 : 색의 3속(색상, 명도, 채도)차가 큰 색들은 조화가 잘 됨
- 유사의 원리 : 색에 공통성이 있으며 3속성의 차가 적으면 조화가 잘 됨
- 친근성의 원리 : 사람들에게 잘 알려진 친근감 있는 배색일 때 조화가 잘 됨
- 질서의 원리 : 색채의 요소가 규칙적으로 선택된 색들끼리 잘 조화 됨

39
그림과 같은 평면도법은 무엇을 나타내는가?

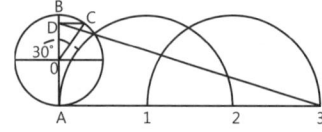

① 원주 밖의 1점에서 원의 접선 긋기
② 원주에 근사한 직선 구하기
③ 원에 외접선 그리기
④ 원호를 직선으로 펴기

같은 길이의 원주나 반원주를 구하는 방법으로 근사값을 구한다.

40
혼색에 대한 설명 중 틀린 것은?

① 혼색은 색자극이 변하면 색채감각도 변하게 된다는 대응관계에 근거하는 것이다.
② 물체색으로 두 개 이상의 색표를 회전원판 위에 적당한 비례의 넓이로 붙여 빠른 속도로 회전시키는 경우를 회전혼색이라고 한다.
③ 우리 눈에 서로 다른 색 자극이 차례로 돌아와 망막 상에서 혼합되는 경우를 계시혼색이라 한다.
④ 서로 다른 색자극을 조밀하게 접근시켜 주는 방법에 의한 경우를 감법혼색이라 한다.

병치혼합 : 두 가지 색을 가깝게 놓아 혼색하는 방법으로 명도와 채도가 그대로 유지된다(신인상파 화가의 점묘화, 모자이크, 직물, 컬러TV 영상).

41
다음 중 필름의 감도를 나타내는 기호가 아닌 것은?

① DIN
② ASA
③ ISO
④ KS

국제표준화 규격
- DIN : 독일표준규격
- ASA : 미국표준규격
- ISO : 국제표준규격
- KS : 한국산업규격으로 필름의 감도 표시가 아니다.

42
파스텔을 렌더링용으로 사용할 때 부드러운 효과를 얻기 위해 혼합하는 것은?

① 파우더
② 포스터물감
③ 콘테
④ 연필

파스텔에 파우더를 혼합하면 부드러운 효과를 얻을 수 있다.

43
다음 중 열가소성 플라스틱은?

① 페놀수지
② 에폭시수지
③ 멜라민수지
④ 염화비닐수지

- 열경화성 수지 : 페놀 수지(베이클라드), 에폭시 수지, 멜라민 수지, 요소 수지, 폴리우레탄 수지
- 열가소성 수지 : 염화비닐, 폴리에스틸렌, 폴리에틸렌, 폴리 아미드, 메탈 아크릴, 폴리프로필렌

44
재료 사이클의 3요소가 아닌 것은?

① 물질
② 에너지
③ 환경
④ 기술

45
금속 재료의 성질이 아닌 것은?

① 전성과 열성이 좋다.
② 경도가 크고 내마멸성이 풍부하다.
③ 이온화했을 때에는 음이온이 된다.
④ 외력에 대한 내항과 내구력이 크다.

금속재료는 이온화했을 때 양이온이 된다.

46
진공도금의 설명 중 틀린 것은?

① 라디오의 다이얼이나 트레이드마크에 등에 이용된다.
② 광택이 우수하다.
③ 비금속 제품에도 도금이 가능하다.
④ 도금 두께가 두껍다.

진공 속에서 금속원소를 증발시켜 부품의 표면에 얇게 막을 입힌다.

47
화학펄프의 종류가 아닌 것은?

① 아황산 펄프
② 크라프트 펄프
③ 소다 펄프
④ 쇄목 펄프

- 화학 펄프는 목재를 기계적으로 잘라 약품액에 담근 후 압축 가열하여 만들며, 크라프트 펄프, 이산화황 펄프, 소다 펄프, 황산염 등이 있다.
- 쇄목 펄프(기계 펄프, 그라운드 펄프)는 나무의 껍질만 벗겨낸 후 기계로 잘게 갈아서 만들며 신문용지나 저급의 인쇄용지를 만든다.

48
아래에서 설명하는 특징에 해당하는 종이는?

- 화학 펄프를 점상으로 두드려 분해하여 만든다.
- 강한 광택을 주고 표면을 매끈하게 한다.
- 질기며 기질이 균일하고 강도가 크며 먼지가 적고 파라핀 가공을 한다.
- 식품, 담배, 약품 등의 포장, 간지 등에 쓰인다.

① 라이스지
② 글라싱지
③ 인디아지
④ 콘덴서지

- 라이스지 : 얇으면서 강하고 불투명, 무미, 무취하고 컬러인쇄물, 담배종이로 많이 사용
- 인디아지 : 얇은 흰색으로 성서나 사전의 인쇄에 사용
- 콘덴서지 : 크래프트 펄프 등을 원료로 하여 콘덴서의 유전체로 사용하며 가용성 염화물이 있으면 안됨

49
웹(web)상에서 표현되는 그래픽 작업 시 주의해야 할 점으로 틀린 것은?

① 웹상에 사용될 이미지는 인쇄물에 사용될 이미지 보다 해상도가 높아야 한다.
② 일반 인쇄물과 달리 RGB 컬러로 표현한다.
③ 화면상의 그래픽이 고정되지 않도록 움직이는 영상에도 신경을 많이 써야한다.
④ 한 장의 화면이 아니라 사이트 전체의 기획이 필요하다.

웹상의 인쇄물은 로딩시간을 고려하여 72dpi 정도면 되며, 인쇄용은 300dpi 이상이어야 한다.

50
1MB를 바르게 표현한 것은?

① 1028KB
② 216KB
③ 1000KB
④ 210KB

51
컴퓨터그래픽스의 변천 과정이 틀린 것은?

① 1950년대: 드럼 플로팅 출현
② 1960년대: 플랫 쉐이딩으로 음영처리
③ 1970년대: 레이 트레이싱 렌더링 기법 발표
④ 1980년대: 모핑기법 개발사용

레이트레이싱 기법은 1980년도에 발표되었다.

52
물체에 반사된 빛이 다른 물체에 반사될 때 까지 추적하는 것으로 반사된 빛이 불투명체에 닿거나 장면 밖으로 나갈 때까지 계속 되는 기법은?

① 파티클(Particle)
② 프랙털(Fractal)
③ 앨리어싱(Aliasing)
④ 레이 트레이싱(Ray Tracing)

- 파티클(Particle) : 먼지, 눈, 비 등을 표현하는 방법으로 사용하는 표면과 체적이 없는 작은 물체로 방향성, 강도, 생명력, 색상, 불투명도의 성질을 가지고 있다.
- 프랙털(Fractal) : 단순한 모양에서 출발하여 점차 더 복잡한 형상으로 구축되는 기법으로 산, 구름 같은 자연물의 불규칙적 움직임을 표현하는 모델링 기법이다.
- 앨리어싱(Aliasing) : 이미지에 곡선 모서리가 톱니 모양이나 계단 모양처럼 생기는 것을 말한다.

53
제품의 대량생산을 위해 컴퓨터를 사용하여 절삭기계를 운전하고 기계 제어를 하는 것은?

① CAD
② CAM
③ Modelling
④ Engineering

Computer Aided Manufacturing의 약자로 컴퓨터를 이용하여 제조 공정을 지원하는 것이다.

54
멀티미디어의 특징으로 볼 수 없는 것은?

① 다양한 데이터를 디지털로 변환하여 처리한다.
② 공급자가 사용자에게 프로그램을 정하여 제공하는 미디어이다.
③ 하이퍼링크 기능과 같이 사용자 선택에 의해 데이터 처리가 가능하다.
④ 여러 형태의 매체가 통합되어 정보를 전달한다.

② 디지털미디어

55
웹상에서 개인이나 집단이 하나의 노드(node)가 되어 각 노드들 간의 상호의존적인 관계에 의해 만들어지는 사회적 관계구조를 지칭하는 개념은?

① 블로그
② 커뮤니티
③ 시멘틱 웹
④ 소셜네트워크

Social Networking Service의 약자로 사회관계망이라고도 한다.

56
다음 중 글자를 굵게 표시하도록 해주는 속성은?

① Outline
② Underline
③ Italic
④ Bold

- Outline : 외곽선
- Underline : 밑줄
- Italic : 비스듬한 글꼴(사체)

57
가로세로가 각각 5cm, 300dpi인 그림파일을 가로세로는 각각 5cm로 하되 해상도만 150dpi로 변경하였다. 변경된 파일로 출력 시 원본과 비교한 출력 사이즈의 변화는?

① 1/4 크기로 작아진다.
② 1/2 크기로 작아진다.
③ 동일하다.
④ 2배 크기로 커진다.

출력의 크기는 변함없이 해상도만 변한다.

58
대상물의 3차원 좌표를 측정하여 컴퓨터에 X, Y 좌표를 얻는 장치로, 레이저 등을 입체 대상물에 비추어 대상물에 직접 접촉하지 않고도 좌표를 측정할 수 있는 입력장치는?

① 데이터 글러브
② HMD(head mounted display)
③ 3D 스캐너
④ 모션 캡쳐 장비

59
래스터 방식의 비트맵 이미지 편집 프로그램으로 적합하지 않은 것은?

① Adobe Photoshop
② PaintShop Pro
③ Corel Painter
④ Adobe Illustrator

래스터는 비트맵 방식의 프로그램에서 편집이 가능하다. 일러스트레이터는 벡터방식이 프로그램이다.

60
다음 중 종이 규격이 틀린 것은?

① A4 : 210 × 297
② A5 : 128 × 182
③ B4 : 257 × 364
④ B5 : 182 × 257

A5 : 148 x 210

2023년 2회		컴퓨터그래픽기능사 정답		
01	02	03	04	05
③	②	①	①	③
06	07	08	09	10
④	②	②	③	④
11	12	13	14	15
③	③	①	④	①
16	17	18	19	20
①	④	③	③	①
21	22	23	24	25
③	①	③	①	④
26	27	28	29	30
①	②	④	④	②
31	32	33	34	35
②	①	②	④	②
36	37	38	39	40
②	①	②	②	④
41	42	43	44	45
④	①	④	④	③
46	47	48	49	50
④	④	②	①	④
51	52	53	54	55
③	④	②	②	④
56	57	58	59	60
④	③	③	④	②

LESSON 15 CBT 복원문제 _ 컴퓨터그래픽기능사

2023년 4회

01
디자인 아이디어 창출기법 중 집단사고에 의한 자유분방한 아이디어를 얻기 위하여 서로 비평을 금하고, 상대방의 아이디어에 상승 작용을 할 수 있게 하는 기법은?

① 문제 분석법 ② 체크리스트법
③ 특성 열거법 ④ 브레인스토밍법

> 브레인스토밍 : 알렉스 오즈번이 제안한 것으로 다양한 아이디어를 제시하여, 타인의 아이디어를 비난하지 않고 연상반응을 통하여 더 많은 아이디어를 도출하는 것이다.

02
네덜란드를 중심으로 인공적이며 수학적인 비례에 따라 색상과 조형을 적용한 기하학적 추상미술운동은?

① 미래주의 ② 구성주의
③ 절대주의 ④ 신조형주의

> 데스틸(신조형주의) : 기하학적 형태와 수직, 수평, 화면분할과 3원색을 기본으로 '기하학적인 형태가 기능적인 것'이라는 기능주의 철학으로 순수한 형태미를 추구하였으며 현대 건축, 회화, 조각, 디자인에 지대한 영향을 끼쳤으며 대표작가는 데오 반 도스버그, 몬드리안

03
다음 중 마케팅 기능과 거리가 먼 것은?

① 판매방향제시
② 기업의 전략적 관리 도구
③ 생산조직운용
④ 투자 위험의 사전 예방 및 요인의 강화

> 마케팅 : 상품을 유통시키는데 관련된 모든 경영활동
> • 제품관계 : 신제품 개발, 기존제품 개량, 포장·디자인의 결정, 재고 상품의 폐지 등
> • 시장거래관계 : 시장조사·수요예측, 판매경로 설정, 가격정책, 상품의 물리적 취급, 경쟁대책 등
> • 판매관계 : 판매원의 인사관리, 판매활동 실시, 판매사무 처리 등
> • 판매촉진관계 : 광고·선전, 각종 판매촉진책 실시
> • 종합조정관계 : 각종 활동 전체에 관련된 정책, 계획책정, 조직설정, 예산관리 실시 등

04
다음 중 디자인에서 구체적인 실행 방법론을 세우는 용어는?

① 도면제작
② 전략수립
③ 모델제작
④ 기술조사

05
다음 중 제품수명주기의 순서가 바르게 나열된 것은?

① 성장기→성숙기→쇠퇴기→도입기
② 도입기→성숙기→성장기→쇠퇴기
③ 성장기→도입기→성숙기→쇠퇴기
④ 도입기→성장기→성숙기→쇠퇴기

> 제품 수명주기
> • 도입기 : 신제품이므로 이익이 낮고, 경비(유통, 광고)가 높다.
> • 성장기 : 광고와 홍보로 제품의 인지도 상승으로 수요와 이윤이 증가하고 경쟁제품이 출현하며 시장점유 극대화에 노력해야한다.
> • 성숙기 : 매출액이 안정된 상태로, 마케팅 전략의 초점은 제품을 조금씩 개선하여 성숙기를 연장하는 것이다.
> • 쇠퇴기 : 소비시장의 감소로 다른 제품으로 대체하거나 소멸되므로 소비자의 성향에 맞춰 기존의 상품을 대체할 신상품을 개발해야 한다.

06
형태상으로 불균형하지만 시각상의 힘은 정돈에 의하여 균형이 잡힌 디자인 원리는?

① 대칭균형 ② 비대칭균형
③ 강조   ④ 황금비율

07
공간배치를 위한 시스템 가구의 특징으로 틀린 것은?

① 모듈화 되어 다양한 배치가 가능하다.
② 기능에 따라 다양하게 조립하고 손쉽게 해체할 수 있다.
③ 공간 성격의 변화에 대한 이동성과 융통성이 크다.
④ 단말 공간을 상이한 기능의 공간으로 구획, 분할이 용이하지 않다.

> 인체공학적 설계로 공간의 구획, 분할이 용이하도록 공간조절, 높이, 조립과 설치가 용이하다.

08
다음 디자인 원리 중 균형과 관계가 없는 것은?

① 대칭 ② 변화
③ 비례 ④ 비대칭

> 변화는 시각적 자극과 흥미를 주기위한 것이다.

09
실내 디자인의 바닥재로 쓰이는 카펫에 대한 설명이 틀린 것은?

① 부드러운 촉감과 따뜻함이 있다.
② 탄력성, 흡음성이 뛰어나다.
③ 다양한 색채와 무늬를 살릴 수 있다.
④ 전체 깔기 카펫은 공간을 구분해주는 효과가 있다.

> 전체 깔기 카펫은 바닥의 개념이다.

10
다음 중 실내공간 계획의 주요 구성요소로 가장 거리가 먼 것은?

① 가구
② 가로등
③ 색채
④ 조명

> 가로등은 길에 설치하는 조명이다.

11
다음 실내 디자인 기본 요소 중 가장 눈에 띄기 쉬운 요소는?

① 벽   ② 바닥
③ 천장 ④ 지붕

> • 벽 : 공간의 구분, 공기의 차단, 소리의 차단, 보온 등의 기능이 있으며 시선이 가장 많이 머무르는 요소이다.
> • 바닥 : 실내 공간을 구성하는 수평적 요소로 접촉 빈도가 가장 많고, 안정적이어야 한다.
> • 천장 : 실내 공간의 윗 부분에서 외부의 빛과 소리를 반사 및 흡수를 하며, 분위기를 조절하는 수평적 요소이다.

12
포장디자인에 대한 설명 중 틀린 것은?

① 기능별로 상업포장과 공업포장으로 구분된다.
② 상품보호의 기능을 갖는다.
③ 판매촉진에 기여할수 있는 방향으로 바뀌고 있다.
④ 포장기술의 발전에 획기적인 전기를 이룬 것은 종교 혁명이다.

> 포장디자인의 요건
> • 보호 보존성 : 제품을 보호해야 한다.
> • 관리성(편리성) : 상품의 운반과 적재가 쉽고 간단해야 한다.
> • 심미성 : 제품 용도와 어울리는 아름다움이 있어야 한다.
> • 상품성 : 상품(제품)의 성격을 잘 표현해야 한다.
> • 구매의욕 : 소비자들의 시선을 자극하여 구매 의욕을 높일 수 있어야 한다.
> • 재활용성 : 환경보존을 위한 절감. 재생을 할 수 있어야 한다.

13
다음 중 환경디자인의 주된 영역이 아닌 것은?

① 섬유 패턴 디자인   ② 점포 디자인
③ 조경 디자인   ④ 도시 디자인

> 섬유 패턴 디자인은 2차원 디자인이다.

14
디자인 작업 중 이미지를 포착하기 위한 목적으로 표현하는 기법은?

① 아이디어 스케치   ② 렌더링
③ 제도   ④ 모델링

> • 렌더링 : 모델링된 작업에 실제감을 부여하는 이미지를 창조하는 과정이다.
> • 모델링 : 제품 디자인의 최종적 단계로 생산되는 제품을 3차원으로 표현한 것이다.
> • 제도 : 기계, 건축물, 공작물의 도면이나 도안을 그리는것이다.

15
다음 중 굿 디자인(Good Design)의 조건과 거리가 먼 것은?

① 모방성
② 합목적성
③ 경제성
④ 심미성

> 디자인의 조건은 합목적성, 심미성, 독창성, 경제성, 질서성 등이 있다.

16
다음 중 제품 디자인의 영역이 아닌 것은?

① 생활용품 디자인
② 산업 기기 디자인
③ 전시 디자인
④ 운송 기기 디자인

> 전시 디자인은 환경 디자인의 한 부분이다.

17
동일하지 않더라도 서로 닮은 형태의 모방, 종류, 의미, 기능끼리 연합하여 일반적 규칙을 갖는 조형의 원리는?

① 대비   ② 대칭
③ 비례   ④ 유사

> • 대비 : 서로 상반되거나 다른 부분의 조합에 의하여 생기는 것
> • 대칭 : 가운데 중심선을 기준으로 좌우, 상하가 같은 형태를 가지며 선을 중심으로 접으면 포개짐
> • 비례 : 한 쪽의 양이나 수가 증가하면 관련있는 다른 쪽의 양이나 수도 증가하는 것

18
바우하우스에 대한 설명이 틀린 것은?

① 조형교육과 기술교육을 함께 가르쳤다.
② 1919년 월터 그로피우스가 설립한 디자인 대학이다.
③ 대표적인 작가로는 헨리 반 데 벨데, 아더 맥머도 등이 있다.
④ 공업 시스템과 예술가 사이의 갈등을 해결하려고 노력 했다.

> • 헨리 데 벨데 : 아르누보의 대표작가
> • 아더 맥머도 : 미술공예운동
> • 바우하우스 : 월터 그로피우스

19
다음 설명과 관련된 형태와 거리가 먼 것은?

> • 기계생산 이후 적용된 형태이다.
> • 생산적이고 기능적인 것을 중시하던 기능주의에서 비롯된 형태이다.

① 기하학적인 형태
② 수적 법칙에 의해 생겨난 형태
③ 유기적 형태
④ 질서를 가진 규칙적이고 단순하고 명쾌한 형태

> 원래는 자연적인 모양의 유기적 형태였으나 기계생산 이후에는 생산적이고 기능적이며 규칙적인 기하학적 형태들이 생겨났다

20
다음은 어떤 매체에 대한 특성인가?

- 장소, 조명, 시간(방영, 시청, 구독)에 얽매이지 않는다.
- 사용자들이 공동의 기억을 갖는다.
- 프로그램간의 구분 없이 흐름으로 소비된다.
- 면대면 커뮤니케이션처럼 느껴진다.

① 신문　　② 영화
③ 애니메이션　　④ 텔레비전

21
그림의 투상도는?

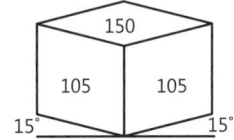

① 2등각 투상도　　② 1소점 투시도
③ 사투상도　　④ 2소점 투시도

2등각투상도 : 3면(정면, 평면, 측면)이 모두 한 면에 볼 수 있으며 설명용 도면으로 많이 사용한다.

22
다음 중 후퇴, 수축되어 보이는 계통의 색은?

① 고명도색　　② 한색계의 색
③ 고채도의 색　　④ 난색계의 색

- 후퇴색 : 한색(파랑, 청록색, 차가운 느낌), 저채도, 저명도의 색
- 진출색 : 난색(빨강색, 주황색, 노랑색, 따뜻한 느낌), 유채색, 고명도, 고난도의 색

23
난색의 감정효과를 이용한 공간배색이 적절하지 않은 공간은?

① 노인병원　　② 상점
③ 유치원　　④ 사무실

사무실은 차분한 이미지를 주는 한색계열이 적절하다.

24
제도에서 굵은 선의 굵기가 0.7mm일 때 가는 선의 굵기는 얼마인가?

① 0.7mm　　② 0.5mm
③ 0.35mm　　④ 0.1mm

아주 굵은선 : 4, 굵은선 : 2, 가는선 : 1을 기준으로 하여 비율을 계산한다.

25
다음 중 일반색명은?

① 하양　　② 복숭아색
③ 상아색　　④ 흐린 초록

- 관용색명 : 베이지색(낙타), 피콕블루(공작의 날개빛), 에메랄드그린(그린에메랄드색), 반다이크 브라운(화가 반다이크가 자주 사용한 색), 살몬핑크색(연어)등처럼 동물, 광물, 원료, 지명 등에서 유래하였거나 예전부터 습관적으로 사용하는 색명이다.
- 일반색명(계통색명) : 어두운 회색, 분홍빛 빨강, 라이트 핑크처럼 기본 색명에 수식어를 붙인 색명이다.

26
치수를 옮기거나 선의 등분을 나눌 때 사용하는 용구는?

① 삼각스케일　　② 컴퍼스
③ 디바이더　　④ 운형자

디바이더는 선, 원주 등을 일정한 길이로 나눌 때 사용한다.

27
치수 숫자와 기호에 대한 설명 중 틀린 것은?

① 치수 숫자는 치수선으로부터 약간 띄워 쓴다.
② 치수 기입 장소가 좁을 경우에는 지시선을 사용하거나 엇갈려 기입한다.
③ 한 도면 내에서 용도에 따라 치수 숫자의 크기를 다르게 한다.
④ 경사진 치수선의 경우, 숫자는 치수선의 위쪽에 기입한다.

한 도면 내에서는 치수 숫자의 크기는 동일하게 기입해야 한다.

28
채도에 관한 설명이 틀린 것은?

① 채도는 스펙트럼 색에 가까울수록 낮아진다.
② 하나의 색상에서도 채도가 가장 높은 색을 순색이라 한다.
③ 순색에 흰색을 섞으면 채도가 떨어진다.
④ 색의 선명한 정도가 높으면 채도는 높아진다.

> 채도는 스펙트럼색(빨강, 보라)색에 가까울수록 높아진다.

29
투시도법의 부호 중 HL의 용어로 옳은 것은?

① 수평선　　　③ 시점
② 기선　　　　④ 소점

> • 수평선(HL : Horizontal Line) : 기선(GL)에 평행하며 눈높이와 동일
> • 시점(EP : Eye Point) : 관찰자의 눈의 위치
> • 기선(GL : Ground Line) : 화면과 지반면과의 교선
> • 소실점(VP : Visual Point) : 물체를 투시하여 물체에 연장선을 그었을 때 연장선들이 만나는 점

30
다음 중 친애, 젊음, 신선 등을 상징하는 색은?

① 주황　　　　② 노랑
③ 연두　　　　④ 청자

> • 주황(YR) : 기쁨, 원기, 즐거움, 만족, 온화, 건강, 활력, 따뜻함, 풍부, 가을
> • 노랑(Y) : 명랑, 환희, 희망, 광명, 팽창, 유쾌, 황금
> • 연두(GY) : 위안, 친애, 청순, 젊음, 신선, 생동, 안정, 순진, 자연, 초여름, 잔디
> • 청록(BG) : 청결, 냉정, 질투, 이성, 죄, 바다, 찬바람

31
보색 대비에서 느낄 수 있는 감정은?

① 더욱 뚜렷하고 강한 느낌
② 더욱 부드러운 느낌
③ 더욱 안정적인 느낌
④ 더욱 따뜻한 느낌

> 보색대비 : 색상환에서 서로 마주 보는 두 색이 서로의 영향으로 더욱 선명하게 보이는 현상

32
다음 중 색채와 공감각적 연결이 틀린 것은?

① 초록 – 민트향
② 노랑–레몬향
③ 파랑–시트러스향
④ 핑크–플로럴향

> 주황–시러스트향

33
색광의 3원색은?

① Red, Green, Blue
② Magenta, Yellow, Cyan
③ Red, Magenta, Yellow
④ Magenta, Green, Cyan

34
정투상도에서 물체의 형태, 기능을 가장 정확하게 나타낼 수 있는 면에서 그린 그림은?

① 정면도
② 평면도
③ 우측면도
④ 좌측면도

> 정면도는 기계제도에서 물체의 형태, 기능을 정확하게 표현할 수 있다.

35
투시도법으로 얻은 상이 작아서 그대로 사용할 수 없을 경우 그것을 임의의 크기로 조절하여 사용하는 도법은?

① 연장도법　　　② 확대도법
③ 배분도법　　　④ 분할도법

36
다음 중 도면 작성 시 겹치는 선의 우선순위를 옳게 나열된 것은?

① 외형선-숨은선-중심선-절단선-무게중심선-치수 보조선
② 외형선-중심선-절단선-숨은선-무게 중심선-치수 보조선
③ 외형선-숨은선-절단선-중심선-무게 중심선-치수 보조선
④ 외형선-중심선-숨은선-절단선-무게중심선-치수 보조선

37
먼셀 10색상환에서 색상의 특성에 관한 설명 중 틀린 것은?

① R과 BG는 보색이다.
② Y와 YG는 유사색이다.
③ PB와 P는 반대색이다.
④ GY와 P는 보색이다.

- 유사색 : 색상환에서 가까운 곳에 위치
- 보색(반대색) : 색상환에서 반대에 위치

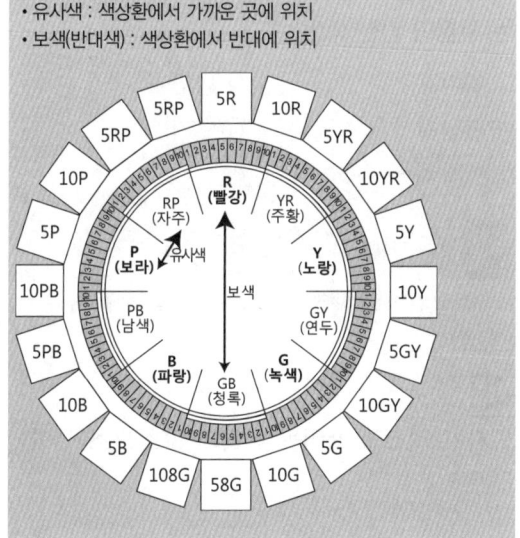

38
그림과 같은 단면도는?

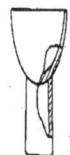

① 계단 단면도
② 반 단면도
③ 부분 단면도
④ 전 단면도

- 계단 단면도 : 한 개의 투상면에 여러 개의 평행하게 잘린 단면을 표시한다.
- 반 단면도 : 대칭형 물체의 외형과 내부의 구조 및 형태를 동시에 표현한다.
- 부분 단면도 : 물체 일부분(축의 키 홈, 작은 구멍 등)의 단면 경계가 불확실하여 도면의 이해가 어려운 경우 필요한 부분만 외형도에서 잘라내서 표시한다.
- 온 단면도(전 단면도) : 물체의 중심을 기준으로 절단면이 물체의 중심선을 지나며 도형 전체를 단면도로 표시한다.

39
미국의 색채학자 저드(Judd. D. B.)가 주장하는 색채 조화의 네 가지 원칙이 아닌 것은?

① 방향성의 원리
② 질서의 원리
③ 친근성의 원리
④ 명료성의 원리

저드의 색채 조화 원리 : 질서의 원리, 유사의 원리, 동류의 원리, 대비의 원리, 비모호성의 원리

40
병치혼합의 예가 아닌 것은?

① 신인상파 화가의 점묘화
② 2가지 색 이상으로 짜여진 직물
③ 컬러 TV의 영상화면
④ 아파트 벽면의 그림과 배경색

병치혼합 : 두 가지 색을 가깝게 놓아 혼색하는 방법으로 명도와 채도가 그대로 유지된다(신인상파 화가의 점묘화, 모자이크, 직물, 컬러TV 영상).

41
다음 중 무기 재료에 해당되는 것은?

① 금속　　② 목재
③ 피혁　　④ 종이

- 무기재료 : 광물질과 금속재료가 주원료로 금, 은, 철, 구리, 아연, 석재, 점토 등이 있다.
- 유기재료 : 탄소가 주요 원료가 되는 것으로 목재, 석탄, 백토, 섬유, 펄프, 플라스틱 등이 있다.

42
네거티브 필름을 확대하기 전에 네거티브 필름과 같은 크기의 인화를 해 봄으로써 확대할 네거티브 필름의 상태를 알아보는 것은?

① 밀착인화　　② 확대인화
③ 스포팅　　④ 에칭

- 확대인화 : 소형의 네거티브 필름을 규격보다 확대하여 인화
- 스포팅 : 현상이나 인화과정에서 얼룩이나 흠을 수정
- 에칭 : 산의 부식작용을 이용하여 동판을 만듦

43
대표적인 가공용 고감도 알루미늄 합금으로 항공기, 자동차, 운반기계 등에 사용되는 금속은?

① 두랄루민(duralumin)
② 알클래드(alclad)
③ 코비탈륨(kobitalum)
④ 로엑스(low expansion)

44
도료의 점도, 유동성, 증발속도를 조절해 주는 물질은?

① 안료　　② 염료
③ 용제　　④ 황화아연

- 안료 : 전색제에 의해 물체에 고착되는 도장 재료이다.
- 염료(착색제) : 물과 기름에 녹아 천이나 가죽 등에 착색하는 유색물질이다.
- 용제 : 도료를 용해하여 희석시키며 도막에 평활성을 부여하고 도료의 점도, 유동성, 증발속도를 조절한다. 도료를 녹이는데는 가솔린, 알코올, 벤젠 등이 있으며 수성도료는 물을 사용한다.

45
다음 중 종이가공의 충전제(loading)가 아닌 것은?

① 백토　　② 활석
③ 황산바륨　　④ 가성소다

충전 : 고해기에서 백토, 황산바륨, 활석, 탄산염 등을 사용하여 조직을 균일, 불투명하게 하는 작업

46
아트필름 또는 스크린 톤의 착색재료를 사용하여 지정된 부분에 압착시켜 표현하는 렌더링 기법은?

① 레어브러시 렌더링
② 마커 렌더링
③ 아크릴 렌더링
④ 필름 오버레이 렌더링

47
여러 층의 지층으로 구성되어 있으며 각 층마다 다른 재료를 삽입하여 사용목적에 부합되도록 만든 지질이 강한 종이는?

① 양지　　② 박엽지
③ 황산지　　④ 판지

- 양지 : 신문지, 인쇄용지, 필기용지, 도화지, 포장용지, 박엽지, 잡종지
- 박엽지 : 글라싱지, 라이스지, 인디아지, 콘덴서지, 전기절연지
- 황산지 : 물과 기름에 젖지 않아 식품이나 약품포장에 사용하며 진한황산용액으로 처리하여 종이의 질이 균일하고 얇고 반투명

48
도자기 제조에 쓰이는 유약의 3대 요소가 아닌 것은?

① 장석　　② 규석
③ 석회석　　④ 밀납

유약은 장석, 규석, 석회석을 사용하여 도자기의 강도를 늘이며 광택이 나게한다.

49
벡터 그래픽(Vector graphic)방식에 관한 설명이 틀린 것은?

① 확대하거나 축소해도 깨지지 않는다.
② 비트맵 방식에 비해 파일 크기가 상대적으로 작다.
③ 비트맵 방식에 비해 출력 속도가 상대적으로 빠르다.
④ 그림이 복잡할수록 파일의 크기가 증가한다.

비트맵 방식은 이미지의 색상만 읽어서 출력하지만 벡터 방식은 이미지에 대한 숫자값을 계산해서 출력하므로 출력속도가 느리다.

50
다음 중 비트맵 이미지와 관련성이 적은 것은?

① 베지어(Bezier)곡선
② 래스터 이미지(Raster Image)
③ 해상도(resolution)
④ 픽셀(Pixel)

베지어 곡선은 수학적 연산으로 벡터 곡선을 그리며 두 개의 방향점을 이용하여 곡선의 방향, 각도와 깊이를 정한다.

51
다음 중 동영상과 관련 없는 파일 포맷은?

① qt   ② avi
③ mpeg   ④ wav

• qt는 Apple에서 만든 동영상 파일 포맷이다.
• wav는 오디오 파일 포맷이다.

52
photoshop 프로그램에서 왼쪽 이미지를 오른쪽으로 이미지로 편집하려고 할 때 필요한 명령어는?

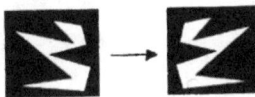

① Duplication   ② Flip Horizontal
③ Effects   ④ Rotate

• Duplication : 복제
• Flip Horizontal : 수평전환
• Effects : 효과
• Rotate : 회전

53
3차원 디지털 애니메이션 제작시 스토리보드에 대한 설명 중 틀린 것은?

① 미리 제작되는 애니메이션결과물에 대한 검토를 할 수 있다.
② 작품의 개념이나 기획이 유지되도록 하는데 도움을 준다.
③ 스토리보드는 알아보기 쉽게 문자로만 작성한다.
④ 장면 안에서 움직임의 전달과 카메라의 움직임을 지시한다.

스토리보드는 영상(영화, 광고, 애니메이션)의 주요장면을 그림으로 표현한다.

54
이미지의 외곽이 계단처럼 보이는 형상은?

① 안티앨리어스 현상   ② 그레이스케일 현상
③ 앨리어스 현상   ④ 비트맵 현상

비트맵 이미지는 앨리어싱(이미지에 곡선 모서리가 톱니 모양이나 계단 모양처럼 생기는 것)이 생기는 경우가 있는데 이런 경우 안티앨리어싱을 사용하여 부드럽게 바꾼다.

55
다음 컬러 프린터의 특징에 대한설명으로 틀린 것은?

① 액체 잉크젯 방식에는 버블젯 방식과 도트 매트릭스 방식이 있다.
② 고화질의 사진을 원할 경우에는 염료승화방식의 프린터가 좋다.
③ 마케팅 브로셔, 소식지 등의 짧은 시간을 요하는 출력물은 컬러 레이저 프린터가 좋다.
④ 컬러 프린터는 Cyan, Magenta, Yellow, Black의 네 가지 색을 혼합하여 출력한다.

도트매트릭스는 충격식 프린터 방식으로 흑백만 인쇄가 가능하며 컬러를 인쇄할 수 없다.

56
포토샵에서 이미지 편집시 패스(Path)기능이 필요 없는 경우는?

① 전체 이미지의 밝기와 색상 보정하기
② 경로를 따라가는 글자 입력하기
③ 스캔 받은 이미지의 일부분을 따내기
④ 특정 모양을 만들어 채색하기

패스는 이미지의 일부분만에 적용하는 것으로 전체 이미지에는 할 수 없다.

57
오브젝트 방식을 기본으로 하는 vector 이미지에 대한 설명이 틀린 것은?

① 오브젝트 각각이 독립된 좌표 값을 갖는다.
② 오브젝트 각각 개별적으로 수정할 수 있다.
③ 여러 개의 오브젝트를 겹치게 배치할 수 있다.
④ 오브젝트의 개수가 많아져도 화면에 이미지를 그리는 시간은 오래 걸리지 않는다.

벡터방식은 수학적 연산을 통하여 곡선을 그리는 것으로 오브젝트의 개수가 많아지면 계산 시간이 더 걸린다.

58
아래에서 설명하는 모션 캡처 방식은?

- 사람의 몸에 빛 반사성이 좋은 마커를 붙이고, 적외선 불빛이 나오는 적외선 카메라로 캡처하는 방식이다.
- 다른 방식에 비해 자유롭게 움직일 수 있으며, 빠른 격투동작도 완벽하게 캡처가 가능하다.
- 거의 노이즈가 없는 애니메이션 데이터를 얻을 수 있다.

① 음향식 시스템   ② 자기식 시스템
③ 광학식 시스템   ④ 기계식 시스템

빛의 반사성을 이용하는 것은 광학식 시스템이다.

59
다음 좌표계가 아닌 것은?

① 직각 좌표계   ② 극 좌표계
③ 데카르트 좌표계   ④ 뷰포트 좌표계

뷰포트는 렌더링을 통해서 만들어진 이미지 표시영역이다.

60
인터넷상에서 비디오 또는 오디오를 실시간으로 재생하는 기법은?

① UCC(User Create Contents)
② 자바애플릿(Java Applet)
③ 쇽웨이브(Shock Wave)
④ 스트리밍(Streaming)

1995년 리얼네트워크 사가 개발한 기술로 웹브라우저에서 실시간으로 소리나 동영상을 재생하는 것이다.

2023년 4회		컴퓨터그래픽기능사 정답		
01	02	03	04	05
④	④	③	②	④
06	07	08	09	10
②	④	②	④	②
11	12	13	14	15
①	④	①	①	①
16	17	18	19	20
③	④	③	③	④
21	22	23	24	25
①	②	④	③	④
26	27	28	29	30
③	③	①	①	③
31	32	33	34	35
①	③	①	①	②
36	37	38	39	40
③	③	③	①	④
41	42	43	44	45
①	①	①	③	④
46	47	48	49	50
④	④	④	③	①
51	52	53	54	55
④	②	③	③	①
56	57	58	59	60
①	④	③	④	④

LESSON 19 CBT 복원문제 _ 컴퓨터그래픽기능사

2024년 1회

01
다음 중 이념적 형태(Ideal Form)에 속하는 것은?

① 현실적 형태 ② 자연 형태
③ 추상 형태   ④ 인위적 형태

- 이념적 형태(추상적, 순수 형태) : 점, 선, 면, 입체(직접적으로 지각할 수 있다)
- 현실적 형태(인위적 형태) : 자연형태(기하학적 모양으로 직접 지각할 수 없다)

02
독일공작연맹에 관한 설명 중 틀린 것은?

① 헤르만 무테지우스가 창시한 새로운 미술운동이다.
② 기계화 시대에 교육과 산업을 결합시키려는 최초의 시도였다.
③ 예술, 공예, 공업의 협력으로 독일공업제품의 품질을 향상시키려는 것이 기본이념이다.
④ 나치스 정권으로 20세기 모던 디자인과 바우하우스에 영향을 미치지 못했다.

독일공작연맹은 현대적 디자인 이념을 도입하여 독일 근대디자인 운동의 선구적 역할을 하였으며 바우하우스에도 영향을 미쳤다.

03
다음 중 마케팅 믹스에 속하지 않은 것은?

① 제품   ② 가격
③ 촉진   ④ 매장

마케팅 믹스는 마케팅의 목표를 효과적으로 달성하기 위해 마케팅 방법을 균형있게 조정하는 것이며 구성요소는 제품(Product), 가격(Price), 유통(Place), 촉진(Promotion)이며 4P라고도 한다.

04
제품디자인의 영역에 속하는 것은?

① 포장디자인   ② 전시디자인
③ 용기디자인   ④ 광고디자인

시각디자인(포장디자인, 광고디자인), 환경디자인(전시디자인)

05
다음 중 이웃하는 두 항의 차이가 일정한 수열에 의한 비례로, 동양 건축의 법칙처럼 사용되고 있으며 율동감을 느낄 수 있는 비례는?

① 등비수열에 의한 비례
② 등차수열에 의한 비례
③ 정수비에 의한 비례
④ 상가수열에 의한 비례

- 등비수열에 의한 비례(1:2:4:8:16) : 두 항의 비가 일정한 수열의 비례로 율동감이 있다.
- 등차수열의 비례(1:2:4:8:16) : 이웃 한 두 항의 차가 일정하다.
- 정수비에 의한 비례(3:4:5) : 비의 비율이 정수로 나온다.
- 상가수열에 의한 비례(1:2:3:5:8) : 앞의 두 항의 합이 다음 항과 같은 값을 갖는다.

06
다음 디자인 원리 중 시각적으로 경쾌한 율동감(rhythm)을 주는 것은?

① 통일   ② 점이
③ 균일   ④ 대비

리듬(율동)은 생명감과 존재감이 나타나며 같은 형식이 일정한 규칙과 질서를 유지할 때 나타나며 비대칭, 반복, 교차, 방사, 점이 등을 통해 나타난다.

07
다음 중 묘사에 관한 설명과 거리가 가장 먼 것은?

① 반복함으로 조형의 질서와 법칙을 파악할 수 있다.
② 초보 단계에서는 기초적인 도구를 이용한 사실적 표현이 바람직하다.
③ 복잡한 조형요소들을 일관된 체계나 구조 속에서 간략화 하여 변형한다.
④ 감각을 깊게 하고 조형력을 기르기 위한 수단으로 묘사가 필요하다.

08
실내 디자인에서 크기와 모양에 일관성을 부여하고 질서감과 안정감을 주는 원리는?

① 다양성
② 반복성
③ 고급성
④ 통일성

> 통일성은 다양한 요소들을 하나로 묶어 형식과 질서를 부여하고 근접, 반복, 연속 등의 방법을 사용한다.

09
영상 디자인 매체의 종류와 거리가 먼 것은?

① 브로슈어
② VTR
③ 인터넷
④ 텔레비전

> 브로슈어는 안내책자로 인쇄매체이다.

10
대중이 이용하는 공항, 역사, 터미널, 미술관, 박물관 등을 대상으로 하는 디자인 분야는?

① 공공 인테리어
② 상업 인테리어
③ 사무실 인테리어
④ 디스플레이 디자인

> 많은 사람들이 이용하는 곳은 공공 인테리어이다.

11
사선의 성격을 나타낸 설명 중 올바른 것은?

① 고결, 희망, 상승감, 긴장감을 높여 준다.
② 평화, 정지, 안정감을 더해 준다.
③ 동적, 불안정한 느낌을 주지만 때론 강한 표현을 나타낸다.
④ 자유분방함과 풍부한 감정을 나타낸다.

> - 사선 : 활동감, 속도감, 불안감, 강한표현
> - 곡선 : 우아, 매력, 불명료, 유연, 여성성
> - 수직선 : 상승, 엄숙, 존엄, 권위, 숭고, 고결, 희망
> - 수평선 : 정지, 안정, 평화, 무한
> - 포물선 : 반원모양의 유연한 느낌

12
다음 중 렌더링에 관한 설명이 틀린 것은?

① 완성될 제품에 대한 예상도이다.
② 실물이 가진 형태, 색채, 재질감을 충실히 표현한다.
③ 제시용 렌더링이란 부품의 구조와 기능을 설명할 목적으로 쓰인다.
④ 최종 디자인을 결정하려는 표현 전달의 단계이다.

> - 제시용 렌더링 : 최정 디자인을 결정할 때 사용하며 완성될 제품에 대한 예상도로 실물과 같게 만들어야한다.
> - 설명용 렌더링 : 부품의 구조와 기능을 설명하기 위해 사용하며 광고나 포장에 일러스트와 함께 제공한다.

13
다음 중 포장디자인의 개발시기와 가장 관련이 없는 요건은?

① 이윤의 하락
② 유통의 변경
③ 시장의 진입
④ 생산의 증가

> 포장디자인 개발시기
> - 신제품 출시(시장진입)
> - 상품의 시장점유율 하락(이윤하락)
> - 유통경로 및 판매 방법의 변경(유통의 변경)
> - 제품의 변동

14
편집디자인의 요소로 가장 거리가 먼 것은?

① 타이포그래피 ② 레이아웃
③ 포토그래피 ④ 스토리보드

> 스토리보드는 영상(영화, 광고, 애니메이션)의 주요장면을 그림으로 표현한다.

15
다음 중 소비자 행동에 미치는 영향을 바르게 나열한 것은?

① 국제적 요인, 경제적 요인, 기능적 요인, 충동적 요인
② 계절적 요인, 경제적 요인, 유행적 요인, 시간적 요인
③ 문화적 요인, 사회적 요인, 개인적 요인, 심리적 요인
④ 시간적 요인, 충동적 요인, 상대적 요인, 환경적 요인

> 소비자 행동 요인
> · 문화적 요인 : 소속되어 있는 사회계층의 문화에 영향을 받는다.
> · 사회적 요인 : 소속되어 있는 집단(준거집단, 대면집단)의 영향을 받는다.
> · 개인적 요인 : 개인의 성향, 직업, 경제적 능력, 나이 등의 영향을 받는다.
> · 심리적 요인 : 학습, 지각, 신념 등 개인의 심리적 요인의 영향을 받는다.

16
다음 중 실내디자인의 목적과 거리가 가장 먼 것은?

① 문화적, 경제적 측면을 고려한 합리적인 실내 공간 계획
② 기능적이고 쾌적한 환경을 창조하기 위한 실내 공간 계획
③ 독창적이고 합리적인 공간으로 창조하기 위한 실내 공간 계획
④ 기능적 설계요소보다 미적인 요소를 중시하는 실내 공간 계획

> 실내 디자인은 인간의 삶을 행복하게 하기 위해서 물리적, 심리적, 미적 기능을 갖추어야 한다.

17
디자이너가 즉흥적으로 떠오르는 여러 가지 생각을 메모하기 위한 최초의 스케치는?

① 스크래치 스케치 ② 러프 스케치
③ 스타일 스케치 ④ 컨셉

> · 러프 스케치 : 스크래치 스케치에서 선정된 아이디어를 간단한 음역, 컬러, 재질감 등을 표현한다.
> · 스타일 스케치 : 가장 정밀하며 전체 외관의 컬러, 질감, 패턴 스타일 등을 표현한다.
> · 컨셉 : 어떤 아이디어대한 개념이나 구상을 뜻한다.

18
옥외광고 중 상점 입구 또는 처마 끝 등에 설치하는 간판은?

① 가로형 간판
② 점두간판
③ 입간판
④ 야립간판

> · 입간판 : 벽이나 길에 세워 놓는 간판
> · 야립간판 : 고속도로 변이나 산, 들에 세우는 대형 간판

19
조형 대학으로서 그 성격이 디자이너의 양성을 주로 한 바우하우스 시기는?

① 제1기 바우하우스
② 제2기 바우하우스
③ 제3기 바우하우스
④ 뉴 바우하우스

> · 제1기 바우하우스 : 수공예가 양성의 공예학교(월터 그로피우스가 설립)
> · 제2기 바우하우스 : 디자이너 양성을 위한 조형대학의 성격. 모던 디자인의 기초가 됨
> · 제3기 바우하우스 : 전문공과대학의 성격을 띰
> · 제4기 바우하우스 : 나치에 의해 폐교
> · 뉴 바우하우스 : 유럽과 미국에 정착

20
디자인의 본질적 의미를 옳게 설명한 것은?

① 아름다움만을 추구하는 조형 활동이다.
② 기능적인 면만을 고려하는 행위이다.
③ 실용적이고 미적인 조형의 가시적인 표현이다.
④ 기존의 디자인을 수정 개선하여 모방하는 활동이다.

21
색상이 정반대의 관계인 두 색을 옆에 놓으면, 서로의 영향으로 인하여 각각의 채도가 더 높게 보이는 대비현상은?

① 보색 대비
② 명도 대비
③ 한난 대비
④ 계시 대비

- 명도대비 : 명도가 다른 두 색이 대조되어 밝은 색은 더 밝게, 어두운 색은 더 어둡게 보이는 현상
- 한난대비 : 색의 차고 따뜻한 느낌의 차이에 의해서 변화가 오는 대비현상
- 계시대비 : 한 가지 색을 본 후 다른 색을 보면 처음에 본 색의 영향으로 나중에 본 색이 달라져 보이는 현상

22
다음 그림과 같이 원기둥에 감긴 실의 한 끝을 늦추지 않고 풀어 나갈 때, 이 실의 끝이 그리는 곡선은?

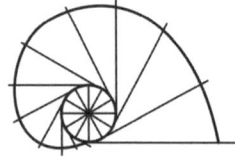

① 등간격 곡선
② 인벌류트 곡선
③ 사이클로이드 곡선
④ 아르키메데스 곡선

인벌류트 곡선은 원의 등분점을 중심으로 해서 원호를 서로 연결하는 모양이다.

23
일반적으로 제도에서 사용하는 3가지 선의 종류에 포함되지 않는 것은?

① 실선
② 곡선
③ 파선
④ 쇄선

실선	————————————
파선	----------------------------
쇄선	— · — · — · — · — · —

24
중간혼합에 대한 설명으로 틀린 것은?

① 혼합된 색의 색상은 두 색의 중간이 된다.
② 혼합된 색의 채도는 혼합 전 채도가 강한 쪽보다는 약해진다.
③ 보색관계의 혼합은 중간명도의 회색이 된다.
④ 혼합된 색의 명도는 혼합 전 색의 명도보다 높아진다.

중간혼합된 색은 명도, 채도가 중간이 된다.

25
다음 중 한쪽 단면도에 대한 설명으로 틀린 것은?

① 대칭형인 물체의 외형과 내부의 구조 및 형태를 동시에 표시하는 단면이다.
② 대칭 중심선의 1/4을 단면으로 표시하고, 단면하지 않은 쪽의 숨은선은 생략하는 것이 일반적이다.
③ 물체의 기본이 되는 중심선에 따라 전체를 절단한 면으로 표시하는 것을 원칙으로 한다.
④ 겉모양과 단면을 동시에 표시할 수 있어 널리 사용한다.

③은 전단면도(온단면도)이다.

26
투명하거나 반투명한 물체에서 볼 수 있는 색은?

① 표면색 ② 공간색
③ 면색 ④ 간섭색

- 표면색 : 물체의 표면에 빛이 반사되어 보이는 물체 표면의 색
- 공간색 : 3차원 공간(유리컵, 투명한 물체)을 채운(덩어리나 부피감)색
- 면색 : 거리감이 없고 입체감이 없는 평면적인 기본적인 색
- 간섭색 : 빛이 비눗방울로 투과되어 들어가 다시 나오면서 반사만 하는 빛과 위상의 차로 보이는 다른 색(무지개)

07
명시성에 대한 설명 중 가장 올바른 것은?

① 사물이 맑게 보인다.
② 사물이 밝게 보인다.
③ 같이 배열했을 때 특별한 효과가 나타난다.
④ 멀리서도 눈에 잘 보인다.

명시성 : 두 색의 밝기 차이(명도차)에 따라 멀리서도 색이 눈에 잘 띄는 것이며, 색의 3속성이 클수록 높아지고 대표적인 것이 교통표지판(노랑바탕, 검은글자)이다.

28
다음 중 정신질환자의 치료에 도움이 되는 병실 색채로 적합한 것은?

① 고채도의 빨강 ② 고채도의 연두
③ 고채도의 주황 ④ 중간채도의 파랑

중간채도의 파랑색은 마음을 진정시키고 차분하게 만들어준다.

29
색의 삼속성에 따라 오메가 공간이라는 색입체를 만들고, 색채조화의 정도를 정량적으로 설명한 색채조화론은?

① 비렌의 색채조화론
② 쉐뷰럴의 색채조화론
③ 문·스펜서의 색채조화론
④ 오스트발트의 색채조화론

- 비렌 : 색채의 인식은 정신적 반응에 의한다고 보았으며 순수색, 흰색, 검정색으로 색 삼정형을 만들었다.
- 슈브럴 : 색의 3속성 개념을 도입한 색상환에 의해서 색의 조화를 유사 조화와 대비 조화로 나누고 정량적 색채 조화론을 제시하였다.
- 문·스펜서 : 색의 삼속성에 따라 오메가 공간이라는 색입체를 만들고, 색채조화의 정도를 정량적으로 설명하였다.
- 오스트발트 : 색량에 따라서 구분한 것으로 B(검정), W(흰색), C(순색)를 기준으로 한다.

30
색채 마케팅의 정의로 맞는 것은?

① 색채를 마케팅에 활용하여 소비자의 구매 욕구를 증가시키는 전략
② 제품, 가격, 유통, 촉진에 대한 전략을 수립
③ 비슷한 소비자 그룹을 찾아 시장의 변화에 빠르게 대처
④ 소비자에게 제품의 가격을 명확히 전달하여 차별화된 위치를 확보

색채 마케팅은 색깔을 이용해 소비자의 구매 욕구를 자극하고 브랜드 인식을 높이는 마케팅 기법으로 소비자의 심리적 반응을 유발하는 색채의 특징을 활용하여 브랜드 아이덴티티를 구축하고, 경쟁사 제품과 차별화하며, 판매를 증진시키는 것을 목표로 한다.

31
다음 색 중 우아한 배색으로 가장 적합한 색은?

① 빨강
② 노랑
③ 보라
④ 파랑

색의 연상과 상징
- 빨강(R) : 자극적, 정열, 흥분, 애정, 위험, 혁명, 피, 더위, 열, 일출, 노을
- 노랑(Y) : 명랑, 환희, 희망, 광명, 팽창, 유쾌, 황금
- 보라(P) : 창조, 우아, 고독, 공포, 신앙, 위엄
- 파랑(B) : 젊음, 차가움, 명상, 심원, 냉혹, 추위, 바다

32
먼셀의 색입체에 대한 설명 중 틀린 것은?

① 수평으로 자르면 동일 명도면이 나타난다.
② 수직으로 자르면 동일 채도면이 나타난다.
③ 중심축으로 가면 저채도, 바깥둘레로 나오면 고채도가 된다.
④ 색의 3속성에 따라 배열되어 있다.

수직으로 자르면 동일색상면이 보인다.

33
투시도법에서 물체를 보는 눈의 위치를 표시하는 것은?

① GP
② SL
③ EP
④ HL

- 기면(GP : Ground Plane : 기준이 되는 지반면으로 화면과 수직
- 시점(EP : Eye Point) : 관찰자의 눈의 위치
- 수평선(HL : Horizontal Line) : 기선(GL)에 평행하며 눈높이와 동일

34
밝은 색과 어두운 색이 서로 영향을 주어서 어두운 색은 더욱 어둡게, 밝은 색은 더욱 밝게 보이는 현상은?

① 색상대비
② 채도대비
③ 보색대비
④ 명도대비

- 색상대비 : 명도와 채도가 같은 색이 이웃하여 있을 때 두 색이 서로의 영향으로 색상차가 나는 것
- 채도대비 : 채도가 다른 두 색이 대조되어 높은 채도의 색은 더 높게, 낮은 채도의 색은 더 낮게 보이는 현상
- 보색대비 : 색상환에서 서로 마주 보는 두 색이 서로의 영향으로 더욱 선명하게 보이는 현상
- 명도대비 : 명도가 다른 두 색이 대조되어 밝은 색은 더 밝게, 어두운 색은 더 어둡게 보이는 현상

35
다음 중 때로는 차갑게도, 때로는 따뜻하게도 느껴지는 색의 예가 아닌 것은?

① 청록
② 녹색
③ 보라
④ 자주

- 중성색 : 차갑지도 따듯하지도 않은 녹색, 보라색 계열. 무채색을 중성색이라고 한다.
- 청록색은 한색으로 차갑게 느껴지는 색이다.

36
다음 중 현색계에 대한 설명이 틀린 것은?

① 정확한 측정을 할 수 있다.
② 지각적으로 일정하게 배열되어 있다.
③ 먼셀 표색계가 대표적이다.
④ 사용하기가 쉽다.

지각색의 색채를 일정하게 나타내는 표색계는 먼셀표색계와 오스발트 표색계가 있으며 사용하기 쉽다.

37
그림과 같이 물체를 표현하는 투시법은?

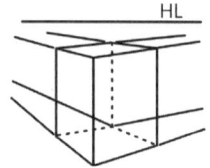

① 사각투시
② 유각투시
③ 평행투시
④ 삼각투시

양쪽으로 소점이 생기는 2소점 투시로 유각투시, 성각투시라고 한다.

38
척도의 종류 중 실제 크기보다 크게 그리는 것은?

① 현척
② 축척
③ 실척
④ 배척

- 현척(실척) : 실물의 크기와 동일하게 그린 도면
- 축척 : 실제보다 축소해서 그린 도면
- 배척 : 도면에서 실물보다 확대하여 그린 도면

39
투상도의 제3각법에 대한 설명으로 잘못된 것은?

① 기준이 눈으로부터 눈, 화면, 물체의 순서로 되어있다.
② 미국에서 발달하여 빠른 속도로 보급 되었다.
③ 한국산업표준의 제도 통칙에 이를 적용하였다.
④ 유럽에서 발달하여 독일을 거쳐 우리나라에 보급되었다.

> 1각법은 영국에서 발달하여 일본에서 사용중이며 눈 → 물체 → 화면 순서이다.

40
평면도법에서 주어진 직선 양 끝 두 점을 각각 중심으로 하여 그 직선의 반보다 조금 긴 임의의 길이를 반지름으로 하는 원호를 그어 이들의 교점을 연결했다면 무엇을 구하기 위한 것인가?

① 직선의 2등분
② 원의 중심 구하기
③ 각의 2등분
④ 수평선 긋기

> 주어진 선의 2등분을 위해서는 직선 양 끝을 중심으로 한 같은 반경의 원호를 그려 교점을 구하면 된다.

41
탄소가 주요소가 되는 복합물을 의미하며 특히 탄소와 수소의 결합으로 만들어져 탄화수소(hydrocarbon)라고 부르기도 하는 재료는?

① 무기재료
② 유기재료
③ 금속재료
④ 유리재료

> • 무기재료 : 광물질과 금속재료가 주원료로 금, 은, 철, 구리, 아연, 석회, 점토 등이 있다.
> • 금속재료 : 무기재료이며 철광석을 주원료로하고 철재와 비철금속으로 나뉜다.
> • 유리재료 : 규사, 탄산나트륨, 탄산칼슘 등을 고온으로 녹인 후 냉각하면 생기는 투명도가 높은 물체이며, IC 직접회로의 기판, 콘덴서 등에서 사용한다.

42
백색계의 무기 안료가 아닌 것은?

① 아연화
② 황화아연
③ 티탄백
④ 송연

> 송연은 유기재료이며 흑색이다.

43
화학적, 기계적 가공에 의하여 종이의 질을 변화시켜 사용 목적에 알맞게 만드는 가공 방법은?

① 도피 가공
② 흡수 가공
③ 변성 가공
④ 배접 가공

> • 도피가공 : 아트지, 바리이터지를 만드는 방법으로 종이에 여러 색상의 안료와 접착제를 혼합하여 만든다.
> • 흡수가공 : 내화지, 내수지, 리트머스를 만드는 방법으로 원지에 용해(융해)물질을 흡수시켜 표면을 거칠게 만든다.
> • 배접가공 : 400g 이상의 판지나 골판지를 만드는 방법으로 종이, 플라스틱, 얇은 금속 등을 붙여 종이를 두껍게 만든다.

44
필름의 감도를 나타내는 표시기호 중 국제표준화 기구에 해당되는 것은?

① DIN
② ASA
③ ISO
④ KS

> • DIN : 독일표준규격
> • ASA : 미국표준규격
> • ISO : 국제표준규격
> • KS : 한국산업규격으로 필름의 감도 표시가 아니다.

45
종이 제조 공정을 올바른 순서로 나열한 것은?

① 충전	② 사이징
③ 초지 및 완성	④ 고해
⑤ 착색	⑥ 정정

① ① ② ③ ④ ⑤ ⑥
② ② ④ ③ ⑤ ① ⑥
③ ⑥ ③ ⑤ ④ ② ①
④ ④ ② ① ⑤ ⑥ ③

> 고해 → 사이징 → 충전 → 착색 → 정정 → 초지 및 완성

46
종이의 단위 면적당 무게를 표시하는 것으로 종이의 품질을 표시하는 대표적인 단위는?

① 평량
② 인장강도
③ 파열강도
④ 인열강도

- 인장강도 : 종이를 양쪽으로 잡아당겨서 찢어질 때의 힘을 표시한 것
- 파열강도 : 종이를 눌러서 찢는 힘의 정도
- 인열강도 : 일정한 길이만큼 찢을 때 들어가는 힘의 정도

47
목절(木節)점토에 대한 설명 중 틀린 것은?

① 점토 원료 중에서 가장 가소성이 풍부하다.
② 모암 부근에 남아있는 잔류 점토로 백색이 많고 규산분이 많아 내화도가 높다.
③ 백목절, 태목절, 청목절로 나누어진다.
④ 유기물과 철분 등 불순물을 많이 함유하고 있다.

목절점토는 물 아래에 침전된 점토로 가소성이 강하며 흰색은 도자기를 만드는 원료가 된다.

48
플라스틱 제품 중 가장 오랜 역사를 가진 것으로 일반적으로 베이클라이트(bakelite)라고도 하며 열경화성 수지를 대표하는 것은?

① 멜라민 수지
② 요소 수지
③ 페놀 수지
④ 푸란 수지

- 열경화성 수지 : 페놀 수지(베이클라드), 에폭시 수지, 멜라민 수지, 요소 수지, 폴리우레탄 수지
- 열가소성 수지 : 염화비닐, 폴리에스틸렌, 폴리에틸렌, 폴리아미드, 메탈 아크릴, 폴리프로필렌

49
다음 중 앨리어스(alias)와 안티 앨리어스(antialias)에 관한 설명으로 틀린 것은?

① 안티 앨리어스 처리시 이미지의 크기는 변하지 않으면서 부드러운 이미지를 얻을 수 있다.
② 페인트 툴로 그린 선은 안티 앨리어스 된 선이다.
③ 시간적 앨리어스는 이미지 데이터를 스캔할 때 데이터를 잃어버리는 현상이다.
④ 12 point 이하의 문자는 안티 앨리어스 시키면 오히려 문자 이미지가 흐려 보인다.

- 앨리어스는 데이터를 디지털(숫자로 변환)할 때 정보를 잃어버리는 것
- 시간적 앨리어스 : 연속동작 기록시 정보를 잃어버리는 현상
- 공간적 앨리어스 : 이미지를 스캔할 때 데이터를 잃어버리는 현상

50
컴퓨터그래픽스 프로그램 작업에 사용되는 눈금자의 단위가 아닌 것은?

① points
② inches
③ picas
④ bit

비트(bit)는 컴퓨터의 최소 연산단위이다.

51
다음 중 CMYK 모델을 모두 수용할 수 있는 색영역을 가지기 때문에 RGB 모델로의 변환시에 중간 단계로 사용되는 컬러 모드는?

① HSB Color
② Duotone Color
③ Lab Color
④ Index Color

- HSB 컬러 : 색을 인식하는 방식을 기초로 한 색 모델의 하나로 색상(hue), 채도(saturation), 명도(brightness)모델이라고도 한다.
- 듀오톤(Duotone)컬러 : 그레이스케일 위에 다른 색(빨간색, 파란색 등)을 옅게 덧입혀 톤의 변화와 안정적인 분위기를 준다.
- Index 컬러 : 24비트 컬러 중에서 정해진 256컬러의 컬러표를 사용하는 컬러 시스템이다.

52
1024 메가바이트(MB)와 같은 크기는?

① 1킬로바이트(KB)
② 1기가바이트(GB)
③ 1000기가바이트(GB)
④ 1000000바이트(B)

- 1024 메가바이트(MB)= 1기가바이트(GB)
- 1000기가바이트(GB)= 1테라바이트(TB)

53
3차원 형상 모델링 중 속이 꽉 차 있어 수치 데이터 처리가 정확하여 제품생산을 위한 도면제작과 연계된 모델은?

① 와이어프레임 모델
② 서피스 모델
③ 솔리드 모델
④ 곡면 모델

- 와이어프레임 모델 : 물체를 점과 선만으로 표현하는 방식이다.
- 서페이스 모델링 : 프레임의 겉에만 모델링을 하여 표면은 간단한 다각형으로 구성되어 입체감을 느낄 수 없다.

54
다음 중 웹 디자인에 관한 설명 중 틀린 것은?

① 디자인은 전송 속도를 우선 고려하여야 한다.
② 그림 이미지는 JPEG, GIF 등을 사용한다.
③ 디자인은 웹브라우저의 특성을 파악하고 이를 잘 활용해야 한다.
④ 디자인할 화면의 크기는 최대한 크고, 보기 좋게 한다.

55
다음 중 원점으로부터의 거리와 각도를 사용하여 좌표를 나타내는 좌표계는?

① 원통 좌표계(Cylindrical Coordinate system)
② 모델 좌표계(Model Coordinate system)
③ 극 좌표계(Polar Coordinate system)
④ 직교 좌표계(Cartesian Coordinate system)

- 극 좌표계는 좌표 위의 한 점과 원점(기준점)과의 거리와 각도에 따라 좌표를 정한다.

56
네 가지 노즐을 통해 잉크를 뿌려서 문자나 이미지를 나타내는 프린트 방식은?

① 레이저 프린터(Laser printer)방식
② 잉크젯 프린터(Inkjet printer)방식
③ 도트 매트릭스(Dot printer)방식
④ 펜 플로터(Pen printer)방식

57
일러스트레이트 프로그램에서 도형들의 겹친 부분 결합, 분리 등 여러 형태로 변하게 하는 기능의 명령어는?

① Scale
② Pathfinder
③ Distort
④ Placed Art

- Scale : 이미지의 크기를 줄이거나 확대합니다.
- Distort : 이미지를 왜곡시킵니다.

58
감산혼합의 방식을 사용하므로 색을 혼합할수록 어두운 색을 얻을 수 있는 시스템은?

① RGB
② CMYK
③ HSB
④ LAB

- RGB : 적(Red), 녹(Green), 청(Blue)에 의해 색을 정의하는 모델
- HSB : 색을 인지하는 방식을 기초로 한 색 모델로 색상(hue), 채도(saturation), 명도(brightness)모델이라고도 함
- LAB : CMYK 모델을 모두 수용할 수 있는 색영역을 가지기 때문에 RGB 모델로의 변환시에 중간 단계로 사용되는 컬러

59
다음 중 스캐너에 대한 설명으로 틀린 것은?

① 스캐너는 반사된 빛을 측정하기 위해 CCD라는 실리콘칩을 사용한다.
② 해상도의 단위는 LPI이다.
③ 입력된 파일의 크기를 작게 하거나 원하는 영역만 스캔할 수도 있다.
④ 색상과 콘트라스트를 더욱 정확하게 조절하기 위해 감마보정이라는 방법을 사용한다.

- 스캐너 해상도의 단위는 DPI이다.
- LPI는 프린터기에서 사용하는 용어로 인치당 라인의 수를 말한다.

60
다음 중 픽셀로 구성되어 있는 사진 이미지의 편집, 수정에 가장 적합한 프로그램은?

① 일러스트레이터 ② 3D 스튜디오 맥스
③ 포토샵 ④ 퀵 익스프레스

픽셀은 비트맵 이미지의 기본단위이며 포토샵이 비트맵 이미지를 편집, 수정할 수 있다.

2024년 1회 컴퓨터그래픽기능사 정답

01	02	03	04	05
③	④	④	③	②
06	07	08	09	10
②	③	④	①	①
11	12	13	14	15
③	③	④	④	③
16	17	18	19	20
④	①	②	②	③
21	22	23	24	25
①	②	②	④	③
26	27	28	29	30
②	④	④	③	①
31	32	33	34	35
③	②	③	④	①
36	37	38	39	40
①	②	④	④	①
41	42	43	44	45
②	④	③	③	④
46	47	48	49	50
①	②	③	③	④
51	52	53	54	55
③	②	③	④	③
56	57	58	59	60
②	②	②	②	③

CBT 복원문제 _ 컴퓨터그래픽기능사

2024년 2회

01
다음 중 광고 기법과 가장 관련이 없는 것은?

① 티져 기법
② 스토리텔링 기법
③ 이미지 기법
④ 렌더링 기법

- 티져 기법 : 상품의 중요한 내용을 감춰서 호기심을 유발하는 광고
- 스토리텔링 기법 : 상품과 관련된 이야기를 자연스럽게 들려줘 친근감을 갖게 하는 광고
- 이미지 기법 : 상품의 기능 설명이 아닌 상품이나 기업의 이미지를 알리는 광고
- 렌더링 기법 : 모델링된 작업에 실제감을 부여하여 이미지를 창조하는 과정

02
중세 건축 디자인의 특징으로 볼 수 없는 것은?

① 성당 건축이 가장 큰 관심사였다.
② 높은 첨탑과 높은 천장을 건축하려 했다.
③ 채광면이 확대되어 다채로운 스테인드글라스가 높은 창에 끼워졌다.
④ 신의 이름에 가려진 인간의 본질을 되찾으려 노력 하였다.

르네상스에 와서야 신의 이름에 가려진 인간의 본질을 되찾으려 노력 하였다.

03
공간구조를 X, Y, Z 세축으로 구분하여 3차원으로 120°로 교차하여 표현한 것은?

① 아이소메트릭(Isometric)
② 시안
③ 레이아웃
④ 베리에이션

아이소메트릭(Isometric)의 사용 범위
디자인/그래픽 분야
- 사물을 3차원적으로 표현하는 방식 중 하나로, 투시도처럼 원근감이 줄어들지 않고 120도 각도로 표현
- 게임, UI, 인포그래픽에서 입체적이고 깔끔한 느낌을 주기 위해 자주 사용

건축/기계 제도
- 등각투상법(等角投象法, isometric projection)
- 3차원 물체를 2차원 도면으로 나타낼 때, 세 축이 120° 간격으로 그려짐

04
제품 디자인에서 제품의 완성 예상도는?

① 렌더링(rendering)
② 스크래치 스케치(scratch sketch)
③ 아이디어 스케치(idea skctch)
④ 일러스트레이션(illustration)

렌더링
- 완성될 제품에 대한 예상도이다.
- 제품 개발 요구자에게 제품을 정확하게 이해시키기 위해 제작한다.
- 최종 디자인을 결정하려는 표현 전달의 단계이다.
- 재질감, 색상 등이 실제 제품과 같은 느낌이 나도록 해야한다.

05
실내디자인의 기본요소 중 인간의 접촉 빈도가 가장 높은 것은?

① 벽
② 바닥
③ 천장
④ 기둥

- 벽 : 공간의 구분, 공기의 차단, 소리의 차단, 보온 등의 기능이 있으며 시선이 가장 많이 머무르는 요소이다.
- 천장 : 실내 공간의 윗 부분에서 외부의 빛과 소리를 반사 및 흡수하며, 분위기를 조절하는 수평적 요소이다.
- 기둥 : 동선의 흐름을 차단한다.

06
다음 중 디자인의 조건과 거리가 먼 것은?

① 합목적성　　② 보편성
③ 경제성　　　④ 심미성

> 디자인의 조건은 합목적성, 심미성, 독창성, 경제성, 질서성 등이 있다.

07
실내 디자인은 여러 단계에 걸쳐 진행된다. 디자인 의도를 확인하고 공간의 재료나, 색채 등에 대한 계획을 시각적으로 제시(Presentation)하는 과정은?

① 기획 단계　　② 설계단계
③ 시공단계　　④ 사용 후 평가 단계

> 시각적 제시는 설계단계이다.

08
다음 중 길이와 너비를 가지며, 넓이는 있으나 두께는 없는 것은?

① 면　　② 명암
③ 색채　④ 질감

> • 점 : 조형요소 중 최소의 단위이며 위치만 표시한다.
> • 선 : 점이 이동한 흔적이며 면의 한계, 교차에 의해 나타나며 길이, 위치, 방향을 표시한다.
> • 면 : 점의 확대나 선이 이동하면 생기는 자취로 길이와 넓이만 있고 공간을 구성하는 기본 단위이다.
> • 입체 : 면이 한 방향으로 이동하거나 회전하면서 두께를 만든 것으로 위치, 길이, 폭이 있다.

09
다음 중 영상디자인 분야에 대한 설명으로 바른 것은?

① 전문 직업으로서 제품디자인이 등장한 것은 1945년 이후이다.
② DM은 일반적으로 구매시점광고라고 불리고 있다.
③ 타이포그래피는 단순화된 그림에 의하여 대상의 성질이나 그 사용법을 표시하는 것이다.
④ 홀로그램은 물체로부터 날아오는 빛의 파동을 레이저 장치를 이용하여 재생한 영상을 말한다.

> ① 1950년 6.25로 인하여 생산활동이 중단되었다.
> ② DM(Direct Mail)광고는 소비자에게 직접 보내는 우편물로 광고를 하는 것으로 광고층이 정해져 있고 시기와 빈도, 형태, 크기 등을 다양하게 제작할 수 있다.
> ③ 단순화된 그림에 의하여 대상의 성질이나 그 사용법을 표시하는 것은 픽토그램이다.

10
다음 중 시장 세분화의 주요 변수로 가장거리가 먼 것은?

① 종교적 변수　　② 지리적 변수
③ 인구통계적 변수　④ 행동특성적 변수

> 시장세분화의 변수는 인구통계적 변수, 지리적 변수, 행동특성적 변수, 심리적 변수 등이 있다.

11
브레인스토밍법에 대한 설명 중 가장 거리가 먼 것은?

① 오스본에 의해 1930년대 후반에 제안된 아이디어 발상법이다.
② 토의 그룹을 만들어 제약이 없는 상태에서 자유롭게 아이디어를 내는 방법이다.
③ 각자의 아이디어를 토의를 통해서 선별하고 기존의 아이디어를 보완하는 역할로 사용된다.
④ 이 방법을 진행하는데 필요한 기본원칙에는 비평은 금물, 많은 양의 아이디어 요구 등이 있다.

> 브레인스토밍 : 알렉스 오즈번이 제안한 것으로 다양한 아이디어를 제시하여, 타인의 아이디어를 비난하지 않고 연상반응을 통하여 더 많은 아이디어를 도출하는 것이다.

12
현대 디자인의 새로운 전기를 마련하고 공업제품의 양질화와 규격화를 추구한 운동은?

① 아르누보　　② 독일공작연맹
③ 바우하우스　④ 시세션

- 아르누보(유켄트 스틸) : 신예술을 의미하며, 빅토르 오르타와 헨리 반데벨데가 대표작가이며, 여성적인 곡선미를 강조한 공예형태로서 흑백과 강렬한 조화가 특징이며 회화, 건축, 공예, 인테리어, 그래픽 등의 분야에 영향을 주었다.
- 바우하우스 : 월터 그로피우스가 설립한 국립종합조형학교로 합목적적 기능과 실용성을 중시하고, 예술창작과 기술의 통합을 목표로 하였다.
- 시세션 : 라틴어로 '분리하다'라는 의미이며 19세기말, 과거의 예술양식에서 분리를 목표로 독일과 오스트리아를 중심으로 일어났으며 근대 디자인의 혁신적 예술운동이다.

13
수직선에 대한 느낌으로 가장 알맞은 것은?

① 안정감, 친근감, 평화스러운 느낌
② 엄숙함, 강직함, 긴장감, 존엄한 느낌
③ 움직임, 활동감, 불안정한 느낌
④ 우아하고 부드러운 느낌

- 수직선 : 상승, 엄숙, 존엄, 권위, 숭고, 고결, 희망
- 수평선 : 정지, 안정, 평화, 무한
- 사선 : 활동감, 속도감, 불안감, 강한표현
- 포물선 : 반원모양의 유연한 느낌

14
"구매시점광고"라고도 하는 것으로 소비자가 상품을 구매하는 장소에서 이루어지는 광고는?

① 디스플레이
② POP광고
③ 신문광고
④ 상품광고

POP는 Point of purchase advertising의 줄임말로 매장에서 구매시점에 하는 광고이다.

15
캘린더에 사용되는 타이포그래피 선택의 유의점과 거리가 가장 먼 것은?

① 쉽게 인지되는지의 가독성 검토
② 숫자와 숫자 사이의 간격을 가독성의 입장에서 고려
③ 화려하고, 튀도록 고려하여 선점
④ 일러스트레이션과 조화를 이룰 수 있는 서체의 선점

캘린더의 타이포그래피는 눈에 잘 띄고 가독성이 좋아야 한다.

16
다음 중 반복, 점이, 방사 등에 의해 동적인 활기를 느낄 수 있는 디자인 원리는?

① 조화
② 리듬
③ 비례
④ 균형

- 조화 : 유사, 대비, 균일, 강화(상호 관계)
- 리듬(율동) : 반복, 교차, 시각적 운동감
- 균형 : 대칭, 비대칭, 비례(힘의 균등), 안정감

17
비슷한 성질을 가진 요소들을 떨어져 있다 하더라도 덩어리져 보이는 게슈탈트 법칙은?

① 근접의 법칙
② 유사의 법칙
③ 폐쇄의 법칙
④ 연속의 법칙

게슈탈트(시지각) 원리
- 근접성의 원리 : 가까이 있는 두 개 또는 그 이상의 시각요소들이 패턴이나 그룹처럼 보이는 것
- 유사성(친숙성)의 원리 : 비슷한 모양의 도형이나 그룹이 같은 부류로 보는 경향
- 폐쇄성의 원리 : 선이 끊겨져 있어도 연결되어 보이거나 무리지어 하나의 형태로 보이는 것
- 연속성의 원리 : 유사한 배열이 방향성을 지니고 하나의 묶음처럼 인식되는 법칙

18
실내 디자인의 실내 입면도에서 표현되어야 할 내용과 거리가 먼 것은?

① 문과 창의 위치
② 붙박이장 몰딩, 걸레받이
③ 건물의 지붕과 천장구조
④ 벽체구성

실내 입면도에는 바닥마감선, 문과 창문의 위치와 모양, 개폐방향, 실내 붙박이 가구, 벽체 구성 등의 내용을 표현한다.

19
다음 중 디자인 경영자의 역할과 거리가 먼 것은?

① 디자인의 조형적 문제해결에 대한 스페셜리스트
② 조직운영에 관한 모든 의사결정시 결단적 역할 수행
③ 디자인 조직의 내·외부로부터 정보를 받아들이고 전달해 주는 역할
④ 디자인 조직 내·외부의 사람들과 원만한 인간관계 구축

디자인에 관한 문제(조형적)는 디자이너가 해결해야 할 일이다.

20
일반적인 디자인과정은 문제분석, 문제해결안 도출, 문제해결안 평가, 문제해결안 실현의 순서로 진행될 수 있다. 다음 중 문제분석 단계에 포함되지 않는 것은?

① 문제 인식   ② 정보수집
③ 아이디어 도출   ④ 문제 해명

아이디어 도출은 문제가 생겼을 때 문제해결방안을 찾는 과정이다.

21
다음 중 중성색끼리 짝지어진 것은?

① 빨강, 노랑   ② 녹색, 청록
③ 연두, 자주   ④ 주황, 파랑

중성색 : 차갑지도 따뜻하지도 않은 녹색, 보라색 계열. 무채색

22
제도에 쓰이는 문자의 크기는 무엇으로 나타내는가?

① 문자의 굵기
② 문자의 높이
③ 문자의 기울기
④ 문자의 너비

23
먼셀표색계의 색상 구성에 대한 설명으로 옳은 것은?

① 8색상으로 각각 3색상으로 세분, 기본 24색상을 정함
② 12색상을 각각 2색상으로 구분, 기본 24색상으로 정함
③ 스펙트럼 7색상에 중간색을 추가, 14색을 정함
④ 주요 5색상에 중간색을 추가, 기본 10색상을 정함

먼셀 : 5가지 색상(Red, Green, Blue, Yellow, Purple)을 기준으로 20가지의 색상환으로 만들었으며 한국산업규격(KS)으로 사용한다.

24
어두운 무채색 바탕 위에 있는 유채색 문양은 어떻게 보이는가?

① 어둡게 느껴진다.
② 강하게 부각된다.
③ 희미하게 부각된다.
④ 더욱 탁하게 느껴진다.

무채색 바탕 위의 유채색 문양은 강하게 부각된다(채도대비).

25
다음 그림과 같은 전개도의 다면체는?

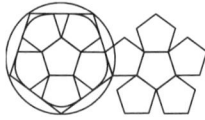

① 정사면체
② 정팔면체
③ 정십면체
④ 정십이면체

26
다음 그림과 같은 원의 투시도법은?

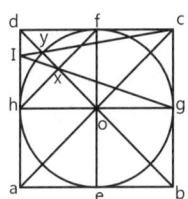

① 4 점법에 의한 도법
② 6 점법에 의한 도법
③ 8 점법에 의한 도법
④ 12 점법에 의한 도법

27
제3각법에서 눈과 물체, 투상면의 순서가 바른 것은?

① 눈→물체→투상면
② 투상면→물체→눈
③ 물체→눈→투상면
④ 눈→투상면→물체

1각법 눈 → 물체 → 투상면

28
다음 그림과 같은 투시법은?

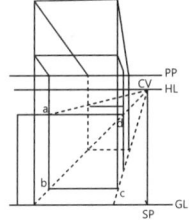

① 1소점법
② 2소점법
③ 3소점법
④ 공간투시도법

한 개의 시점으로 투시되는 1소점법이다.

29
색명에 관한 설명 중 가장 올바른 것은?

① 색명은 체계화되고 정확성을 가질 필요가 없다.
② 모든 색명을 인명 또는 지명에서 나온 것이다.
③ 색명의 어원은 모두 동물, 식물 등 자연을 대상으로 하여 명칭이 지어졌다.
④ 색명은 크게 관용색명과 일반 색명으로 구분된다.

- 관용색명 : 베이지색(낙타), 피콕블루(공작의 날개빛), 에메랄드그린(그린에메랄드색), 반다이크 브라운(화가 반다이크가 자주 사용한 색), 살몬 핑크색(연어) 등처럼 동물, 광물, 원료, 지명 등에서 유래하였거나 예전부터 습관적으로 사용하는 색명이다.
- 일반색명(계통색명) : 어두운 회색, 분홍빛 빨강, 라이트 핑크처럼 기본 색명에 수식어를 붙인 색명이다.

30
채도를 낮추지 않고 어떤 중간색을 만들어 보자는 의도로 화면에 작은 색점을 많이 늘어놓아 묘사하려고 한 것에 속하는 것은?

① 가산혼합
② 감산혼합
③ 병치혼합
④ 회전혼합

- 가산혼합(동시가법) : 빛의 혼합이며 3원색을 혼합하면 흰색이 된다. 혼합할수록 명도가 높아지며 두 가지 이상의 색자극이 동시에 일어난다.
- 감산혼법(감법혼색) : 색료의 혼합이며 시안(cyan), 자주(Magenta), 노랑(Yellow)을 혼합하면 검정색이 된다. 혼색 할수록 명도가 떨어지고 광량도 적어진다.
- 병치혼합 : 두 가지 색을 가깝게 놓아 혼색하는 방법으로 명도와 채도가 그대로 유지된다(신인상파 화가의 점묘화, 모자이크, 직물, 컬러TV 영상).
- 회전혼합 : 멕스웰 원판이라고도 하며 무채색이 반사하는 반사광이 혼합되며 유채색과 무채색의 혼합은 평균채도로 보인다.

31
색의 3속성 중 색의 순수함 정도, 색채의 포화상태 색채의 강약을 나타내는 성질은?

① 색상
② 명도
③ 채도
④ 명암

색의 속성
- 명도 : 색의 밝고 어두운 정도
- 채도 : 색의 강약, 맑고 탁한 정도
- 색상 : 각각의 색을 구별할 수 있는 성질

32
감광요인에 대한 설명 중 잘못된 것은?

① 황-청, 적-녹 등의 차이를 볼 수 있는 추상체의 역할이다.
② 추상체와 한상체가 동시에 함께 활동하는 것을 박명시라고 한다.
③ 닭은 추상체만 있어 야간에는 활동할 수 없다.
④ 색순응은 물체색을 오랫동안 보면 색의 지각이 강해지는 현상이다.

> 색순응은 조명광이나 물체색을 오래 보면 색은 선명해 보이지만 밝기는 낮아지는 현상이다.

33
색의 동화 현상에 관한 설명 중 틀린 것은?

① 주변색과 동화되어, 색이 만나는 부분이 좀 더 색상대비 효과가 강하게 나타난다.
② 어떤 색이 다른 색에 둘러싸여 있을 때, 둘러싸여 있는 색이 둘러싸고 있는 색에 가깝게 보이는 현상이다.
③ 베졸드가 이 효과에 흥미를 갖고 패턴을 고안한 것이 베졸드 효과이다.
④ 일반적으로 색상 면적이 적을 때나, 그 색 주위의 색과 비슷할 경우 동화가 일어난다.

> 인접한 주위의 색이 가깝게 느껴지는 현상으로 대비와 반대되는 현상이다.

34
그림과 같이 각을 이등분할 때 가장 먼저 구해야 할 것은?

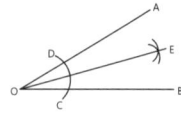

① 각 AB
② 각 ab
③ 각 cd
④ 변 OC

35
다음 색의 혼합 중 색료의 혼합에 해당되는 것은?

① Red + Green = Yellow
② Blue + Red = Magenta
③ Magenta + Yellow = Red
④ Red + Green + Blue = White

> 색료의 3원색 : 싸이언(Cyan), 자주(Magenta), 노랑(Yellow)

36
다음 입체의 정투상도가 올바른 것은?

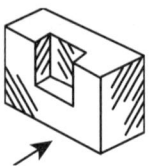

①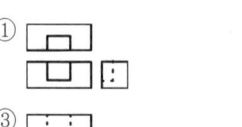
②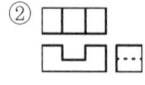
③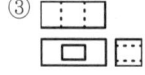
④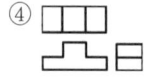

37
배색에 따른 느낌 중에서 유사색상의 배색에서 느낄 수 있는 것끼리 묶은 것은?

① 온화함, 협조적, 상냥함
② 화합적, 정적임, 강함
③ 똑똑함, 생생함, 시원함
④ 간결함, 동적임, 화려함

동일색상 배색	· 동일색상의 명도나 채도의 차이를 이용 · 차분, 정적, 간결
유사색상 배색	· 색상환에서 색상차가 적은 배색 · 즐거움, 쓸쓸함, 우아함, 평온, 협조적, 온화, 화합, 건전
반대색상 배색	· 색상환에서 보색관계 · 분명함, 강함, 똑똑함, 생생, 동적, 화려

38
다음 중 지각적으로 고른 강도의 오메가 공간(색공간)을 통한 색채 조화론을 주장한 사람은?

① 문, 스펜서
② 오스트발트
③ 비렌
④ 먼셀

- 오스트발트 : 색량에 따라서 구분한 것으로 B(검정), W(흰색), C(순색)를 기준으로 한다.
- 비렌 : 색채의 지각은 정신적 반응에 의한다고 보았으며 순수색, 흰색, 검정색으로 색 삼각형을 만들었다.
- 먼셀 : 5가지 색상(Red, Green, Blue, Yellow, Purple)을 기준으로 20가지의 색상환으로 만들었으며 한국산업규격(KS)으로 사용한다.

39
다음 중 성격이 다른 하나는?

① 혼색효과
② 전파효과
③ 통일효과
④ 줄눈효과

줄눈효과는 인접한 색끼리 가깝게 느껴지는 혼색효과와 전파, 동화효과를 보인다.

40
마케팅 전략을 고려한 배색 적용 단계에서 ㉠에 알맞은 것은?

① 마케팅전략
② 조사분석
③ 피드백
④ 이미지설정

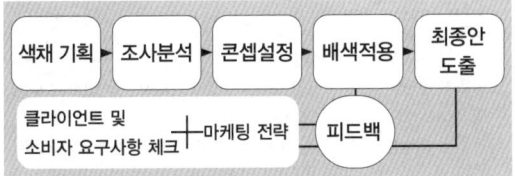

41
다음의 설명에 해당되는 목재의 상처는?

1. 껍질의 흔적인데 섬유의 이상 발달에 의해 생긴다.
2. 나이테가 밀집하고 송진이 많아서 단단하다.
3. 대패질이 곤란하다.
4. 나무의 질을 저하시킨다.

① 갈라짐
② 옹이
③ 껍질박이
④ 썩정이

42
얇고 흰색으로 성서나 사전의 인쇄에 사용되는 종이는?

① 글라싱지
② 라이스지
③ 인디아지
④ 콘덴서지

- 글라싱지 : 강한 광택으로 표면이 매끈하며 식품, 담배, 약품 등의 포장, 간지 등에 사용
- 라이스지 : 얇으면서 강하고 불투명, 무미, 무취하고 컬러인쇄물, 담배종이로 많이 사용
- 콘덴서지 : 크래프트 펄프 등을 원료로 하여 콘덴서의 유전체로 사용하며 가용성 염화물이 있으면 안됨

43
재료의 일반적 성질 중 응력이란?

① 외열에 대한 내열 전위력
② 외력에 대한 내부의 저항력
③ 내부의 저항력에 대한 외력
④ 내부열에 대한 주위의 온도변화

44
다음 중 물을 사용하여 명도를 조절하여 가장 맑고 투명한 효과를 얻을 수 있는 것은?

① 유화물감
② 수채화물감
③ 컬러마커
④ 포스터물감

45
컬러 네거티브 필름으로 노란색(Yellow)의 피사체를 촬영하여 현상하며 이 피사체는 필름 상에 어떤 색으로 나타나는가?

① 청색(Blue)　② 녹색(Green)
③ 적색(Red)　④ 노란색(Yellow)

> 네거티브 필름에서는 노란색이 보색인 청색으로 나타난다.

46
귀금속으로 도금할 때 너무 많은 전류가 흘러서 거친 도금이 된 것으로 갈색, 무광택, 백색, 회흑색 석출물로 나타나는 도금 결함의 명칭은?

① 무도금(Bare spot)　② 탄도금(burning)
③ 피트(Pit)　④ 얼룩(Stain)

47
원래 상태로는 물체에 염착되는 성질이 없지만 전색제에 의해 물체에 고착되는 도장 재료는?

① 염료　② 안료
③ 용재　④ 첨가제

> - 염료(착색제) : 물과 기름에 녹아 천이나 가죽 등에 착색하는 유색물질이다.
> - 용제 : 도료를 용해하여 희석시키며 도막에 평활성을 부여하고 도료의 점도, 유동성, 증발속도를 조절한다. 도료를 녹이는데는 가솔린, 알코올, 벤젠 등이 있으며 수성도료는 물을 사용한다.
> - 첨가제 : 도료의 성질을 조정하기 위해 사용하며 산화방지제, 유화제, 자외선흡수제, 노화 방지제, 윤활유 등이 있다.

48
종이의 방향성에 대한 설명 중 틀린 것은?

① 어느 방향으로 당겨도 강해야만 이상적이다.
② 제작 과정에서 섬유의 배열에 따라 방향성이 생기게 된다.
③ 세로 방향은 약하고, 가로 방향은 강하게 된다.
④ 방향성에 의한 강약의 차이가 적게 제작되어야 한다.

> 종이는 세로 방향이나 가로 방향이나 강약의 차이가 적게 제작되어야 한다.

49
다음 중 정보 표현의 최소 단위는?

① 비트(Bit)
② 바이트(Byte)
③ 워드(Word)
④ 문자(Character)

> Bit(비트) 〈 Byte(바이트) 〈 KB(킬로바이트) 〈 MB(메가바이트) 〈 GB(기가바이트) 〈 TB(테라바이트) 〈 PB(페타바이트)

50
포토샵 프로그램에서 Lighting Effects 필터를 적용할 때, 적적한 컬러 모드는?

① RGB모드
② CMYK모드
③ Gray Scale 모드
④ Index 모드

> 대부분의 포토샵 필터는 RGB 모드에서 사용할 수 있다.

51
다음 3차원 그래픽의 모델링 중 물체를 선으로만 표현하는 방법은?

① 서피스 모델링
② 와이어프레임 모델링
③ 솔리드 모델링
④ 프랙탈 모델링

> - 서페이스 모델링 : 프레임의 겉에만 모델링을 하여 표면은 간단한 다각형으로 구성되어 입체감을 느낄 수 없다.
> - 솔리드 모델링 : 물체의 내부까지 채워진 입체형으로 물체의 부피도 알 수 있으며 렌더링에 시간이 많이 걸린다.
> - 프랙탈 모델링 : 단순한 형태에서 출발하여 해안선, 산맥 등의 자연물 등 복잡한 모양을 만드는 모델링이다.

52
현재의 컴퓨터 운영체제에서 대부분 사용되고 있는 방식으로, 그림을 기반으로 사람과 컴퓨터를 연결해 주는 일종의 맨-머신(man-machine interface)은?

① CUI(Character Interface)
② GUI(Graphic user interface)
③ VRUI(Virtual Reallilty interface)
④ CAI(Conmputer Assisted instruction)

> Graphical User Interface의 줄임말로 '그래픽 사용자 인터페이스'라고 한다.

53
렌더링한 이미지의 경계선 부분이 매우 거칠게 보일 때 이런 경계가 뚜렷한 픽셀들을 혼합하여 부드러운 선을 형성하는 교정기법은?

① Shading
② Glowing Surface
③ Anti aliasing
④ Fog

> 비트맵 이미지니는 앨리어싱(이미지에 곡선 모서리가 톱니 모양이나 계단 모양처럼 생기는 것)이 생기는 경우가 있는데 이런 경우 안티앨리어싱을 사용한다.

54
일러스트레이터 및 포토샵 프로그램에서 오브젝트의 불투명도를 조절하는 명령은?

① Fade
② Pressure
③ Exposure
④ Opacity

> • Fade : 바로 이전에 수행한 명령의 적용되는 정도를 수정하면서 다시 실행
> • Pressure : 포토샵에서 펜툴을 사용할 경우 필압을 조절
> • Exposure : 이미지에 빛의 노출 정도를 조절하여 밝게 만드는 명령

55
컴퓨터 모니터상의 컬러와 인쇄, 출력물의 컬러 차이가 생기는 원인이 아닌 것은?

① 모니터의 색상을 구성하는 컬러와 인쇄잉크의 컬러 구성이 다르기 때문에
② 모니터의 색상표현영역(Color Gamut)과 인쇄 잉크의 표현 영역이 다르기 때문
③ 모니터와 프린터의 캘리브레이션(Calibration)이 부정확하기 때문에
④ 모니터의 이미지 전송속도와 프린터의 처리속도가 다르기 때문에

> 전송속도는 컬러의 차이와 관련이 없다.

56
그래픽 작업시 화면상에 나타난 아이콘, 색채의 선택을 위하여 마우스의 움직임과 동일하게 움직이는 화살표 또는 십자가의 그래픽 표현방법은?

① 윈도우(window)
② 메뉴(Menu)
③ 툴(Tool)
④ 커서(Cursor)

57
컴퓨터 내부 연산처리방법에는 보통 8, 6, 32, 64비트가 있는데 이들을 동시에 전송할 수 있는 데이터 크기를 제한하며 신호를 주고받기 위한 역할을 수행하는 것은?

① CPU
② ROM
③ RAM
④ BUS

> • CPU : 기억장치, 제어장치, 연산장치로 구성되어 있다.
> • ROM : 기록된 데이터를 단지 읽을 수만 있는 메모리로, 컴퓨터를 사용하는데 꼭 필요한 내용을 담고 있다.
> • RAM : 읽기와 쓰기가 자유롭고 전원을 끄면 메모리에 있는 내용이 지워진다.

58

3차원 모델링 및 렌더링 표현시 보다 속도를 빠르게 개선하기 위한 방법이 아닌 것은?

① 두 물체를 중첩시켜 표현하는 불(Boolean) 연산을 줄인다.
② 카메라와 거리가 먼 쪽의 모델이라도 디테일 표현에 충실 한다.
③ 텍스처 맵의 크기를 가능한 범위 내에서 축소한다.
④ 광원(조명)의 수를 최소화 한다.

> 3차원 모델의 렌더링에서는 디테일하게 렌더링 할수록 처리속도가 느려지고 파일의 용량이 커진다.

59

IBM사와 제너럴 모터스(GM : General Motors)사가 공동으로 자동차 설계를 위한 시스템 DAC-1을 개발하여 CAD/CAM시스템을 만든 컴퓨터 그래픽 세대는?

① 제1세대 ② 제2세대
③ 제3세대 ④ 제4세대

> • 제1세대 : 도트매트릭스 프린터, X-Y 플로터
> • 제2세대 : DAC-1(CAD/CAM), CRT 모니터
> • 제3세대 : CRT 라이트펜용 플로터

60

인쇄를 위하여 InDesign이나 Quark-Xpress같은 DTP 전용 프로그램에서 사용할 그래픽 이미지 저장시 선택하는 컬러 모드는?

① RGB 모드
② CMYK 모드
③ Gray Scale 모드
④ Index 모드

> • RGB 모드 : 적(Red), 녹(Green), 청(Blue)에 의해 색을 정의하는 모델
> • CMYK 모드 : C(시안), M(마젠타), Y(노랑), K(검정)의 4가지 색을 기본으로 하는 감산혼합 모델로 인쇄에서 주로 사용함
> • Gray Scale : 무채색인 흰색, 검정, 회색으로 구성
> • Index 모드 : 24비트 컬러 중에서 정해진 256컬러의 컬러표를 사용하는 컬러 시스템

2024년 2회 컴퓨터그래픽기능사 정답

01	02	03	04	05
④	④	①	①	②
06	07	08	09	10
②	②	①	④	①
11	12	13	14	15
③	②	②	②	③
16	17	18	19	20
②	②	③	①	③
21	22	23	24	25
③	②	④	②	④
26	27	28	29	30
③	④	①	④	③
31	32	33	34	35
③	④	①	①	③
36	37	38	39	40
①	①	①	③	②
41	42	43	44	45
②	③	②	②	①
46	47	48	49	50
②	②	③	①	①
51	52	53	54	55
②	②	③	④	④
56	57	58	59	60
④	④	②	②	②

CBT 복원문제 _ 컴퓨터그래픽기능사

2024년 4회

01
다음 중 시각적 질감(Visual texture)의 종류에 속하지 않는 것은?

① 촉각적 질감
② 장식적 질감
③ 자연적 질감
④ 기계적 질감

> 장식적 질감, 자연적 질감, 기계적 질감은 시각으로 느낄 수 있지만 촉각적 질감은 손으로 만져야 알 수 있다.

02
예술, 공업, 수공업의 협력에 의한 제품향상을 목적으로 결성된 독일공작연맹의 제창자는?

① 존 러스킨
② 앙리 반데벨데
③ 헤르만 무테지우스
④ 칸딘스키

> 독일공작연맹 : 헤르만 무테지우스를 중심으로 디자인의 규격화를 통해서 상품의 양질화와 객관적이고 합리적인 디자인을 주장했다.

03
스케치 중 가장 정밀한 것으로, 주로 외관상의 상태에 대하여 상세한 연구를 하며, 전체 및 부분에 대한 형상 및 재질, 비례 등의 정확함이 요구되는 스케치는?

① 러프 스케치
② 스타일 스케치
③ 커리커처 스케치
④ 스크래치 스케치

> - 러프 스케치 : 스크래치 스케치에서 선정된 아이디어를 간단한 음영, 컬러, 재질감 등을 표현한다.
> - 스타일 스케치 : 가장 정밀하며 전체 외관의 컬러, 질감, 패턴 스타일 등을 표현한다.
> - 스크래치 스케치 : '갈겨쓴다'의 의미로 아이디어 발상의 초기에 사용하며, 간단한 형식으로 표현한다.

04
면에 대한 설명 중 가장 적합한 것은?

① 2차원적인 요소로 점의 확대나 선이 이동한 자취를 말한다.
② 선의 이동이나 폭의 확대 등에 의해 성립되므로 넓이를 갖게 되는 3차원의 세계이다.
③ 원근감과 질감을 포함할 수 있으나 색채효과에 의한 공간감이나 입체감은 나타낼 수 없다.
④ 선에 의해 주위의 공간에서 독립된 존재로 구획되지만 선의 성격에 의해 면의 성격이 영향을 받지는 않는다.

> 점의 확대, 이동하는 선의 자취로 구성되며 길이와 넓이만 있고 두께는 없으며, 공간을 구성하는 단위이다.

05
율동(rhythm)에 대한 설명 중 틀린 것은?

① 다른 원리에 비하여 생명감과 존재감이 가장 강하게 나타난다.
② 각 대상에 점증적으로 변화를 주면 생동감 있는 율동의 효과를 낼 수 있다.
③ 율동에는 점이, 점증, 반복, 강조, 강약 등이 있다.
④ 율동감은 비대칭형 보다는 대칭형에서 더 두드러진다.

> 율동은 생명감과 존재감을 표시하고 같은 형식이 일정한 규칙과 질서를 유지할 때 나타나며 비대칭, 반복, 교차, 방사, 점이 등을 통해 나타난다.

06
다음 그림과 같은 대칭은?

① 역대칭　　② 방사대칭
③ 점대칭　　④ 선대칭

> 선대칭은 가운데 중심선을 기준으로 좌우, 상하가 같은 형태를 가지며 선을 중심으로 접으면 포개진다.

07
주거공간을 계획하기 전 고려할 사항으로 거리가 먼 것은?

① 전통성을 먼저 재현한다.
② 동선을 고려한다.
③ 가구를 효율적으로 배치할 수 있도록 한다.
④ 가족형태, 연령, 취미의 변화를 예상하여 계획한다.

> 주거공간은 가족들의 생활양식, 동선, 가구배치, 주위환경 등 주택의 기본적인 기능을 고려하여야 한다.

08
아르누보가 유럽 각지에 널리 퍼진 1897년 오스트리아의 빈에서 과거의 전통양식으로부터의 분리를 목적으로 일어난 운동은?

① 로코코
② 세세션
③ 바우하우스
④ 유켄트스틸

> 라틴어로 '분리하다'라는 의미이며 19세기말, 과거의 예술양식에서 분리를 목표로 독일과 오스트리아를 중심으로 일어났으며 근대 디자인의 혁신적 예술운동이다.

09
안쪽과 바깥쪽에 붙어 있는 두 장의 판지 사이에 파형의 심지를 넣어 제조되며, 상품의 보호 및 외부의 충격을 완충시킬 수 있는 포장 재료는?

① 바리타지　　② 골판지
③ 양지　　④ 셀로판지

> 골판지는 가벼워서 겹쳐쌓기 쉽고, 운반과 저장이 편리하며 외부충격에 강하기 때문에 다양한 종류의 포장재로 사용하고 있다. 초중량 화물의 포장에는 적합하지 않다.

10
신문광고에서 일러스트레이션, 사진, 광고내용을 함축하여 광고목적에 적합하도록 표현하며, 캐치프레이즈와 동의어로 사용되기도 하는 것은?

① 헤드라인(headline)
② 로고타이프(logotype)
③ 보더라인(borderline)
④ 캡션(caption)

> • 로고타이프 : 회사의 이름이나 제품이 눈에 띄도록 만들어 상표처럼 사용하는 것으로 회사나 제품의 이미지를 쉽게 전달하고, 기억에 남으며, 모든 매체에서 사용 가능하고, 대중에게 호감을 줄 수 있어야 함
> • 보더라인 : 신문광고에서 사용하는 시각적 요소로 디자인 일부를 다른 내용과 구분시키거나 돋보이게 하기 위해서 사용하는 윤곽선
> • 캡션 : 사진이나 일러스트를 설명하는 짧은 글

11
다음 디자인의 조건 중 합목적성에 대한 설명으로 옳은 것은?

① 합목적성은 비합리성과 같은 조건이다.
② 심미적으로 개선, 발전시키는 것이다.
③ 미의식으로 개성을 창출하는 것이다.
④ 사용목적을 명확하게 하는 것이다.

> 합목적성은 실용성과 기능성을 충족하며 이성적, 합리적, 객관적 특징을 가지는 디자인의 1차 조건이다.

12
다음 인터렉션디자인에 대한 설명으로 틀린 것은?

① 인간과 정보의 대화하는 방법, 대화 자체를 디자인하는 것
② 정보를 처리하거나 보여주는 조작 방식을 디자인하는 것
③ 컴퓨터를 통제하기 위해 이미지나 문자를 디자인하는 것
④ 사용자 참여를 확대할 수 있는 환경을 만드는 것

> 인터렉션디자인은 인간이 디지털기기를 편리하게 사용할 수 있도록 디자인하는 것이다.

13
마케팅의 원칙에 속하지 않는 것은?

① 수요전제의 원칙
② 판매촉진의 원칙
③ 수요창조의 원칙
④ 적정배분의 원칙

> 마케팅 : 상품을 유통시키는데 관련된 모든 경영활동
> • 제품관계 : 신제품 개발, 기존제품 개량, 포장 • 디자인의 결정, 재고 상품의 폐지 등
> • 시장거래관계 : 시장조사 • 수요예측, 판매경로 설정, 가격정책, 상품의 물리적 취급, 경쟁대책 등
> • 판매관계 : 판매원의 인사관리, 판매활동 실시, 판매사무 처리 등
> • 판매촉진관계 : 광고 • 선전, 각종 판매촉진책 실시
> • 종합조정관계 : 각종 활동 전체에 관련된 정책, 계획책정, 조직설정, 예산관리 실시 등

14
소비자와 상품의 연결 수단으로 정보전달매체의 기능을 가진 것은?

① 문화행사 포스터
② 장식 포스터
③ 상품광고 포스터
④ 관광 포스터

> 포스터의 종류
> • 문화행사포스터 : 연극, 영화, 음악회, 박람회, 전람회포스터 등이 있다.
> • 상품광고포스터 : 소비자에게 상품의 정보를 전달하여 구매 의욕을 일으키게 한다.
> • 공공캠페인포스터 : 대중을 설득하고 주의를 일으켜 통일된 행동을 하게 한다.
> • 관광포스터 : 관광자원을 소개하고 관광 욕구를 일으켜 관광을 유도한다.
> • 장식포스터 : 포스터 자체가 장식적인 요소를 가진다.

15
포스터의 기능과 거리가 가장 먼 것은?

① 장식적 효과를 위한 것
② 상품광고를 위한 것
③ 계몽선전을 위한 것
④ 광고주가 직접 소비자에게 메시지를 전하는 것

> 포스터는 인쇄광고의 일종이지만 광고주가 직접 소비자에게 메시지를 전달하지는 않는다.

16
기업의 제품 경쟁에서 판정자 역할을 하는 사람은?

① 생산자
② 소비자
③ 디자이너
④ 기업주

> 기업의 경쟁 제품은 소비자의 선택에 따라 많이 팔리는 제품과 그렇지 않은 제품으로 판정된다.

17
같은 길이와 같은 크기이지만 주변의 영향을 받아 다르게 보이는 현상은?

① 각도와 방향의 착시
② 분할의 착시
③ 유화의 착시
④ 대비의 착시

> • 각도와 방향의 착시 : 같은 모양이라도 주변의 영향을 받으면 다르게 보인다.
> • 분할의 착시 : 분할된 면이나 선은 분할되지 않은 선이나 면 보다 더 크고 길게 보인다.
> • 유화의 착시 : 같은 길이의 선이 화살표의 방향에 따라 길이가 달라 보인다.

18
다음 모형(model)의 종류 중 가장 정밀도가 높은 것은?

① 프리젠테이션 모델(presentation model)
② 프로토타입 모델(prototype model)
③ 러프 모델(rough model)
④ 더미 모델(dumy model)

- 제시모델(더미, 프레젠테이션 모델) : 디자인 담당자에게 보여주기 위해 만들며 러프모델 보다 좀 더 실제 제품에 가깝다.
- 완성형모델(프로토타입, 제작모델, 워킹 모델) : 실제 형태와 재료로 생산품과 똑같이 제작한다.
- 연구모델(러프모델, 스케치모델, 스킴모델) : 디자인 초기에 형태와 균형감을 알기위해 제작한다.

배색의 조건
- 목적과 기능에 맞는 배색을 한다.
- 실생활과 유행에 맞는 배색을 한다.
- 주관적인 배색은 피한다.
- 광원을 고려하여 배색한다.
- 주조색과 보조색의 면적을 배려하여 배색한다.

19
디자인 행위 중 가장 중요한 단계는?

① 아이디어 발상 단계 ② 시각화 단계
③ 구체화 단계 ④ 제시 단계

아이디어는 어떤 것을 어떻게 디자인할지를 결정하는 것이므로 가장 중요한 과정이다.

20
바우하우스 디자이너들이 가장 강조한 것은?

① 실용성 ② 장식성
③ 율동성 ④ 경제성

월터 그로피우스가 설립한 국립종합조형학교로 합목적적 기능과 실용성을 중시하고, 예술창작과 기술의 통합을 목표로 하였다.

21
정투상도법에서 제1각법에 대한 설명 중 틀린 것은?

① 눈→물체→화면의 순서가 된다.
② 정면도는 평면도 위에 그린다.
③ 일반적으로 제품디자인 도면에 활용한다.
④ 좌측면도는 정면도의 우측에 그린다.

정투상도는 토목이나 선박제도에 많이 사용한다.

22
다음 중 배색 시 기본적으로 고려해야 할 사항으로 거리가 먼 것은?

① 사용목적에 따라 색상, 명도, 채도 중 공통성이나 차이성을 분명히 한다.
② 배색의 면적 배분을 고려해야 한다.
③ 지나치게 주관적인 배색은 피한다.
④ 광원의 종류는 큰 영향을 미치지 않는다.

23
다음 중 진출색과 후퇴색에 대한 설명으로 틀린 것은?

① 따뜻한 색은 차가운 색보다 진출하는 느낌을 준다.
② 무채색은 유채색보다 진출하는 느낌을 준다.
③ 밝은 색은 어두운 색보다 진출하는 느낌을 준다.
④ 고채도 색은 저채도 색보다 진출하는 느낌을 준다.

같은 크기라도 실제보다 더 크게 보이는 색을 '진출색'이라고 하는데 유채색, 고명도, 고난도, 난색 계열이 이에 속한다.

24
무채색과 유채색의 대비에서 일어날 수 없는 대비는?

① 색상대비 ② 명도대비
③ 채도대비 ④ 보색대비

유채색과 무채색에서는 명도, 채도, 보색대비가 일어난다. 색상대비는 명도와 채도가 같은 색이 이웃하여 있을 때 두 색이 서로의 영향으로 색상차가 나는 것이다.

25
타원을 그리는 방법 중 '두 원을 연접시킨 타원'은?

① 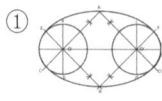 ②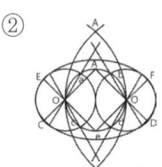

③ 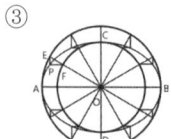 ④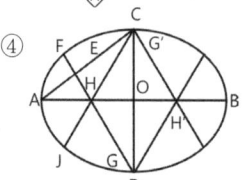

① 두 원을 격리시킨 타원
② 분리된 두 원을 이용한 타원 그리기
③ 장축과 단축이 주어진 타원
④ 두 원을 교차시킨 타원 그리기

26
사람의 눈으로 볼 수 있는 가시광선의 범위는?

① 150~350 nm ② 180~480 nm
③ 350~950 nm ④ 380~780 nm

- 자외선, X-선 : 파장이 380nm 보다 짧다.
- 가시광선 : 380~780nm
- 적외선 : 780nm 보다 길다.

27
원자극의 형상과 닮았지만 밝기는 반대로 되는 현상은?

① 정의 잔상 ② 부의 잔상
③ 계시대비 ④ 동시대비

- 정의 잔상 : 어떤 자극을 본 후 시선을 이동해도 원래의 자극처럼 색이나 밝기가 같아 보이는 현상
- 계시대비 : 한 가지 색을 본 후 다른 색을 보면 처음 본 색의 영향으로 나중에 본 색이 달라져 보이는 현상
- 동시대비 : 두 색을 이웃해서 놓고 한 곳으로 시점을 집중하면 두 색이 서로에게 영향을 주어 다른 색으로 보이는 현상

28
다음 중 색채의 감정효과와 거리가 가장 먼 것은?

① 온도감 ② 중량감
③ 강약감 ④ 접착감

색채에 따르는 감정효과는 온도, 중량감, 강약, 흥분, 진정 등이다.

29
치수보조기호 중 45° 모따기(chamfering)의 표시에 사용 되는 것은?

① Ø ② R
③ T ④ C

명칭	기호
지름	Ø
반지름	R
정사각형	□
구면	S
구의 지름/반지름	SØ, SR
판의 두께	t
원	⌒
모따기	C

30
투시도법의 용어 중 물체의 각 점이 수평선상에 모이는 점은?

① 입점(SP) ② 시점(EP)
③ 소점(VP) ④ 측점(MP)

- 입점(SP : Standard Point) : 평면상에 사람이 서서 사물을 보는 위치
- 시점(EP : Eye Point) : 관찰자의 눈의 위치
- 측점(MP : Measuring Point) : 물체의 깊이를 재기 위한 점

31
중간혼합과 거리가 먼 것은?

① 병치기법 ② 감법혼색
③ 점묘화 ④ 회전혼합

- 중간혼합의 종류
- 병치혼합 : 두 가지 색을 가깝게 놓아 혼색하는 방법으로 명도와 채도가 그대로 유지된다(신인상파 화가의 점묘화, 모자이크, 직물, 컬러TV 영상).
- 회전혼합 : 멕스웰 원판이라고도 하며 무채색이 반사하는 반사광이 혼합되며 유채색과 무채색의 혼합은 평균채도로 보인다.

32
먼셀 색채조화의 원리에 있어서 균형의 중심점은?

① N5 ② N7
③ N10 ④ N0

검정에 가장 가까운 회색을 1로, 흰색에 가장 가까운 색을 9.5로 하여 저명도, 중명도, 고명도로 명명하고 기호 N(neutral)을 숫자 앞에 붙이며 중명도5(N5)가 균형의 중심점이다.

33
색상환에서 서로 마주보는 색은 어떤 관계인가?

① 혼색관계   ② 대비관계
③ 유사색관계   ④ 보색관계

> 색상환에서 서로 마주보는 색은 보색이다.

34
푸르킨예 현상을 설명한 것 중 틀린 것은?

① 어두워지면서 파장이 긴 색이 먼저 사라지고 파장이 짧은 색이 나중에 사라진다.
② 새벽이나 초저녁의 물체들이 푸르스름한 색으로 보이는 현상을 말한다.
③ 어두운 곳의 명시도를 높이기 위해서는 초록이나 파랑계열의 색이 유리하다.
④ 조명이 점차 어두워지면 파란색 계통이 먼저 영향을 받는다.

> 푸르킨예 현상
> • 새벽이나 초저녁에 물체들이 푸르스름한 색으로 보이는 현상이다.
> • 어두워지면 청색보다 적색이 먼저 사라진다.
> • 밝아지면 파랑색이 먼저 보인다.
> • 어두워지면 빨간색은 검은색으로, 파란색은 밝은 회색으로 보인다.

35
1소점 투시도법에 관한 설명으로 가장 옳은 것은?

① 양면에 특징이 있는 제품 등을 표현하기에 알맞다.
② 화면에 대한 경사각에 따라 45°, 30~60° 등의 표현방법이다.
③ 유각 투시도법이라고 한다.
④ 한쪽 면에 특징이 집중되어 있는 물체를 표현하기에 알맞다.

> 물체가 화면과 평행하고 기선에 수직이다. 대칭을 이루는 물체나 실내 투시도 등에 사용하며 위에서 내려다 보는 느낌이며 실내 투시에 많이 사용한다.

36
물체를 왼쪽으로 돌려 물체의 앞면 모서리는 수평선과 평행하게, 옆면 모서리는 수평선과 임의의 각도 α로 하여 그린 투상도는?

① 축 투상도   ② 부등각 투상도
③ 사 투상도   ④ 등각 투상도

> • 부등각 투상도 : 화면을 중심으로 좌우와 상하의 각도가 각기 다른 축측 투상이다.
> • 등각 투상도 : 3면(정면, 평면, 측면)이 모두 120°를 이루어 동시에 볼 수 있도록 표현하며, 설명용 도면으로 많이 사용한다.

37
인간의 시세포가 밤과 낮의 각기 다른 조건에서도 잘 활동할 수 있는 것은 무엇 때문인가?

① 간상체와 추상체   ② 수평세포
③ 수정체와 홍채   ④ 양극세포

> • 추상체 : 색상, 명도, 채도 구분
> • 간상체(항상체) : 명암만 구분이 가능(고감도 필름 역할)

38
색명법에 대한 설명으로 틀린 것은?

① 관용색명은 전통적으로 사용해 온 색명법이다.
② 일반색명은 색의 3속성으로 색을 표시하는 색명법이다.
③ 한국산업표준에서는 일반 색명 한 가지만 규정되어 있다.
④ 장미색, 살구색 등은 관용 색명법에 따른 색명이다.

> 한국산업표준은 계통색명과 관용색명 두 가지를 사용한다.

39
다음 중 박엽지는?

① 인디아지   ② 골판지
③ 신문용지   ④ 포장지

> 박엽지 : 글라싱지, 라이스지, 인디아지, 콘덴서지, 전기절연지

40
다음 도형을 제3각법에 의해 작도할 때 필요한 투상면(평면도-정면도-우측면도)을 옳게 고른 것은?

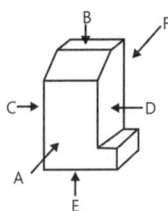

① A-B-D
② B-A-E
③ B-A-D
④ C-E-D

- B : 평면도, A : 정면도, D : 우측면도
- 정투상도법(제3각법)은 정면도를 기준으로 정면도 위에는 평면도가, 우측에는 우측면도가 있다.

41
종이의 제조 방법에 대한 설명 중 틀린 것은?

① 정정 - 종이를 뜨기 전에 종이원료에 섞인 불순물을 제거하고 얽힌 섬유를 분리하는 것을 말한다.
② 충전 - 사이징과 전후하여 고해기 속에서 종이 재료에 광물성의 가루를 첨가하고 걸러내는 공정을 말한다.
③ 고해 - 종이에 내수성을 주고, 표면을 아교물질로 피복시키는 공정이다.
④ 초지 - 종이 층의 균일성을 주는 공정이다.

펄프 섬유를 기계로 절단 가공하는 기초 작업으로 강도, 촉감, 투명도를 조절한다.

42
요소가 여러 개의 기본 단위로 배치되어 있으며 규칙성을 나타내지 않는 레이아웃 형태는?

①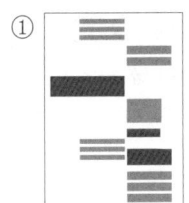
②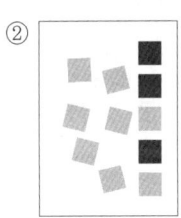
③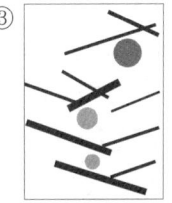
④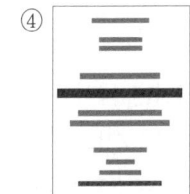

① 축 레이아웃 : 정보 요소가 축을 중심으로 대칭적으로 정렬되어 주목성을 높임
② 모듈 시스템 레이아웃
③ 불규칙 레이아웃 : 요소가 불규칙하게 배치되어 시각적 다이내믹을 형성
④ 양단 시스템 레이아웃 : 요소가 축을 사이에 두고 대칭적으로 배치되어 있음

43
네거티브 필름을 확대하기 전에 네거티브 필름과 같은 크기로 시험 인화하는 것을 무엇이라고 하는가?

① 밀착인화
② 확대인화
③ 스포팅
④ 에칭

- 확대인화 : 소형의 네거티브 필름을 규격대화 확대하여 인화
- 스포팅 : 현상이나 인화과정에서 얼룩이나 흠을 수정
- 에칭 : 산의 부식작용을 이용하여 동판을 만듦

44
도료의 점도, 유동성, 증발속도를 조절해 주는 물질은?

① 안료
② 염료
③ 용제
④ 황화아연

- 안료 : 일반 용제에 녹지 않으며 유색 불투명하고, 물, 기름, 합성수지 등과 혼합하여 녹을 방지하고 광택, 도막, 강도를 증가하며 전색제와 함께 물체에 도료를 착색시킨다.
- 염료(착색제) : 물과 기름에 녹아 천이나 가죽 등에 착색하는 유색물질이다.
- 용제 : 도료를 용해하여 희석시키며 도막에 평활성을 부여하고 도료의 점도, 유동성, 증발속도를 조절한다. 도료를 녹이는데는 가솔린, 알코올, 벤젠 등이 있으며 수성도료는 물을 사용한다.

45
규사, 탄산나트륨, 탄산칼슘 등을 고온으로 녹인 후 냉각하면 생기는 투명도가 높은 물체이며, IC 직접회로의 기판, 콘덴서 등에 걸쳐 신소재로서 적용성이 높아가고 있는 것은?

① 플라스틱재료
② 유리재료
③ 세라믹재료
④ 금속재료

- 플라스틱 : 유기재료이며 탄소가 주요소이다.
- 세라믹 : 도자기, 타일처럼 비금속이나 무기질 재료를 고온에서 가공, 성형하여 만든 것으로 천연 원료를 그대로 사용하거나, 정제 가공하여 사용하기도 한다.
- 금속재료 : 무기재료이며 철광석을 주원료로하고 철재와 비철금속으로 나뉜다.

46
유기계와 무기계 두 가지 재료를 혼합하여 만든 재료는?

① LDPE
② PVDC
③ FRP
④ PVC

- LDPE : 에틸렌을 중합하여 만든 합성수지
- PVDC : 폴리염화비닐라덴
- PVC : 폴리염화비닐(염화비닐수지)

47
표현재료 콩테(Conte)에 관한 설명 중 틀린 것은?

① 색의 수는 많지 않으나 색조가 광택이 있고 부드럽다.
② 지우개로 지워지므로 손가락으로 문지르지 않아야 한다.
③ 농담이 뚜렷하고 차분하며 무게 있는 감정을 준다.
④ 연필과 목탄의 중간정도로 색이 잘 칠해진다.

연필과 목탄의 중간이며 색이 잘 칠해지지만 잘 지워지지 않으며 갈색, 흰색, 검은색 세 가지가 있다.

48
다음 중 오버레이 합판에 관한 설명으로 가장 옳은 것은?

① 합판에 드릴프레스로 구멍을 뚫어 흡음효과가 있다.
② 합판표면에 특수한 무늬를 전사 인쇄 한다.
③ 합판표면에 합성수지판 등을 입힌다.
④ 합판표면에 금속판을 접착한다.

합판표면에 보호 및 장식을 목적으로 수지처리 종이 또는 합성수지, 금속판을 합판 표면에 붙인다.

49
8비트 컬러가 표현할 수 있는 색상의 수는?

① 8 색
② 64 색
③ 256색
④ 65.536 색

1bit	4bit	8bit	16bit	24bit
2색	16색	256색	65,0000색 (하이컬러)	1,677만색 (트루컬러)

50
3차원 컴퓨터그래픽스에서 2차원적인 비트면상의 이미지를 3차원 입체표면에 전사하는 것은?

① 엘리어싱(Aliasing)
② 필터(Filter)
③ 맵핑(Mapping)
④ 광선 추적법(Ray Tracing)

- 앨리어싱 : 이미지에 곡선 모서리가 톱니 모양이나 계단 모양처럼 생기는 것을 말한다.
- 매핑 : 오브제의 표면에 2D 이미지를 입히는 것으로 텍스처매핑, 범프매핑, 솔리드텍스처매핑 등이 있다.
- 광선 추적법 : 물체에 반사된 빛이 불투명체에 닿거나 장면 밖으로 나갈 때까지 계속 빛을 추적하는 기법으로 가장 뛰어난 렌더링 기법이다.

51
인덱스 색상 모드에 관한 설명으로 틀린 것은?

① 인터넷 데이터 포맷으로 널리 쓰이는 포맷 방식은 BMP포맷 방식이다.
② 원본 이미지의 색상이 표에 없으면 색상표에서 가장 근접한 색상으로 표시한다.
③ 팔레트 색상을 제한하여 일정한 품질을 유지하면서 이미지의 파일 크기를 줄일 수 있다.
④ 256색을 사용하여 색상을 변환하고 이미지의 색을 저장한다.

> 인터넷에서 가장 널리 쓰이는 포맷 방식은 gif와 jpg이다.

52
포토샵(Photoshop)에서 작성한 그림 File을 쿼크 익스프레스(Quark Xpress)에서 불러 오려고 한다. 이때 Photoshop File의 일반적인 저장방식으로 가장 적당한 것은?

① PCX
② Amiga IFF
③ EPS
④ BMP

> 포토샵에서 EPS 형식으로 저장해야 쿼크 익스프레스에서 불러올 수 있다.

53
포토샵 이미지 작업에서 원래 이미지가 다음과 같이 변환되었다면, 다음 중 어떤 명령을 주었기 때문인가?

원래이미지
변형 후 이미지

① 가로로 뒤집기(Flip Horizontal)
② 회전(Rotate)
③ 세로로 뒤집기(Flip Vertical)
④ 원근(Perspective)

> 원래 이미지와 세로로 대칭이 되는 것은 '세로로 뒤집기(Flip Vertical)' 명령을 실행했기 때문이다.

54
정보용량의 단위를 작은 단위에서 큰 순위로 옳게 나타낸 것은?

① 1KB < 1GB < 1MB < 1TB
② 1KB < 1MB < 1TB < 1GB
③ 1KB < 1MB < 1GB < 1TB
④ 1GB < 1MB < 1KB < 1TB

> Bit(비트) < Byte(바이트) < KB (킬로바이트) < MB(메가바이트) < GB(기가바이트) < TB(테라바이트) < PB(페타바이트)

55
벡터방식의 이미지를 비트맵 방식의 이미지로 전환시키는 과정을 나타내는 용어는?

① 드로잉(Drawing)
② 페인팅(Painting)
③ 래스터라이징(Rasterising)
④ 이미지 프로세싱(Image Processing)

> • 드로잉(Drawing) : 색을 사용하지 않고 주로 선으로 그리는 작업을 말한다.
> • 페인팅(Painting) : 드로잉 작업을 한 선에 채색을 하는 것이다.
> • 이미지 프로세싱(Image Processing) : 원래 이미지에 컴퓨터를 이용하여 수정하거나 창작하여 새로운 이미지로 만드는 작업과정이다.

56
이미지가 픽셀(Pixel)단위로 처리되며 이미지 프로그램에 사용되는 그래픽 프로그램 방식은?

① 포스트스크립트(Postscript)
② 페인팅(Painting)
③ 비트맵(Bit Map)
④ 알고리즘(Algorithm)

> 비트맵은 픽셀을 기본 단위로 하여 이미지를 처리하며 벡터 방식은 선과 곡선값을 수학적 연산으로 구성된 이미지이다.

57
다음 용어의 설명이 틀린 것은?

① 스큐잉(skewing) : 이미지를 회전시키는 것
② 마스크(mask) : 변경이 되거나 변경으로부터 보호되는 지역
③ 스케일링(scaling) : 이미지나 그래픽의 크기를 바꾸는 것
④ 앤티앨리아스(anti-alias) : 픽셀의 그리드에 단계별 회색을 넣어 계단현상을 없애주는 것

스큐잉(skewing)은 이미지를 기울이는 것이다.

58
스캐너(Scanner)에 관한 설명 중 틀린 것은?

① 스캐너는 입력장치에 속한다.
② 스캐너의 해상도(Resolution)은 Inch당 도트(Dot)의 수로 표현된다.
③ 스캐너는 어떤 디자인을 도형화하기 위해 사용된다.
④ 스캐너의 기능은 해상도, 표현영역 확대와 축소, 색상과 콘트라스트 조정 등의 기능을 수행한다.

스캐너는 인쇄된 형태의 문서만 읽어들일 수 있다.

59
다음 3차원 모델의 랜더링 중 "셰이딩(Shading) 기법"이 아닌 것은?

① 플랫(Flat)셰이딩
② 퐁(Phong)셰이딩
③ 고로우드(Gouraud)셰이딩
④ 레디오서티(Radiosity)셰이딩

- 플랫(Flat)셰이딩 : 다각형을 단순한 색으로 채우는 것으로 표면 재질의 특성은 고려하지 않는 가장 기본적인 셰이딩 기법
- 퐁(Phong)셰이딩 : 고우드셰이딩 보다 부드럽고 좋은 질의 화상을 얻을 수 있으며, 플라스틱이나 부드러운 곡선표면의 물체에 적용
- 고로우드(Gouraud)셰이딩 : 평면의 중심에서 면이 만나는 부분까지 색이 점차적으로 변하게 하며 플랫셰이딩보다는 부드러운 명암을 만듦
- 레디오서티(Radiosity)셰이딩 : 물체들 간에 발생하는 상호 반사를 정밀하게 계산하는 기법

60
다음 중 세계 최초의 진공관식 컴퓨터는?

① ENIAC ② EDSAC
③ EDVAC ④ UNICAD-1

애니악은 1946년 개발한 최초의 진공관식 컴퓨터이다.

2024년 4회		컴퓨터그래픽기능사 정답		
01	02	03	04	05
①	③	②	①	④
06	07	08	09	10
④	①	②	②	①
11	12	13	14	15
④	③	④	③	④
16	17	18	19	20
②	④	②	①	①
21	22	23	24	25
③	④	②	①	②
26	27	28	29	30
④	②	④	④	③
31	32	33	34	35
②	①	④	④	④
36	37	38	39	40
③	①	③	①	③
41	42	43	44	45
③	②	①	③	②
46	47	48	49	50
③	②	③	③	③
51	52	53	54	55
①	③	③	③	③
56	57	58	59	60
③	①	③	④	①

CBT 복원문제 _ 컴퓨터그래픽기능사

2025년 1회

01
다음 중 문과 창문의 기능이 아닌 것은?

① 한 공간과 인접된 공간을 연결시킨다.
② 문과 창문의 위치는 가구 배치와 동선에 영향을 준다.
③ 공기와 빛을 통과시켜 통풍과 채광이 가능하게 한다.
④ 내부와 외부를 구획하는 역할을 한다.

> 내부과 외부를 구획하는 것은 벽이다.

02
다음 중 미술공예운동과 관련이 없는 것은?

① 미술 민주화 운동으로 현대디자인의 이념적 배경이 되었음
② 기계에 의한 제품생산에 반대함
③ 미술·공예·공업 등을 통합, 최고의 제품이 목표임
④ 전통적 장식 개념에서 크게 벗어나지 못함

> 미술 공예운동 : 윌리엄모리스가 중심이 되어 기계를 부정하고 만드는 즐거움과 예술적 가치를 주장하였다.

03
다음 중 브레인스토밍법을 가장 잘 설명한 것은?

① 서로 다르고 관련이 없어 보이는 요소를 합치는 방법
② 집단사고의 의한 자유분방한 아이디어를 창출하는 방법
③ 문제 항목을 나열하고 항목별로 특정 변수에 대해 검토하는 방법
④ 원인과 결과의 관계를 입출력관계로 규명하며 아이디어를 구상하는 방법

> 브레인스토밍은 알렉스 오즈번이 제안한 것으로 다양한 아이디어를 제시하여, 타인의 아이디어를 비난하지 않고 연상반응을 통하여 더 많은 아이디어를 도출하는 것이다.

04
편집디자인에서 레이아웃의 형태로는 크게 프리(free)방식과 그리드(grid)방식으로 나눌 수 있는데, 다음 설명 중 그리드(grid)의 설명이 아닌 것은?

① 원래의 뜻은 그물이며 그래프지나 바둑판 모양의 구조를 말한다.
② 하나의 시각적 작품을 응결시켜주는 하부 구조이다.
③ 시간을 절약하고 지속감을 부여하는데 도움을 준다.
④ 곡선을 많이 사용하고 디자이너의 직관력에 의존하는 것이다.

> 곡선을 많이 사용하고 디자이너의 직관력에 의존하는 것은 프리 방식이다.

05
디자인 문제해결의 과정으로 옳은 것은?

① 계획 → 조사 → 분석 → 종합 → 평가
② 계획 → 분석 → 조사 → 종합 → 평가
③ 계획 → 조사 → 분석 → 평가 → 종합
④ 조사 → 계획 → 분석 → 종합 → 평가

06
다음 중 편집 디자인의 형태별 분류가 잘못된 것은?

① 서적 스타일 – 잡지, 화집
② 스프레드 스타일 – 카탈로그, 팜플렛
③ 카드 스타일 – 브로슈어, 매뉴얼
④ 시트 스타일 – 명함, 안내장

> 편집디자인 형태별 분류
> • 낱장(Sheet)형식(한 장으로 구성) : DM, 명함, 안내장, 카드, 리플렛, 전단지, 카드
> • 스프레드(Spread)형식(펼치고 접을 수 있음) : 신문, 카탈로그, 리플릿, 팜플렛
> • 서적 형식(제본된 책자) : 매뉴얼, 단행본, 화보, 잡지, 브로슈어, 카탈로그

07
디자인 요소 중 운동감을 일으키는 움직임을 나타내기 위한 방법이 아닌 것은?

① 움직임 중에 가장 오래된 것 중 하나가 반복이다.
② 방향과 속도도 운동감을 느끼게 할 수 있다.
③ 대칭구도는 운동감이 강하다.
④ 옵아트(op art)에서 사용하는 착시도 하나의 방법이다.

> 대칭구도는 안정적인 느낌이다.

08
실내 공간의 구성요소가 옳게 구성된 것은?

① 벽, 바닥, 천장, 창문과 문
② 벽, 재료, 천장, 색채
③ 벽, 창문과 문, 형태, 색채
④ 형태, 질감, 재료, 매스

> 실내 공간의 기본적 요소 : 바닥, 벽, 천장, 기둥, 보, 개구부

09
다음 중 실내 디자인에 드는 비용을 최소화하는 방안이 아닌 것은?

① 평당 시설비용이 많이 드는 공간의 면적을 줄인다.
② 천장이나 벽면에는 요철을 적게 한다.
③ 표준화된 치수의 제품과 규격화된 기성품을 활용한다.
④ 자동화시설로 편리함을 주며, 시설비는 여유롭게 책정한다.

> 자동화 시설은 필요한 곳에만 하며 시설비는 최대한 절감할 수 있게 책정해야 한다.

10
경험적인 통상적 세계보다 더 참된 세계가 존재한다는 믿음을 갖고, 무의식적인 정신세계를 통하여 초월적 세계를 확인하려는 예술적 시도를 한 사조는?

① 큐비즘   ② 초현실주의
③ 구성주의   ④ 데 스틸

> • 큐비즘(입체파) : 피카소와 브라크에 의해 창시되었으며 형태의 본질을 기본적인 기하학적 형태로 환원하여 여러 시점에서 표현
> • 구성주의 : 러시아에서 일어난 운동으로 현대적, 기술적인 원리에 입각하여 정치적 혁명과 예술적 혁명을 동일시하여 조형을 통한 사회주의적 문화건설을 목표로 함
> • 데 스틸(신조형주의) : 기하학적 형태와 수직, 수평, 화면분할과 3원색을 기본으로 '기하학적인 형태가 기능적인 것'이라는 기능주의 철학으로 순수한 형태미를 추구하였으며 현대 건축, 회화, 조각, 디자인에 지대한 영향을 끼쳤으며 대표작가는 데오 반 도스버그, 몬드리안

11
디자이너가 즉흥적으로 떠오르는 여러 가지 생각을 메모하기 위한 최초의 스케치는?

① 스크래치 스케치   ② 러프 스케치
③ 스타일 스케치   ④ 컨셉 스케치

- 러프 스케치 : 스크래치 스케치에서 선정된 아이디어를 간단한 음영, 컬러, 재질감 등을 표현한다.
- 스타일 스케치 : 가장 정밀하며 전체 외관의 컬러, 질감, 패턴 스타일 등을 표현한다.
- 컨셉 : 어떤 아이디어대한 개념이나 구상을 뜻한다.

12
마케팅 활동의 주요 요소와 거리가 먼 것은?

① 시장 조사 ② 제품 생산 계획
③ 디자인 연구소 설립 ④ 광고 및 판매 촉진

- 마케팅은 제품(Product), 가격(Price), 유통(Place), 촉진(Promotion)을 말하며 4P라고한다.
- 디자인 연구소 설립은 마케팅활동의 주요 요소와 거리가 멀다.

13
설계자의 뜻을 작업자에게 완전하게 전달할 수 있는 충분한 내용과 가공의 용이, 제작비의 절감이 요구되는 도면은?

① 계획도 ② 제작도
③ 주문도 ④ 승인도

- 계획도 : 제작 초기에 제작도의 기초가 되는 도면으로 설계자의 의도와 계획을 나타내는 도면
- 주문도 : 제품을 주문할 때 물건의 크기, 형태 등의 주문 정보를 나타낸 도면
- 승인도 : 주문자가 승인한 도면

14
디스플레이(전시디자인)의 목적 중 교육적 기능을 가장 잘 설명한 것은?

① 새로운 문화공간으로서 놀이 환경을 조성한다.
② 신상품과 구상품에 대한 연관성을 주지시킨다.
③ 타상점, 타 브랜드와의 이미지 공통화를 꾀한다.
④ 신상품의 소개, 상품의 사용법, 가치 등을 미리 알린다.

디스플레이(전시디자인)
- 신상품의 소개, 상품의 사용법, 가치 등을 미리 알린다.
- 브랜드를 알려 유행을 선도한다.
- 상품의 전시를 통하여 직접적인 판매를 꾀한다.
- 판매와 문화적 공간을 통합하여 새로운 문화공간으로서의 판매 공간을 조성한다.

15
스케치의 종류 중에서 '갈겨쓴다'의 의미로 아이디어 발상 과정의 초기단계에서 사용하며, 입체적인 표현은 생략하고 간단한 형식으로 표현하는 스케치는?

① 러프 스케치
② 스타일 스케치
③ 퍼스펙티브 스케치
④ 스크래치 스케치

- 러프 스케치 : 스크래치 스케치에서 선정된 아이디어를 간단한 음영, 컬러, 재질감 등을 표현한다.
- 스타일 스케치 : 가장 정밀하며 전체 외관의 컬러, 질감, 패턴 스타일 등을 표현한다.
- 퍼스펙티브(perspective)스케치 : 아이디어를 투시도법처럼 입체감 있게 스케치하는 방법이다.

16
실내 및 건축물이나 도시주변을 의미 있게 디자인하는 분야는?

① CIP디자인 ② POP디자인
③ 코디네이트 디자인 ④ 환경디자인

환경디자인은 쾌적하고 윤택한 환경조성을 목적으로 주변 환경과 조화를 이루어야 하는 디자인이다

17
디자인 초기 개념화 단계에서 디자인의 이미지를 확인하고 형태감과 균형 파악을 위해 제작하는 모형(모델)은?

① 제시 모형 ② 연구 모형
③ 실험 모델형 ④ 제작 모델형

모델의 종류
- 제시모델(더미, 프레젠테이션 모델) : 디자인 담당자에게 보여주기 위해 만들며 러프모델 보다 좀 더 실제 제품에 가깝다.
- 완성형모델(프로토타입, 제작모델, 워킹 모델) : 실제 형태와 재료로 생산품과 똑같이 제작한다.
- 연구모델(러프모델, 스케치모델, 스킴모델) : 디자인 초기에 형태와 균형감을 알기위해 제작한다.
- 실험모델 : 외형보다 제품의 성능시험을 위해서 만든다.

18
전자 출판에 대한 설명 중 가장 거리가 먼 것은?

① 컴퓨터나 전자기기를 이용한 문서 출판을 의미한다.
② DTP(Desk Top Publishing)라고 한다.
③ In Design이나 Quark Xpress와 같은 프로그램에서 주로 작업할 수 있다.
④ 스캔 받은 이미지에 특수효과를 줄 때 효과적이다.

스캔 받은 이미지에 특수한 효과를 주는 것은 포토샵프로그램이다.

19
면은 공간을 구성하는 단위이며, 공간 효과를 나타내는 중요한 요소이다. 다음 중 적극적인 면(Positive plane)은 어느 것인가?

① 점의 밀집
② 선의 집합
③ 점의 확대
④ 입체화된 선

- 소극적인 면(Negative Plane) : 면이나 선의 교차로 생기는 선의 집합
- 적극적인 면(Positive Plane) : 선의 이동, 점의 확대로 생성

20
문자 위주로 표현된 편집 디자인이 아닌 것은?

① 학술지　　② 문학지
③ 그래픽 잡지　　④ 단행본

그래픽 잡지는 문자와 이미지가 혼합된 편집 디자인이다.

21
색채계획서의 목적이 아닌 것은?

① 제작원가의 상업적 측면을 고려하여 색상 계획을 수립한다.
② 기능적이고 심미적으로 효과적인 배색효과를 습득한다.
③ 클라이언트 미팅, 정보수집, 소비자 및 시장 조사 등을 한다.
④ 개요, 방향, 과정 등을 포함한다.

디자인의 목적과 대상에 맞게 효과적인 색상 계획을 수립한다.

22
다음 중 투시도법의 용어 중 DVP는?

① 평화면　　② 대각소점
③ 정점　　④ 시심

대각소점(DVP : Diogonal Visual Point) : VP의 대각선 방향에 생기는 소점이며, 대각소점이라고 한다.

23
지형의 높고 낮음을 지도 위에 표시하는 것과 같이 기준면을 정하고, 기준면에 평행한 평면을 같은 간격으로 잘라 평화면상에 투상한 수직 투상은?

① 정투상법
② 축측 투상법
③ 표고 투상법
④ 사투상법

표고 투상법
- 대상물의 좌표면을 평행으로 절단하고, 절단선군을 정투상으로 그리는 도형의 표시법
- 지도의 등고선처럼 표고선을 선으로 연결하여 지형의 높고 낮음을 표시
- 곡선면도, 지형도에 사용

24
실내 공간은 배색에 따라 심리적 온도감의 차이가 있다. 추운 지역에 실내 공간 색으로 다음 중 가장 적합한 것은?

① 주황　　② 연두
③ 파랑　　④ 흰색

난색이 따듯한 느낌이므로 주황색이 가장 적합하다.

25
다음 중 눈에 띄는 색을 이용하여 사람의 시선을 끌 옥외 광고 제작 시 가장 적합한 색은?

① N5
② 5B 5/8
③ 5G 5/10
④ 5R 4/14

> 먼셀색체계의 표시법 : 색상(Hue), 명도(Valu), 채도(Chroma)를 기호로 H V/C로 표시한다.
> 5R(빨간색), 4(명도), 14(채도)

26
다음 중 가장 부드럽고 통일된 느낌을 주는 배색은?

① 색상 차가 큰 배색
② 비슷한 색상끼리의 배색
③ 높은 채도끼리의 배색
④ 채도의 차가 큰 배색

> • 유사색상의 배색 : 온화함, 상냥함, 건전함
> • 반대색상의 배색 : 똑똑함, 생생함, 화려함

27
화면 레이아웃의 원리가 아닌 것은?

① 일관성
② 상업적 부가가치
③ 위계적 구조 연출
④ 스토리 진행형 구조 연출

> 보기 ①, ③, ④항 외에 집중과 분산이 화면 레이아웃의 원리이다.

28
관용색명에 대하여 옳게 설명한 것은?

① 기본 색명에 수식어를 붙여서 표현한다.
② 색채에 대한 기본 지식이 있어야 사용할 수 있다.
③ 정확한 기호로 표기하는 색명이다.
④ 예전부터 습관적으로 사용하는 색명이다.

> • 관용색명 : 베이지색(낙타), 피콕블루(공작의 날개빛), 에메랄드그린(그린에메랄드색), 반다이크 브라운(화가 반다이크가 자주 사용한 색), 살몬핑크색(연어)등처럼 동물, 광물, 원료, 지명 등에서 유래하였거나 예전부터 습관적으로 사용하는 색명이다.
> • 일반색명(계통색명) : 어두운 회색, 분홍빛 빨강, 라이트 핑크처럼 기본 색명에 수식어를 붙인 색명이다.

29
오스트발트 색채 조화론의 조화종류가 아닌 것은?

① 무채색의 조화
② 등백계열의 조화
③ 등수계열조화
④ 동일조화

> 오스트발트 색채 조화론
> • 무채색의 조화
> • 동일색상의 조화 : 등백색 계열의 조화, 등흑색 계열의 조화, 등순색 계열의 조화
> • 등가색환에서의 조화
> • 보색 마름모꼴에서의 조화
> • 보색이 아닌 마름모꼴에서의 조화
> • 다색조화(윤성조화)

30
다음 중 친애, 젊음, 신선 등을 상징하는 색은?

① 주황
② 노랑
③ 연두
④ 청자

> • 주황(YR) : 기쁨, 원기, 즐거움, 만족, 온화, 건강, 활력, 따뜻함, 풍부, 가을
> • 노랑(Y) : 명랑, 환희, 희망, 광명, 팽창, 유쾌, 황금
> • 연두(GY) : 위안, 친애, 청순, 젊음, 신선, 생동, 안정, 순진, 자연, 초여름, 잔디
> • 청록(BG) : 청결, 냉정, 질투, 이성, 죄, 바다, 찬바람

31
다음 중 색의 감정적인 효과가 틀린 것은?

① 혼합하여 무채색이 되는 두 가지 색은 서로 보색관계이다.
② 정신집중을 요하는 사무공간은 단파장의 색이 적합하다.
③ 숙면을 위한 침실의 색은 난색계열의 고채도 색이 적합하다.
④ 차분한 이미지를 주는 의복의 색은 한색계열의 저채도 색이 적합하다.

침실은 차분한 한색계열의 저채도의 색이 적합하다.

32
실내 공간을 실제보다 높게 보이게 하고, 공식적이고 위엄 있는 분위기를 창출하는 선은?

① 수직선 ② 수평선
③ 사선   ④ 곡선

- 수직선 : 상승, 엄숙, 존엄, 권위, 숭고, 고결, 희망
- 수평선 : 정지, 안정, 평화, 무한
- 사선 : 활동감, 속도감, 불안감, 강한표현
- 곡선 : 우아, 매력, 불명료, 유연, 여성성

33
투시도법에서 물체를 보는 눈의 위치를 표시하는 것은?

① GP ② SL
③ EP ④ HL

- 기면(GP : Ground Plane : 기준이 되는 지반면으로 화면과 수직
- 시점(EP : Eye Point) : 관찰자의 눈의 위치
- 수평선(HL : Horizontal Line) : 기선(GL)에 평행하며 눈높이와 동일

34
배색에 관한 내용으로 맞게 설명된 것은?

① 동일색 배색 : 메시지의 명확성을 강조하고 다이내믹한 감성 연출
② 유사색 배색 : 일관된 톤으로 아이덴티티를 확립하고 안정된 감성 전달
③ 반대색 배색 : 안정적으로 연출할 수 있어 콘셉트를 명확하게 구현
④ 디자인 아트워크의 콘셉트와 조형적 표현, 색의 비중 등을 고려하여 결정한다.

- 동일색 배색 : 일관된 톤으로 아이덴티티를 확립하고 안정된 감성 전달
- 유사색 배색 : 안정적으로 연출할 수 있어 콘셉트를 명확하게 구현
- 반대색 배색 : 메시지의 명확성을 강조하고 다이내믹한 감성 연출

35
다음 중 때로는 차갑게도, 때로는 따뜻하게도 느껴지는 색의 예가 아닌 것은?

① 청록
② 녹색
③ 보라
④ 자주

- 중성색 : 차갑지도 따뜻하지도 않은 녹색, 보라색 계열. 무채색을 중성색이라고 한다.
- 청록색은 한색으로 차갑게 느껴지는 색이다.

36
아이콘 세트를 적용한 브랜드 어플리케이션에 관한 설명으로 맞지 않는 것은?

① 대형 브랜드에서는 한 개의 아이콘으로 통일성을 높임
② 사용자와의 접점 비중이 높음
③ 시각디자인에서 널리 활용되며, 적용성과 확장성이 뛰어남
④ 정보를 유형화하고 메시지에 대한 인덱스 역할

대형 브랜드에서는 아이콘 세트를 개발하여 제공

37
감법혼색에 대한 설명 중 틀린 것은?

① 순색에 회색을 섞으면 채도가 낮아진다.
② 검정을 쓰지 않고도 무채색을 만들 수 있다.
③ 순색에 회색을 섞으면 명도는 변하지만 채도는 변화가 없다.
④ 순색에 검정을 섞으면 명도와 채도가 낮아진다.

감산혼법(감법혼색) : 색료의 혼합이며 시안(cyan), 자주(Magenta), 노랑(Yellow)을 혼합하면 검정색이 된다. 혼색 할수록 명도가 떨어지고 광량도 적어진다.

38
저드의 색채 조화론 중 배색에 사용되는 색채 상호간에 공통되는 성질이 있으면 조화한다는 원리는?

① 질서성의 원리 ② 명료성의 원리
③ 유사성의 원리 ④ 천근성의 원리

> 저드의 색채 조화론
> • 명료성(비모호성)의 원리 : 색의 3속(색상, 명도, 채도)차가 큰 색들은 조화가 잘 됨
> • 유사의 원리 : 색에 공통성이 있으며 3속성의 차가 적으면 조화가 잘 됨
> • 친근성의 원리 : 사람들에게 잘 알려진 친근감 있는 배색일 때 조화가 잘 됨
> • 질서의 원리 : 색채의 요소가 규칙적으로 선택된 색들끼리 잘 조화 됨

39
VGA(Video Graphic Adapter) 또는 비디오 카드라고도 불리며, 컴퓨터의 디지털 정보를 모니터에 알맞게 디지털 신호로 바꾸어 화면에 나타내는 컬러 수와 해상도를 결정해 주는 장치는?

① 그래픽 소프트웨어 ② 그래픽 보드
③ 중앙처리장치 ④ 프린터

> 그래픽 카드, 그래픽 보드, 비디오 카드로도 불리며 컴퓨터의 디지털 정보를 출력해서 모니터에서 볼 수 있도록 해 준다.

40
아래의 그림 a, b는 같은 길이와 크기이지만, 다르게 보이는 것은 어떤 현상 때문인가?

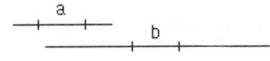

① 분할착시 ② 유화착시
③ 반전착시 ④ 대비착시

> • 분할착시 : 분할된 면이나 선은 분할되지 않은 선이나 면 보다 더 크고 길게 보인다.
> • 유화의 착시 : 같은 길이의 선이 화살표의 방향에 따라 길이가 달라 보인다.
> • 반전착시 : 반대로 보았을 때 전혀 다른 모양의 사물이 보인다.

41
직물의 기본적인 3원 조직이 아닌 것은?

① 평직 ② 능직
③ 사직 ④ 주자직

> 직물의 3원 조직 : 평직, 능직, 주자직

42
유기안료에 대한 설명 중 옳은 것은?

① 체질안료도 유기안료의 일종이다.
② 용제에는 녹지 않는다.
③ 은폐력이 높다.
④ 무기안료에 비해 아름다운 색채를 얻을 수 있다.

> 유기안료의 특징
> • 무기안료보다 색상이 선명하다.
> • 착색력이 뛰어나다.
> • 내광성, 내열성이 떨어진다.
> • 유기용제에 녹아 색 번짐이 있다.

43
필름의 보관과 취급 방법이 틀린 것은?

① 광선과 강한 열에 노출되지 않게 한다.
② 수분 방지용 포장이 되어 있으면 냉장고나 냉동실에 보관하는 것도 좋다.
③ 필름 구입 시에는 반드시 유효 기간을 점검해야 한다.
④ 일단 노출된 필름은 강한 빛이 닿아도 된다.

> 필름은 햇빛에 노출 되서는 안 된다.

44
얇은 철판에 두께의 변화를 주지 않고 표면과 이면에 오목한 부분과 볼록한 부분이 반복되도록 금형을 사용하여 성형하는 기법은?

① 압인가공
② 소성가공
③ 엠보싱가공
④ 압출가공

- 압인가공 : 소재표면에 무늬가 있는 공구를 눌러 얕은 요철이 생기게 한다.
- 소성가공 : 금속의 소성을 변형시켜 다양한 모양을 만들며 열간가공과 냉간가공이 있다.
- 엠보싱가공 : 표면에 열과 압력을 가하여 오목한 부분과 볼록한 부분을 만든다.
- 압출가공 : 고온으로 가열한 재료를 틀에 넣고 강한 압력으로 압출해서 성형하는 가공이다.

45
효과적인 배색 방법 중 유사색상에서 명도 차이를 크게한 배색은?

① 톤온톤(tone on tone)
② 톤인톤(tone in tone)
③ 까마이외(camaieu)
④ 비콜로(bicolore)

- 톤인톤(tone in tone) : 유사색상에서 톤의 차이를 작게 한 배색
- 까마이외(camaieu) : 색상 차이가 적은 차분한 배색
- 비콜로(bicolore) : 고채도를 사용하여 강하고 산뜻한 이미지 표현

46
표현재료인 아크릴 물감에 관한 설명 중 옳은 것은?

① 아교나 달걀 흰자위를 안료로 섞은 불투명한 물감이다.
② 색채 분말을 굳혀 만든 재료이다.
③ 합성수지를 사용하여 제작되었으며 건조시간이 빠르며 점착성이 강하다.
④ 테레핀이나 아미씨 기름 등을 사용한다.

① 포스터 컬러
② 파스텔
④ 유화물감

47
다음 중 화성암의 종류에 속하는 것은?

① 응회암   ② 섬록암
③ 사암   ④ 석회암

화성암 : 화강암, 안산암, 감람석, 섬록암

48
애니메이션 제작에서 두 개의 키프레임 이미지 사이의 중간 단계 프레임을 연결하는 과정을 무엇이라 하는가?

① 트위닝(tweening)
② 로토스코핑(rotoscoping)
③ 인비트윈(in-between)
④ 트레이싱 라인(tracing line)

- 인비트윈(in-between) : 애니메이션 제작에서 두 개의 키프레임 이미지 사이의 중간 단계 프레임을 연결하는 과정
- 로토스코핑(rotoscoping) : 애니메이션과 실사를 함께 사용한 2D 영화
- 트위닝(tweening) : 애니메이션에서 처음 동작과 끝 동작을 지정한 후 중간의 프레임의 경로를 지정하는 것
- 트레이싱 라인(tracing line) : 특정 면에 질감효과를 준 후 안쪽의 형태가 보이도록 하는 3D 메뉴의 한 종류

49
컴퓨터 그래픽스에 대한 설명 중 틀린 것은?

① 컴퓨터 처리에 의해 만들어진 화상이나 그를 위한 기술 그래픽디자인인 2D 작업만을 의미한다.
② 표현기법에는 색채표현이나 좌표변환 외에 물체를 수치 데이터로 표현하는 형상 모델 등 많은 처리 기법이 있다.
③ 그래픽 디스플레이에는 도형을 점의 집합으로 표시하는 래스터식과 좌표상의 도형으로 표시하는 벡터식이 있다.
④ 컴퓨터그래픽스의 환경은 컴퓨터 본체와 화상을 표시하는 그래픽 디스플레이, 대화형으로 조작하는 조이스틱이나 주변장치 및 그 소프트웨어로 이루어진다.

컴퓨터그래픽스는 2D 작업 뿐 아니라 건축 도면설계에 사용하는 CAD프로그램 등 3D 작업도 포함한다.

50
색상 범위(Color Gamut)의 컬러 표현에서 표현 영역이 가장 광범위한 것은?

① 레이져 컬러출력 인쇄물
② RGB 컬러 모니터
③ 고해상 CMYK인쇄물
④ 잉크젯 인쇄물

RGB 모드는 HSB(HSV)나 CMYK 보다 색상 표현력이 좋다.

51
그래픽 소프트웨어의 벡터 프로그램 중 일러스트레이터에 대한 설명이 잘못된 것은?

① Adobe 사에서 만든 드로잉 프로그램이다.
② 마이크로소프트의 대표적인 프로그램이다.
③ 로고 및 심볼 디자인에 많이 쓰인다.
④ 포토샵과 더불어 2D 프로그램의 대표적인 소프트웨어이다.

일러스레이터는 ADOBE 사에서 만든것이며 코렐 사의 CorelDraw 도 벡터방식의 프로그램이다.

52
2D그래픽 처리 프로그램에서 이미지의 합성, 변화 등의 과정을 통해 처리하는 작업을 뜻하는 용어는?

① 클리핑
② 이미지 프로세싱
③ 모션캡쳐
④ 스캐닝

- 클리핑(Clipping) : 이미지의 일부분을 잘라내는 것이다.
- 모션캡쳐 : 사람의 몸에 빛 반사성이 좋은 마커를 붙이고, 적외선 불빛이 나오는 적외선 카메라로 움직임을 캡쳐하는 것이다.
- 이미지 스캐닝 : 인쇄된 이미지 형태의 문서를 읽어 들이는 것

53
통일된 제도 규격에 맞추어 제도할 때의 이점이 아닌 것은?

① 도면이 정확하고 간결하며 능률적이다.
② 설계의도를 설계자의 직접 설명으로 전달할 수 있다.
③ 생산 능률을 향상시키고 제품의 호환성을 확보할 수 있다.
④ 원가절감 및 품질향상에 기여할 수 있다.

통일된 제도 규격은 설계도를 보면 설명하지 않더라도 설계자의 의도를 알 수 있다.

54
포토샵에서 이미지의 음영 및 색상 보정 시 사용하는 명령이 아닌 것은?

① Adjustment
② Refraction
③ Brightness/Contrast
④ Levels

굴절(Refraction) : 유리·렌즈·병 등을 통해 배경이 왜곡되어 보이는 현상(빛의 집중 없이, 왜곡만 표현) : 3D 렌더링에서 사용

55
타이포그래피의 기능적 요건에 대한 내용으로 맞지 않는 것은?

① 시각디자인 매체는 크기, 해상도, 접근성 등의 특성을 고려하여 타입페이스를 선택한다.
② 정보 전달력이 높은 서체는 우선적으로 상업성을 고려한다.
③ 정보구조에서는 정보 요소의 시안을 보장하는 레이아웃이 필요하다.
④ 타이포그래피를 사용한 아이덴티티 이미지는 주목성을 높이는 연출이 필요하다.

정보 전달력이 높은 서체는 우선적으로 가독성을 고려한다.

56
다음이 설명하는 것은?

- 인쇄용 색상체계이다.
- 밝은 색은 잉크 비율이 작고, 어두운 색은 잉크 비율이 크다.

① RGB
② CMYK
③ 화면해상도
④ 모니터

CMYK(인쇄용 색상 체계)	RGB(화면용 색상 체계)
• 시안(C), 마젠타(M), 옐로(Y), 블랙(K)을 사용(감산 혼합 방식) • 밝은 색은 잉크 비율이 작고, 어두운 색은 잉크 비율이 크다.	• 레드(R), 그린(G), 블루(B)를 사용(가산 혼합 방식) • 색상 값은 0~255 범위를 가지며, 모두 0이면 검은색, 모두 255이면 흰색이 된다.

57
사진에 관한 내용으로 맞지 않는 것은?

① 사진은 사실적으로 내용을 전달한다.
② 정보의 신뢰성과 현장성을 높인다.
③ 주제를 상징적, 풍자적, 해학적, 설명적, 장식적으로 표현한다.
④ 타이포그래피나 본문과 함께 사용한다.

- 주제를 상징적, 풍자적, 해학적, 설명적, 장식적으로 표현하는 것은 일러스트레이션의 요소이다.

58
컴퓨터그래픽스의 이미지 표현 요소가 아닌 것은?

① 커서
② 스캐너
③ 드로잉 영역
④ 그래픽 메뉴

- 스캐너는 그래픽이미지를 입력하는 요소이다.

59
텍스트 요소 배치에 관한 내용으로 맞지 않는 것은?

① 적절한 행 길이는 가독성, 이미지 조화, 사용자 특성을 고려해야 한다.
② 단어 수가 적으면 연속적 가독성이 낮고, 많으면 시선 이동이 커져 피로를 유발한다.
③ 정렬 방식은 가독성에 영향을 미치며 특정 감정 전달, 개성 표현 등에 영향을 미친다.
④ 내어쓰기는 각 단락을 구분하고 가독성을 높인다.

- 들여쓰기 : 각 단락을 구분하고 가독성이 높음
- 내어쓰기 : 각 단락을 독특하게 연출하여 정보의 인지를 높임

60
포토샵에서 레이어상의 색상값을 혼합하는 방법으로 맞지 않는 것은?

① Lighten : 상위 색상값을 곱하여 어두운 색이 합쳐지는 효과
② Screen : 두 이미지의 밝은 색이 합쳐져 이미지가 밝아짐
③ Difference : 상위 이미지를 리버스하여 합성하며 보색으로 표현
④ Grain Merge : 상하 이미지의 질감을 합치는 방식으로 이미지들의 질감을 합성

- Multiply : 상위 색상값을 곱하여 어두운 색이 합쳐지는 효과
- Lighten : 상위 레이어의 밝은 부분을 중심으로 하위 레이어와 합성

2025년 1회 컴퓨터그래픽기능사 정답

01	02	03	04	05
④	③	②	④	①
06	07	08	09	10
③	③	①	④	②
11	12	13	14	15
①	③	②	④	④
16	17	18	19	20
④	②	④	③	③
21	22	23	24	25
①	②	③	①	④
26	27	28	29	30
②	②	④	④	③
31	32	33	34	35
③	①	③	④	①
36	37	38	39	40
①	③	③	②	④
41	42	43	44	45
③	④	④	③	①
46	47	48	49	50
③	②	③	①	②
51	52	53	54	55
②	②	②	②	②
56	57	58	59	060
②	③	②	④	①

CBT 복원문제 _ 컴퓨터그래픽기능사

2025년 2회

01
도시의 한길(공공 공간)에 장치하는 가구라는 뜻으로 가로등, 쓰레기통, 우체통, 공중전화박스 등을 디자인하는 것은?

① 스트리트 퍼니처 디자인
② 가구 디자인
③ 제품 디자인
④ 시각 디자인

02
디자인의 조형요소에 대한 설명이 틀린 것은?

① 점을 확대하면 면이 되고 원형이나 정다각형이 축소되면 점이 된다.
② 선의 동적 특성에 영향을 끼치는 것은 점의 속도, 강약, 방향 등이다.
③ 면은 길이, 너비, 깊이, 형태와 공간, 표면, 방위, 위치 등의 특징을 가진다.
④ 입체는 두 면과, 각도를 가진 방향으로 이동하거나 면의 회전에 의해 생긴다.

> 면 : 점의 확대나 선이 이동하면 생기는 자취로 길이와 넓이만 있고 공간을 구성하는 기본 단위이다.

03
실내디자인 요소에 대한 설명 중 틀린 것은?

① 질감(texture)은 사물이 갖고 있는 표면의 질을 보거나 만지는 것으로 느낄 수 있다.
② 문양(pattern)은 많이 사용할수록 좋다.
③ 선(line)의 다양함은 각기 독특한 신체적 효과를 나타내기 때문에 각종 선의 효과를 알아야 한다.
④ 아름다운 형태란 조형요소 간 조화를 바탕으로 한다.

> 실내디자인은 편안한 공간이어야 하므로 문양이 많지 않고 편안한 색상을 사용해야 한다.

04
다음 디자인 발상법 중 체계적·논리적 방법에 속하는 것은?

① 직관법
② 시네틱스법
③ 브레인스토밍법
④ 체크리스트법

> • 시네틱스법 : 서로 관련이 없는 것에서 다양한 유추(직접, 의인, 상징, 공상)를 통해서 아이디어를 찾는다.
> • 브레인스토밍 : 알렉스 오즈번이 제안한 것으로 다양한 아이디어를 제시하여, 타인의 아이디어를 비난하지 않고 연상반응을 통하여 더 많은 아이디어를 도출하는 것이다.
> • 체크리스트법 : 문제의 항목을 열거 후 변수 등을 검토, 분석하여 아이디어를 얻는 체계적·논리적 방법이다.

05
실내 디자인에서 크기와 모양에 일관성을 부여하고 질서감과 안정감을 주는 원리는?

① 다양성
② 반복성
③ 고급성
④ 통일성

> 통일성은 다양한 요소들을 하나로 묶어 형식과 질서를 부여하고 근접, 반복, 연속 등의 방법을 사용한다.

06
실내 공간을 구성하는 3대 기본 요소가 아닌 것은?

① 천장
② 창문
③ 벽
④ 바닥

> 창문은 환기, 조명, 채광의 기능을 한다.

07
구매시점 광고(P.O.P)에서 '시즌 기획용 광고'는 어느 분류에 속하는가?

① 제작자별 분류
② 제작 소재별 분류
③ 설치 장소별 분류
④ 목적 기능별 분류

> POP광고는 구매시점에 설치하지만 '시즌 기획용 광고'는 목적과 기능의 광고이다.

08
제품 수명주기의 특성에 대한 설명이 틀린 것은?

① 제품수명주기상의 단계와 무관하게 마케팅, 재무, 생산, 구매, 인사전략은 동일하다.
② 제품의 이익은 제품수명주기상의 단계별로 증가했다가 감소한다.
③ 대체로 제품 판매량의 변화를 중심으로 설명된다.
④ 제품은 제한된 수명주기를 갖는다.

> 제품의 수명주기에 따라 전략이 바뀌어야 한다.
> • 도입기 : 신제품이므로 이익이 낮고, 경비(유통, 광고)가 높다.
> • 성장기 : 광고와 홍보로 제품의 인지도 상승으로 수요와 이윤이 증가하고 경쟁제품이 출현하며 시장점유 극대화에 노력해야한다.
> • 성숙기 : 매출액이 안정된 상태로, 마케팅 전략의 초점은 제품을 조금씩 개선하여 성숙기를 연장한다.
> • 쇠퇴기 : 소비시장의 감소로 다른 제품으로 대체하거나 소멸되므로 소비자의 성향에 맞춰 기존의 상품을 대체할 신상품을 개발해야 한다.

09
다음 중 바우하우스가 시도한 디자인 철학과 관련이 없는 것은?

① 대량생산을 위한 굿 디자인의 문제 해결
② 역사주의와 전통적 장식개념
③ 공업시스템과 예술가의 결합
④ 기계의 허용

> 역사주의와 전통적 장식개념은 기계를 부정하고 만드는 즐거움과 예술적 가치를 주장한 수공예 미술운동(윌리엄모리스 중심)과 관련이 있다.

10
형과 바탕의 특징에 대한 설명이 옳은 것은?

① 바탕은 가깝게 느껴지며, 형은 멀게 느껴진다.
② 형의 색채는 바탕의 색채보다 확실하고 실질적으로 보인다.
③ 형은 바탕의 뒤쪽에 펼쳐져 있는 것처럼 보인다.
④ 바탕은 지배적이고 인상적이며 쉽게 기억된다.

> 형의 색채는 바탕색보다 멀게 느껴지므로 바탕색이 확실하고 실질적으로 보인다.

11
아래의 내용은 마케팅 조사 절차이다. 순서대로 바르게 배열한 것은?

> A. 분석방법의 결정
> B. 수집(연구)방법의 결정
> C. 문제의 규정
> D. 자료(정보)의 결정
> E. 보고서의 작성

① C-B-A-D-E
② D-C-B-A-E
③ C-D-B-A-E
④ D-B-A-C-E

> 마케팅 조사 절차 : 문제의 규정 → 자료(정보)의 결정 → 수집(연구)방법의 결정 → 분석방법의 결정 → 보고서의 작성

12
형태나 색채에 생기는 눈의 착오로, 디자인에 있어서 생리학적·심리학적 연구과제가 되는 것은?

① 시각 현상
② 반복 현상
③ 착시 현상
④ 리듬 현상

> 착시 현상은 과거의 경험, 연상, 상상 등이 결합하여 사물을 다른 모양으로 보이게 하는 것으로 생리학적·심리학적 연구과제가 되기도 한다.

13
다음 중 제품디자인에서 아이디어를 탐색하는 방법으로 적합하지 않은 것은?

① 브레인스토밍
② 상관표 작성
③ 시네틱스
④ 형태학적 차트 작성

- 브레인스토밍 : 자유로운 사고와 토론을 통해 다양한 아이디어를 창출하는 방법
- 시네틱스 : 무작위한 이미지나 단어를 조합하여 새로운 아이디어를 얻는 방법
- 형태학적 차트 작성 : 제품의 기능, 요소, 제약 조건 등을 체계적으로 분석하여 아이디어를 도출하는 방법

14
게슈탈트의 그루핑 법칙(Gestalt grouping laws)과 관련이 없는 것은?

① 폐쇄성
② 근접성
③ 유사성
④ 상징성

게슈탈트(시지각)원리
- 근접성의 원리 : 가까이 있는 두 개 또는 그 이상의 시각요소들이 패턴이나 그룹처럼 보이는 것
- 유사성(친숙성)의 원리 : 비슷한 모양의 도형이나 그룹이 같은 부류로 보는 경향
- 폐쇄성의 원리 : 선이 끊어져 있어도 연결되어 보이거나 무리지어 하나의 형태로 보이는 것
- 연속성의 원리 : 유사한 배열이 방향성을 지니고 하나의 묶음처럼 인식되는 법칙

15
사무공간 내에서의 생산행위, 작업전개, 사회와의 관련성 그리고 작업환경 등의 상호 유기적인 관계를 고려하여 모든 요소를 동시에 처리하도록 기획하는 방식은?

① 주거 동선 계획
② 오피스 랜드스케이프
③ 조경 디자인
④ 오피스 자동화

16
포장디자인 작업 시 갖추어야 할 내용 중 거리가 먼 것은?

① 보관하기 쉽게 디자인되어야 한다.
② 여러 조건하에서도 필요한 정보를 전달할 수 있어야 한다.
③ 어떤 상태에서든지 매혹적으로 보이도록 디자인되어야 한다.
④ 상표명과 내용물에 관한 표현보다 전시효과가 더 중시되어야 한다.

포장디자인의 요건
- 보호 보존성 : 제품을 보호해야 한다.
- 관리성(편리성) : 상품의 운반과 적재가 쉽고 간단해야 한다.
- 심미성 : 제품 용도와 어울리는 아름다움이 있어야 한다.
- 상품성 : 상품(제품)의 성격을 잘 표현해야 한다.
- 구매의욕 : 소비자들의 시선을 자극하여 구매 의욕을 높일 수 있어야 한다.
- 재활용성 : 환경보존을 위한 절감, 재생을 할 수 있어야 한다.

17
제품디자인 과정 중 아래의 설명에 해당하는 분석 기법은?

기존 제품을 이루는 각 부분을 하나하나 분류하여 각각을 평가, 분석하여 과도한 부분이 있으면 줄이는 방법을 찾고 불필요한 부분은 제거하는 방법을 찾으며 교체할 수 있는 저렴한 대체물을 찾는 일이다.

① 가치분석
② 사용과정분석
③ 원인분석
④ 결과분석

제품의 원가를 절감하는 가치분석 작업이다.

18
특정한 무늬가 울퉁불퉁하게 튀어나온 패턴지로 회의자료 등의 표지 제작에 많이 사용되는 종이는?

① 아트지
② 스노우지
③ 매트지
④ 레자크/머메이드지

- 아트지 : 잡지, 그림책, 팸플릿, 카탈로그 등에 사용
- 스노우지 : 광택이 없고 차분한 느낌
- 매트지 : 광택이 거의 없고 자연스러운 무늬가 있는 고급 용지

19
아르누보 사조가 나타난 국제적 행사는?

① 1872년 로마 박람회
② 1893년 뉴욕 박람회
③ 1900년 파리 박람회
④ 1937년 런던 박람회

1900년 파리 박람회의 오르세 철도역이 새로운 디자인 양식으로 채택되었다.

20
제품 디자인에서 완성 예상도로서의 의미와 역할을 하는 것은?

① 모델링
② 렌더링
③ 스케치
④ 목업

- 모델링 : 제품 디자인의 최종 단계로 생산되는 제품을 3차원으로 표현한다.
- 스케치 : 아이디어를 빠르게 구체적으로 표현한다.
- 목업 : 질감, 부피감 등의 외형적인 단점을 보완하기 위해 외장 부분을 실제와 동일하게 제작한다.

21
색광의 삼원색을 동시에 혼합한 결과색은?

① 적색
② 백색
③ 황색
④ 흑색

색광의 3원색(빨강, 녹색, 파랑)을 모두 혼합하면 흰색이 된다.

22
다음 중 관용색명이 아닌 것은?

① 스카이 블루
② 베이지 그레이
③ 선명한 노랑
④ 새먼 핑크

- 관용색명 : 베이지색(낙타), 피콕블루(공작의 날개빛), 에메랄드그린(그린에메랄드색), 반다이크 브라운(화가 반다이크가 자주 사용한 색), 살몬핑크색(연어)등처럼 동물, 광물, 원료, 지명 등에서 유래하였거나 예전부터 관습적으로 사용하는 색명이다.
- 일반색명(계통색명) : 어두운 회색, 분홍빛 빨강, 라이트 핑크처럼 기본 색명에 수식어를 붙인 색명이다.

23
벡터 이미지(Vector image)의 특성이 아닌 것은?

① 선과 곡선값을 수학적 연산으로 계산하여 베지어 곡선으로 그림
② 확대해도 이미지 품질의 손상 없음
③ 객체지향 이미지, 오브젝트 이미지, 포스트스크립트 이미지
④ 깊이 있는 색조와 부드러운 질감 표현 가능

비트맵 이미지(Bitmap image)
- 픽셀로 구성
- 깊이 있는 색조와 부드러운 질감 표현 가능
- 이미지의 크기에 따라 출력에 영향
- 압축을 통해 해상도와 파일크기의 조절이 가능
- 프로그램 : 포토샵, 페인트샵 프로, 페인터 등

24
색의 3속성 중 색의 강약, 맑기, 선명도를 의미하는 것은?

① 색상
② 채도
③ 명도
④ 농도

색의 속성
- 명도 : 색의 밝고 어두운 정도
- 채도 : 색의 강약, 맑고 탁한 정도
- 색상 : 각각의 색을 구별할 수 있는 성질

25
전개가 복잡한 비대칭형의 물체 내부를 상세하게 표시할 필요가 있을 때에 사용하는 도법은?

① 한쪽 단면도
② 계단 단면도
③ 부분 단면도
④ 회전 단면도

- 한쪽 단면도 : 대칭형인 물체의 외형과 내부의 구조 및 형태를 동시에 표시한다.
- 부분 단면도 : 물체 일부분(축의 키 홈, 작은 구멍 등)의 단면 경계가 불확실하여 도면의 이해가 어려운 경우 필요한 부분만 외형도에서 잘라내서 표시한다.
- 회전 단면도 : 리브(rib), 암(arm)등의 단면을 90° 회전시켜서 사용하며, 외형도의 절단 위치에 그리기도 한다.

26
천장이 낮고 좁은 실내 공간을, 넓고 높아 보이게 하는 색채계열로 적합한 것은?

① 저명도, 저채도의 파란색계열
② 고명도, 고채도의 빨간색계열
③ 고명도, 고채도의 초록색계열
④ 중명도, 중채도의 노란색계열

좁은 공간일 때는 저명도, 저채도의 한색으로 채색하는 것이 넓어 보인다.

27
PSD 파일에 관한 설명으로 맞는 것은?

① 사진이나 그림 등을 저장하는 기술의 표준이며 1,600만 색상을 표시할 수 있어 고해상도 이미지의 저장이 가능
② 레이어, 알파채널, 패스 등을 모두 저장할 수 있는 포토샵 전용 파일 형식
③ 온라인 전송이 가능한, 용량이 적고 투명하며, 인터레이스, 애니메이션 지원이 가능한 포맷
④ JPG와 GIF의 장점만을 가진 포맷으로 투명성과 관련된 알파채널에서 향상된 기능을 제공

- JPG : 사진이나 그림 등을 저장하는 기술의 표준이며 1,600만 색상을 표시할 수 있어 고해상도 이미지의 저장이 가능
- GIF : 온라인 전송이 가능한, 용량이 적고 투명하며, 인터레이스, 애니메이션 지원이 가능한 포맷
- PNG : JPG와 GIF의 장점만을 가진 포맷으로 투명성과 관련된 알파채널에서 향상된 기능을 제공

28
가시광선(可視光線)에 대한 설명 중 옳은 것은?

① 보통 마이크로미터, 밀리미터의 파장 단위를 쓰고 있다.
② 단파장, 중파장, 장파장으로 구분되며 인체가 색감을 지각하는 빛이다.
③ 가시광선은 피부를 검게 하는 작용을 한다.
④ 900nm~1200nm의 파장 범위를 지칭한다.

가시광선의 파장은 380~780nm으로 인간의 육안으로 구분된다.

29
노랑 바탕 위에 주황 도형을 올려놓았을 때 주황색이 실제보다 붉은색을 띠는 것과 관련한 대비 현상은?

① 색상대비
② 명도대비
③ 채도대비
④ 보색대비

- 색상대비 : 명도와 채도가 같은 색이 이웃하여 있을 때 두 색이 서로의 영향으로 색상차가 나는 것
- 명도대비 : 명도가 다른 두 색이 대조되어 밝은 색은 더 밝게, 어두운 색은 더 어둡게 보이는 현상
- 채도대비 : 채도가 다른 두 색이 대조되어 높은 채도의 색은 더 높게, 낮은 채도의 색은 더 낮게 보이는 현상
- 보색대비 : 색상환에서 서로 마주 보는 두 색이 서로의 영향으로 더욱 선명하게 보이는 현상

30
배색의 이미지에 관한 설명 중 틀린 것은?

① 색상이나 명도를 같게 하거나 유사로 하면 활기 있는 배색이 된다.
② 색상을 한색계로 하면 정적인 느낌을 준다.
③ 명도가 높은 색을 주로 사용하면 밝고 경쾌한 배색이 된다.
④ 채도가 낮은 색을 주로 사용하면 수수하고 평정된 느낌을 준다.

동일색상 배색	· 동일색상의 명도나 채도의 차이를 이용 · 차분, 정적, 간결
유사색상 배색	· 색상환에서 색상차가 적은 배색 · 즐거움, 쓸쓸함, 우아함, 평온, 협조적, 온화, 화합, 건전
반대색상 배색	· 색상환에서 보색관계 · 분명함, 강함, 똑똑함, 생생, 동적, 화려

31
색의 진출과 후퇴, 팽창과 수축에 관한 설명이 틀린 것은?

① 난색은 한색에 비해 커 보인다.
② 밝은 색이 어두운 색보다 가깝게 보인다.
③ 장파장의 색은 단파장의 색보다 가깝게 보인다.
④ 명도가 높은 색이 명도가 낮은 색보다 작아 보인다.

· 후퇴색 : 한색(파랑, 청록색, 차가운 느낌), 저채도, 저명도의 색
· 진출색 : 난색(빨강색, 주황색, 노랑색, 따듯한 느낌), 유채색, 고명도, 고난도의 색

32
정보그래픽 다이어그램 시안 개발 단계의 순서로 맞는 것은?

㉠ 정보의 시각화 아이데이션 단계
㉡ 정보 단위로서 비주얼 모티프 제작 단계
㉢ 비주얼 모티프의 연출 정교화 단계
㉣ 다이어그램 시안 제작 단계

① ㉠ → ㉡ → ㉢ → ㉣
② ㉡ → ㉣ → ㉠ → ㉢
③ ㉢ → ㉡ → ㉠ → ㉣
④ ㉣ → ㉠ → ㉢ → ㉡

정보그래픽 다이어그램 시안 개발 단계 : 정보그래픽은 다이어그램으로 표현하며, 데이터의 특성과 양에 따라 시각적 조화를 연출하여 기본 구조체를 구성

33
감법혼색에 대한 설명 중 틀린 것은?

① 순색에 회색을 섞으면 채도가 낮아진다.
② 검정을 쓰지 않고도 무채색을 만들 수 있다.
③ 순색에 회색을 섞으면 명도는 변하지만 채도는 변화가 없다.
④ 순색에 검정을 섞으면 명도와 채도가 낮아진다.

감산혼법(감법혼색) : 색료의 혼합이며 시안(cyan), 자주(Magenta), 노랑(Yellow)을 혼합하면 검정색이 된다. 혼색 할수록 명도가 떨어지고 광량도 적어진다.

34
등각투상도에서 물체의 세 모서리가 이루는 등각도는?

① 30°
② 60°
③ 90°
④ 120°

등각투상법 : 평면을 120°로 나누고 3개의 기본 축에 물체의 높이, 나비, 안쪽 길이를 나타내는 방법

35
먼셀 표기법으로 나타낸 색 중에서 채도가 가장 낮은 것은?

① 5R 4/6
② 5YR 7/14
③ 5G 5/10
④ 5Y 8/14

먼셀색체계의 표시법 : 색상(Hue), 명도(Valu), 채도(Chroma)를 기호로 H V/C로 표시한다.
5R(빨간색), 4(명도), 6채도)

36
배색에 관한 내용으로 틀린 것은?

① 강조색은 작은 면적으로 효과를 극대화할 때 사용하고 배색의 지루함을 없애준다.
② 배색에서 전체적으로 가장 많은 면적과 기능을 차지하는 것을 주조색이라 한다.
③ 여러 가지 색을 서로 어울리게 배열하는 것으로 기능, 목적, 효용에 따라 다양한 방법이 있다.
④ 톤온톤(tone on tone)배색은 무채색에 의한 분리 효과를 표현한 배색이다.

> 톤온톤(tone on tone)은 같은 색상으로 색조가 다른 색을 겹치는 것이다.

37
다음 중 색채와 향에 대한 설명이 옳은 것은?

① 일반적으로 가벼운 향은 동적인 빨강이나 검정색 포장을 사용하지 않는다.
② 녹색(Green)에서는 floral향 이미지를 느낄 수 있다.
③ 에로틱한 향은 난색, 금색 등의 포장을 사용하지 않는다.
④ 흰색, 밝은 노랑에서는 mint향이 느껴진다.

> 색채와 향(모리스 데리베레(Maurice Deribere))
> - camphor : white, light yellow
> - musk : red-brown, golden yellow
> - floral : rose
> - mint : green
> - ethereal : white, light blue
> - lilac : pale purple
> - coffee : brown, sepia

38
제3각법에 대한 설명 중 옳은 것은?

① 3소점 투시도를 의미한다.
② 일반적으로 디자인 제도에서는 활용하지 않는다.
③ 물체를 제3상한에 놓고 투상하는 방식이다.
④ 정면도를 중심으로 위쪽에 좌측면도, 오른쪽에 우측면도를 놓는다.

> 정투상도법(제3각법은)은 정면도를 기준으로 정면도 위에는 평면도가, 우측에는 우측면도가 있다.

39
브랜드 전용색상에 관한 내용으로 맞지 않는 것은?

① 심벌과 로고타입은 브랜드의 아이덴티티를 형성하는 데 중요한 역할을 한다.
② 브랜드의 아이덴티티와 연관되며, 사용자들에게 브랜드와의 동일성을 전달한다.
③ 베이직 시스템에 적용되는 컬러를 통해 일관된 분위기와 동질감을 창출한다.
④ 상징적이고 활용도가 높아 대내외 커뮤니케이션에 활용한다.

> 상징적이고 활용도가 높아 대내외 커뮤니케이션에 활용한다 : 브랜드 전용서체

40
브랜드 심벌을 위한 비주얼 모티프(Visual motif)의 활용에 관한 내용으로 거리가 먼 것은?

① 브랜드 아이덴티티 개발은 직원들의 사기 진작과 상업적 이익을 위한 디자인 작업이다.
② 아이덴티티를 유지하기 위해서는 어플리케이션에 적용되는 로고타입 시그니처가 일관된 형태를 유지해야 한다.
③ 플렉서블 아이덴티티가 부상하여, 고정된 심벌 대신에 일시, 상황, 조직, 브랜딩 유형에 따라 변화할 수 있다.
④ 브랜드 아이덴티티 디자인은 그래픽 모티프를 중심으로 다양한 심벌 베리에이션을 고려하여 시안을 제작한다.

> 브랜드 아이덴티티 개발은 심벌과 로고타입을 활용한 시각적 정체성을 구축하는 디자인 작업이다.

41
단일 판형 레이아웃에 관한 내용으로 맞지 않는 것은?

① 콘셉트를 중심으로 핵심 이미지를 배치한다.
② 페이지를 순차적으로 경험하므로 주목성과 가독성이 필요하다.
③ 소비자나 사용자에게 콘셉트와 정보를 간결하고 명확하게 전달한다.
④ 메시지의 정보 구조에 따라 이미지와 텍스트 요소가 시각적으로 조화된다.

편집 판형 레이아웃
• 다중 페이지 매체(브로슈어, 책자)의 레이아웃은 일관된 시각적 아이덴티티가 필요
• 페이지를 순차적으로 경험하므로 주목성과 가독성이 필요
• 체계적인 레이아웃은 정보의 연속성과 일관성을 유지하여 다음 페이지의 내용이 예측 가능
• 정보의 종류가 변경되는 부분은 일관성을 유지하며 아이콘, 컬러, 그래픽을 변경하여 차별화된 경험을 제공

42
금속 재료의 성질과 거리가 먼 것은?

① 비중이 크다.
② 색채가 다양하다.
③ 열 및 전기의 양도체이다.
④ 전성과 연성이 좋다.

색채가 다양한 재료는 플라스틱이다.

43
다음 중 책의 표지나 카탈로그, 포스터 등에 사용하는 종이는?

① 신문용지
② 아트지
③ 글라싱지
④ 콘덴서지

• 글라싱지 : 강한 광택으로 표면이 매끈하며 식품, 담배, 약품 등의 포장, 간지 등에 사용
• 콘덴서지 : 크래프트 펄프 등을 원료로 하여 콘덴서의 유전체로 사용하며 가용성 염화물이 있으면 안됨

44
목재에 대한 설명 중 틀린 것은?

① 소나무류는 현화 식물에 속한다.
② 유기 재료에 속한다.
③ 활엽수는 겉씨식물에 속한다.
④ 대나무는 외떡잎식물에 속한다.

활엽수는 쌍떡잎 속씨식물이며, 침엽수는 외떡잎 겉씨식물이다.

45
양모와 같은 동물성 섬유에 대한 설명이 틀린 것은?

① 흡수성이 크고 절연성이 좋다.
② 탄성 회복과 주름에 대한 저항이 크다.
③ 더운물에 들어가면 늘어난다.
④ 염색성은 좋으나 면에 비하여 강도가 작다.

동물성 섬유는 더운물에 들어가면 수축되므로 찬 물 세탁과 자연 건조가 요구된다.

46
종이의 강도와 연관되는 3요소에 해당되지 않는 것은?

① 섬유의 백색도 함유량
② 섬유의 자체 강도
③ 섬유의 접착 상황
④ 섬유의 마찰력 영향

섬유의 백색도 함유량은 종이의 색상과 관련있다.

47
용제에 대한 설명으로 옳은 것은?

① 도막을 결정하는 성분이다.
② 도막에 방습효과를 준다.
③ 도료에 여러 가지 색상을 나타낸다.
④ 도막에 평활성을 부여한다.

용제 : 도료를 용해하여 희석시키며 도막에 평활성을 부여하고 도료의 점도, 유동성, 증발속도를 조절한다. 도료를 녹이는데는 가솔린, 알코올, 벤젠 등이 있으며 수성도료는 물을 사용한다.

48
색채 체계에 대한 내용으로 맞지 않은 것은?

① 오스트발트 표색계는 이상적인 백색, 흑색, 순색의 3가지 색을 회전원판에 의한 혼색으로 색을 체계화 하였다.
② NCS 표색계는 심리적인 비율척도로 색 지각량을 표현한다.
③ 현색계는 파장에 따른 색의 특징을 판별하여 정확한 수치로 표현한다.
④ 오스트발트표색계 색상은 헤링의 4원색 이론이 기반이다.

- 현색계는 눈으로 비교가 가능하며 KS(한국산업규격)이 이에 속한다.
- 파장에 따른 색의 특징을 판별하여 정확한 수치로 표현한다 : 혼색계

49
3차원 공간에서 시각적으로 경험할 수 있는 실제적이거나 또는 상상 속 환경의 모의실험을 무엇이라고 하는가?

① Graphic Format
② Virtual Reality
③ Growth Model
④ Commercial Film

50
다음 중 압축률이 가장 좋은 이미지 파일 포맷은?

① JPEG ② BMP
③ EPS   ④ PSD

- JPG : 사진이나 그림 등을 저장하는 기술의 표준이며 1600만 색상을 표시할 수 있어 고해상도 저장이 가능하다.
- BMP : 마이크로소프트사에서 개발한 IBM 호환기종에서 사용 가능하도록 만든 비트맵 그림파일이다. 다른 형식(jpg, gif 등)에 비해서 파일의 크기가 크다.
- EPS : 포스트스크립트를 이용하여 고품질 인쇄용 파일을 만드는 것으로 파일 용량이 매우 크다.
- PSD : 레이어, 알파채널, 패스 등을 모두 저장할 수 있는 포토샵 전용 파일 형식이다.

51
다음 중 멀티미디어의 특성으로 틀린 것은?

① 멀티미디어는 디지털 방식으로 표현되어야 한다.
② 멀티미디어는 여러 개의 미디어 정보를 포함하여야 한다.
③ 멀티미디어는 원하는 정보를 사용자 자신의 요구에 따라 원하는 형태로 찾아볼 수 있어야 한다.
④ 멀티미디어는 한 방향으로 흐르는 선형방식으로 정보를 습득한다.

멀티미디어는 양방향 통신으로 정보를 교환, 습득한다.

52
입출력장치에 대한 설명으로 틀린 것은?

① 키보드는 문자 정보를 입력하여 컴퓨터를 작동한다.
② 태블릿은 2차원 그물망으로 된 감지기를 가지고 있어 펜 스타일러스나 퍽이 그리는 위치를 기록한다.
③ 터치스크린은 공공장소에서 정보를 제공하는 기기의 출력장치로 많이 사용된다.
④ 스캐너는 사진영상 또는 종이 위의 도형 정보를 읽어 들여 컴퓨터의 디지털 정보로 바꾸는 장치이다.

터치스크린은 화면을 이용하여 정보를 입력하는 입력장치이다.

53
셀에 그려진 후 촬영된 애니메이션 필름과 동화상 필름을 하나로 합성하여 만드는 애니메이션 기법은?

① 로토스코핑(Rotoscoping)
② 몰핑(Morphing)
③ 블렌드(Blend)
④ 트위닝(Tweening)

- 모핑 : 하나의 물체에서 다른 물체로 변하는 모습을 표현하는 기법
- 블랜드 : 어떤 이미지가 다른 색상, 모양의 이미지로 변할 때 변하는 중간 과정이 자동으로 형태와 컬러가 변형되는 기능
- 트위닝(tweening) : 애니메이션에서 처음 동작과 끝 동작을 지정한 후 중간의 프레임의 경로를 지정하는 것

54
포토샵 프로그램에서 이중톤 모드(Duotone Mode)를 지원하는 컬러모드는?

① Grayscale mode
② RGB mode
③ CMYK mode
④ Indexed mode

- RGB 모드 : 적(Red), 녹(Green), 청(Blue)에 의해 색을 정의하는 모델
- CMYK 모드 : C(시안), M(마젠타), Y(노랑), K(검정)의 4가지 색을 기본으로 하는 감산혼합 모델로 인쇄에서 주로 사용함
- Index 모드 : 24비트 컬러 중에서 정해진 256컬러의 컬러표를 사용하는 컬러 시스템

55
포스트스크립트(Post Script)에 대한 설명으로 틀린 것은?

① 어도비사(Adobe)에서 개발한 그래픽 언어이다.
② 프린트 형식에 관계없이 어떤 출력장치에도 왜곡됨이 없이 그래픽 이미지를 표현할 수 있다.
③ 픽셀 그래픽이 복잡해짐에 따라 가장 일반적인 래스터 이미지의 언어로 사용된다.
④ 색상, 그래픽, 폰트 등을 포함하는 복잡한 문서에 적합하다.

③ 비트맵이미지

56
인디자인 같은 편집프로그램의 주요기능이 아닌 것은?

① 문자나 사진 등의 그래픽 데이터를 레이아웃 한다.
② 인쇄를 하기 위한 데이터 변환이나 분판작업을 한다.
③ 워드프로세싱 및 타입세팅(문자조판)을 한다.
④ 키 프레임을 사용하여 이미지 보간과 합성을 한다.

④ 3D 프로그램

57
3차원 컴퓨터 그래픽스에서 Solid Model의 특징이 아닌 것은?

① 두 물체간 서로 Boolean의 연산이 가능하다.
② 물체의 바깥쪽 표면에만 매핑이 가능하다.
③ 물체의 다양한 성질을 좀 더 정확히 표현할 수 있다.
④ 물체의 표면 및 내부까지 표현이 가능하다.

② 서페이스 모델링

58
해상도에 대한 설명으로 틀린 것은?

① 한 화면을 구성하고 있는 화소 수를 말한다.
② 해상도의 표현 방법은 가로와 세로의 화소 수로 나타낸다.
③ 모니터 해상도가 높아지면 글씨도 크게 보인다.
④ 벡터 그래픽스 프로그램에서는 해상도를 설정할 필요가 없다.

해상도가 높으면 글씨는 작아 보인다.

59

컴퓨터(소프트웨어)를 이용하여 그림이나 사진, 건축도면 등 시각적결과물을 만드는 기술을 무엇이라 하는가?

① 시안작업
② 베리에이션
③ 컴퓨터그래픽스
④ 마케팅 전략

> 컴퓨터그래픽스의 개념
> • 컴퓨터(소프트웨어)를 이용하여 그림이나 사진, 건축도면 등 시각적결과물을 만드는 기술
> • 2D(평면)와 3D(입체)가 있으며 인간의 상상력을 컴퓨터(소프트웨어)를 이용하여 구현

60

컴퓨터그래픽스의 발전과정에 대한 설명으로 틀린 것은?

① 1958년 X-Y 플로터가 개발되면서 종이 위에 설계도면을 그릴 수 있게 되었다.
② 플로터나 프린터가 등장하기 전에 CRT 모니터가 먼저 만들어졌다.
③ MIT에서 개발된 스케치 패드는 오늘날 컴퓨터그래픽 인터페이스에 많은 영향을 주었다.
④ 1969년 시그라프(SIGGRAPH)의 발족으로 컴퓨터그래픽 분야의 발전을 도모하였다.

> • 제1세대 : 도트매트릭스 프린터, X-Y 플로터
> • 제2세대 : DAC-1(CAD/CAM), CRT 모니터
> • 제3세대 : CRT 라이트 펜용 플로터

2025년 2회 컴퓨터그래픽기능사 정답

01	02	03	04	05
①	③	②	④	④
06	07	08	09	10
②	④	①	②	②
11	12	13	14	15
③	③	②	④	②
16	17	18	19	20
④	①	④	③	②
21	22	23	24	25
②	③	④	②	②
26	27	28	29	30
①	②	②	①	①
31	32	33	34	35
④	②	③	④	①
36	37	38	39	40
④	①	③	④	①
41	42	43	44	45
②	②	②	③	③
46	47	48	49	50
①	④	③	②	①
51	52	53	54	55
④	③	①	①	③
56	57	58	59	060
④	②	③	③	②

LESSON 21

CBT 복원문제 _ 컴퓨터그래픽기능사

2025년 4회

01
제품의 기능과 실용성을 해결하기 위한 디자인의 조건은?

① 합목적성
② 독창성
③ 심미성
④ 경제성

> 합목적성은 실용성과 기능성을 충족하며 이성적, 합리적, 객관적 특징을 가지는 디자인의 1차 조건이다.

02
실내에서 감각적인 효과를 가장 먼저 주는 요소는?

① 색채
② 질감
③ 형태
④ 무늬

> 색채는 시각에 가장 먼저 자극을 준다.

03
면의 형성 중 소극적인 면(Negative plane)에 해당하는 것은?

① 점의 밀집
② 점의 확대
③ 선의 이동
④ 너비의 확대

> • 소극적인 면(Negative Plane) : 면이나 선의 교차로 생기는 선의 집합
> • 적극적인 면(Positive Plane) : 선의 이동, 점의 확대로 생성

04
상품의 정보를 주어 구매 충동을 일으키게 하며 상품을 보호하는 특성을 지닌 디자인은?

① 광고디자인
② 편집디자인
③ 포장디자인
④ 영상디자인

> 포장디자인의 요건
> • 보호 보존성 : 제품을 보호해야 한다.
> • 관리성(편리성) : 상품의 운반과 적재가 쉽고 간단해야 한다.
> • 심미성 : 제품 용도와 어울리는 아름다움이 있어야 한다.
> • 상품성 : 상품(제품)의 성격을 잘 표현해야 한다.
> • 구매의욕 : 소비자들의 시선을 자극하여 구매 의욕을 높일 수 있어야 한다.
> • 재활용성 : 환경보존을 위한 절감, 재생을 할 수 있어야 한다.

05
다음 중 에디토리얼 디자인의 형태별 분류 중 시트 스타일(Sheet style)에 속하는 것은?

① 잡지, 사보, 매뉴얼
② 단행본, 브로슈어, 명함
③ 안내장, 초대장, DM
④ 일간신문, 카탈로그, 쌤플릿

> 편집디자인 형태별 분류
> • 낱장(Sheet)형식(한 장으로 구성) : DM, 명함, 안내장, 카드, 리플렛, 전단지, 카드
> • 스프레드(Spread)형식(펼치고 접을 수 있음) : 신문, 카탈로그, 리플릿, 팜플렛
> • 서적 형식(제본된 책자) : 매뉴얼, 단행본, 화보, 잡지, 브로슈어, 카탈로그

06
종합조형학교인 바우하우스(Bauhaus)를 설립한 사람은?

① 월터 그로피우스(W. Gropius)
② 몬드리안(P. Mondrian)
③ 피카소(P. Picasso)
④ 헨리 반데 벨데(Henry van de velde)

> • 바우하우스 : 월터 그로피우스가 설립한 국립종합조형학교로 합목적 기능과 실용성을 중시하고, 예술창작과 기술의 통합을 목표로 하였다.

07
다음 중 실내디자인 계획 시 고려사항이 아닌 것은?

① 실내 공간에서 생활하는 사람의 생활주기를 정확하게 파악해야한다.
② 설비비, 유지비 그리고 인적, 물적, 환경적 자원과 재활용까지도 포함해야 한다.
③ 실내 공간, 기능의 향상을 위해 건물의 기능과 용도 보다는 디자이너의 조형감각을 우선한다.
④ 경관이나 일조, 통풍 등 주변 환경을 고려하여 디자인을 계획한다.

> 실내 디자인은 인간의 삶을 행복하게 하기 위해서 물리적, 심리적, 미적 기능을 갖추어야 한다.

08
알렉스 오스본(A.F Osborn)이 제창한 집단 토의식 아이디어 발상법으로 일정한 주제를 놓고 10명 이내의 멤버가 극히 자유스런 발언을 해나가는 과정에서 새로운 아이디어를 얻어내는 방식은?

① 브레인스토밍　② 체크리스트
③ 입출력법　　　④ 시네틱스법

> 아이디어 탐색방법
> - 브레인스토밍 : 알렉스 오즈번이 제안한 것으로 다양한 아이디어를 제시하여, 타인의 아이디어를 비난하지 않고 연상반응을 통하여 더 많은 아이디어를 도출하는 것이다.
> - 시네틱스법 : 서로 관련이 없는 것에서 다양한 유추(직접, 의인, 상징, 공상)를 통해서 아이디어를 찾는다.
> - 체크리스트법 : 문제의 항목을 열거 후 변수 등을 검토, 분석하여 아이디어를 얻는 체계적・논리적 방법이다.
> - 카탈로그법 : 참고자료(도형, 사진, 광고, 카탈로그, 문서 등)를 보면서 아이디어를 찾는 방법이다.

09
양식화(Stylization)된 형태와 관계가 가장 큰 것은?

① 폐쇄성의 원리　② 유사성의 원리
③ 간결성의 원리　④ 연속성의 원리

> 양식화는 형태, 명암, 색상 등을 간결하게 단순화하는 것이다.

10
대칭적인 디자인의 특징이 아닌 것은?

① 연속성　② 균형성
③ 통일감　④ 안정감

> 균형 : 대칭, 비대칭, 비례(힘의 균등), 안정감

11
디자인 문제해결의 과정이 옳게 나열된 것은?

① 평가 → 계획 → 조사 → 분석 → 종합
② 분석 → 조사 → 계획 → 종합 → 평가
③ 계획 → 조사 → 분석 → 종합 → 평가
④ 조사 → 계획 → 분석 → 종합 → 평가

12
신문광고의 내용적 요소로서, 기업이 광고에 반복해 사용하는 간결하면서도 힘이 있는 말이나 문장은?

① 헤드라인　② 보디카피
③ 슬로건　　④ 캡션

> - 헤드라인 : 일러스트레이션, 사진, 광고내용을 함축하여 광고목적에 적합하도록 표현하며, 캐치프레이즈와 동의어로 사용
> - 보디카피 : 구체적인 내용을 전달하는 본문 문구
> - 캡션 : 사진이나 일러스트를 설명하는 짧은 글

13
성능과 형태가 실제 생산품과 똑같은 모형으로 종합적인 성능 실험과 광고모델, 전시 출품에 이용되는 모형은?

① 제작모형　② 실험모형
③ 제시모형　④ 연구모형

> - 제시모델(더미, 프레젠테이션 모델) : 디자인 담당자에게 전달을 위해 만들며 러프모델 보다 좀 더 실제 제품에 가깝도록 만든다.
> - 완성형모델(프로토타입, 제작모델, 워킹 모델) : 제작자가 실제 형태와 재료로 생산품과 똑같이 제작한다.
> - 연구 모형(러프모델, 스케치모델, 스킴모델) : 디자인 초기에 만드는 것으로 형태와 균형감을 알기위해 제작한다.

14
다음 중 균형의 요소에 해당하지 않는 것은?

① 대칭 ② 율동
③ 주도와 종속 ④ 비례

- 조화 : 유사, 대비, 균일, 강화(상호 관계)
- 리듬(율동) : 반복, 교차, 시각적 운동감
- 균형 : 대칭, 비대칭, 비례(힘의 균등), 안정감

15
다음 중 잡지 광고의 특징이라 볼 수 없는 것은?

① 독자의 구성이 매우 차별화되어 있다.
② 전파 매체나 인터넷에 비해 보존성이 낮다.
③ 잡지는 수명이 비교적 길다고 할 수 있다.
④ 높은 회독률로 높은 광고효과를 기대할 수 있다.

잡지광고의 특성
- 독자 구성이 차별화되어 있고 수명이 비교적 길다.
- 컬러광고가 가능하며 구체적이고 자세한 내용을 전달할 수 있다.
- 회독률이 높아 광고효과를 기대할 수 있다.
- 감정적 광고나 무드광고를 할 수 있다.

16
한 지면에 여러 가지 각기 다른 내용을 다루는 신문광고에서 하나하나 인상 깊게 알리기 위해 가장 고려해야 할 사항은?

① 편집과 지면구성 ② 재질과 색채표현
③ 색상과 공간분할 ④ 제본과 시각표현

신문광고는 편집 형태와 지면의 구성에 따라 시각적 효과가 달라진다.

17
다음 중 유니버설 디자인의 원칙이 아닌 것은?

① 공정한 사용성 ② 효과적 정보전달
③ 최대한의 물리적 노력 ④ 직관적 사용성

범용디자인이라고하며 장애의 유무와 상관없이 모든 사람이 손쉽게 사용할 수 있는 제품 및 환경을 만드는 것으로 7대 원칙은 공정한 사용성, 사용상의 융통성, 효과적 정보전달, 직관적 사용성, 오류에 대한 포용력, 적은 물리적 노력, 접근과 사용을 위한 충분한 공간이다.

18
광원에서 나온 빛을 천장이나 벽에 부딪혀 확산된 반사광으로 비추는 조명방식은?

① 직접조명 ② 간접조명
③ 전반확산조명 ④ 반직접조명

- 직접조명 : 광원에서 나오는 빛의 90% 이상이 면에 조명된다.
- 국부조명 : 특정한 장소만을 조명한다.
- 전반조명 : 방 전체를 조명하기 위해 조명기구를 일정한 높이와 간격으로 설치하는 것이다.

19
기업에서 일반 가정용 냉장고 개발을 위한 소비자 행동 조사를 하려고 할 때, 가장 적절한 타깃은?

① 판매원 ② 직장여성
③ 주부 ④ 가장

냉장고를 가장 많이 사용하는 주부가 소비자행동조사의 가장 적절한 타깃이다.

20
1907년 미술가, 공예가와 실업계를 포함한 산업인 등이 모여 미술과 공예를 개혁하기 위하여 만든 디자인 진흥 기관은?

① 바우하우스(Bauhaus)
② 비엔나 분리파(Secession)
③ 독일공작연맹(DWB)
④ 유겐트 스틸(Jugent still)

- 바우하우스 : 월터 그로피우스가 설립한 국립종합조형학교로 합목적적 기능과 실용성을 중시하고, 예술창작과 기술의 통합을 목표로 하였다.
- 시세션 : 라틴어로 '분리하다'라는 의미이며 19세기말, 과거의 예술양식에서 분리를 목표로 독일과 오스트리아를 중심으로 일어났으며 근대 디자인의 혁신적 예술운동이다.
- 독일공작연맹 : 헤르만 무테지우스를 중심으로 디자인의 규격화를 통해서 상품의 양질화와 객관적이고 합리적인 디자인을 주장했다.
- 유켄트 스틸(아르누보) : 신예술을 의미하며, 빅토르 오르타와 헨리반데벨데가 대표작가이며, 여성적인 곡선미를 강조한 공예형태로서 흑백과 강렬한 조화가 특징이며 회화, 건축, 공예, 인테리어, 그래픽 등의 분야에 영향을 주었다.

21
다음 중 동시대비에 속하지 않는 것은?

① 보색대비 ② 색상대비
③ 명도대비 ④ 계시대비

- 보색대비 : 색상환에서 서로 마주 보는 두 색이 서로의 영향으로 더욱 선명하게 보이는 현상
- 색상대비 : 명도와 채도가 같은 색이 이웃하여 있을 때 두 색이 서로의 영향으로 색상차가 나는 것
- 명도대비 : 명도가 다른 두 색이 대조되어 밝은 색은 더 밝게, 어두운 색은 더 어둡게 보이는 현상

22
회전혼합에 대한 설명 중 틀린 것은?

① 맥스웰이 처음 이론화하여 맥스웰 회전혼색이라고도 한다.
② 원판을 회전시키면 밝기는 원래의 색들 보다 어두워진다.
③ 밝기나 채도의 단계를 실험할 수 있다.
④ 물리보색의 판별실험이 가능하다.

회전혼합 : 맥스웰 원판이라고도 하며 무채색이 반사하는 반사광이 혼합되며 유채색과 무채색의 혼합은 평균채도로 보인다.

23
아이디어 정리의 분석 방법으로 '친화도 분석'으로 해석하는 아이디어 구상 방법은?

① 브레인스토밍
② 어피니티 다이어그램
③ 스캠퍼
④ 자료수집

어피니티 다이어그램 : 키워드 그룹핑
- 아이디어 정리의 분석 방법으로 '친화도 분석'으로 해석
- 아이디어 중 유사한 의미의 단어를 압축하여 특정한 의미구조를 형성
- 연관성 높은 정보를 수렴하여 핵심 키워드 도출
- 일차적으로 추출된 키워드를 특정 공간에 배치하여 그루핑하여 데이터를 체계화

24
콘셉트 이미지의 역할로 맞지 않는 것은?

① 콘셉트를 직접적으로 설명
② 의미 형성을 위한 상징으로 사용
③ 감성적 연출 수단으로 사용
④ 제품의 사용자에게 편의성, 물리적 환경의 쾌적함 제공

어메니티 디자인 적용
- 제품의 사용자에게 편의성, 물리적 환경의 쾌적함 제공
- 환경디자인 분야 : 공간의 쾌적함을 경험하도록 물리적, 심리적, 정서적 경험을 제공
- 인쇄매체 제작 시 심미성과 시각적 쾌적성을 높일 수 있는 창의적 연출 지향

25
베리에이션의 종류가 아닌 것은?

① 커머셜 베리에이션
② 컬러 베리에이션
③ 레이아웃 베리에이션
④ 이미지 베리에이션

- 레이아웃 베리에이션 : 중심이 시안을 바탕으로 이미지와 텍스트 요소의 배치를 부분적으로 변경
- 컬러 베리에이션 : 중심이 시안의 레이아웃을 유지 한 상태에서 부분적 컬러나 주조색을 변경
- 이미지 베리에이션 : 중심이 시안을 바탕으로 이미지의 변형, 크기 변화, 중첩 응용 배치

26
다음 중 색채의 무게감과 가장 관계가 있는 것은?

① 색상 ② 명도
③ 채도 ④ 순도

가벼운색	무거운색
난색, 고명도(흰색)	한색, 저명도(검정)

색의 무게 : 흰색 〉 노랑 〉 초록 〉 주황 〉 보라 〉 빨강 〉 파랑 〉 검정

27
다음 중 가장 명시성이 좋은 배색은?

① 빨간 바탕에 파랑 ② 초록 바탕에 빨강
③ 노란 바탕에 검정 ④ 하양 바탕에 주황

명시성 : 두 색의 밝기 차이(명도차)에 따라 멀리서도 색이 눈에 잘 띄는 것이며, 색의 3속성이 클수록 높아지고 대표적인 것이 교통표지판(노랑바탕, 검은글자)이다.

28
먼셀 색체계에서 순색일 때, 채도가 가장 낮은 색은?

① 5R ② 5BG
③ 5YR ④ 5Y

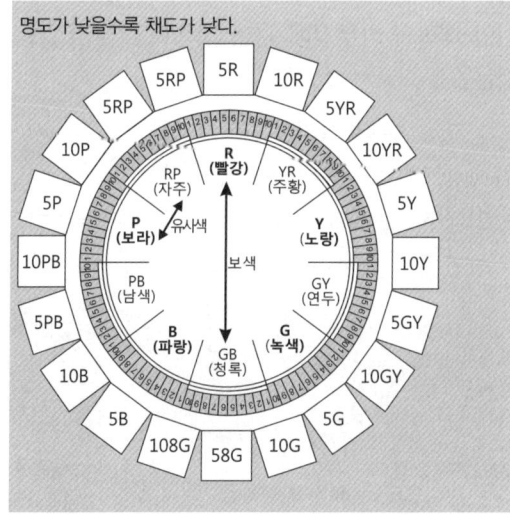

명도가 낮을수록 채도가 낮다.

29
색료의 3원색을 서로 같은 비율로 혼합한 결과의 색은?

① 흰색 ② 검정
③ 노랑 ④ 청록

색광의 3원색(빨강, 녹색, 파랑)을 모두 혼합하면 흰색이 되고, 색료의 3원색(자주, 노랑, 청록)을 모두 혼합하면 검정색이 된다.

30
두 개 이상의 색을 기능과 목적 또는 효용에 따라 다양한 방법으로 배열하는 것은?

① 구성 ② 배색
③ 조화 ④ 조절

동일색상 배색	· 동일색상의 명도나 채도의 차이를 이용 · 차분, 정적, 간결
유사색상 배색	· 색상환에서 색상차가 적은 배색 · 즐거움, 쓸쓸함, 우아함, 평온, 협조적, 온화, 화합, 건전
반대색상 배색	· 색상환에서 보색관계 · 분명함, 강함, 똑똑함, 생생, 동적, 화려

31
물체의 앞면 모서리는 수평선과 평행하게, 옆면 모서리는 수평선과 임의의 각도로 하여 그린 투상도는?

① 사투상
② 섬무상
③ 표고 투상
④ 투시 투상

사투상은 물체의 앞면 모서리는 수평선과 평행하게 하고, 옆면 모서리는 수평선과 임의의 각도(30°, 45°, 60°)로 그리며 길이와 높이는 현척으로, 폭은 현척으로 그리거나 1/2, 3/4, 5/8, 3/8로 축소해서 그린다.

32
배색방법에 따른 주조·보조·강조색에 대한 설명이 옳은 것은?

① 보조색은 공간의 기본적인 분위기를 정한다.
② 강조색은 특정 공간의 주목성을 높이는 수단으로 사용된다.
③ 주조색의 사용만으로 공간의 차별화를 완성할 수 있다.
④ 바람직한 공간 구성을 위해서는 형태와 색채의 관계를 분리하여 고려해야 한다.

- 주조색 : 배색의 기본색이며 전체면적의 60~70%를 차지한다.
- 보조색 : 전체 면적의 20~30%를 차지하며 주조색을 보완해준다.
- 강조색 : 작은 면적으로 효과를 극대화할 때 사용하고 배색의 지루함을 없애준다.

33
도면에는 물체가 완성된 치수를 기입하는 것이 원칙이다. 이 때 기입방법으로 틀린 것은?

① 25±0.05　　② 45°×2
③ R6.5　　　　④ SØ50

- 25±0.05 : 길이 25, 오차 0.05
- R6.5 : 반지름 6.5
- SØ50 : 구의 지름 50

34
명도와 채도 변화에 따른 색채의 느낌에 대한 설명 중 틀린 것은?

① 채도가 높을수록 약한 느낌을 준다.
② 명도가 높을수록 가벼운 느낌을 준다.
③ 명도가 낮을수록 무거운 느낌을 준다.
④ 명도가 높고 채도가 낮을수록 부드러운 느낌을 준다.

채도가 높을수록 강한 느낌을 준다.

35
배색 이미지에 관한 설명 중 틀린 것은?

① 대비가 강한 색상의 배색은 화려한 느낌을 준다.
② 고채도 색의 배색은 점잖은 느낌을 준다.
③ 명도차가 큰 색의 배색은 명쾌한 느낌을 준다.
④ 명도가 높고 채도가 낮을수록 부드러운 느낌을 준다.

고채도 배색은 화려하고 자극적인 느낌을 준다.

36
저드의 색채조화론 중 배색에 사용되는 색채 상호간에 공통되는 성질이 있으면 조화한다는 원리는?

① 질서성의 원리　　② 명료성의 원리
③ 유사성의 원리　　④ 천근성의 원리

져드의 색채 조화론
- 명료성(비모호성)의 원리 : 색의 3속(색상, 명도, 채도)차가 큰 색들은 조화가 잘 됨
- 유사의 원리 : 색에 공통성이 있으며 3속성의 차가 적으면 조화가 잘 됨
- 친근성의 원리 : 사람들에게 잘 알려진 친근감 있는 배색일 때 조화가 잘 됨
- 질서의 원리 : 색채의 요소가 규칙적으로 선택된 색들끼리 잘 조화 됨

37
시안 제작의 마무리에 관한 내용으로 맞지 않는 것은?

① 용지의 종류와 크기를 선택한다.
② 해상도와 컬러를 확인한다.
③ 입체구조물의 경우 접지, 재단선을 확인한다.
④ 상업물의 경우 시장가격을 확인한다.

시안 제작 마무리
- 출력하여 점검
- 용지의 종류와 크기 선택
- 해상도와 컬러 확인

시안 출력물 가공
- 단면 시안 : 포스터, 광고, 아이덴티티 기본, 라벨 등
- 양면 시안 : 페이지 구성물(리플릿, 브로슈어, 책자 등)
- 입체구조 시안 : 접지, 재단선 필요(지기구조 패키지, 쇼핑백, POP 광고)

38
먼셀 색체계에서 색의 밝고 어두운 정도를 나타내는 기본적인 명도단계의 범위는?

① 1~5　　② 1~12
③ 0~10　 ④ 0~14

먼셀의 명도단계는 0~10까지 11단계이고 N0, N10인 검정색과 흰색은 실존하지 않는다.

39
다음 중 한 면의 형태가 정5각형인 것은?

① 정4면체 ② 정8면체
③ 정12면체 ④ 정20면체

40
다음에서 설명하는 것은 무엇인가?

- 브랜드의 강력한 시각적 표현으로 사용된다.
- 의미, 철학, 비전, 차별화된 특성을 포함한다.
- 최종안을 결정하기 위해 비주얼 콘셉트를 반영한 다수의 시안 제작이 필요하다.

① 브랜드 로고타입
② 브랜드 심벌
③ 브랜드 아이덴티티 시그니처
④ 브랜드 전용색상

브랜드 로고타입
- 기업이나 제품의 시각적 아이덴티티를 나타내는 워드마크
- 브랜드 명칭을 단순화하여 시각적으로 연상 가능

브랜드 아이덴티티 시그니처
- 심벌, 로고타입, 슬로건을 규칙에 따라 조합한 형태를 의미
- 가로형과 세로형 조합을 기본으로 다양한 크기와 조합으로 구성

브랜드 전용색상
- 비즈니스 분야를 지시하고, 기업의 미션과 비전을 상징화
- 메인컬러(주조색), 서브컬러(보조색), 강조컬러 등으로 구성

41
디자인 제도시 선분을 옮기거나 자에서 치수를 옮길 때 주로 사용하는 도구는?

① 디바이더 ② 빔 컴퍼스
③ 스프링 컴퍼스 ④ 대형 컴퍼스

- 빔 컴퍼스 : 컴퍼스의 일종으로 큰 반경의 원을 그리기 위해 봉의 양쪽 단에 붙여진 제도용 도구이다.
- 스프링 컴퍼스 : 작은 원호를 그리는데 적당한 컴퍼스이다.

42
외부용 에나멜페인트의 특징으로 틀린 것은?

① 아름다운 도막 ② 내구성이 좋음
③ 내후성이 좋음 ④ 느린 건조

에나멜 : 건조, 광택, 경도가 좋다. 나프타 등의 용제로 희석한 유성니스를 전색제로 사용하며 수지 또는 역청질과 건성유를 혼합해서 만든다.

43
다음 중 열가소성 수지는?

① 폴리스티렌 ② 페놀수지
③ 멜라민수지 ④ 에폭시수지

- 열경화성 수지 : 페놀 수지(베이클라드), 에폭시 수지, 멜라민 수지, 요소 수지, 폴리우레탄 수지
- 열가소성 수지 : 염화비닐, 폴리스티렌, 폴리에스틸렌, 폴리에틸렌, 폴리 아미드, 메탈 아크릴, 폴리프로필렌

44
색상과 밝기가 현실의 상과는 반대로 필름에 상이 만들어지는 컬러 필름은?

① 리버설 컬러 필름
② 네거티브 컬러 필름
③ 슬라이드 컬러 필름
④ 트랜스퍼런스 컬러 필름

네거티브 필름은 피사체의 명암이 반대로 되며 색상은 보색(빨간색은 초록, 노랑색은 자색)으로 나타난다.

45
신문용지, 인쇄용지, 필기용지, 도서용지 등에 사용되는 종이의 종류는?

① 판지 ② 마분지
③ 보드지 ④ 양지

종이의 구분
- 양지 : 신문지, 인쇄용지, 필기용지, 도화지, 포장용지, 박엽지, 잡종지
- 판지 : 골판지, 백판지, 황판지, 건재원지
- 기계 제작 화지 : 창호지, 습자지, 휴지, 종이솜, 선화지, 종이끈, 포장용지(편광지)

46
다음 중 수채화에 가장 적합한 종이는?

① 글라싱지(Glassing paper)
② 아트지(Art paper)
③ 코트지(Coat paper)
④ 와트만지(whatman paper)

- 글라싱지 : 강한 광택으로 표면이 매끈하며 식품, 담배, 약품 등의 포장, 간지 등에 쓰인다.
- 아트지 : 안료와 접착제를 발라서 만들며, 강한 광택을 입힌 종이로 사진판이나 원색판의 고급인쇄에 쓰인다.
- 코트지 : 합성 수지의 도피액 등을 원지 표면에 발라 만들며 포장 상자의 제조에 사용한다.

47
다음 중 목재의 주된 성분이 아닌 것은?

① 셀룰로오스
② 헤미셀룰로오스
③ 리그닌
④ 실리카

목재의 화학적 성분은 셀룰로오스, 헤미셀룰로오스, 리그닌이다.

48
다음 중 일반적인 금속 재료의 특징이 아닌 것은?

① 상온에서는 고체 상태이다.
② 색채가 다양하지 않다.
③ 이온화했을 때 양이온이 된다.
④ 비중이 매우 작다.

금속재료는 비중이 크다.

49
3차원 컴퓨터그래픽스에서 물체의 투명도를 조절할 수 있는 셰이딩 기법은?

① Transparency
② bump
③ Refraction
④ Glow

- bump : 다각형으로 표현된 물체에 울퉁불퉁한 정보를 첨부하여 물체가 더 사실적으로 보이게 하는 기법
- Refraction : 투명한 물체에 빛이 들어가서 굴절되어 빛의 방향이 바뀌어 보이게 하는 기법
- Glow : 빛이 나는 효과를 주는 기법

50
2D 그래픽 이미지의 합성 및 보정에 관한 내용으로 적절하지 않은 것은?

① 이미지 레이어는 여러 장의 이미지를 중첩되게 쌓는 것이다.
② 알파채널은 흑백 이미지로, 작업 영역을 분할하고 선택하는 것이다.
③ 블렌드 모드는 레이어상의 색상값을 혼합하는 방법이다.
④ Variations은 이미지값을 고정시키는 것이다.

Variations
- 이미지의 색상 조절
- 여러 개의 창으로 구성
- 색상 변화를 알 수 있음

51
다음 중 디더링(Dithering)에 대한 설명으로 옳은 것은?

① 흰색과 검정으로 표현될 때 중간색 데이터를 잃어버리는 현상
② 색의 값을 포함한 디지털 이미지의 최소 단위
③ 디스플레이 되는 이미지의 색공간 차이에서 오는 결점을 보완하는 방법
④ 이미지를 표현하기 위한 픽셀의 수

52
벡터 방식(Vector Type)데이터의 특성이 아닌 것은?

① 데이터를 표현하는데 필요한 수학적인 내용을 갖고 있다.
② 축소, 확대해도 해상도가 떨어지지 않는다.
③ 오브젝트 단위의 형태 변경이 쉽다.
④ 래스터 방식의 프로그램에서 많이 사용하는 데이터이다.

래스터방식은 비트맵 이미지를 처리하는 방식이다.

53
픽셀의 그리드에 단계별 색을 넣어 계단 현상을 없애 주는 것은?

① 앨리어스(Alias)
② 안티앨리어스(Anti-alias)
③ 디더링(Dithering)
④ 확산(Diffusion)

- 앨리어스 : 이미지의 곡선 모서리가 톱니 모양이나 계단 모양처럼 생기는 것
- 디더링 : 디스플레이 되는 이미지의 색공간 차이에서 오는 결점을 보완하는 방법

54
2차원 컴퓨터그래픽스 프로그램은 크게 두 가지의 방식으로 이미지를 구성한다. 이 두 가지 방식은?

① Raster, Vector
② PICT, TIFF
③ Postscript, EPS
④ GIF, JPEG

- 래스터 : 비트맵 방식으로 이루어진 이미지
- 벡터 : 선과 곡선값을 수학적 연산으로 계산하여 베지어 곡선으로 그린 이미지이며 위치 및 크기를 변경해도 이미지의 품질의 손상이 없음

55
블렌드 모드에서 이미지 혼합 시 두 이미지의 밝은 색이 합쳐져 이미지가 밝아지는 명령은?

① Normal
② Screen
③ Multiply
④ Difference

- Normal : 두 이미지를 합성하지 않은 상태
- Multiply : 상위 색상값을 곱하여 어두운 색이 합쳐지는 효과
- Difference : 상위 이미지를 리버스하여 합성하며 보색으로 표현

56
포스트스크립트에 관한 설명으로 틀린 것은?

① 크기나 변형에 있어서 이미지의 질과는 관계없이 크기·모양의 변화가 용이하다.
② 포스트스크립트는 페이지 기술 언어로서 고급 프린터 시스템에 내장 지원 된다.
③ 패스의 색과 두께, 그리고 패스의 위치와 크기에 관한 정보도 가지고 있다.
④ 자유곡선과 같은 복잡한 형태는 래스터 이미지 형태로 만들어낸다.

자유곡선과 같은 복잡한 이미지는 베지어 곡선으로 만든다.

57
인쇄 후 색과 색 사이에 흰 틈이 생기는 것을 방지하는 방법으로 옳은 방법은?

① 트랩(Trap)의 값을 조정한다.
② 그레이 스케일(Gray Scale)값을 조정한다.
③ PDF 스크린 값을 조정한다.
④ 이미지 해상도를 증가시킨다.

트랩은 컬러인쇄(4도)시 생길 수 있는 흰 여백을 없애기 위해 진한색을 중심으로 겹치게 하는 것이다.

58
레이어 합성을 위한 블렌드(Blend)모드 중 Multiply에 대한 설명으로 옳은 방법은?

① 겹쳐 표시된 두 이미지 중 밝은 부분을 더 부각시키고 어두운 부분을 감소시켜 전체적으로 밝게 합성
② 위에 겹친 레이어의 50% 회색을 기준으로 밝은 부분은 더욱 밝게, 어두운 부분은 더욱 어둡게 합성
③ 위에 겹친 레이어의 어두운 부분은 아래쪽 겹친 레이어를 반전시켜 보색으로 표현
④ 현재 레이어와 아래에 겹친 레이어 이미지의 색상을 곱하여 표시하는 것으로 어두운 색은 더욱 어두워짐

59
Illustrator의 Pathfinder에서 오브젝트 개체사이의 겹쳐진 부분만 삭제하는 명령은?

① Unite   ② Divide
③ Exclude ④ Intersect

- Unite : 두 개의 오브젝트를 하나로 합쳐준다.
- Divide : 한 개의 오브젝트를 둘로 나눈다.
- Intersect : 오브젝트에서 특정한 부분을 잘라낸다.

60
ROM에 대한 설명으로 틀린 것은?

① 한번 기록된 데이터를 단지 읽기만 할 뿐 변경할 수 없는 메모리이다.
② Read Only Memory의 약자이다.
③ 컴퓨터 내부에서 신호를 주고받기 위한 통로를 말한다.
④ 전원의 공급이 없어도 항시 기억이 되고 있어 비휘발성 기억 소자라고도 칭한다.

③ BUS

2025년 4회		컴퓨터그래픽기능사 정답		
01	02	03	04	05
①	①	①	③	③
06	07	08	09	10
①	③	①	③	①
11	12	13	14	15
③	③	①	②	②
16	17	18	19	20
①	③	②	③	③
21	22	23	24	25
④	②	②	④	①
26	27	28	29	30
②	③	②	③	②
31	32	33	34	35
①	②	②	①	②
36	37	38	39	40
③	④	③	③	②
41	42	43	44	45
①	④	①	②	④
46	47	48	49	50
④	④	②	①	④
51	52	53	54	55
③	④	②	①	②
56	57	58	59	060
④	①	④	③	③

컴퓨터그래픽기능사 필기
최근 7년간 기출문제

2026년 01월 05일 인쇄
2026년 01월 20일 발행

저　　자 구홍림
발 행 처 ㈜도서출판 책과상상
등록번호 제2020-000205호
발 행 인 이강복
주　　소 경기도 고양시 일산동구 장항로 203-191
대표전화 02)3272-1703~4
팩　　스 02)3272-1705
홈페이지 www.sangsangbooks.co.kr
I S B N 979-11-6967-326-6
정　　가 16,000원

저자협의
인지생략

Copyright©2026
Book&SangSang Publishing Co.

도서출판 **책과 상상**
www.SangSangbooks.co.kr